华中师范大学120周年校庆丛书

华大经典文库
HUADA JINGDIAN WENKU

杨宏禹论著选

杨宏禹 / 著　王建国 / 编

华中师范大学120周年校庆丛书编委会

主　任：夏立新
常务副主任：彭南生
副主任：查道林　陈厚丰　任友洲　郝芳华
委　员（按姓氏音序排列）：
　　李鸿飞　陈迪明　彭双阶
　　董中锋　段　锐　段　维　范　军
　　符　平　付　强　付义朝　郭　庆
　　廖卫鹏　刘从德　吴海涛　周挥辉

华中师范大学出版社
HUAZHONG SHIFAN DAXUE CHUBANSHE

新出图证（鄂）字 10 号
图书在版编目（CIP）数据

杨宏禹论著选 / 杨宏禹著；王建国编. — 武汉：华中师范大学出版社，2023.8

（华大经典文库）
ISBN 978-7-5769-0197-9

Ⅰ．①杨…　Ⅱ．①杨…　②王…　Ⅲ．①社会科学－文集　Ⅳ．①C53

中国国家版本馆 CIP 数据核字（2023）第 147594 号

编　辑　室：	综合编辑室
电　　　话：	027-67867370
责任编辑：	陈良军
责任校对：	肖　霞
封面设计：	甘　英　胡　灿
出版发行：	华中师范大学出版社有限责任公司
社　　　址：	湖北省武汉市洪山区珞喻路 152 号
销售电话：	027-67861549
邮　　　编：	430079
网　　　址：	http://press.ccnu.edu.cn
印　　　刷：	湖北新华印务有限公司
督　　　印：	刘　敏
开　　　本：	710mm×1000mm　1/16
印　　　张：	22.75
字　　　数：	331 千字
版　　　次：	2023 年 8 月第 1 版
印　　　次：	2023 年 8 月第 1 次印刷
定　　　价：	88.00 元

敬告读者：欢迎举报盗版，请打举报电话 027-67867353

目 录
CONTENTS

第一篇　对空想社会主义理论和实践的研究

001　第一节　西欧近代空想社会主义概述

010　第二节　空想社会主义理论的历史意义

018　第三节　社会主义由空想变为科学

025　第四节　重新审视科学社会主义和空想社会主义的关系

第二篇　对经典马克思主义作家思想的研究

033　第一节　马克思主义的政党观

050　第二节　马克思主义的人本观

053　第三节　马克思主义的宗教观

064　第四节　马克思、恩格斯关于改造旧社会的历史过程的发展阶段的理论

072　第五节　对《家庭、私有制和国家起源》文本的研究

086　第六节　列宁对俄国革命和世界革命的认识

第三篇　对民主社会主义理论与实践的探索

088　第一节　民主社会主义：改良主义的思想体系

106　第二节　评民主社会主义的多党制

目 录

第四篇　对中国特色社会主义理论与实践的研究

- 114　第一节　科学社会主义的新发展以及中国实践的新要求
- 188　第二节　中国特色政治制度的新特点
- 194　第三节　对社会主义发展进程的新认识
- 204　第四节　对社会主义建设的国内外环境的研究
- 223　第五节　社会主义经济建设
- 236　第六节　社会主义精神文明建设
- 338　第七节　社会主义国家的对外关系

第一篇　对空想社会主义理论和实践的研究

第一节　西欧近代空想社会主义概述

社会主义思想史是研究社会主义思想产生、发展的历史进程和一般规律的科学。近代西欧空想社会主义是社会主义思想发展的两个阶段中的第一阶段,它是研究作为科学社会主义思想来源的近代西欧空想社会主义思想产生、发展和演变的历史进程和一般规律的科学。

自从人类进入阶级社会以来,许多志士仁人为消灭阶级剥削和阶级压迫、建立美好的理想社会而不断探索,正如列宁所说的,"许多世纪以来,甚至几千年以来,人类早已幻想过'立即'消灭所有一切剥削"(《列宁选集》,第 1 卷,第 642 页)。他还指出:"剥削的存在,永远会在被剥削者本身和个别'知识分子'代表中间产生一些与这一制度相反的理想。"(《列宁全集》,第 1 卷,第 393—394 页)在历史发展的前资本主义时代里产生的与剥削制度"相反的理想",是人类思想史上闪烁异彩的瑰宝,是近代社会主义思想的渊源,但却不是社会主义思想本身。社会主义思想,不论是哪一个流派,都是伴随着资本主义生产关系的产生、发展而出现的,是同无产阶级的产生和发展联系着的,是同无产阶级反对资产阶级的斗争相联系的,是资本主义的对立物。

在西欧，资本主义生产关系萌芽于 14 到 16 世纪。随着资本主义剥削的产生，反对这种剥削的"初期的社会主义"理想也就产生了，这就是近代西欧空想社会主义。它是无产阶级先驱反对资本主义和封建主义剥削和压迫，建立高于资本主义的美好的理想社会的理论表现。1516 年，托马斯·莫尔的《乌托邦》一书问世，是近代西欧空想社会主义产生的标志。

空想社会主义诞生以后，经历了 300 多年的发展，内容不断丰富，它提出的各项原则逐渐趋于明确，对现存制度的批判越来越深刻，对未来理想社会的探索也逐步增多着现实因素。但是，空想社会主义终究只是不成熟的理论，它的代表人物们用作指导思想的理论，都还是从资产阶级思想家那里借用的抽象的原则，没有能从资产阶级的思想中完全分离出来。他们都还不是明确的以无产阶级的利益代表的面目出现，相反却认为自己是全人类利益的代表，没有明确的自觉的阶级意识。他们所描绘的未来理想社会都是从自己的头脑里设计出来的，都是空想主义者。这种不成熟的理论是和不成熟的资本主义生产状况、不成熟的阶级状况相适应的，是不成熟的无产阶级的思想体系。由于所处历史条件的限制，空想社会主义者还带有小资产阶级的思想倾向和剥削阶级的思想杂质，但他们"是无产阶级的理论家"。

社会主义一词，在 18 世纪中叶出现于西欧。它的使用是同英、法等国资本主义的发展所带来的严重的阶级对立、工人失业、小生产者破产和经济危机等重大社会问题相联系，人们把解决这些社会问题的设想和方案称为社会主义。1832 年 2 月 18 日圣西门派的法文杂志《环球》和 1833 年 8 月 24 日欧文派的英文报《贫民工报》，都曾把社会主义作为未来理想社会的名称，后来人们就用这个词来概括圣西门、傅立叶和欧文的思想体系。

到了 19 世纪 40 年代，社会主义一词就盛行于西欧各国的出版物，成为十分时髦的词汇，逐步深入社会舆论中，许多资产阶级、小资产阶级改革家以至封建贵族的一些政治思想代表，都打出社会主义旗号，自称为社会主义者。他们按照各自的利益和要求解释社会主义，使其涵义五花八门，极为混乱。恩格斯明确指出："在1847年，所谓社会主义者，一方面是指那些信奉各种空想学说的分子，即英国的欧文派和法国的傅立叶派，这两个流派都已经变成纯粹的宗派，并在逐步走向灭亡；另一方面是指各种各样的社会庸医，他们都答应要用各种补救办法来消除一切社会病痛而毫不伤及资本和利润。这两种人都是站在工人阶级运动以外，宁愿向'有教养的'阶级寻求支持。至于当时工人阶级中那些确信单纯政治变革全然不够而认为必须根本改造全部社会的分子，他们把自己叫做共产主义者。"（《马克思恩格斯全集》第21卷，第407—408页）共产主义一词，首先出现于19世纪30年代的法国。在当时法国工人秘密团体里，普遍用"共产主义"表明他们要求消灭资本主义私有制，建立财产公有制的主张；表明他们渴望继承法国大革命时期作为人民基层自治组织的"公社"的革命传统，因而共产主义一词表达了法国工人本能的革命意向。

在马克思和恩格斯的著作中，除了在特指19世纪三四十年代从社会主义运动中分离出来的工人空想社会主义为共产主义外，有时也从是否主张实行公有制原则把空想体系区分为社会主义或共产主义。如说"傅立叶的方案"是"非共产主义的"，称圣西门、傅立叶的体系为空想社会主义，称欧文的体系为共产主义。但总的说，马克思、恩格斯在研究空想社会主义体系时，并没有给社会主义和共产主义作出严格的定义，常常把两者作为同义词使用，把两者都视为要求改变资本主义私有制，建立高于资本主义的理想社会的思想体系。本书一般也用空想社会主义来概括两者。

本书所研究的空想社会主义，仅限于形成和发展于西欧的近代的空想社会主义。所谓西欧，主要是指英国、法国、德国和意大利。西欧的这四个大国是资本主义的发源地，正是在这里产生了影响最大，直接成为科学社会主义思想来源的空想社会主义。所谓近代，是指从资本主义萌芽到趋于成熟，相当于早期无产者出现到形成独立政治力量的产业无产阶级之间的时期，是指反映这个新阶级革命要求的思想的提出和发展的全部历程的时期。据此，1516年莫尔的《乌托邦》问世，是西欧近代空想社会主义的开端，而1848年《共产党宣言》发表，科学社会主义诞生，则是近代空想社会主义思想史的下限。个别空想社会主义者如布朗基的生平活动尽管大大超过了19世纪40年代，但由于其思想基本上停留在三四十年代水平上，本书也加以研究评述。至于产生和流行于其他地区，或在科学社会主义产生之后，在特定条件下再度泛起的新的空想主义的社会主义思潮，不包括在本书的研究范围内。

西欧近代空想社会主义有两种类型。恩格斯在回顾空想社会主义发展历程时指出："在每一个大的资产阶级运动中，都爆发过作为现代无产阶级的多少发展了的先驱者的那个阶级的独立运动。"（《马克思恩格斯全集》第20卷，第20页）同时"伴随着一个还没有成熟的阶级的这些革命武装起义，产生了相应的理论表现"。一方面是无产阶级先驱者的独立运动，另一方面是和这种运动相应的理论表现，这两种类型的最初代表是站在通向社会主义入口处的两个伟人，即16世纪初驰名欧洲的闵采尔和莫尔。

闵采尔型的空想社会主义在社会主义思想史上是作为运动的形态存在的，是无产阶级先驱群众运动的直接产物。这些运动的领袖人物提出的纲领、宣言、政策表达了无产阶级先驱的利益和愿望，反映了他们的理想和追求，是空想社会主义思想的重要组成部分。属于这种类型的空想社会主义者除闵采尔外，还有英国资产阶级革命时期的温斯坦莱，法国大革命时期的巴贝夫和法国七月革命后形成的工人运动中的共产主义派别，即布朗基、卡贝、德萨米以及作为法国工人共产主义支流的德国的魏特林。他们大多出身贫寒，长期生活在下层群众间；他们投身于群众运动的革命实践并成为运动的领袖人物；他们全都主张用公有制代替私有制；他们大都主张用革命暴力推翻旧制度，建立革命政权，彻底改造现存社会，并进行了这种尝试。但总的说，这种类型的空想社会主义在理论上是较粗糙的，是出于无产阶级先驱的本能的社会主义。

莫尔型的空想社会主义在社会主义思想史上是作为思想形态存在的，是无产阶级先驱者的群众运动的间接产物，是这些运动的相应的理论表现。其主要代表人物除莫尔外，还有康帕内拉、维拉斯、梅叶、摩莱里、马布利、圣西门、傅立叶、欧文等。他们大多出身于上层，受过良好教育，目睹资本主义制度造成的灾难和尖锐的社会对立，抨击了现存社会的全部基础，积极探讨、描绘未来理想的社会，从理论上论证社会主义，反映了无产阶级先驱的利益和愿望。但他们常常自视为高踞于阶级对立之上的人物，是全人类的代表；他们深深同情备受苦难的无产者和劳动群众，却看不到后者的任何历史主动性；他们同无产者的革命运动不发生任何联系，而且大多否定一切革命行动，他们总是幻想用理想的启迪、完美的立法或者通过小规模的典型示范和平地改造社会。

空想社会主义存在两种类型的事实，反映了在科学社会主义诞生前，无产阶级先驱者的群众运动同社会主义理论没有互相结合起来，而是处于互相分离状态的历史现象。在16到18世纪时，社会主义理论家中也有主张人民革命的，但他们实际上与无产阶级先驱者的运动是没有任何联系的。到了19世纪初，特别是30年代后无产阶级开始成为独立的政治力量时，空想社会主义理论家仍然站在工人运动之外，甚至站在对立面，如圣西门主义者攻击里昂工人起义是"野蛮人的横行"，傅立叶主义者则试图诱使工人运动脱离革命方向，欧文主义同宪章运动分庭抗礼。这时，法国的空想共产主义者主要从傅立叶学说中吸取了必要的思想材料，并把它同巴贝夫的革命传统结合起来，从而表现出社会主义理论与工人运动结合的趋势。恩格斯曾高度评价说：只有实现了这一点，工人阶级才能真正成为统治者，"政治和社会的发展也将向前推进"（《马克思恩格斯选集》第1卷，第130页）。但他也指出，由于空想社会主义本身的缺陷，它不可能使工人运动沿着正确的方向发展，只有在科学社会主义学说引导下，社会主义理论同工人运动才能正确地结合和巩固起来。他讲到法国社会主义时指出："起初它有两个独立的派别。一方面是纯粹工人运动，即法国工人共产主义的支流；这个运动产生了作为它的发展阶段之一的魏特林的空想共产主义。其次是由于黑格尔哲学的解体而产生的理论运动；在这一派中马克思的名字从一开始就占有统治地位。1848年1月发表的《共产主义宣言》标志着两个派别的融合，这个融合是在革命熔炉中完成和巩固起来的，在这革命的熔炉中，他们所有的人，不论工人还是过去的哲学家，都同样地为了共同的幸福而冒了生命的危险。"（《马克思恩格斯全集》第22卷，第288页）没有这种结合，社会主义只能是一种空想，是一种善良愿望，工人运动也不会有科学的说明和明确的方向。

西欧近代空想社会主义从产生、发展到衰落，经历了300多年的历程。这个历程可根据资本主义经济、政治条件的发展变化以及由此产生的空想社会主义思想发展的特点，大体上分为四个阶段或时期。

第一阶段：16至17世纪的空想社会主义。这个时期西欧资本主义处在原始积累和家庭手工业时期，它的内在矛盾和弊端刚刚开始显露出来，早期无产者和早期资产者已经出现，而无产者还没有完全从其他劳动群众中分离出来。随着资本主义的萌芽和发展，在资产阶级的人文主义运动、宗教改革运动以及17世纪英国资产阶级革命中，都爆发了无产阶级先驱希图直接实现自身的利益和愿望的斗争，并产生了与这种斗争相应的空想社会主义思想。它的代表人物在16世纪有莫尔、闵采尔、康帕内拉，处于17世纪的是温斯坦莱和维拉斯。这个时期的空想社会主义者思想的特点在于：他们是从人文主义和早期基督教教义中寻求思想武器，大多采用游记文学或传教布道的形式表达社会主义思想，具有神秘主义色彩；他们对现存社会的批判还不能明确区分封建主义和资本主义的界限；他们大多着力描绘了未来理想社会，提出了它的一些基本原则，闪烁着共产主义思想的微光；但他们设计的理想社会是以家庭手工业为原型，带有浓厚的小生产的特点和剥削阶级思想杂质。

第二阶段：18世纪法国空想社会主义。这个时期的法国，资本主义有了发展，手工工场已成为主要经济形式。资产阶级经济实力不断增长，引发了资产阶级的思想运动和政治革命，资产阶级通过革命上升为统治阶级。无产者逐步从无财产群众中分化出来，在资产阶级运动中，提出自己的要求，推进了空想社会主义的发展。它的代表人物是梅叶、摩莱里、马布利和巴贝夫。这个时期的空想社会主义者思想的特点是：他们用理论作为说明社会现象的思想武器，对社会主义进行了理论探讨和论证，基本上抛弃了神学外衣，摆脱了神秘色彩；他们大都用法典的形式对未来社会的基本原则做了明确的规定，平等的要求已不再限于政治权利方面，也扩大到个人社会地位方面了，要消灭的不仅是阶级特权，而且是阶级差别本身；他们不仅公开批判封建制度和天主教会，同时也明确批判资本主义制度和资产阶级共和国，并同资产阶级重农学派和启蒙思想家进行论争；他们设计的理想社会，以农村公社和手工工场为原型，并倡导禁绝一切生活享受的普遍的禁欲主义和粗陋的平均主义。

第三阶段：19世纪初英、法两国的空想社会主义。这个时期，英、法两国资产阶级统治已经建立，资本主义的物质基础的机器大工业也逐步建立起来。资本主义的内部矛盾和弊端日益显露，贫富对立更加尖锐，脱离了封建桎梏的"财产自由"对小资产者和小农来说，实际上是失去财产的自由，工业在资本主义基础上的发展，使劳动群众的贫困成为社会生存的必然。但是这个时候，"资本主义生产方式以及资产阶级和无产阶级间的对立还很不发展"，刚刚从"无财产的群众中分离出来的无产阶级，还完全无力采取独立的政治行动"（《马克思恩格斯全集》第19卷，第209—210页）。在这样的条件下，产生了圣西门、傅立叶、欧文这三位伟大思想家的空想社会主义体系。他们对资本主义制度进行了全面、尖锐的批判,抨击了它的全部基础,从理论上探讨和论证未来理想社会取代资本主义制度的必然性和必要性。他们设计的未来理想社会的详尽蓝图是以机器大工业为原型,完全抛弃了普遍的禁欲主义和粗陋的平均主义,并提出了许多天才的猜测,使未来社会成为高度文明的社会。他们的社会主义体系标志着空想社会主义发展到新的阶段,并成为科学社会主义的直接的思想来源。但是他们认为社会主义是绝对真理、理性和正义的表现,只要把它发现出来,它就能用自己的力量征服世界,因而他们反对暴力革命,否定阶级斗争,指望依靠统治阶级,通过和平改造的道路,实行宣传教育、典型示范来把他们所详尽设计的新制度从外面强加于社会。他们设计的新制度必然是也只能是纯粹的幻想。

第四阶段:19世纪三四十年代的空想社会主义。这个时期随着机器大工业的发展和法国1830年资产阶级七月革命,继英国之后,法国资产阶级和无产阶级间的矛盾也上升为社会的主要矛盾,里昂纺织工人在1831年和1834年举行的两次起义标志着工人阶级已开始形成独立的政治力量。本来意义上的社会主义已经堕落为小资产阶级社会主义的宗派,被有觉悟的工人所抛弃,在这种条件下形成了三四十年代的法国的布朗基、卡贝、德萨米和德国的魏特林的空想社会主义。这种空想社会主义是工人运动的直接产物,这些代表人物都是当时工人运动的组织者和领导者,他们把自己的学说称作共产主义。他们继承巴贝夫的革命传统,并把它与傅立叶主义结合起来,表现出社会主义理论与工人运动结合的趋势。他们注重行动,不尚空论,着力探索实现理想社会问题,提出了关于革命、专政、过渡时期和建立革命政治组织等问题的系统的见解,并大都主张用暴力革命手段改造社会。他们集中批判资本主义生产方式及其后果,但是由于理论上的不足,他们同以往社会主义者一样不能说明这个生产方式,因而也就不能对付这个生产方式,他们的共产主义还是粗糙的、纯粹出于工人本能的共产主义。这种空想共产主义在社会主义思想史上占有重要地位，它对工人运动的发展有积极作用，但终不能为工人运动指出正确的发展道路。它形成于历史观上引起决定性转变的历史事实已经发生的年代，它的积极成果对科学社会主义的形成也起了重要作用，但如恩格斯所说的"法国共产主义者只是在我们的发展初期帮助了我们，但我们很快就发现，我们比我们这些老师知道的还要多些"（《马克思恩格斯全集》第1卷，第592页）。

本书依照上述四个阶段分为四篇论述。

近代西欧空想社会主义是社会主义思想史的第一阶段，是资本主义来到这个世界以后的几百年间，在无产阶级和资产阶级之间的阶级斗争尚未激化，无产阶级尚不能进行有组织的阶级斗争以前的时期里，在理论上代表过无产阶级的思想。但是空想社会主义的意义是同历史的发展成反比的，随着资本主义生产状况的成熟，阶级斗争的发展，科学社会主义的诞生，它逐渐失去其革命的光彩，为觉悟的工人所抛弃。虽然如此，它终究是人类思想史上的先进思想体系，是现代无产阶级需要继承的一份宝贵财富，学习和研究空想社会主义是有重要意义的。

空想社会主义包含着一系列积极成果，为社会主义理论作出了重要贡献。它对资本主义制度进行了尖锐的、鲜明的、严厉的批判，放射出战斗的光辉，提供了启发工人觉悟的宝贵资料，在今天也还具有意义。它对未来社会作出的种种天才猜测，不仅鼓舞着一代代无产者和先进的人们探索追求，也为我们提供了可资借鉴的宝贵遗产。研究和学习空想社会主义，继承这份遗产，对掌握社会主义学说发展规律，掌握社会主义思想史的发展进程是有重要意义的。

空想社会主义是科学社会主义的思想来源。科学社会主义的创立是人类思想史上的一次伟大变革。这个变革是依靠空想社会主义确立起来的，是批判继承了空想社会主义的优秀成果而创立起来的。研究和学习空想社会主义，就可以更好地了解科学社会主义的产生，更深刻地完整、准确地理解科学社会主义的基本原理。

空想社会主义是适应于不成熟的资本主义生产状况和不成熟的阶级状况的不成熟的理论。各种空想体系虽然在批判现存社会时明确地描绘了社会运动的目的，但他们都企图用新社会的幻想图景和方案来弥补运动所缺乏的历史条件，并且认为宣传这些空想的图景和方案是真正的救世之道，所以，这些体系就存在着不可克服的根本缺陷。研究空想社会主义，可以正确吸取历史的经验教训，不再重犯他们犯过的错误，坚定地在科学社会主义道路上前进。

社会主义在实践中，社会主义学说的历史在继续，对过去认识得愈清楚，就对现实认识得更深刻，把握得更准确，对未来更加有信心。学习和研究空想社会主义的根本目的，就在于学习历史经验，继承历史遗产，为现实的社会主义事业服务。

第二节　空想社会主义理论的历史意义

圣西门弥留之际，喃喃地叮嘱他的学生："要记住，为了完成一件伟大的事业，需要锲而不舍的精神……我平生创作的目的，就是要给社会的全体成员创造发挥他们才能的广阔的机会……我们稳操胜券。"（阿·列万多夫斯基：《圣西门传》，第232—233页）

圣西门这段话，生动地表现出所有的空想社会主义者追求的崇高目标和抱有的必胜信念。为了这个崇高的目标，他们中的许多人不惧镣铐铁窗，从容就义；为了这个崇高的目标，他们以智士般的天才眼光探寻科学，为开辟人类解放之路作出了创始性的努力。空想社会主义300多年的历史长卷充分展现了这些伟大的思想家们逐步减少空想玄思向科学方向进步的途程：从对未来社会的空幻描写到必然性的论证，从对现存社会义愤地控诉到一定程度触及雇佣劳动制的实质，从呼吁上层人士拯救社会到一定程度认识到唯有无产者和人民大众才能砸碎旧社会的镣铐。但是，由于社会历史条件的限制，这些伟大的思想家最终也没能脱离空想的窠臼达到科学的水平。所有的空想社会主义者都同圣西门主义一样，只是划破茫茫黑夜的"一颗闪烁的流星，在引起思想界的注意之后，就从社会的地平线上消失了"（《马克思恩格斯全集》第1卷，第577页）。当科学社会主义如东方的旭日冉冉升起时，这些伟大思想家的时代就过去了。

空想社会主义的时代过去了，但它的历史功绩却不可磨灭。从空想社会主义中批判地继承了许多思想财富的科学社会主义永远不会忘记，"它是依靠圣西门、傅立叶和欧文这三位思想家而确立起来的"。科学社会主义正是这些伟大思想家未竟事业的科学继承和新的开拓。

空想社会主义的历史贡献首先表现在它对资本主义进行了全面的批判，提供了启发工人觉悟的宝贵思想材料。

一、对资本主义的批判是空想社会主义思想的重要内容和最有价值的部分

这种批判广泛涉及了资本主义经济、政治制度和道德文化等各个领域，而且这种批判也随着资本主义的发展而逐步深入全面，它是启发工人觉悟的形象材料。

当资本还是用血与火为自己开路时，莫尔就愤怒地控诉了资本原始积累造成的"羊吃人"的历史悲剧。18世纪法国空想社会主义者无一例外地抨击了封建所有制和代替它的资本主义私有制，把它视为一切灾难的根源。到了19世纪，当资本主义用大机器工业巩固自己的基础时，圣西门、傅立叶和欧文这三个思想家一方面肯定了这种文明的进步，同时又谴责了这种进步在资本主义制度下带来的灾难性后果：生产的无政府状态、自由竞争和垄断、生产过剩引起的危机、工商业的欺诈、生产者日益贫穷和绝望等。他们已经初步察觉到了社会化的大生产与资本主义私有制之间存在着难以克服的矛盾，初步意识到只有改变现存的社会制度，在新的社会组织形式下，科学和工业的进步才能给人类带来

福利。

适应资本主义经济关系的需要而形成起来的资产阶级政治经济学也受到空想社会主义者的批判。当这种经济学以重商学派的面目出世时,就受到莫尔的无情嘲弄,当重农学派出现时又遭到马布利的抨击,当李嘉图的学说被推崇备至时,却遇到了他的反对派三大空想家的学说的否定。三大空想家运用了李嘉图学说的一些成果,得出了否定资本主义以及他的理论代表古典政治经济学的结论。而19世纪30和40年代的空想共产主义者普遍攻击了被古典经济学视为当然前提的私有制,否定了这种为资产阶级"创造财富的科学",从而加速了古典经济学庸俗化的进程。

空想社会主义者猛烈地抨击了资产阶级的政治制度,指出资产阶级共和国不过是新的奴役制度,是换了名称的专制暴政,冠冕堂皇的资产阶级法律条文规定的人民权利不过是写在纸上的东西,是完全不会兑现的。他们深入地揭露资产阶级民主制度的虚伪性和反动性,撕开了在"平等、自由、博爱"等漂亮口号下掩盖着的残酷的阶级剥削和政治压迫。

对充斥于资本主义社会的利己主义道德和唯利是图的资产阶级观念、腐朽淫荡的资产阶级生活方式,空想社会主义思想家都给以尖锐的揭露和批判。他们已经认识到,这一切腐朽的观念文化植根于私有制度。用公有制代替私有制,是空想社会主义者批判资本主义得出的普遍结论。

二、空想社会主义者关于未来社会的积极主张包含着不少天才的思想

对未来社会的设想是空想社会主义思想中重要的组成部分。这种设想同奴隶社会和封建时代劳动人民中间产生的与剥削制度"相反的理想"有所不同,它基本上抛弃了宗教和神话的虚无缥缈的外衣,运用在

一定程度上反映了阶级斗争发展和科学技术进步的思想和理论,对未来社会进行了详细的描述和论证。空想社会主义者确信,这种理想的境界完全可以在现实社会建立起来,因而这种洋溢着强烈乐观主义的憧憬对启发劳动人民依靠自己的双手推翻现存社会,建立理想社会有着积极的意义。当然,这种设想终因缺乏科学理论方法的指导而难免是空想的,但"使我们感到高兴的,倒是处处突破幻想的外壳而显露出来的天才的思想萌芽和天才思想"(《马克思恩格斯选集》第3卷,第409页)。

各个空想社会主义者提出的未来社会方案涉及经济、政治、思想文化和婚姻家庭等各个方面,这些方案自然带有各自时代的特色和痕迹,但同时也随着时代的进步而进步。尽管各个空想家的方案存在着许多不同和矛盾,但目标却是共同的,"所有这些主张都只是表明要消灭阶级对立"(《马克思恩格斯选集》第1卷,第283页)。

这些天才的思想主要表现在:经济上,早期和中期的空想社会主义者都从某种道德原则和主观愿望出发,要求消灭私有制,废除人剥削人的社会条件。为此,他们设想了人人平等、人人参加劳动、实行按需分配的理想社会方案。但限于当时的生产力发展水平,这种方案带有明显的平均主义和禁欲主义的特色。19世纪的空想社会主义者则在工业革命的历史条件下,提出有计划地组织社会生产,充分满足人们物质和文化的需要,强调劳动与享受的同一,指出劳动将是人们谋生的手段,要求消灭旧式的劳动分工和三大差别,使人得到自由而全面发展等许多有价值的思想。

政治上,早期空想社会主义者大多不太开展研究,君主制和共和制都被他们当作理想社会可以采用的政权组织形式。随着阶级矛盾和阶级斗争的发展,资产阶级民主制度的建立,空想社会主义者的政治思想也丰富起来。他们不仅提出了社会平等的要求,而且设想了实行真正的民主政治的种种方案,并用法律条文作出明确的规定。例如:对社会领导人和公职人员实行选举制、任期制、罢免制、监督制;规定社会领导人和公职人员只能是人民的公仆,不能享有任何特权,对担任要职的人选的素质和水平作出明确规定;主张人民群众参与社会政治、经济生活的决策,充分发挥全体社会成员的聪明才智;设想了未来社会的国家将变成纯粹的生产管理机构,由对人的统治变成对物的管理和对生产过程的领导,明白地表达了"废除国家"的天才思想。

空想社会主义者大都肯定科学和艺术,认为这些是促进社会进步的要素。他们重视教育,主张教育与生产劳动相结合,培养一代德、智、体全面发展的新人。他们主张建立以真正的爱情为基础的新型婚姻关系,反对基于门第、财富的两性结合,强调男女平等。傅立叶甚至还提出了妇女解放是衡量社会解放的天然尺度的深刻思想。

三、对实现理想社会的道路和手段也进行了有益的探索

空想社会主义者用美好的社会蓝图来吸引人们,同时也设计了通向理想社会的道路和手段。莫尔型的空想社会主义者大多程度不同地幻想依靠现存政权、现有的统治者来完成社会改造,但并不能因此抹杀他们在这方面的一些贡献。例如:欧文试图通过建立合作工厂和公平交换市场作为向理想社会过渡的两大步骤,就曾受到马克思的高度肯定。马克思在第一国际成立宣言中写道:"对这些伟大的社会试验的意义不论给予多么高的估价都是不算过分的。"(《马克思恩格斯全集》第16卷,第12页)同时,马克思也强调了这些措施的空想性质,明确指出工人阶级夺取政权的决定意义。闵采尔型的空想社会主义者一般都强调用暴力推翻现存政权,建立理想社会。自巴贝夫和他的战友们开创性地提出革命、专政、过渡时期和建立无产阶级政党的思想以来,19世纪30和40年代的空想共产主义者继承和发展了这些思想,强调暴力革命、革命专政是新的社会组织建立的必要条件。他们断定必须经过一个建立物质基础的历史阶段作为过渡时期,才能进入理想社会,但他们更多地以为只要改变了财产占有关系,满足人民迫切需要的消费品就是这个物质基础

本身，而没有着眼于在公有制的条件下发展社会生产力，为理想社会创造必要的物质技术条件。这一时期的空想共产主义者还模糊地感到开展有组织的阶级斗争的必要性，探讨了建立无产阶级组织和政党的问题，并在实践上做了尝试。

四、哲学思想中包含着唯物主义和辩证法的因素

空想社会主义者上述三方面的贡献，是与他们的哲学思想中包含着唯物主义和辩证法的合理因素紧密相关的，而空想社会主义逐步减少空想玄思向科学方向的进步，也是与他们哲学思想的唯物主义和辩证法因素的发展同步进行的。

空想社会主义者的哲学思想，就其主流而言基本上是唯物主义的。16至17世纪的空想社会主义者，已经基本上摆脱了神学世界观的羁绊。马克思指出："康帕内拉等都已经用人的眼光来观察国家了，他们是从理性和经验中而不是从神学中引申出国家的自然规律。"（《马克思恩格斯全集》第1卷，第128页）至于闵采尔，他的泛神论已经接近无神论了。在18世纪，梅叶战斗的无神论使他的社会主义思想颇具神采，而构筑摩莱里、马布利的空想社会主义骨架的自然法学说和理性论，虽然在形式上还是同非人格的神联系在一起，但其实质无疑是唯物主义的，而"巴贝夫主义者是粗鲁的、不文明的唯物主义者"（《马克思恩格斯全集》第2卷，第167页）。19世纪法国和英国的空想社会主义者和共产主义者，把起源于洛克的法国唯物主义作为其学说的出发点，"在实践方面体现了这种唯物主义"（《马克思恩格斯全集》第2卷，第160页）。这时，空想社会主义学说有了更多的历史现实主义成分，甚至出现了用唯物主义解释社会关系的萌芽。他们中的一些人甚至认识到历史发展是有规律可循的，并试图从历史发展的阶段性和前进性来论证理想社会取代资本主义社会的必然性、必要性和合理性。这些思想家还初步意识到生产、经济对于政治、法律、道德的决定作用，阶级斗争对历史

变革的重大作用等，出现了像黑格尔一样巧妙地掌握了辩证法的傅立叶，比较科学的共产主义者欧文、德萨米等。

但是，所有空想社会主义者的唯物主义思想都打着旧唯物主义的烙印，而历史观上的唯心主义则是最突出的表现。永恒不变的理性是空想社会主义全部学说的基石，理性既是他们评判现存社会的唯一裁判者，又是他们构架的未来社会的终极目标，整个人类历史被他们视作一部背离理性到重新发现理性的历史。尽管各个空想社会主义者对理性的理解有所差异，但只要深入考察就会发现，这些形式各异的理性实际上是以人的一般本性为依据的。空想社会主义者所谈的"人"，无一例外是抽象的、不分等级、不分阶级的。显然，这种"人"在实际生活中并不存在。而且，各空想家受主观理解、生活条件、知识水平和思维发展程度等条件的限制，决定了他们对理性（人的一般本性）的不同理解，这又造成各个空想体系相互摩擦和冲突，从而磨损了社会主义思想革命的棱角。同时，这种理性主义又必然导致天才论和教育万能论。既然理性被空想社会主义者当作支配世界的终极力量，那么，改造世界的千百万人民的革命实践活动就被他们用少数天才人物发现理性，并把它普及于世，教育和启迪人们的"思维着的理性"活动所代替。因而，他们看不到人民群众，尤其是无产阶级的力量和任何历史主动性，不懂得"历史活动是群众的事业"。即使是一些在一定程度上看到甚至相信人民群众和无产阶级力量的空想社会主义者，也认为只要依靠少数革命家和密谋组织的活动就能把理想社会变成现实。空想社会主义思想的历史说明，从理性出发既说明不了资本主义怎样转变为共产主义的问题，也解决不了实现这个转变所需条件的问题。

从根本上说，空想社会主义这种"不成熟的理论，是和不成熟的资本主义生产状况、不成熟的阶级状况相适应的。解决社会问题的办法还隐藏在不发达的经济关系中，所以只有从头脑中产生出来。社会所表现出来的只是弊病，消除这些弊病是思维着的理性的任务。于是就需要发明一套新的更完善的社会制度,并且通过宣传,可能时通过典型示范,把它从外面强加于社会。这种新的社会制度是一开始就注定要成为空想的,它愈是制定得详尽周密,就愈是要陷入纯粹的幻想"(《马克思恩格斯全集》第20卷,第283页)。

历史进入了19世纪40年代,社会主义从空想发展为科学的条件成熟了。这一时期,英国的工业革命基本完成,法国、德国也先后进入工业革命的时期。随着社会生产力的巨大增长,现代无产阶级也日趋壮大和成熟,资本主义的基本矛盾日益暴露和发展,无产阶级与资产阶级的阶级斗争也日益尖锐激烈。1831年和1834年法国里昂工人起义,1836年至1848年英国宪章运动,1844年德国西里西亚工人起义,标志着欧洲最发达国家无产阶级与资产阶级的斗争上升为社会主要矛盾,无产阶级已作为独立的政治力量登上历史舞台,这是"历史观上引起决定性转变的历史事实",这一切为科学社会主义创立提供了社会经济、政治条件。随着社会生产力和阶级斗争的发展,自然科学和社会科学也发展到前所未有的水平。自然科学的一系列新的重大发现,促进了科学的世界观和方法论的形成。在社会科学方面,法国历史学家关于阶级斗争的发现,特别是德国古典哲学、英国古典政治经济学和英、法的批判的空想社会主义和共产主义学说,反映了这个时期人类思想发展的最高成就,这就为科学社会主义的创立提供了必要的思想文化条件。

在新的历史条件下,马克思、恩格斯通过亲身参加阶级斗争的伟大实践,通过艰巨的理论研究和创造,创立了唯物史观和剩余价值学说,奠定了社会主义学说的科学基石,从而使社会主义从空想发展为科学。

科学社会主义的创立,为无产阶级提供了崭新的思想武器,使社会主义理论与工人运动结合起来,把无产阶级的解放斗争引入自觉斗争的阶段,开辟了社会主义运动的新纪元。

当空想社会主义赖以生存的特定历史条件不复存在的时候,它就失去了任何实践意义和理论根据,"在这个时代以后它又出现,就只能是愚蠢的——愚蠢的、无聊的和根本反动的……"(《马克思恩格斯全集》第4卷，第628页)今天，在亿万人民生机勃勃的社会主义实践中，批判地继承空想社会主义思想家留给我们的宝贵思想遗产，避免重犯他们的错误，更好地坚持和发展科学社会主义，正是我们研究空想社会主义的全部意义所在。

第三节 社会主义由空想变为科学

一、空想社会主义的产生与发展

在阶级社会里存在着阶级剥削和压迫，因此先进的人们都不满于当时社会的压迫、剥削，而向往理想的大门社会幸福光景。到了资本主义制度产生以后，先进的革命的思想家、理论家和一些实践家，向往着没有压迫、没有剥削、没有私有财产等的理想社会，这个理想被称为社会主义。

社会主义这个词真正使用起来是在19世纪初，这个问题近两年来有不少文章做了介绍和说明，概括地说是这样：社会主义来源于拉丁文的Socialis，意"同辈的""同伙的"，从此词后来衍生出Socialism和Socialist二词。

根据现有的资料认为社会主义一词最早是在1803年由意大利教士贾可莫·朱利安尼提出的，他在《驳斥社会主义》一文中激烈抨击了18世纪关于个人主义的理论，他认为由于个人所有制、生活条件的不同，以及一般事物的整个统治制度，将不可避免地导致人类在体力、精神和道德上的不平等的后果。他认为社会主义就是上帝和自然界所期望的历史上继承下来的传统的社会、经济制度和法的制度，简言之他认为社会主义是上帝安排的传统的社会制度。所以他理解的社会主义只是在反对个人主义这一点上和当时及以后的社会主义运动相同。当时的空想社会主义者所用的社会主义不满意资本主义社会中流行的个人主义，朦胧地向往新社会制度中的集体主义。可以说社会主义这个词正式出现是在19世纪二三十年代的英法两国。说来有趣的是，英法两国争夺这个光荣的发明权，据现有史料应该说socialism是法国人先用的，socialist是英国人先用的。

1832年法国圣西门派主办的圣西门主义期刊《世界》（译地球）杂志上刊登的圣西门派门徒找戒西埃富（译乔西叶尔）的文章首次使用社会主义一词，他把人与人之间的"有组织的联系"称为社会主义，说："我们不愿意为社会主义而牺牲个人，也不愿意为个人而牺牲社会主义。"两年后的1834年，圣西门的著名门徒德比埃尔·勒鲁发表了《论个人主义与社会主义》一文，按照圣西门主义观点充分地阐明了社会主义的概念，并使科学社会主义一词在法国流行，他认为要改善人口众多和最贫困的人民群众的命运，只有从个人主义走向"联合"或"社会主义"的道路才行。

"社会主义者"一词是欧文门徒于1827年11月在欧文主义的《合作杂志》上首先使用的。他们把信仰欧文主义的人称为社会主义者。欧文自己于1835年在英国组织社会主义研究会，社会主义这个词在英国流行。

1839年法国经济学家日洛姆·布朗基（他是革命家、空想共产主义者布朗基的哥哥）在欧洲政治经济学史中首先使用"乌托邦社会主义"一词。

社会主义一词虽在19世纪二三十年代才流行，但空想社会主义作为人类社会的先进思想，早在16世纪即已诞生。空想社会主义诞生之后经历了早、中、晚三个时期。也有的认为经历四个时期即增一个19世纪三四十年代的空想共产主义时期。

早期空想社会主义是16、17世纪的空想社会主义。16世纪是历史刚刚进入资本主义时代的世纪，资本主义生产方式从一开始就包含着自身的阶级矛盾，即无产阶级与资产阶级的矛盾。新兴资产阶级的前身是市民等级，早期无产者的前身是破产的农民和手工业者。双方都有自己的政治的和理论的代表。空想社会主义就是这个时期诞生的，空想社会主义是早期无产者的愿望和利益的代表。早期空想社会主义的代表人物主要是闵采尔、莫尔、康帕内拉、温斯坦莱、维拉斯等。闵采尔作为农民起义的领袖在法国农民战争中直接表达了早期无产者的利益与要求，莫尔等人的空想社会主义则是伴随早期无产者斗争而出现的并与之相适应的理论表现。

莫尔在1515年写完、1516年出版的《乌托邦》，是人类历史上第一部完整的空想社会主义著作，它标志着空想社会主义的诞生。

中期就是18世纪的空想社会主义。这一时期的代表人物是梅叶、摩莱里、马布利、巴贝夫等，这都是出现在法国的人物。18世纪是空想社会主义史上一个重要阶段，它不像16、17世纪的空想社会主义基本上处于空想地描写理想社会制度，而且开始对共产主义进行理想探索并取得一定成果。恩格斯说在18世纪已经有直接共产主义的理论（摩莱里、马布利），但它没有摆脱以往空想社会主义的平均主义和禁欲主义，它的特点就是粗陋的平均主义和普遍的禁欲主义。

空想社会主义发展的最重要阶段是19世纪初期的三大空想家的空想社会主义，即后期空想社会主义，这是它的全盛时代。当时的两件具有世界历史意义的大事是英国的工业革命和法国资产阶级革命，至此最终确立了资产阶级的统治，无产阶级和资产阶级的矛盾日益显露。但是资本主义生产方式还不成熟，无产阶级和资产阶级的阶级对立的状况还不成熟。在这种历史条件下产生的空想社会主义是"不成熟的理论，是和不成熟的资本主义生产状况、不成熟的阶级状况相适应的。解决问题的办法还隐藏在不发达的经济关系中，所以只有从头脑中产生出来。社会所表现出来的只是弊病，消除这些弊病是思维着的理性的任务"。因此，虽然他们把空想社会主义提高到空前的阶段，被马克思、恩格斯称为"批判的空想社会主义和共产主义","本来意义的社会主义和共产主义体系"。他们既不像早期的对理想国家的虚幻描写,也不像中期那样宣扬禁欲主义和平均主义,但他们终究是空想主义。

二、三大家空想社会主义是科学社会主义的直接思想来源

空想社会主义是人类思想史上的进步的思想体系。它是早期无产阶级的世界观,是现代无产阶级先驱的思想的理论表现,是"同无产阶级对社会普遍改造的最初的本能的渴望相适应的"(《马克思恩格斯选集》第1卷,第304页),是正在成长的无产阶级的"征兆、表现和先声"(《列宁选集》第2卷,第300页)。但长期以来有的人认为它是小资产阶级社会主义,有的人认为是资本主义的社会主义,20世纪60年代这个争论还相当热闹。应该明确判定一种社会思想和学说究竟代表或反映什么阶级的利益和要求,即看它的阶级实质时,最重要的最根本的就是看这种思想能不能越出某一阶级生活所越不出去的界限,这种学说在理论上提出的东西是不是某一阶级在实践中所要达到的目的。空想社会主义者所提出理论超越了资产阶级所越不出去的界限,也不是资产阶级、小资产阶级在实践中要达到的目的。

空想社会主义"只有在无产阶级尚未发展为自己那个自由历史运动的时候,才是无产阶级的理论表现"(《马克思恩格斯选集》第1卷,第461页)。在无产阶级进入自为阶级之后,它就是失去历史意义,马克思说:"正如经济学家是资产阶级的学术代表一样,社会主义者和共产主义者是无产者阶级的理论家。在无产阶级尚未发展到足以确立为一个阶级,因而无产阶级同资产阶级的斗争尚未带政治性以前,在生产力在资产阶级本身的怀抱里尚未发展到足以使人看到解放无产阶级和建立新社会必备的物质条件以前,这些理论家不过是一些空想主义者,他们为了满足被压迫阶级的需要,想出各种各样的体系并且力求探寻一种革新的科学。但是随着历史的演进以及无产阶级斗争的日益明显,他们就不

再需要在自己头脑里找寻科学了……"(《马克思恩格斯选集》第1卷，第155页)

可见空想社会主义是在资本主义社会阶级矛盾和阶级斗争激化以前，在无产阶级进入有意识有组织的经济斗争和政治斗争时期以前，在理论上代表过无产阶级，在历史上起过进步作用，因此空想社会主义学说中也就包含了科学社会主义的思想萌芽。马克思说："在唯物主义的批判的社会主义出现以前，空想主义本身包含着这种社会主义的萌芽。"(《马克思恩格斯全集》第34卷，第281页)

从社会主义思想史的角度说，各种空想社会主义体系都对社会主义和共产主义思想宝库做出了重要贡献。19世纪初的三大空想社会主义者则是科学社会主义的直接思想来源，恩格斯说：科学社会主义永远不会忘记，"它是依靠圣西门、傅立叶和欧文这三位思想家而确立起来的。虽然这三位思想家的学说含有十分虚幻和空想的性质，但他们终究是属于一切时代最伟大的智士之列的，他们天才地预示了我们现在已经科学地证明了其正确性的无数真理"(《马克思恩格斯全集》第18卷，第566页)。

三大空想家的历史功绩和贡献是：第一，他们对资本主义制度进行了无情的揭露和尖锐的批判，这是他们的著作中最神圣的部分，所以马克思、恩格斯称为批判的空想社会主义，他们在资本主义制度刚刚确立就洞察出它的几乎一切的弊端。虽然他们没有做出科学结论，但进行了机智有力的揭露和批判，提供了启发工人觉悟的宝贵材料。第二，他们在对未来社会的天才预测和幻想性描写中提出了许多积极主张。这些积极主张，设想后来用科学方法证明了是正确的。如圣西门理想的"实业制度"有六项原则：①完全平等，不承认任何特权；②使一切人都得到最大限度的自由；③按照最有利于生产的方式组织起来；④人人参加劳动，消灭一切寄生虫；⑤经济文化高速发展促进各种个人幸福和公共福利；⑥尽善尽美地利用科学、艺术来满足人们的需要。在他的"实业制度"里,"人民的幸福是社会组织的独一无二的目的"。傅立叶要实行的"协作制度",组织劳动竞赛,把劳动由谋生手段变为生活需要。欧文主张废除私有制建立共产主义公社等,提出消灭旧的社会分工和城乡对立的方案。第三,他们预示了或者说猜测到某些社会真理,反映了他们的历史观中包含着向历史唯物主义发展的合理因素,包含着科学社会主义的一些思想萌芽。如圣西门提出社会发展是有规律的,他提出要使社会科学成为自然科学一样严格的科学。他理解法国革命不仅是贵族和资产阶级之间的阶级斗争,而且是贵族资产阶级和无财产群众之间的阶级斗争。傅立叶的历史观包含有不少辩证法因素。欧文在社会历史观方面明显具有唯物主义观点,他认为人是环境的产物,要提高人们的道德培养良好的性格就必须改造环境。

马克思、恩格斯对空想社会主义的历史贡献给予很高评价,恩格斯在《社会主义从空想到科学的发展》第一章中说这三个人都各有特点,圣西门目光远大,傅立叶批判深刻,欧文注重实践。他们的贡献给予科学社会主义提供了宝贵思想材料。马克思、恩格斯批判继承了这份财富创立了科学社会主义。

为什么三大家自己不能发展为科学社会主义呢?它有缺陷:第一,他们对资本主义做过揭露批判,但是他们不懂得资本主义社会的本质及其发展规律,他们不理解资本主义的经济关系和资本主义剥削的秘密。他们对未来社会设想有不少合理因素,但他们是从抽象的理性原则出发,认为社会主义是理性,正义的表现,不懂得社会主义是社会发展的必然产物。他们这种唯心主义历史观决定他们的社会主义只能是空想的。他们同资产阶级学者一样一方面认为"环境决定人",一方面又认为"意见支配世界",用理性原则作为衡量一切的唯一尺度,作为历史发展的原动力。圣西门的"原则是出发点"名言道破了三大家唯心史观的共同本质,说明了空想社会主义与科学社会主义的根本区别。圣西门说"凡是力求设计出一种完善的社会组织,而且在进行这种设计的时候，用某种抽象的原则作为出发点的人都是空想主义者"。"空想社会主义从抽象原则出发点，科学社会主义、资本主义经济发展的客观进程做出发点。"他们不是从实际出发，而是从原则出发；他们不是研究社会生产方式的辩证运动，而是"研究人类理性运动"；他们不是以生产力的发展为依据，而是以理性为准则，依靠天才人物，所以只能空想，不能成为科学。

第二，找不到依靠力量，他们把无产阶级当作一个受苦最深的阶级，看不到无产阶级的伟大力量和肩负的历史使命。他们的理论虽然是前驱革命斗争的理论表现，但脱离了工人运动，就只能是空想的理论。

圣西门强调首要关心人数最多的和最贫穷的阶级的命运，并为此向凡是有善心的人发出呼吁，可是他却不认为无产阶级可以通过自己的力量解放自己，坚持"请富人关心穷人的命运"。欧文是三大家中唯一试图吸引工人参加社会改造事业的人，"他直接转向工人阶级，在工人阶级中进行了 30 年的活动"，为工人做了许多好事甚至提出工人阶级只有依靠本身的力量才能得到解放。这个提法有很大意义，但是它的含义还不是科学社会主义的。他认为工人是生产者，资本家是寄生者，各走各的路。工人靠自己组成合作社进行工人自己的相互贸易，交换商品，组织工人阶级自己的社会，这样搞几年，资本家就没有生活来源，就得回过头要依靠工人阶级，这纯属空想，欧文按这种空想进行了试验，搞得一败涂地，所以他并没有真正认识工人阶级的力量和担负的历史使命。"社会主义者的学说不同工人斗争相结合，就只是一种空想，一种善良的愿望，对实际生活不会发生影响。"(《列宁全集》第 4 卷，第 213 页)

第三，找不到改造资本主义社会的正确道路，不了解阶级斗争是阶级社会历史发展的直接动力。他们反对无产阶级的阶级斗争，反对无产阶级革命和无产阶级专政，幻想和平达到社会主义。《共产党宣言》指出"他们拒绝一切政治行动，特别是一切革命行动，他们想通过和平的途径达到自己的目的,并且企图通过一些小型的、当然不会成功的试验,通过示范的力量来为新的社会福音开辟道路"((《马克思恩格斯选集》第1卷,第304页))。Plekhamov说:"科学社会主义的信徒们把自己的理想看作是历史的必然事情,而空想社会主义者则把自己的希望寄托于偶然性。"他们的缺陷是他们所处的历史条件造成的,客观社会、经济条件的不成熟性,决定了空想社会主义理论的不成熟性。随着资本主义生产方式的发展,随着无产阶级作为独立的政治力量走上历史舞台,社会主义由空想发展为科学。

第四节 重新审视科学社会主义和空想社会主义的关系

问:党的十三大报告指出,随着科学社会主义理论在实践中的发展,"必然要抛弃前人囿于历史条件下仍然带有空想因素的个别论断"。这是一个新提法。请谈谈您的认识。

答:不妨先做一番回顾。我们对马克思主义有一个认识不断深化的过程。中国人民在马列主义、毛泽东思想指导下,取得人民革命的伟大胜利。马克思主义在人民中有极高的权威。在理论工作中我们虽然知道马克思主义不是教条而是行动的指南,但在实际上并没有摆脱教条主义的束缚,相信马克思主义"所有论断都是正确的",经典著作"句句是真理"。20世纪50年代中期对这种认识有所冲击,但并未解决问题。党的十一届三中全会恢复和坚持了一切从实际出发、实事求是、实践是检验真理的唯一标准的唯物主义路线,提高了我们的自觉性,使我们认识到在马克思主义经典作家的论著中包含着普遍原理和个别论断两部分。普遍原理即指关于社会发展的一般规律;关于观察和分析社会现象、社会问题的基本立场、观点和方法。个别结论则是马克思主义经典作家运用辩证唯物主义和历史唯物主义解决具体问题所得出的结论。马克思主义的普遍原理具有旺盛的生命力,它将随着实践的发展不断地得到充实、丰富和验证。而个别论断却会因环境的迁移、条件的变更逐渐失去其效力。这样，我们就真正明确地认识到马克思主义的"个别论断是会过时的"。十一届三中全会后，在建设有中国特色社会主义的实践中，我们的认识又有了发展。由于马克思主义经典作家没有经历过建设社会主义的实践，他们不可能为社会主义建设预先准备一套切实可行的方案。马克思主义的学说主要是关于无产阶级和人民群众进行革命的理论和策略。关于如何进行社会主义建设，我们从马克思、恩格斯的书本上找不到现成的结论。那里，没有社会主义建设的提法。于是，我们更深刻地懂得了列宁说的只能根据经验而不是根据书本来谈论社会主义，因为马克思主义书本上没有"现成的结论"。这以后，我们对马克思主义的认识还在继续不断深化。党的十三大提出的"个别论断带有空想因素"就是这样一个标志。

指出马克思主义经典作家的某些论断中含有空想因素，这是在对待马克思主义问题上迈出的重要一步，是一个突破。它与前面几次对马克思主义的认识不能同等看待，相提并论。很显然，无论是"所有论断是正确的"，还是"个别论断会过时""现成结论是没有的"的认识，都回避了马克思主义经典作家的论述中究竟有没有不正确东西这一点。比起"所有论断是正确的"来说，"个别论断过时"和"现成结论没有"的看法，在认识上虽然有了变化、发展，但是从总体上看并没有跳出马克思主义的"所有论断都是正确的"的圈子。党的十三大关于马克思主义"个别论断带有空想因素"的提法，则是第一次肯定了马克思主义的论断中有杂质的成分、不正确的东西。这对于我们研究社会主义理论的工作者来说，具有深刻的启迪意义，它向我们提出了重新审视科学社会主义和空想社会主义关系的任务。

问：恩格斯有一篇名文《社会主义从空想到科学的发展》，其间精辟地分析了唯物史观和剩余价值学说的创立，使社会主义走上了康庄大道。既然社会主义已经由空想变成科学，为什么说马克思主义的论断中还有空想因素呢?

答:这有必要来看看马克思、恩格斯是如何改造空想社会主义的。整个空想社会主义学说可以分为两个部分:对资本主义社会的批判、否定和对社会主义社会的赞美、描绘。要进行批判、要进行描绘,需要有一个思想武器。空想社会主义运用的是理性哲学的武器。他们从抽象的"理性精神"出发,从经济、政治、文化教育、伦理道德等各方面无情地批判了资本主义社会,揭露了资产阶级压迫、剥削无产阶级和劳动人民的罪恶。同样地,他们还是从理性哲学的观念出发,在经济、政治、文化教育、伦理道德等各个方面着意描绘未来美好的新社会,赞美了人类的平等、欢乐和自由。黑暗的社会由谁推倒?理想的社会由谁建造?空想社会主义者把希望寄托在资产阶级统治者和个别天才人物身上。他们认为这种人物一旦出现,人类社会就会免除迷误、痛苦和灾难。由此可见,空想社会主义有两个根本缺陷:一是以历史唯心主义的思想说明旧世界的灭亡和新世界的诞生,这是错误的;二是把少数天才人物当作劳动人民的救世主、实现社会主义的依靠力量,这是荒谬的。马克思、恩格斯正是抓住这两个要害问题对空想社会主义进行改造,以唯物史观代替唯心史观,阐明资本主义必然灭亡、社会主义必然胜利的历史必然性;以剩余价值学说揭示工人阶级的革命性,阐明无产阶级和劳动人民是实现社会主义的主体力量。所以我认为马克思、恩格斯对空想社会主义的改造,首先表现为哲学方面的彻底改造,其次表现为经济学方面的改造,解决了一个最重要的问题,即揭开了工人阶级受剥削的秘密。这两个问题的解决,奠定了社会主义的科学理论基础。恩格斯说的"社会主义从空想到科学的发展"这一概念,其含义指的就是社会主义基础理论的更新。至于空想社会主义对资本主义的批判和对未来理想社会描绘的内容,被马克思、恩格斯肯定了不少,为科学社会主义理论直接吸收了。恩格斯曾经写道,永远不要忘记,科学社会主义"是依靠圣西门、傅立叶和欧文这三位思想家而确立起来的"。这句话可以作这样的理解,科学社会主义理论中包含着很多空想社会主义提供的内容。这些内容，有些是经过取舍借鉴的，有些是照样拿来的。对空想社会主义理论的清理，是一项艰巨的工作。在这样的工作中，智者千虑，必有一失。鉴于当时的历史条件，特别是没有实践经验，难免有些未经清理的空想基因被马克思、恩格斯当作科学的养料吸收进科学社会主义理论里来。这是后来的马克思主义理论工作者长期所没有注意到和思考到的问题。其原因之一就在于过去我们对"社会主义从空想到科学的发展"这一概念作了过于宽泛的理解。

问：这样看来，马克思主义经典作家由于历史条件的限制，只是大体上、从主要的方面完成了对空想社会主义的改造，尚有遗留下来的一些工作需要做，而以前由于我们认识上的偏差并没有去做。也许这就是您提出重新审视科学社会主义和空想社会主义关系的根据吧。该怎样进行这样的审视呢？

答：首先要有多层次多角度地来审视科学社会主义和空想社会主义关系的观念。从前面的分析中可以看到，哲学是一个层次，经济学又是一个层次，这两个层次都属于基础层次。在此基础上关于怎样战胜资本主义、组织社会主义的政治的思想文化方面的观点、看法，这又是一个层次。在哲学方面，科学社会主义和空想社会主义的关系已经理顺了。在经济学、政治学、文化学方面，科学社会主义和空想社会主义的关系也已基本理清，但仍然还有许多问题未彻底解决。我认为，重新审视科学社会主义和空想社会主义的关系，主要就表现在经济学、政治学、文化学这些领域。在经济学领域，我们可以从经济运行方式、生产资料所有制、分配形式、人们的经济生活方式等角度去探讨科学社会主义和空想社会主义的关系。在政治学、文化学领域，我们可以从国家思想、民主思想、道德思想、教育思想等角度去探讨科学社会主义和空想社会主义的关系。社会主义由科学理论变成现实制度，已经有七十年的实践经验了，在我国也有近四十年的实践经验。当代世界无论是社会主义国家的情况，还是发达资本主义国家的情况，都为我们重新审视科学社会主义和空想社会主义的关系提供了新的条件。站在今天对社会主义社会进一步的发展作出预测，也比当年马克思、恩格斯有更优越的环境。探讨科学社会主义和空想社会主义的关系，其目的在于真正弄清楚科学社会主义理论中还含有的空想因案，以便予以清理、剔除，使科学社会主义理论更好地指导社会主义建设。

问：既然现在我们认定科学社会主义的论断中夹杂着如此空想因素，那么您能否具体地举例谈谈，并说明与空想社会主义的联系？

答：我们说科学社会主义理论中夹杂些空想因素，主要是指马克思主义经典作家在预测未来社会主义社会时所得出的些不切实际的结论，比如说，关于社会主义社会应有的生产力基础的问题。马克思、恩格斯发现生产是人类社会发展的最根本的决定力量，指出社会主义社会必须是以发达资本主义社会的生产力为基础。马克思、恩格斯在应用这一原理考察欧美各国时，认为英、美、法、德已经是发达资本主义国家了，社会主义革命将在这些国家同时发生。这些国家取得社会主义革命胜利之后，已经拥有了社会主义社会应有的生产力。马克思在1854年谈到英国工人阶级时说，"英国工人阶级既然创造了现代工业的无穷无尽的生产力，也就实现了劳动解放的第一个条件，现在它应当实现劳动解放的另一个条件。它应当把这些生产财富的力量从垄断组织的无耻的枷锁下解放出来"（《马克思恩格斯全集》第13卷，第134页）就是这个意思。显然，马克思、恩格斯认为英、美、法、德诸国社会主义革命胜利后具备了社会主义社会生产力的论断，是囿于当时的历史条件带有空想因素的结论。其实，我国1952年底的钢产量已达135万吨；而1870年包括英、美、法、德等先进国家在内的全世界钢产量不过才为62万吨。同样是这些国家，与百年后今天的情况相比，那就更明显地说明当时是谈不上为发达国家的。所以，马克思、恩格斯认为当时西欧各国可以进行社会主义革命是对的，但认为这些国家已经具备了社会主义社会的生产力就含有空想因素，把社会主义社会的生产力看得太低了。再如社会主义社会的按劳分配问题，马克思、恩格斯的设想是以社会必要劳动为尺度，"按等量劳动领取等量产品，用劳动证书"的形式来实现的。按劳分配的"劳"是以劳动小时计算的，劳动者之间互相交换劳动证书，即一个人用一小时的劳动证书与另一个人一小时的劳动证书相交换。这只有在生产力社会化、技术管理水平都一样的情况下才有可能这样做。而实际上各个企业的科学水平、技术水平，企业管理水平、领导决策水平不可能一样；劳动者的素质、劳动者的技能、劳动者的工作态度也不可能一样。因此，同样的一小时劳动，创造的价值却是不相等、不一样的。这说明，马克思、恩格斯设想按劳分配按劳动小时计算并不科学、并不精确。显然，按劳分配不仅要考虑劳动时间，还要考虑产品数量、产品质量、社会效益等因素。更进一步说，马克思、恩格斯设想的未来的按需分配也有一定的空想因素。马克思、恩格斯设想的按需分配的前提是社会产品极为丰盛，所有的社会财富都充分涌流出来，同时人们有了高度的思想觉悟。但是，人类社会的产品即使很丰富了，也仍然无法充分满足人们的需要。这一方面是因为人的需要本身就是一个无穷极数，是不断变化、发展的。另一方面也因为社会产品在不断更新，新的高级产品总不可能在一夜之间喷射出来立即满足所有人的需要。至于人的高度思想觉悟，它所起的作用是防范超出需要的浪费欲望和行为，而不是用来限制人的需要。所以，未来社会也不可能做到所有消费品都按需分配，有可能的只是人们日常需要的、相对稳定的那一部分消费资料实行按需分配。

上述所举科学社会主义论断中的空想因素，显而易见地受到空想社会主义者的影响。空想社会主义者并不理解生产力的作用、一贯忽视生产力问题。还在资本主义社会的生产力刚刚形成、资本主义制度刚确立之时，他们便认为只要资产阶级放弃占有的那么多财富，就可以使社会上所有的人过上好日子，步入天堂。在生产力问题上，马克思、恩格斯与空想社会主义者划清了界线,强调了生产力的重要性,然而在一定程度上还受到空想家看轻生产力倾向的影响,以致低估了资本主义生产力发展的趋势,低估了社会主义社会生产力的水平。马克思、恩格斯关于"按需分配""按劳分配"思想中的空想因素,也都与空想社会主义有联系。莫尔在《乌托邦》里早就论述了按需分配的原则和依据:"第一,没有一种物质不是充裕的,其次也无须顾虑任何人会不按照自己的需要而多申请物资。"而按劳分配的"劳动证书",与欧文的"劳动券"是相同的。我以上只是粗略地谈了科学社会主义理论中含有的空想因素,不可能全面。我们还要系统地清理科学社会主义理论中的空想因素。

问:要系统地剔除科学社会主义理论中夹杂着的空想因素,恐怕有必要提出进一步加强空想社会主义的研究和教学的问题吧?

答:有这必要。在我国,长期以来对空想社会主义的研究和教学是不够的。从20世纪50年代末到60年代中期,由于我们社会主义建设中"左"倾错误造成的危害,第一次推动着人们对空想社会主义进行研究。当时涉及空想社会主义思潮出现的历史原因、空想社会主义思想史的发展阶段、空想社会主义的历史作用和局限、空想社会主义学说的阶级属性等问题,并接触到科学社会主义与空想社会主义关系的问题。可惜这种研究正待深入之时,却被随后发生的"文化大革命"打断了。1979年后,随着探索科学社会主义理论高潮的兴起,对空想社会主义的研究也开始重新活跃起来。这十年来,发表了许多论文和专著,其中不少有独到的学术价值。在学术研究的同时,全国各高校和党校还纷纷开设了空想社会主义的课程。目前,我国学术界和高校、党校的空想社会主义理论研究和教学工作方兴未艾,初步出现行情看好的势头。

但是,综观我国对空想社会主义的研究和教学,其深度确实是不够的,还有很多问题亟须解决。我认为进一步加强对空想社会主义的研究和教学,应开展对空想社会主义理论观点的专题探讨。从政治方面,可以专题研究空想家的国家观、法律观、阶级观、革命观、党的学说以及关于过渡时期和未来社会发展阶段的思想；从经济方面，可以专题研究其自然经济思想，劳动生产组织思想、所有制思想、分配思想以及禁欲主义；从文化方面，可以专题研究其社会历史观、伦理道德观、人道思想、教育思想、科技思想等。

第二篇　对经典马克思主义作家思想的研究

第一节　马克思主义的政党观

一、共产党（无产阶级政党）的性质及其作用

无产阶级革命政党是马克思主义与工人运动相结合的产物，是无产阶级斗争进入自觉阶段的标志，是领导无产阶级革命事业的核心力量，它的领导是无产阶级解放事业取得胜利的根本保证。

1. 共产党是工人阶级的先锋队

（1）什么是政党？政党是阶级的组织，是一定阶级的政治代表，是阶级斗争的工具。但并非所有阶级社会都有政党，在奴隶社会和封建社会里就没有政党。

那里的统治阶级中各阶层、各集团虽也经常进行争夺经济利益和政治利益的斗争，但由于当时的历史条件，他们不能采取完整的公开的组织形式，只能形成一定的隐蔽的集团，当时人们称之为"朋党"，也就是现在所说的宗派，即为争权夺利而组合起来的排斥异己的集团。由于当时分散的生产状况的局限，没有也不可能有进行政治活动的条件更谈不上组织成政党了。只有到了资产阶级革命时期，随着生产交通的发

达、政治斗争的发展,才有可能组成全国政治集团即政党,所以政党是在资产阶级革命中和资产阶级革命胜利以后建立的。

无产阶级政党产生要比资产阶级政党晚一些,无产阶级在反对资产阶级的阶级斗争中最初通过行会,然后按照职业联合起来,而后在阶级斗争发展到各行业、各地区汇集成统一的政治斗争中逐步建立起独立政党。

所以政治是阶级的组织是阶级斗争的工具,是各阶级政治斗争的最严整最完全和最明显的表现。不过资产阶级、小资产阶级政党标榜自己是超阶级非阶级政党以愚弄人。无产阶级政党则公开声明自己是工人阶级政党代表整个无产阶级利益,代表整个运动的利益。

《中国共产党章程》总纲第一句"中国共产党是中国工人阶级的先锋队",对于我们党的工人阶级性质不论在国际、国内、过去、现在都有不同的错误的认识。民主革命时期我们长期在农村根据地工作,党员中农民出身的占多数,长期进行民主革命。托派分子就攻击这种情况,说我们党丧失了无产阶级政党性质。在国际共运中也有人怀疑、误解说我党是"农民党",是"民族主义"或"民主主义"的政党。国内也有这种看法,有不少群众说我们是"穷人党""好人党"等,实践证明这些都是错误的(不只中国有,不只对中国党,如查苏利奇在为取消派打气时,根据建党初期这种方式占多数竟然说俄国社会民主党是知识分子的党,是知识分子为在工人中间进行宣传鼓动的地下组织)。

社会主义社会里资产阶级作为阶级消灭了,工人阶级还存不存在?共产党是不是工人阶级的党,苏共最早对这个问题作出否定回答,说苏共是全民党。最近几年在我们党内也有人产生过类似的糊涂观念,这既违背马克思主义基本原理,也违反了实际生活。事实上工人阶级没有随着资产阶级消灭而消灭,相反队伍日益壮大。其阶级特性将随着社会主义物质文明和精神文明建设的发展而体现得更充分更广泛。②社会主义条件下工人阶级的历史使命还远远没有完成,工人阶级的特殊的本质和社会职能也没有消灭，工人阶级的特点和优点仍然存在。

（2）怎样说明共产党是工人阶级先锋队

因为：①党是由工人阶级的先进分子所组成。共产党是工人阶级的政治代表，但是又不等同工人阶级，也不等同于工人阶级的其他组织。"党是阶级的觉悟的、先进的阶层，是阶级的先锋队。"（《列宁全集》第19卷，第407页）

②为什么是先锋队？党是由工人阶级的先进分子所组成，是工人阶级优秀分子的集合，他们集中反映了工人阶级的阶级特性。出身于非无产阶级的人加入共产党都必须从世界观和根本立场上放弃和背叛原来的阶级，彻底转到工人阶级方面来，成为具备工人阶级的先进分子的条件。列宁说过"一个党是不是真正的工人政党，不仅要看它是不是由工人组成的，而且要看是谁领导它以及它的行动和政治策略的内容如何。只有根据后者，才能确定这个党是不是真正的无产阶级政党"（《列宁全集》第31卷，第225页）。

③党是以马克思主义作为指导思想的。先锋队不仅是由先进分子组成，而且是以马克思主义武装起来的，恩格斯在《卡尔·马克思〈政治经济学批批判〉》一文中指出："我们党有个很大的优点，就是有一个新的科学的世界观作为理论的基础。"（《马克思恩格斯选集》第13卷，第528页）正因为这样，共产党人"他们了解无产阶级运动的条件、进程和一般结果"（《马克思恩格斯选集》第1卷，第285页），毛泽东在党的八大开幕词上说"指导我们思想的理论基础是马克思列宁主义"（《毛泽东文集》第6卷，第350页）。没有马克思主义科学世界观作指导，即使是无产者组成，也不是先锋队。这包含两层意思：第一，从党的建立看：党是科学社会主义和工人运动相结合的产物，这是马列主义关于党的学说的一条基本原理，是共产党产生的普遍规律，它也决定党的性质。这个原理告诉我们共产党的产生首先要有本国的工人运动，这是党产生的阶级基础。没有工人阶级这个阶级基础，没有无产阶级反对资产

阶级的斗争，建党就无从说起就是无本之木。工人运动的发展，就需要建立自己的阶级的政党来领导革命运动。第二，必须有马克思主义，科学社会主义的传播，这是产生共产党的思想基础、理论基础，没有这个条件、没有马克思主义理论对工人运动的指导，党就没有灵魂，不辨方向，无产阶级革命政党的建立也就是不可能的。把两者结合起来就成为共产党，这两者是互相需要互相依存的。马克思主义是工人阶级的精神武器，工人阶级是马克思主义的物质力量，两者结合起来就产生无产阶级战斗司令部。这个结合是怎样实现的？这是靠共产主义的知识分子，向工人阶级、工人运动传播马克思主义而实现的。

④无产阶级政党以马克思主义作为自己的行动指南。"没有革命的理论，就没有革命的运动。"(《毛泽东文集》第3卷，第341页)只有以先进理论为指南的党才能实现先进战士的作用。如果没有先进理论指导，革命政党迟早要在政治上遭到破产的。列宁认为决定政党性质的要看党内哪种思想占统治地位，他说："如果在党内，修正主义者的思想真的占了上风，那就不是工人阶级的社会主义政党了。"(《列宁全集》第13卷，第443页)因此其他阶级的分子参加无产阶级政党，"首先就要要求他们不要把资产阶级、小资产阶级等等的偏见的任何残余带进来，而要无条件地掌握无产阶级世界观"(《马克思恩格斯选集》第3卷，第685页)。

⑤党是按民主集中制组织起来的，1967年10月毛主席有一段被称为"五十字建党大纲"的语录，"党组织应是无产阶级先进分子所组成，应能领导无产阶级和革命群众对于阶级敌人进行战斗的朝气蓬勃的先锋队组织"。这段语录列入党的九大（1969年4月）党章的总纲中，1973年8月召开的党的十大修正通过党章，从"总纲"删去这段语录。粉碎"四人帮"后1977年8月党的十一大重新修正通过党章，又在"总纲"上加入这条语录。党的十二大新党章没有这句话了。这个"大纲"前后两小句是正确的，但对党的任务的表述仅仅为"对于阶级敌人进行

战斗"则很不够了，对我们党在新的历史时期的总任务来说是很不够的。

党的十二大通过的《党章》总纲关于党的性质规定为："中国共产党是中国工人阶级的先锋队，是中国各族人民利益的忠实代表，是中国社会主义事业的领导核心。党的最终目标是实现共产主义的社会制度。"这是对党的性质的科学概括。这里的一个问题是，共产党既是各族人民利益的忠实代表，是不是可以说共产党是工人阶级和劳动人民的先进分子组成呢？《人民日报》1982年10月15日的一篇文章上就说"我们党的性质，一方面说明，我们党并不是一般的工人阶级和各族人民的组织，而是由工人阶级和各族人民中的先进分子组成的先锋队"，这就把党的组成成分和阶级性质混淆了。胡耀邦在党的十二大报告中也说："在我们党内集合了中国工人阶级和中国人民的优秀分子。"（《十二大以来重要文献选编》上，第55页）这就是指的党员的组成成分，而不是指党的性质。参加党的是有工、农、兵、知以至个体劳动者，他们一般当然也都是他们所属的社会集团的先进分子优秀人物，但他们加入的是工人阶级的先锋队、党员条件入党誓词及党员义务都表明入党是参加工人阶级先锋队行列了。

2. 党的领导作用

（1）无产阶级政党是无产阶级革命和建设事业的领导核心

无产阶级为什么需要党呢？"为的是要保证社会革命获得胜利和实现这一革命的最终目标——消灭阶级。"（《马克思恩格斯全集》第17卷，第455页）没有党的领导无产阶级就不能"作为一个阶级来行动"（国际章程）。当然也就不可能推翻旧世界，建设新社会不可能完成自己的历史传命。

列宁反复论证马克思主义革命政党是无产阶级革命事业取得胜利的唯一保证。毛泽东说："既要革命，就要有一个革命党，没有一个革命的党，没有一个按照马克思列宁主义的革命理论和革命风格建立起来的革命党，就不可能领导工人阶级和广大人民群众战胜帝国主义及其走

狗。"(《毛泽东选集》第 4 卷，第 1357 页)

无产阶级政党所以能够起领导作用，就因为它是无产阶级先锋队，是由无产阶级的先进分子按民主集中制组成的，是以马克思主义武装起来的，是人民利益的忠实代表者。

国际共运史经验证明，没有共产党的领导就不会有无产阶级革命在一系列国家取得胜利，就不可能使社会主义由理论变为现实，同样，也不会有社会主义建设事业的胜利，更不可能有共产主义在全世界范围的胜利。

中国革命历史经验证明，没有中国共产党就没有新中国，同样，没有中国共产党也就不会有现代化的社会主义中国。如果真的没有中国共产党的领导，没有党在长期斗争中同人民群众形成的血肉联系，没有党在人民中间所进行的艰苦细致的有成效的工作和由此而享有的崇高威信，那么我们就必然由于种种内外原因而四分五裂，我们的民族和人民的前途就只能被断送。

(2) 在社会主义社会里党是社会主义事业的领导核心

社会主义制度建立后，必须有一个相当长的社会主义建设时期。从历史的角度看，社会主义建设的过程，是社会生产力获得巨大发展的过程，是社会主义制度不断完善的过程，也是人们的社会关系、生活方式和思想方式得到革命改造的过程。应该看到，这个过程及其所要达到的目标是人类历史上空前伟大的革命。没有无产阶级革命政党的统一的坚强的领导，社会主义建设就不可能有步骤、有秩序地进行。

在中国这样一个大的经济文化比较落后，情况非常复杂的国家，社会主义建设过程不可避免地要经历许多艰难曲折。关键的问题是从本国实际出发，运用和发展马克思主义理论，寻找适合我国特点、国情的社会主义道路，这只有把马列主义普遍真理同我国革命实践相结合，在实践中探索，在探索中创新，走出一条有中国特色的社会主义道路，才能成功，这个重大的历史课题只有共产党才能解决。邓小平指出："我们党同广大群众的联系,对中国社会主义事业的领导,是六十年的斗争历史形成的。党离不开人民,人民也离不开党。这不是任何力量所能够改变的。"(《邓小平文选》第2卷,第266页)这是历史的结论,是从根本上厘清思想混乱的武器。

有少数青年缺乏历史知识和政治知识,迷信资本主义民主,赞赏资本主义国家的多党制。邓小平指出那种多党制并不代表广大劳动人民利益,是资产阶级互相倾轧的竞争状态所决定的,也是人们没有共同理想的反映,这是资本主义国家弱点,而不是它们的强点、优点。我们国家废除了剥削制度,全国人民有共同的根本利益和崇高理想,所以我们能在共产党领导下团结一致,不需要也不应该实行资本主义国家多党制。我国也有多党,但其他政党是在承认共产党领导的前提下,服务于社会主义事业的,坚持共产党领导这个原则绝不能动摇。"四人帮""踢开党委闹等命",打乱了党组织。结果群众分成两派或几派,争斗不休,造成严重恶果,这证明在我国动摇了党的领导就要分裂,就要混乱、倒退,就不可能有社会进步。1978—1979年有少数人踢开党委闹"民主",由于党坚决批评、大多数人反对,很快就烟消云散,如果采取放任态度,就会又一次打乱建设进程。

有少数人认为党领导革命行,领导建设不行或者认为搞建设没有党领导也行。这也是错误的。党领导革命建立无产阶级专政,进行社会主义建设这有内在必然联系,是不可分割的。我们虽然犯了错误,但毕竟建立独立的比较完整的工业体系和国民经济体系,走上了康庄大道。人民物质文化生活有很大提高,这是事实。这一切离开无产阶级专政、社会主义制度、党的领导是根本不可能取得的,实现四化也必须坚持党的领导。

还有些人实际上认为党犯过错误,特别是犯了"文化革命"那样大错误,没有资格领导了。这种看法同样是不对的。世界上任何政党同任何个人一样都不可能不犯错误,问题在于对错误的态度,党的历史错误是第二位的，而且都是党自己纠正的，不是任何别的力量纠正的。党的领导当然不会不犯错误，但这不能成为削弱和取消党的领导的理由。否则社会主义事业就会瓦解、覆灭。林彪、"四人帮"是人民的也是党的敌人，他们干的坏事不能记到党的账上，他们显赫一时，但党还是战胜了他们，这是党有力量有希望的表现。

（3）在社会主义时期，党的领导的本质内容是什么？是组织和支持人们当家作主

胡耀邦在庆祝党成立六十周年大会上讲话中说："在革命胜利以后，人民就是国家和社会的主人。党对国家生活的领导，最本质的内容，就是组织和支持人民当家做主，来建设社会主义的新生活。"（《三中全会以来重要文献选编》下，第865页）这是一个新的论断，它反映了我们党对社会主义社会及其发展规律的认识已经大大前进了一步，把党同人民群众的关系问题提到了一个新的高度。

我们前面说过党是工具，是阶级斗争的工具。但创立了社会主义时期，阶级关系发生了根本变化，社会主要矛盾也发生了变化，这样党就不仅是阶级斗争的工具，而且主要是建设社会主义的工具，不仅是无产阶级解放斗争的工具，而且也是广大人民实现自己的利益的工具。同资产阶级政党根本不同，工人阶级的党不是把人民群众当作自己的工具，而是自觉地认定自己是人民群众在特定的历史时期为完成特定的历史任务的一种工具。

"党是人民群众的工具，但党又是人民群众的领导者。它所以能领导群众，就因为它是人民群众的全心全意的服务者，它反映人民群众的利益和意志，并且努力帮助人民群众组织起来，为自己的利益意志而斗争。确认这个党的观念，就是确认党没有超越人民群众之上的权力，就是确认党没有向人民群众发号施令，实行恩赐、包办、强迫命令的权力，就是确认党没有在人民群众头上称王称霸的权力。"（上述的内容见邓小平在党的八大作的《关于修改党章的报告》）这就是在社会主义条

件下作为执政党的共产党与作为国家和社会的主人的人民群众之间的相互关系的根本原则，这就说明党作为国家生活领导者的地位，同人民群众作为国家主人的地位是一致的。

什么叫作组织和支持人民当家作主呢？这就是说党只有反映人民群众的愿望，代表人民群众的利益，才有可能实现正确领导。这就是说党领导国家生活的权力是人民给予的。党决不允许任何党员脱离群众，凌驾于群众之上。党要在整个国家生活中，保证人民群众通过各种形式和手段，监督党的各级组织和党的领导，监督国家机关和国家工作人员。

这就是说党在国家生活中的领导和活动都必须在宪法和法律范围内进行。党领导人民制定宪法和法律，党也要求全党严格遵守宪法和法律，一切党组织的活动都不能和宪法和法律相抵触，遵守法律也就是尊重人民当家作主的权利，也就是维护党对国家生活的领导。党领导和支持人民当家作主的过程，也就是用共产主义思想教育和引导群众、把党的主张变为群众的自觉行动的过程。离开人民，党的一切斗争和理想就会落空；同样，离开党的领导和人民的当家作主也不会实现。把党的领导和人民当家作主对立起来就会否定先锋队性质。

（4）党的领导是政治、思想、组织领导

党的领导作用是通过什么途径来实现呢？是怎样体现的呢？党的领导制度必须与客观斗争形势与党的历史任务相适应，这是一条马克思主义的重要原理。

以我国来说，在民主革命时期，革命的主要斗争形式是武装斗争，党的中心任务是领导革命战争。任务集中、单一，加之战局迅速变化，斗争环境险恶，当时实行一元化领导制度是正确的、适当的、必要的。

在社会主义建设时期，党是社会主义建设事业的领导核心，党的领导作用的本质内容是组织和支持人民当家作主。在这种情况党如何实现领导作用，也就是说党成为执政的政党后，怎样发挥党在国家生活中的领导作用，这是国际共运史上长期没有得到很好解决的理论问题和实际问题。结果造成党从领导者变成直接管理者，既妨碍了国家机关、经济组织和群众团体独立有效地进行工作，也使广大人民群众不能有效地行使当家作主的权利。

我党的十二大，系统地总结了新中国成立以来正反两方面的经验，从理论与实践的结合上作出了明确回答。明确指出："党不是向群众发号施令的权力组织，也不是行政组织和生产组织。"(《十二大以来重要文献选编》上，第51页)党在国家生活中的领导作用主要是政治、思想和组织的领导。

政治领导：就是制定和执行正确的路线、方针和政策，这是实现党的领导的根本条件。党的领导机关依据马克思主义理论，从实际出发，调查研究集中群众智慧和创造制定符合社会发展规律的路线、方针政策，对社会主义军、政、经、文、外交各方面重大问题做出明确决定和措施，给人民指出方向道路指明奋斗目标和当前行动任务。各级党组织使之与本地区、部门实际结合起来，调动和组织各方面的积极因素，实现党的战斗任务。

思想领导：最根本的就是党在一切工作中坚持马克思主义的思想路线，加强思想政治工作，进行马克思主义理论和党的路线、方针政策的宣传教育，不断提高群众的革命觉悟，对待错误的思想动向和社会思潮，必须准确判断和正确处理不能任其扩大。如果某种思潮确已形成敌视社会主义，敌视党的领导的有组织的破坏力量，就要依法加以"堵塞压制"。

组织领导：这主要表现在两个方面，一方面是健全党的组织，选拔培养、使用考核、监督党员干部，通过党的组织和党的干部保证党的路线、方针、政策使之实施。另一方面是依靠和发挥广大党员的先锋模范作用，赢得人民群众的信任。发挥先锋模范作用对于处在领导岗上的党员来说尤其重要。因为他们的一言一行直接影响党同群众的关系，影响党的战斗力和党风、民风。

二、党的民主集中制原则

1. 列宁首先概括出来的马克思、恩格斯关于民主集中制的思想

马克思、恩格斯参加改组的共产主义者同盟是世界无产阶级的第一个革命政党。《同盟章程》规定它由支部、区部、总区部中央委员会和代表大会构成,代表大会是最高权力机关,中央委员会是执行机关。各级委员会由选举产生并可随时撤换,中央委员会同下级组织保持联系,作同盟报告,下级要向代表大会或中央委员会报告工作;盟员同所属支部联系,服从决议、保守机密等。

恩格斯谈到章程特点时说:"组织本身是完全民主的,它的各委员会由选举产生并随时可以罢免,仅这一点就已堵塞了任何要求独裁的密谋狂的道路。"(《马克思恩格斯选集》第 4 卷,第 200 页)这里讲的民主也就应该是包括集中,恩格斯强调的是集中的民主性质。

1864 年马克思为第一国际起草的《共同章程》使无产阶级政党的组织原则理论有了新的发展。规定协会的最高权力机关是一年一次的全协会代表大会,它听取总委员会报告,选举总委员会,在大会闭幕期间由它选出总委员会是最高执行机关,担负领导职责;研究各国工运状况,联系沟通各工人团体,指导各支部活动,向代表大会报告工作,这体现了民主集中制原则。

马克思、恩格斯民主集中思想在建党实践中发展起来,在创建共产主义者同盟时期,为了反对工人的密谋组织和团体中那种绝对集中的组织形式,抛弃旧章程中一切助长个人崇拜的东西,着重论述了发扬民主的意义。而在国际工人协会时期则反对和抛弃了任何狭隘神秘的宗派色彩,从而与蒲鲁东主义者宣扬的各个组织"自治"的无政府主义思想划清了界限。以后为了反对巴枯宁的无政府主义和分裂主义,他们论证了集中统一的重要性,阐明了集中制和革命权威的重大意义,强调了集中领导。

巴黎公社失败后，在各国建立群众性工人政党提到首位，在帮助建党过程中马克思、恩格斯根据群众性工人政党的斗争条件和党内生活的需要，具体而详细地论述了发扬党内民主，健全党内生活的一系列重要问题，丰富了党的组织建设的理论。他们一方面强调发扬党内民主，定期召开代表大会，民主讨论党内重大问题，民主选举党的领导机关。1892年恩格斯致的信中说："应当坚持每年召开一次党代表大会……而且，让全党哪怕一年有一次发表自己意见的机会，一般说来也是重要的。"（《马克思恩格斯全集》第38卷，第474页）他们强调要支持和保证党员群众批评监督党的干部的权利，"不要再总是过分客气地对待党内的官吏——自己的仆人，不要再总是把他们当做完美无缺的官僚，百依百顺地服从他们，而不进行批评"（《马克思恩格斯全集》第38卷，第33页）。他们强调发扬民主就要允许讨论自由，恩格斯建议德国党创办一个刊物"在纲领和既定策略的范围内可以自由地反对党所采取的某些步骤，并在不违反党的道德的范围内自由批评纲领和策略"（《马克思恩格斯全集》第38卷，第517页）。他们阐明严格遵守党内平等，反对突出个人的重要原则，强调"每个人都应当从兵做起"，"任何一个身居高位的人，都无权要求别人对自己采取与众不同的温顺态度"（《马克思恩格斯全集》第38卷，第72—73页）。

另一方面他们也强调建立中央集中统一的领导。他们指出："革命活动只有在集中的条件下才能发挥出自己的全部力量……目前在德国实行最严格的中央集权制是真革命党的任务。"（《马克思恩格斯全集》第7卷，第297—298页）可见列宁把民主集中制思想的创立归功于马克思、恩格斯。列宁说："恩格斯同马克思一样，从无产阶级和无产阶级革命的观点出发坚持民主集中制"（《列宁选集》第3卷，第232页），是符合实际的，因为马克思、恩格斯已经奠定了民主集中制这个原则的理论基础，虽然他们有时侧重讲党内民主，有时侧重讲集中领导，这是反倾向斗争需要决定的。

在《怎么办》中就提出党应采取自上而下的集中制。在《进一步退两步》中列宁强调党必须建立在集中制基础上。他说："从前，我们党还不是正式的有组织的整体，而只是各个集团的总和，所以在这些集团间除了思想影响以外，别的关系是不可能有的。现在，我们已经成为有组织的政党，这也就是说造成了一种权力，思想威信变成了权力威信，党的下级机关应当服从党的上级机关。"(《列宁全集》第8卷，第366页)列宁提出下级服从上级的保证组织的集中统一，是对马克思建党学说的发展，列宁认为："无产阶级所以能够成为而且必然会成为不可战胜的力量，就是因为它根据马克思主义原则形成的思想统一是用组织的物质统一来巩固的。"(《列宁选集》第1卷，第510页)第二国际党有民主选举原则，少数服从多数原则，但没有下级服从上级、地方服从中央的原则。

列宁强调集中制，是同当时的斗争条件联系的：①党脱离分散小组状态，党内小组习气很多，存在着崇尚党内自治情绪，为克服它"就必须把棍子弯向另一面"(《列宁全集》第6卷，第445页)。②党刚建立，主要任务是自上而下建立地方基层组织。③当时俄国党的活动需要讲究"技术"和采取"密谋"组织形式，这也决定容易强调自上而下的集中制。那时列宁曾强调（在论组织原则时）"我们运动中的活动家所应当遵守的唯一严肃的组织原则就是严守秘密，严格选择成员，培养职业革命家。只要具备这些条件，就能保证一种比'民主'更重要的东西，即革命者之间的充分的同志信任"(《列宁全集》第5卷，第451页)。

列宁认为实行严格集中制是基于斗争条件的暂时现象，一旦条件许可就应把党组织建立在自下而上的选举的基础上。所以一年多以后，面对革命形势高涨，无产阶级取得言论、集会、出版等自由，党的活动条件发生了变化。1905年4月召开的党的三大根据党的二大以后党内斗争的情况，在党内生活民主化方面进行了改革，保证了保护少数派的权利，取消了中央不经多方委员会同意任免地方委员会委员的权利，定期召开代表大会等,这在民主集中制上跨了一大步。1905年12月塔墨尔福斯会议是俄国共产党第一次代表会议,通过了《党的改组》的决议(会前列宁写了《论党的改组》一文,着重阐述党内选举原则的意义)确立了民主集中制原则,规定党内实行广泛的选举制度,各中央机关可以被撤换,它们的活动应广泛公布等。1906年3月列宁在其著作《提交社会民主工党统一代表大会的策略纲领》中第一次明确提出了"民主集中制原则"说,"党内民主集中制的原则是现在一致公认的原则"(《列宁全集》第10卷,第137页)。四月召开的俄共四大上列宁在报告中明确提出在党章中第一次写上了"党的一切组织是按民主集中制原则建立起来的"(《苏共决议汇编》第一分册,165页)。

从此以后在列宁的著作中即使有时还使用"集中制";但"决不能忘记,我们坚持集中制只是坚持民主集中制"(《列宁全集》第20卷,第29页)。从自上而下的集中制到民主集中制不只是提法的偶然改变,是列宁建党思想发展的结果,过去人们把《怎么办?》《进一步 退两步》中提的集中制与民主集中制完全等同,把那时实行集中制只归结为政治环境斗争条件所的决定,把民主集中制视为列宁的固有的思想认识,有的同志提出了不同看法(钱小芊:《列宁的民主集中制思想形成过程新探》,《教学与研究》1983年4期),他举出1907年六三政变后恶劣环境又来临,列宁也没有再回到自上而下的集中制。

1906年4月在斯德哥尔摩召开俄共四大被称为统一大会,俄共四大选的中央布尔什维克3人,孟什维克6人,中央机关机报编辑部都是孟什维克,通过了一些孟什维克的观点的决议。列宁指出"这些决议是错误的,我们应当而且一定要在思想上同这些决议作斗争。同时,我们向全党声明,我们反对任何分裂行为。我们主张服从代表大会决议",但应当对党内的问题开展同志式的批评和自由讨论(《列宁全集》第10卷,第284页)。他说如果我们真正认真对待民主集中制,就应在报刊、集会、小组中进行这样的讨论(《列宁全集》第10卷,第348页),这样把正确进行党内斗争作为民主集中制的一个原则提出来。

列宁对党的组织纪律作了经典的论述,即"行动一致,讨论自由和批评自由——这就是我们的定义","组织性就是行动一致",但他强调"没有思想原则的组织性是毫无意义的"。因此,"没有讨论自由和批评自由,无产阶级就不能承认行动的一致"(《列宁全集》第11卷,第301—302页)。列宁甚至指出:"任何纪律也不能责成党员盲目地赞成中央委员会起草的一切决议案。"(《列宁全集》第10卷,第475页)后来列宁完整地提出了民主集中制原则主要内容:①"党内的一切事务由一律平等的全体党员直接或者通过代表来处理";②"党的所有负责人员、所有领导人员、所有机构都是选举出来的,是必须向党员作报告的,是可以撤换的";③"必须让该组织的全体党员在选举代表的时候,同时就整个组织所关心的争论问题都能人人独立地发表自己的意见"(《列宁全集》第11卷,第418页)。

在十月革命和国内战争时期,俄共(布)为完成革命任务采取了新的组织形式和工作方法,实行高度的集中制,战斗命令(战斗命令由党的领导机关发出普通党员必须绝对无条件地执行,不得加以讨论)和铁的纪律。为了加强集中制,党赋予中央和政治局以很大的权力,据此中央及政治局在革命和战争中,及时处理许多重大问题特别是军事方面的问题,这对夺取胜利和打退外国帝国主义干涉,粉碎反革命、巩固新生政权都有重要意义。

即使是高度集中制,列宁也注意充分发扬民主,表现之一是党内进行讨论、争论问题的自由,批评的自由是有保证的,没有打击报复,这种民主生活对党制定正确的路线政策有重要意义。如1917年2月临时政府成立,对临时政府应采取什么态度?是作反对派?是推翻它建立无产阶级专政?列宁的"四月提纲",党内高干也很少赞同,直到十月革命前不久,党中央在季诺维也夫、加米涅夫的影响下,对列宁关于及时举行武装起义的建议仍然置之不理。但由于民主生活,列宁主张迅速达到广大党员面前,得到拥护,从而在中央经过激烈争论,通过了列宁的举行起义的历史性决定。

另一表现是始终把代表大会作为名副其实的真正的最高权力机关和最高决策机关。1918年3月举行的俄共七大就是为了裁决中央关于是否应当退出帝国主义战争而召开的,大会批准了列宁的退出战争报告,通过缔结《布勒列特和约》的决定,以后在列宁领导下的历届大会都起过这种决策作用。

随着战争的结束,社会主义经济建设成为全党中心任务,为加速进行经济建设,需要动员全党包括最落后的党员参加,发挥他们的积极性。高度集中制、战斗命令制就应当改变了。

1920年9月召开的俄共(布)第五次代表会议作出了《关于党的建设的当前任务》的决议,规定了党内民主的有关规定,如普通党员可以旁听党的代表会议,创办在党内进行一般批评的报刊,分配工作人员以推荐代替任命,成立中央监委等。

1921年3月列宁亲自主持召开俄共十大,通过《关于党的建设问题》的决议,大力健全党的民主生活,充分发扬党内民主。决议指出战斗命令制应当改变,党组织应当允许广大党员对一切最重要的问题在全党必须遵守的党的决议案通过以前展开广泛的讨论,充分自由地进行党内批评,集体制定全党的决议,各级组织都要定期经常召开全体党员大会或代表会议,讨论一切重大问题。决议特别强调不容许采取任何压制手段来对待那些对党所决定的某些问题持有不同意见的同志。

这两次会议都作了加强党的监察制度的决议。俄共十大还通过了《关于党的统一》的决议,不允许派别活动,列宁强调"现在不应当有反对派,现在不是时候"(《列宁全集》第32卷,第189页)。在此以前列宁对它的存在的合法性从未表示过疑问,相反,在俄共九大(1919年3月)还特别谈道:"在正确的党内集团之间结成联盟永远是需要的。这应当是实行正确政策永远不可少的条件。"(《列宁全集》第30卷,第

437 页）

列宁这时也没有要求党内不同思想观点的人放弃他们的观点，取消他们为自己观点辩护的权力。列宁并没有庸人式害怕党内出现意见分歧和思想斗争，相反在俄共十大的这个决议中，为党内思想斗争的进行，提供了组织上的保证："代表大会决定更经常地出版'争论专页'和专门文集。"（《列宁全集》第32卷，第231页；并见《苏共决议汇编》第二分册，第65页）

列宁长期反复强调，实践也证明在组织上、制度上采取具体措施，切实保证党内不同意见、不同思想观点的交流和斗争，以及在党内斗争中尊重和保护少数派权利，这是使党内思想斗争不致演变成非组织的派别活动的重要前提。这样才能使党内的多数成为掌握真理的多数、经常正确的多数，也使暂时处于少数而实际上掌握真理的少数，经过讨论有可能合法地成为多数，争取多数，建立在马列主义理论基础上的党的团结统一方才可能实现。

第三国际成立后，列宁起草的《加入共产国际的条件》中规定："加入共产国际的党，应该是按照民主集中制的原则建立起来的。"（《列宁选集》第4卷，第311—312页）

我们党第一次明确写入党章的是1927年6月中央政治局通过的《中国共产党第三次修正章程决议案》上规定了"党部的指导原则为民主集中制"。但党的一大的纲领已有委员制、监督制、纪律等民主集中的内容。党的二大（1922年）党章也有此提法。但这次大会通过的"加入第三国际决议案"里已提出了"必须建筑在德谟克乃西的中央集权的原则之上"。同时"章程"中也有很多规定，如下级服从上级、"少数绝对服从多数"等内容。

1938年4月毛泽东在中共六届六中全会的报告中，总结了历史经验，提出了把党的纪律概括为四个服从，同时指出这也就是民主集中制的重要原则。全会将这写进决议案，报告中强调要扩大党内民主。

1940年中央发出《关于增强党性的决定》，把四个服从作为党性的一项重要表现。从此全党明确四个服从是纪律原则，又是党性表现。1945年党的七大上刘少奇在报告中指出"现在我们必须放手地扩大我们党内的民主生活，必须实行高度的党内民主，同时，在实行高度民主的基础上实行党的领导的高度集中"（《刘少奇选集》上卷，第361页），七大开始提出了在民主基础上的集中，在集中指导下的民主。党的十二大通过的党章把这个提法的下半句丢弃了，并用准确无误的语言列举了四个服从。民主集中制这个原则也是一个发展成熟的过程。执政党更需要坚持民主集中制原则。我们党对民主集中制有发展、有创造，如把民主集中制如实地作为党的组织规律。党是一种多层次的矛盾统一体，它包含着多种矛盾，这些矛盾的运动规律就是民主集中制。四个服从揭示了党组织内部相互关系的本质联系，所以党的组织规律按照这个规律建立了党内的秩序，使党不断发展进步。如把认识论和民主集中制统一起来。我们党史上几起几落，有胜利有失利，有经验教训，这些都说明党的领导正确与否同党内民主集中制是否健全有关，没有民主就不可有正确的集中，就不会制定正确的路线方针政策，从认识论说民主集中制是实现马克思主义的正确历史的必要条件，因为只有坚持民主集中制，才能使党对客观规律（革命的、建设的）有一个比较迅速、全面的认识，从而实现党的正确领导。

第二节 马克思主义的人本观

人本身是人的最高本质（马克思与费尔巴哈）。费尔巴哈在《基督教的本质》中说："神学的秘密是人本学。"（《费尔巴哈哲学选集》下，第15页）"人的绝对本质、上帝，其实就是他自己的本质。"（《费尔巴哈哲学选集》下，第30页）这意思就是说人的最高本质是人本身，不是神。

马克思《黑格尔法哲学批判导言》指出费尔巴哈的历史功绩:"对宗教的批判最后归结为人是人的最高本质这样一个学说。"(《马克思恩格斯选集》第1卷,第9页)马克思认为,既然人是人的最高本质,要使人成为人,"必须推翻那些使人成为被侮辱、被奴役、被遗弃和被蔑视的东西的一切关系"(《马克思恩格斯选集》第1卷,第10页)。"德国唯一实际可能的解放是以宣布人是人的最高本质这个理论为立足点的解放"(《马克思恩格斯选集》第1卷,第16页)。可见,马克思从费尔巴哈的命题中引出革命的结论。虽然,马克思在导言中用了"人就是人的世界","人是人的最高本质","人的根本就是人的本身"等人本主义语言,但他是针对人和使人受屈辱,被奴役的社会关系说的,费尔巴哈是针对人和神之间的关系说的"人本身是人的最高本质"。

《导言》是1844年发表的早期著作,这时马克思"离开黑格尔走向费尔巴哈"。(《列宁全集》第38卷,第386—387页)这时,马克思确定把"人本身是人的最高本质"的命题看作无产阶级解放事业理论基础倾向,有人本主义痕迹,但1845年《关于费尔巴哈提纲》在马克思主义发展史上画了一条很清楚的分界线。《提纲》是从批判费尔巴哈的人本主义思想开始的)

1842年至1844年是马克思思想的早期阶段。1845年至1848年是马克思主义的形成和成熟阶段,在1845年以后的马恩著作中再没有"人本身是人的最高本质"的提法了,已彻底清算了人本主义思想。1845年后马克思认为,人类是一个有组织的社会。个体的人只能存在于社会之中,只能存在于他和别人的社会关系之中,否则就不能从事生产劳动,不能生存,不能称其为人。因为只有把人放到一定的社会关系和生产关系中去考察,才能对人的本质做科学阐释。他明确指出:"人的本质并不是单个人所固有的抽象物,在其现实性上,它是一切社会关系的总和。"(《马克思恩格斯选集》第1卷,第56页)

这就完全改变了立论的出发点。不再从"人本身是人的最高本质出发",而是从社会关系、生产关系出发,来论证无产阶级解放事业,从而在人类历史第一次揭开社会发展的客观体,创立了唯物史观,使社会主义从空想发展成科学。"出发点的变化,新的出发点的发现,是人类思想史上划分时代的根本变革和伟大发现的开端。有了新的出发点,才能产生唯物主义的历史观,建立工人阶级政治经济学,形成科学的社会主义学说,就是说,才能有马克思主义。"(《关于人道主义和异化的问题》)这说明马克思思想有个从不成熟到成熟的发展过程,即:①唯心主义→费尔巴哈的半截子唯物主义→彻底的唯物主义。②革命的民主主义→带有空想成分的共产主义→科学的共产主义。必须把马克思的每一观点放在确定阶段加以研究,并同整个过程联系起来考察,才能正确理解和运用其真正含义,才能避免用马克思不成熟思想代替其成熟时期思想。

1848年以前在马克思主义与人道主义讨论中有人说:"人是马克思主义的出发点",有人把科学社会主义的核心归结为"一切为了人"。这都是不符合马克思主义基本观点的。

什么是核心?核心总是必然性、规律性的问题。科学社会主义所要揭示的是关于无产阶级解放运动的规律。无产阶级解放运动是在其政党领导下,在共产主义旗帜下,团结和带领广大劳动人民推翻资本主义,建设社会主义,实现共产主义,解放无产阶级、解放全人类的共产主义运动。

无产阶级解放包括相互联系的两方面内容,即使劳动者不仅成自然界的主人,而且成为社会的主人。劳动者只有首先成为社会的主人,然后才能成为自然界的主人。

无产阶级解放运动是有条件有步骤的。一是建立一个马克思主义的政党;二是在党的领导下夺取政权,争得民主;三是在党的领导下,剥夺剥夺者,建立公有、消灭剥削、按劳分配的社会主义社会;四是在党的领导下,依靠无产阶级政权,建设高度文明,使社会物质财富极大丰富，使人们科学文化和共产主义思想道德极大提高，以求达到彻底消灭旧式固定分工和三大差别，使人类最后进入共产主义社会，人类真正成为自然和社会的主人，这是普遍规律。

无产阶级的"'解放'是一种历史活动，而不是思想活动。'解放'是由历史的关系，是由工业状况、商业状况、农业状况、交往关系的状况促成的"。这使同片面强调阶级斗争，搞"穷社会主义"的"左"的和"一切为了人"的右的观点划清界限。（潘永杰：《正确认识科学社会主义核心》，《光明日报》1984年2月20日）

"一切为了人"是空想社会主义的核心，"所有这三个人有一个共同点：他们都不是作为当时已经历史地产生的无产阶级的利益的代表出现的。他们和启蒙学者一样，并不是想首先解放某一个阶级，而想立即解放全人类"。这就是说"一切为了人"是它的核心。空想社会主义是用抽象的人性和人的本质来解释历史，设计他们的改革方案，构想他们的合理社会，因而是建立在唯心史观基础上的，仍未超出资产阶级人道主义范围。他们从抽象理性出发，即从人性出发，把理性看作社会发展的基础和动力，是衡量一切的唯一尺度。脱离已经出现的无产阶级及其现实斗争，就不了解阶级斗争是社会发展的直接动力，找不到现实力量，不了解无产阶级伟大历史使命，总是不加区分地向整个社会呼吁，主要是向富人和当权者呼吁。

第三节　马克思主义的宗教观

马克思在创立科学社会主义的理论体系的过程中，对宗教问题给予充分的重视。马克思主义宗教学是马克思主义整个科学体系中不可分割的一个组成部分。

马克思在研究宗教问题时，对宗教的起源、发展以及宗教的实质和社会作用都作了精辟的论述。马克思指出："宗教本身是没有内容的，它的根源不是在天上，而是在人间。"（《马克思恩格斯全集》第27卷，第436页）宗教是人创造出来的，并不是自古就有的。在原始社会蒙昧时代低级阶段的初期，人们的脑子很不发达，还不可能有鬼神的观念，因而也不可能有宗教信仰。随着人类的发展，人们有了比较发达的大脑，逐渐产生了对比较复杂问题能够进行抽象思维的能力，才开始考虑人和外部世界的关系问题。那时人们无法解释做梦的原因，就产生了灵魂的观念；人们也无法解释自然界风雨雷电等现象，就以为万物都是有灵魂的；相信在现实世界之外存在着超自然、超人间的神秘境界和力量，主宰着自然界，因而对之充满敬畏和崇拜，这样就出现了最初的自然宗教。宗教的产生首先是来自自然力量对人的压迫，是原始社会狭隘生产关系和低下生产力的反映。马克思说："劳动生产力处于低级发展阶段，与此相应，人们在物质生活生产过程内部的关系，即他们彼此之间以及他们同自然之间的关系是很狭隘的。这种实际的狭隘性，观念地反映在古代的自然宗教和民间宗教中。"（《马克思恩格斯全集》第23卷，第96页）人类进入了阶级社会后，广大劳动人民身上又增加了一重社会力量的压迫，即剥削阶级对广大劳动人民的残酷压迫和剥削。这种社会压迫比自然压迫更为惨重，劳动人民虽然不断斗争，但终究没有能彻底改变自己的命运，人们对社会压迫感到难以理解和无法摆脱，就会产生对死后的幸福生活的憧憬。马克思指出："国家、社会产生了宗教即颠倒了的世界观。"（《马克思恩格斯全集》第1卷，第452页）在阶级社会里，人们受这种社会的盲目的异己力量的支配而无法摆脱，劳动者对于剥削制度所造成的巨大苦难的恐惧和绝望，加上剥削阶级需要利用宗教作为麻醉和控制群众的重要精神手段，这就是宗教得以存在和发展的最深刻的社会根源。

随着社会的发展，宗教思想和宗教制度也产生了很大的变化，同地上出现君主专制相适应，在宗教中也出现了单一的、全能的神，从多神教过渡到一神教，从自然宗教发展为基督教、佛教、伊斯兰教等世界性的人为宗教。这些宗教向受苦受难的劳动人民指出唯一的出路就是信仰上帝或者主,积修"来世"的幸福,盼望死后灵魂升入"天国"。马克思深刻地指出:"宗教把人的本质变成了幻想的现实性。"(《马克思恩格斯全集》第1卷,第452—453页)恩格斯进一步指出:"一切宗教都不过是支配着人们日常生活的外部力量在人们头脑中的幻想的反映,在这种反映中,人间的力量采取了超人间的力量的形式。"(《马克思恩格斯全集》第20卷,第341页)所以宗教的实质就在于它是颠倒的世界观,是以幻想形式对客观世界的歪曲的反映。

在剥削阶级社会里,统治阶级都利用宗教作为麻痹人民斗争意志的思想工具,使之成为维护反动统治秩序的精神支柱。马克思指出:"基督教并不评定国家形式的价值,因为它不懂得它们之间的别,它像宗教应该教导人们那样教导说:你们要服从权力,因为任何权力都是上帝赐予的。"(《马克思恩格斯全集》第1卷,第127页)宗教的思想基础是信仰和幻想,它使劳动人民迷信种灵、膜拜上帝,不相信自己的力量;它使人们甘愿忍受现实生活中的苦难,放弃变革现实世界的革命斗争,寄希望于天国和来世;它被殖民主义、帝国主义者用作奴役被压迫民族的人民群众、实行侵略和殖民扩张的重要工具。宗教的这种麻醉作用,对于剥削阶级、统治者是很有利的,所以,马克思说:"宗教是人民的鸦片。"(《马克思恩格斯全集》第1卷,第453页)这是马克思主义关于宗教的社会作用的一句名言,是马克思主义在宗教问题上全部世界观的基石。

马克思阐述了宗教的起源和发展,揭示了宗教的本质和作用,是为了阐明无产阶级政党应该如何去对待宗教问题。

马克思认为宗教是和共产主义截然相反的,它正是共产主义为求本身实现时最不需要的东西。共产主义革命要和传统的观念,包括宗教观念实行最彻底的决裂。但是要帮助劳动人民从宗教迷雾中解脱出来,就不仅要用科学世界观说明群众中宗教信仰的根源,更重要的是要消除宗教存在的根源。这将是长期的革命和建设的实践过程。马克思认为在宗教还存在的时候，无产阶级政党对待人民群众的宗教信仰问题，是要让每个人有可能实现自己的宗教需要，要允许宗教信仰自由。实行宗教信仰自由政策体现了马克思主义政党对待宗教问题的严肃的科学态度。

宗教信仰自由是中国共产党长期以来处理宗教问题的基本政策。民主革命时期在根据地和解放区执行这个政策。进入社会主义革命和建设时期后，宗教信仰自由的政策庄严地载入我国的宪法。这一政策的贯彻执行，保障了宗教信徒的正当权利，促进了我国社会主义事业的发展。我们党和国家对宗教采取信仰自由的政策，是根据马克思主义对宗教的科学分析，根据宗教本身的客观发展规律和中国的实际情况制定的，是对马克思主义宗教学的应用和发展。

所谓宗教信仰自由，就是：首先，每一个公民既有信仰宗教的自由，也有不信仰宗教的自由。列宁指出："任何人都有充分自由信仰任何宗教，或者不承认任何宗教，就是说，象通常任何一个社会主义者那样做一个无神论者。"（《列宁全集》第 10 卷，第 63 页）不能强制不信仰宗教的人信仰宗教，也不能强迫宗教信徒放弃自己的信仰。其次，每一个公民既有信仰这种宗教的自由，也有信仰那种宗教的自由。任何宗教组织或信徒，不能强制另一种宗教的信徒放弃原来信仰的宗教而改信自己这种宗教。第三，在同一种宗教里面，有信仰这个教派的自由，也有信仰那个教派的自由。任何挑拨教派之间的矛盾或利用教派矛盾而企图达到自身目的的组织或个人都是不能容许的。第四，有过去不信教现在信教的自由，也有过去信教现在不信教的自由。总之，宗教信仰自由完全是个人的权利，必须得到尊重和保护。新《宪法》规定："中华人民共和国公民有宗教信仰自由。任何国家机关、社会团体和个人不得强制公民信仰宗教或者不信仰宗教，不得歧视信仰宗教的公民和不信仰宗教的公民。"如果国家工作人员非法剥夺公民的正当的宗教信仰自由，那就触犯了刑律，构成犯罪。

共产主义的世界观和宗教的整个精神是截然对立的,我们共产党人是无神论者,历来认为宗教对于人民是麻醉剂,就我们的目的来说:我们要解放全人类,当然是要把人民群众从宗教信仰的骗术当中解放出来,使宗教彻底消亡。既然如此,那么,又为什么主张宗教信仰自由呢?在这个重大的理论问题和政治问题上,一切"左"倾机会主义者都是持反对态度的,而一些幼稚简单的革命者也不理解宗教信仰自由,把它看作是对宗教的妥协投降,这是极其糊涂的观念。列宁经高度评价了马克思主义的宗教策略,列宁说:"马克思主义对待宗教的策略是十分严谨的,是经过马克思和恩格斯周密考虑的:在迂儒或无知的人看来是动摇的表现,其实都是从辩证唯物主义中得出来的直接的和必然的结论。"(《列宁全集》第15卷,第378—379页)在这里,列宁告诉我们,要全面地理解马克思主义对待宗教问题的政策和策略,就必须理解这些政策策略所遵循的辩证唯物主义的理论依据。无产阶级政党必须实行宗教信仰自由的政策,其理论根据就在于:

第一,宗教也同其他在历史上产生的事物一样,最终是要消亡的。宗教的消亡是一个相当长的历史过程,只有消灭了宗教存在的根源,宗教才会消亡。随着阶级和阶级斗争的消灭,随着社会生产力和科学技术的巨大发展,随着物质产品的极大丰富,随着人们的政治觉悟和科学文化水平的空前提高,人们认识了自然和社会的发展规律,不仅不再感到自然力量和社会力量的压迫,而且能够掌握自然和社会的发展规律,使之为人类服务,从而全人类在自然力量和社会力量面前完全摆脱了被奴役的状态,宗教就会自然而然地消亡。马克思指出:"只有当实际日常生活的关系,在人们面前表现为人与人之间和人与自然之间极明白而合理的关系的时候,现实世界的宗教反映才会消失。"(《马克思恩格斯全集》第23卷,第96—97页)要消灭宗教存在的自然根源和社会根源,需要经过若干代人的努力。在此之前,马克思主义的科学理论虽然已经阐明了宗教产生和发展的原因,但是这种科学发现却不能消灭宗教存在的根源，宗教将长期存在。社会主义制度建立之后，劳动人民从社会异己力量的压迫下解放出来，成为社会的主人，宗教也就会随着它的社会根源的逐渐消灭而趋向削弱和消亡。但是，在社会主义条件下，宗教还不能很快地消亡。社会主义制度的建立只是为消除宗教存在的全部根源创造了必要的前提条件，却不能使这些根源在短期内完全消失。在社会主义的不同发展阶段上，宗教存在的自然根源和社会根源还会在不同程度、不同范围内存在着，宗教也就在不同程度、不同范围内存在着。从当前我国所处的社会主义阶段来看，宗教存在的原因还是多方面的，由于人们的意识发生往往落后于社会存在，旧社会遗留下来的旧思想、旧习惯不可能很快地消除，宗教对人们千百年的熏陶，更是不易为人们所抛弃；由于我国的生产力水平和科学技术水平还比较落后，一些严重的天灾人祸远远未能完全控制，它所带来的困苦，会使一些人到宗教领域里寻求解脱和精神安慰；由于我国的文化教育事业也十分不发达，文化水平的低下妨碍了人们树立科学的世界观，难免还有一部分人把命运交给上帝安排；还由于我国现在仍存在一定范围的阶级斗争和复杂的国际环境，国内外阶级敌人仍然把宗教作为同我们进行阶级斗争的一种手段，还会有人受剥削阶级观念与宗教偏见的诱惑而投身宗教。因而在社会主义社会中宗教还不可避免地长期存在着。既然宗教的长期存在是一个客观现实，无产阶级政党就应当承认和允许宗教的存在，尊重人们的宗教信仰，实行宗教信仰自由的政策。

第二，人们的宗教信仰是一个认识问题、思想问题、世界观问题，不能用简单的强制的方法去取缔宗教。马克思主义从来反对用行政的手段强制消灭宗教，因为这不但不能解决问题，而且会适得其反，导致新的宗教狂热，历史事实就是如此。1793年法国大革命的雅各宾专政时期，掀起了非天主教化的废神运动，但是废神运动并没有把神废掉，反而使法国人民的宗教观念更加强烈。正因为如此，在19世纪70年代中，当布朗基派提出一个"消灭"宗教的"激进"的办法，主张由国家下一道命令，强迫人们放弃宗教信仰时，马克思和恩格斯对这种幼稚的想法进行了严肃的批判。恩格斯指出：布朗基派"为了证明自己比谁都激进，于是像1793年样，用法律来取消神"，然而，"取缔手段是巩固不良信念的最好手段"，"在我们时代能给神的唯一效劳，就是把无神论宣布为强制性的信仰象征"（《马克思恩格斯全集》第18卷，第584页）。当杜林以"社会主义改革家"的面目出现，鼓吹"禁止"宗教的论调时，恩格斯指出：杜林先生不能静待宗教自然地死掉，他干得更彻底，他"反对一切宗教，他唆使他的未来的宪兵进攻宗教，以此帮助它殉教和延长生命期"（《马克思恩格斯全集》第20卷，第343页）。取缔宗教是一种愚蠢的举动，无产阶级必须同宗教作斗争，但正如毛泽东同志指出的："我们不能用行政命令去消灭宗教，不能强制人们不信教。"（《毛泽东文集》第7卷，第209页）人们头脑中的宗教信仰的改变，必须通过本人自觉地放弃，用任何形式去越俎代庖，"丢开菩萨"都是不可能办到的。无产阶级政党必须实行宗教信仰自由的政策，让信教群众有一个觉悟的过程，自己起来同宗教作斗争。

第三，宗教信仰的存在并不妨碍劳动人民中不信教的群众同信教的群众在政治、经济根本利益上的一致。马克思主义认为：人民群众虽然在信仰上存在差别，但是不信教的劳动人民同信教的劳动人民都受到统治阶级的压迫和剥削，他们在客观现实上有着共同的利益和共同的目标，即推翻资本主义制度，建立社会主义制度。与这个根本的目标比较起来，宗教信仰上的差别只能是一个次要的问题。无产阶级政党在任何时候都不能把宗教信仰差别的次要问题提到首要地位，伤害信教群众的宗教感情，削弱革命队伍的力量，给敌对阶级以可乘之机。列宁曾经生动地说明了这个问题：假定某个地方和某个工业部门的无产阶级分为两个部分，一部分是先进的、无神论的工人，另一部分则是落后的信仰上帝的工人，假如任这个地方出现了罢工，马克思主义者应该首先使罢工得到胜利，应该坚决反对这场斗争中把工人分成无神论者和基督徒。无产阶级政党宣传无神论,同宗教作斗争,必须服从党的主要斗争目标和基本任务,在无产阶级夺取政权的斗争中,使它服务了不信教和信教的被压迫群众共同反对剥削制度的斗争;在社会主义社会中,使它服务于团结全体不信教和信教的人民群众共同建设社会主义强国的事业。无产阶级政党实行宗教信仰自由的政策,完全符合无产阶级的根本利益,它能使有不同宗教信仰和没有宗教信仰的劳动群众在无产阶级革命和社会主义事业中团结一致、共同战斗、夺取胜利。

社会主义时期的宗教作为历史上延续下来的旧意识形态,仍然是一种对现实的歪曲反映,是一种颠倒的世界观,宗教的本质没有变。但是,社会主义制度的建立,人民群众社会地位的根本变化,不能不引起宗教的深刻变化。就我国的情况看,社会主义时期的宗教和剥削阶级社会的宗教又有根本的区别。我国实行政教分离,教育和宗教分离,不允许教会组织占有土地等生产资料,清除了剥削阶级社会中宗教封建特权和宗教压迫剥削制度,宗教不得干涉人民的社会生活,不受外国势力的支配。这样,在宗教领域里出现的矛盾不再像过去那样,经常反映着新旧阶级间的阶级斗争,而主要是属于人民内部思想意识形态领域的矛盾。

对于我国社会主义时期的宗教,我们必须有清醒的认识和足够的估计,虽然由于"十年动乱"我国的宗教影响有了明显的扩大,但是我们应该看到,社会主义时期宗教发展的总趋势是走向消亡,在中国不可能出现"宗教的复兴"。首先,从宗教存在的根源来看,社会主义时期宗教存在的自然根源已经削弱了。在社会主义社会里,生产技术和科学技术的不断进步和发达,使人们在越来越大的程度上揭示了自然界的奥秘并逐步获得控制自然界的巨大能力。社会主义消灭了剥削阶级和剥削制度,宗教存在的阶级根源已经基本消失了。其次,从宗教的作用来看,社会主义时期的宗教已经不再像以往那样能够在政治、经济、教育等领域施展魔力了,我们党和国家实行宗教信仰自由政策的实质就是使宗教信仰问题成为公民个人自由选择的问题,成为宗教信徒个人的私事。马克思指出:"当单个的人已经不再把宗教当做公事而当做自己的私事来对待时,他在政治上也就从宗教下解放出来了。"(《马克思恩格斯全集》第2卷,第143页)有无宗教信仰完全成为人民群众思想意识上的差别。最后,从宗教存在的范围看,这个范围不包括共产党员、共青团员等在内。列宁说:"就我们自己的党而言,我们无论如何也不能认为宗教是私人的事情。"(《列宁全集》第12卷,第132页)共产党员不能信仰宗教,不得参加宗教活动。宗教信仰自由是对公民说的,从公民的情况来看,一方面,在社会主义社会正常的情况下,随着科学文化的发展,人民生活水平的提高,随着无神论宣传的普及,无论是宗教神职人员的队伍,还是宗教信徒的队伍都将逐步减少,人民群众的宗教活动也会逐渐减弱;另一方面,宗教活动只能在一定场所内进行,不得干扰社会秩序,宗教的影响越来越小了。在这种情况下,我们更应该自觉地坚持宗教信仰自由这个唯一正确的马克思主义政策。

我国宗教信仰自由政策具有十分丰富和广泛的内容,体现了信教群众权利和义务的统一,个人意愿和国家利益的一致。信教的公民都有参加国家政治生活的权利,都有选举权和被选举权。各级人民代表大会和各级政协都有宗教界的代表参加。国家机关尊重他们的政治民主权利。同时,信教的公民也必须遵纪守法和热爱社会主义祖国。祖国的繁荣和富强是一切公民的根本利益所在。没有祖国的繁荣和富强,人民生活得不到改善,宗教徒的宗教生活也就难以得到保证。国家保护正常的宗教活动,不准在宗教场所宣传无神论;同时一切传经讲道宣传有神论的活动,也只能在宗教活动场所进行。国家坚决依法制止在宗教外衣掩盖下的一切违法犯罪活动和反革命破坏活动,取缔封建迷信活动,以真正保障正当的宗教活动。国家将不断健全和加强主管宗教事务的机构,培训从事宗教工作的干部,使他们系统地学习马克思主义关于宗教的理论,深入理解和正确执行党的宗教政策,同宗教界人士平等协商,合作共事；同时要充分发挥爱国宗教组织的作用，帮助各种宗教组织办好宗教院校，以造就一支政治上热爱祖国，拥护党的领导和社会主义制度，又有相当宗教学识的年轻宗教职业人员队伍，在宗教活动中能维护文物，进行宗教学术研究，参加爱国政治活动，扩大国际交往，为现代化建设事业服务。宗教团体和宗教事务不受外国势力支配，这样才保障了我国公民真正享受到了宗教信仰自由的权利，我们还必须提高警惕，坚决抵制国际反动宗教势力对我国进行的宗教渗透，不允许外国教会插手干预我国宗教事务，继续贯彻"自传、自治、自养"为核心的独立自主、自办教会的方针。

宗教信仰自由是我党关于宗教问题的一个战略措施，是符合无产阶级根本利益的长期的政策。贯彻宗教信仰自由政策，对实现党在新时期的总任务有着重大的现实意义。

贯彻宗教信仰自由的政策，有利于加强民族团结，化消极因素为积极因素。在我国，少数民族群众信教的比例比汉族大得多，有些少数民族几乎是全民信仰一种宗教。我国边境线绝大部分在少数民族地区，帝国主义总是千方百计地利用宗教问题来挑拨民族关系，制造分裂，进行颠覆和侵略活动。因此，在少数民族地区贯彻落实宗教信仰自由政策，不仅能改善和发展团结、平等、互助的社会主义民族关系，而且巩固了边防。同时，四化建设需要安定团结的政治局面，需要全国各族人民的共同努力。贯彻这项政策，一方面，可以通过进步的宗教组织把教徒组织起来，对他们进行热爱祖国、热爱社会主义的教育，提高他们的政治觉悟；另一方面，教徒的信仰自由得到社会承认和法律保障，能够充分调动他们的积极因素，使他们心情舒畅，奋发努力地在社会主义建设事业中作出应有贡献。

贯彻宗教信仰自由的政策，有利于统一和促进各国人民的友好往来和文化交往，建立国际反帝反霸统一战线。全世界有三十多亿人信仰宗教，其中很大一部分是第三世界国家的人民，他们有着反帝反霸的政治倾向和要求。1970年发起成立的世界宗教和平大会就有力地促进了经济文化交流，提出了裁军和禁止核武器的积极主张。1979年在美国新泽西州普林斯顿召开第三届会议时，中国宗教代表团首次出席了会议，加强了同发展中国家宗教界的联系和友好往来。随着我国国际交往日益扩大，宗教界对外联系也日益发展，这对于扩大我国政治影响具有重要意义。同时，宗教在台湾同胞、港澳同胞和海外侨胞中有广泛的影响。通过爱国的宗教界人士同他们接触，有利于促进包括台湾在内的祖国统一大业的实现。

贯彻宗教信仰自由的政策，也是引导宗教观念逐渐削弱直至最后消亡的根本道路。马克思主义坚持宗教信仰自由，并不是为了发展宗教，而是为了促使宗教的自然消亡。马克思在谈到"信仰自由"时说："但是工人党本来应当乘此机会说出自己的看法：资产阶级的'信仰自由'不过是容忍各种各样的宗教信仰自由而已，而工人党却力求把信仰从宗教的妖术中解放出来。"（《马克思恩格斯全集》第19卷，第34页）这段话至少表达了三个观点：第一，无产阶级政党必须坚持宗教信仰自由；第二，无产阶级政党在坚持宗教信仰自由时不能停留在资产阶级的水平上，必须不忘创造条件促使宗教消亡；第三，宗教信仰自由是促使宗教消亡的唯一道路。宗教不能人为消灭，只能自行消亡。目前，由于认真贯彻了宗教信仰自由政策，信仰宗教的人多了起来，但这只是一种暂时的表面的现象，实质上，较之"四人帮"推行"灭教"政策的时期，已经取得了几个方面的进展：首先，由于使宗教活动由地下变为公开，信徒的宗教狂热情绪减弱；其次，信教群众充分享受到了信仰自由的权利，从政治上更加紧密地站到党和人民政府一边，消极作用逐渐削弱；再次，堵塞了一小撮反革命分子利用地下教会组织暴动和进行破坏活动的渠道；最后，我们能够清楚地了解宗教界情况，及时发现问题，进行教育和劝说工作。为此，我们还要继续纠正宗教工作上的"左"的错误倾向，这是主要的，同时也要注意防止和克服放任自流的错误倾向,全面地正确地贯彻执行党的宗教政策。随着社会的发展和历史的进步,随着高度发展的物质文明和精神文明的建设。总之,经过社会主义、共产主义的长期发展,在一切客观条件具备的时候,宗教就会自然消亡。恩格斯说:"当谋事在人,成事也在人的时候,现在还在宗教中反映出来的最后的异己力量才会消失,因而宗教反映本身也就随着消失,原因很简单,这就是那时再没有什么东西可以反映了。"(《马克思恩格斯全集》第26卷,第343页)

第四节 马克思、恩格斯关于改造旧社会的历史过程的发展阶段的理论

一、马克思、恩格斯关于旧制度到新社会的发展阶段的看法

马克思、恩格斯关于旧制度到新社会的发展阶段的看法、对社会主义的看法,不是一成不变,而是有发展变化的。最初,在《1844年经济学哲学手稿》中马克思把社会所面临的改造看成是消除人的自我异化的过程,是建立真正人类社会的过程。这个过程将经历两个阶段,他把第一阶段称共产主义,这和后来固定下来的术语概念不同,这里指的是消灭了私有制,但还没有实现人的解放和人的复原或人的本质的占有的社会,也就是人的全面发展的社会。所以他说:"共产主义是最近将来的必然的形式和有效的原则。但是,这样的共产主义并不是人类发展的目标,并不是人类社会的形式。"(《马克思恩格斯全集》第42卷,第131页)他把第二个阶段称为社会主义,这是实现了人的全面发展、人的彻底解放的社会,人类自觉地创造自己的历史的时代。

到19世纪40年代中期,恩格斯在1847年《共产主义原理》的第24个问题讲第三类民主主义的社会主义时,把第18条所提出措施称为引向共产主义的过渡办法,也就是社会主义措施。这里恩格斯把社会主

义和共产主义当作对社会实行共产主义改造的两个阶段予以区别。

在这个时期里他们有时把社会主义和共产主义等同起来不加区别，但在讲到社会主义者和共产主义者的时候却是严加区分的。他们认为社会主义者（即民主主义社会主义）所要求的只是部分变革，他们在理论方面不彻底，而共产主义者在走向最终目标时，首先必须经过社会主义这段路程。

到 19 世纪 60 年代，1865 年马克思在《资本论》3 卷手稿中第一次提出了共产主义阶段之一即社会主义的一些经济特征。

1875 年，至白拉克后，马克思在《哥达纲领批判》中关于社会的共产主义改造分为三个阶段即过渡时期和共产主义的两个阶段，并对后者给了明确定义，作了具体论述。恩格斯后来在《反杜林论》中也做了充分论述，完成了有关的阶段划分理论。

马克思、恩格斯当时是不是认为共产主义是遥远未来呢？不是的，大家知道，马克思在分析巴黎公社经验时强调指出："这次革命不是一次反对哪一种国家政权形式"的革命，而是"反对国家本身"。这就反映了他们认为共产主义看作在现实社会中是可以实现的想法的现实。他们论证过社会主义在某种程度上，至少是在多数发达国家同时胜利为依据，所以他们认为向共产主义过渡是一个较短的时期。不过他们都认为社会主义是一个不断变化发展的社会。恩格斯说关于向共产主义社会过渡的各个阶段问题，"这是目前存在的所有问题中最难解决的一个"（《马克思恩格斯全集》第 38 卷，第 123 页）。

二、列宁关于苏联社会发展阶段的论述

列宁在关于社会的共产主义改造的发展阶段的理论方面做出了重大贡献。由于列宁直接领导了社会的社会主义改造并看到其第一批成果，所以他提出新的论点新的思想。

列宁指出过渡时期是长期的复杂的要经过很多阶段的过程，他在俄

共七大上讲（1918年3月）"我们刚刚开始走了第一步。我们不知道，而且也不可能知道，过渡到社会主义究竟还要经过多少阶段"（《列宁全集》第27卷，第118页）。

1918年夏到1921年初，是苏俄实行战时共产主义政策的时期。"直接过渡"的思想在俄共党内占了支配地位。1920年秋国内战争结束以后，列宁纠正了战时共产主义政策，实行改革，推行新经济政策。

在《十月革命四周年》中列宁说："我们原打算（或许更确切些说，我们是没有充分根据地假定）直接用无产阶级国家的法令，在一个小农国家里按共产主义原则来调整国家的生产和产品分配。现实生活说明我们犯了错误。准备向共产主义过渡阶段（要经过多年的准备工作），需要经过国家资本主义和社会主义等许多过渡阶段……通过国家资本主义走向社会主义……否则，你们就不能把千百万人引导到共产主义。"（《列宁全集》第33卷，第39页）

列宁虽然指出过渡到社会主义要经过许多阶段，但对社会主义社会要划分什么样阶段，他没有来得及提出。虽然他说过发达的社会主义的初级形式，完整的社会主义等概念，可以说列宁运用彻底的辩证法分析了社会主义制度的建立和发展是一个不断完善的过程，要经历不同阶段，但社会主义社会要经历哪些阶段他没有明确回答过。他实际上也和马克思、恩格斯一样把共产主义看作很近期的现实。

三、斯大林时期对苏联社会发展阶段的分析论证

列宁逝世以后苏联的社会主义工业化和农业集体化不断发展前进。社会主义制度的建立，对社会主义社会发展阶段的认识，就提上了日程。从19世纪30年代起就有了对社会主义社会发展阶段的具体划分，而在此以前，他们普遍认为苏联社会是处在从资本主义向社会主义过渡时期。这里所说的向社会主义过渡的社会主义，实际上指的是"完全的社会主义社会"或"发达的社会主义社会"。

在1925年斯大林和布哈林都认为是处在过渡时期。托洛茨基在俄共十五大上也讲社会主义是没有无产阶级和农民，没有阶级的制度。到1930年斯大林在俄共十六大上讲新经济政策进入最后阶段。在结论中说已进入社会主义时期，但离建成社会主义和清灭阶级差别还很远。1933年总结第一个五年计划时，他说社会主义的阶级基础在苏联已经建成了。

当时苏联的一些学者，如沃兹涅斯基提出要警惕超越阶段，他说苏已进入社会主义但还不能取消新经济政策，不能取消商品、货币，不能过渡到直接的产品交换和不用货币的计算监督。（《沃兹涅斯基文选》中文版，第9页）（沃兹涅斯基把社会主义分为三阶段：1931—1932年，第一阶段：是新经济政策的最后阶段，社会主义经济基础进一步巩固。第二阶段：基本建成社会主义社会，完成劳动和生产资料的社会主义社会化过程，基本上消灭了阶级和消除了工农业对立。第三阶段：社会主义的发展：在这个发展过程建立起共产主义高级阶段的物质基础和消除资本主义脓包（其中包括多种旧的阶级差别，体脑劳分工，无产阶级政权消亡）。（《沃兹涅斯基文选》中文版，第46页；《社会主义经济问题》发表于《布尔什维克》杂志1931年第23—24期；1932年第1—2期）

1936年斯大林在宪法报告里说苏联建立了社会主义制度，即实现了共产主义第一阶段。1939年3月20日联共（布）十八大关于第三个五年计划的决议中提出："苏联在第三个五年计划中进入了新的发展阶段，即实成无阶级的社会主义社会的建设并从社会主义逐渐过渡到共产主义的阶段。"（《苏共决议汇编》第5册，第10—11页）

1952年10月赫鲁晓夫在俄共十九大上所作的修改党章报告中说苏共主要任务是通过由社会主义逐渐过渡到共产主义的途径来建立共产主义社会，说"建成共产主义社会已经成为苏联各族人民的实际任务了"。大会通过的党章也说苏联"建成了社会主义社会"，"党的主要任务是：从社会主义逐渐过渡到共产主义最后建成共产主义社会"（《苏联共产党代表大会、代表会议和中央会议决议汇编》第 5 册，第 298 页）。

四、赫鲁晓夫时期（1953—1964 年）

赫鲁晓夫掌权十一年，十一年中苏联关于社会主义社会发展阶段的理论可以分为两个时期：

（1）1953—1959 年：一方面批判莫洛托夫的苏联"奠定了社会主义社会基础"的论点。另一方面修正了斯大林急于过渡到共产主义的某些方面，基本坚持苏联处在向共产主义过渡的观点。如批评平均主义，发展农牧业生产，批评急性病，判定共产主义过渡的时间表。赫鲁晓夫的冒进还表现在，他在 1956 年提出苏联要在三四年内"在按人口计算的产量方面赶上并超过最发达的资本主义国家"的观点。

（2）1959—1964 年：赫鲁晓夫等过高估计苏联社会的发展阶段，提出苏联已进入了"全面展开共产主义建设时期"。1961 年他明确提出，全面建设共产主义的三项主要任务。在苏共二十二大上提出了苏联要在 1980 年"基本上建成共产主义社会"。在第一个十年（1961—1970 年）按人口平均计算工农业产值超过美国，第二个十年（1971—1980 年）"将把美国远远抛在后面"。在这种超阶段思想指导下提出许多不切实际的主张，制定了不少脱离苏联当时实际的社会经济措施和计划，对苏联的生产发展产生严重影响。1955 年 2 月 8 日莫洛托夫在最高苏维埃会议报告中讲："和奠定了社会主义社会的基础的苏联一道，还有朝着社会主义采取了只是初步的，然而十分重要的步骤的各人民民主国家。"1955 年 9 月 16 日莫洛托夫写给《共产党人》杂志编辑部一封信被迫宣布他的报告中的说法在理论上是错误的，在政治上是有害的（赫鲁晓夫猛烈攻击他）。1959 年 1 月苏共召开第 21 次非常大会，赫鲁晓夫作了七年计划（1959—1965 年）报告。报告和决议说，社会主义在苏联取得了完全和彻底的胜利，现时所处的是建立共产主义物质技术基础的决定性阶段。而后赫鲁晓夫多次讲话报告说，苏联已处立建成社会主义社会并开始实现向共产主义社会逐渐过渡的阶段，许多学者就此作论证。

赫鲁晓夫在1959年7月16日在波兰卡托维兹欢迎大会上甚至说，共产主义已"变成在我们这一代人可以达到的、日益接近的未来"，甚至说社会主义阵营国家"全体人民将大致同时开始过渡到共产主义社会的时候已经不远了"。1961年3月21日苏共二十二大通过的苏共纲领，被称为第三个纲领即建立共产主义社会的纲领。规定最近十年即1961—1970年建立共产主义的物质技术基础。赫鲁晓夫"世界第一工业强国"，人均计算产量超过美国；第二个十年即1971—1980年建立起共产主义的物质技术基础，苏联将紧紧地接近于实现按需分配单一的全民所有制，基本上建成共产主义社会。

在20世纪60年代赫鲁晓夫统治后期，苏联已有学者提出"发达社会主义社会"的论点。1962年苏联《共产党人》杂志第14期社论说："社会主义在苏联的完全和最终的胜利，意味着我们的社会是成熟的社会主义。"1963年4月编入知识出版社的"政治和科学知识丛书"《历史类》的别尔辛写的《从无产阶级专政国家到全民国家》的小册子说苏"建成发达的社会主义社会的历史任务已经解决"。

五、勃列日涅夫时期（1964—1982年）

勃列日涅夫时期，在阶段问题上的重大发展是20世纪60年代中期正式重新提出发达社会主义理论。1964年上台后继续坚持苏联"进入全面展开共产主义建设时期"，1967年勃列日涅夫在庆祝十月革命五十周年大会的报告中，第一次宣布"苏联已经进入了发达的社会主义社会"。从20世纪60年代中到80年代初，苏共系统提出和论证发达社会主义社会大致可分为三个阶段：①1967年11月—1971年苏共二十四大重新提出苏联已经进入了发达的社会主义社会；②1971年苏共二十四大到1977年通过新宪法，为论证阶段；③1977年通过新宪法到1981

年苏共二十六大为初步形成理论体系。

(一) 勃列日涅夫论发达社会主义

1967年11月"在我国建成的发达的社会主义社会",是"各尽所能,按劳付酬"的社会。1971年3月30日苏共二十四大上说:30年代后半期社会主义取得胜利以后又经过30年,情况变化但都是以社会主义规律为基础,苏联建成了发达的社会主义社会。1977年新宪法草案报告,发达社会主义是新型社会成熟的一个阶段,是全民国家,应当把苏维埃称为人民代表苏维埃。1977年在《和平和社会主义问题》杂志第12期的文章中说,列宁俄国共产党人第一次回答了恩格斯认为最难回答的问题。列宁注意力集中在当前任务上,但天才总是走在时代前面,在苏维埃政权初期列宁就说过"完备的""完全的""发达的"社会主义是已开始的社会主义建设的前景和目标。1981年2月23日苏共二十六大上讲通过发达社会主义向共产主义前进。

(二) 社会主义社会的长期性和相对稳定性

勃列日涅夫在1981年苏共二十六大上指出发达社会主义是"共产主义形态形成过程中一个必要的、合乎规律的、历史上相当长的阶段。这个结论是党在最近几年得出的,并作过深入的研究,无疑要以应有的方式反映在党纲中"。对此问题苏联学者做了许多论证。

(1) 社会主义的分期

苏联学者围绕着共产主义社会形态的社会主义阶段的分期问题展开了热烈讨论。大多数学者把社会主义分作两大阶段或时期即确立社会主义时期和发达的成熟的社会主义时期(施莫里科夫:《社会主义社会两个发展阶段和发达社会主义的基本标准》,《科学共产主义》1979年第6期,也有的称为初级阶段和高级阶段)。

格列则尔曼认为可分三个阶段:社会主义社会的发展过程可分为三个基本阶段:①过渡时期,它随着社会主义的胜利而结束。②从建立社会主义基础开始到确立发达社会主义。③发达社会主义及其进一步进入共产主义时期。《马克思列宁主义的阶级斗争和阶级斗争理论》这本书上他批评另一种三段说，即发达社会主义后还有一个高度发达或成熟的社会主义阶段，因按列宁观点社会主义就是消灭阶级，只要有工人、农民就不可能有完全的社会主义。所以应有第三阶段。他认为要考虑阶级概念发展情况，消灭阶级差别是发达社会主义范围内，据布坚科克说对发达社会主义是否还要有一个单独阶段，有四种观点：①从社会主义向共产主义过渡和转变的过程，在社会主义阶段范围内就可实现，这是发达社会主义阶段的直接历史任务。②发达社会主义还不是社会主义的最后一个时期，还应有一个高度发达的社会主义社会阶段。③应采用列宁当时使用过的"共产主义的中间阶段"的概念，它与"全面展开共产主义建设时期"相当。④以缺乏必要经验和实际资料为理由，对社会主义阶段范围内是否可以划出新阶段暂不作结论。

还有人根据列宁在《左派幼稚病》（五）中批评德国"左"倾病时说过："否认党性就意味着不是从资本主义崩溃的前夜（在德国）跃进到共产主义的低级阶段，跃进到中级阶段，而是跃进到共产主义的最高阶段。"（即上述第三种观点）但这句话接下去就可以清楚中级阶段指的社会主义，初期阶段指的过渡时期。

《苏联大百科全书》第 24 卷 1976 年版，说苏联社会主义社会经过了三个阶段即十月革命到 30 年代中是过渡时期，30 年代中到 60 年代初建设成熟的发达的社会主义时期，60 年代初开始发达社会主义时期。

（2）勃列日涅夫以后对发达社会主义的修正

1982 年 4 月苏共中央书记安德罗波夫在纪念列宁 112 周年诞辰大会报告中提出"苏联处在发达社会主义漫长的历史阶段的起点"，当时勃列日涅夫尚未逝世。

1982 年 11 月安德罗波夫当总书记后重申这一观点，他在《共产党人》杂志 1983 年第 3 期上发文说：在 20 世纪最后十几年里党和人民的任务可概括称为"完善发达的社会主义，并随着完善的程度逐步过渡到共产主义,我国现在处于这一漫长历史阶段起点"。同时和 1984 年 2 月契尔年科夫当总书记后,也重复这个观点即苏联处在完善发达社会主义的起点。"发达社会主义是一个漫长的历史阶段,我国正处在这个阶段的起点。" 1985 年 3 月 11 日戈尔巴乔夫当选为总书记,他在这个问题上还是说发达社会主义起点开端,他们对初级阶段理论是比较欣赏的,但认为总要比你们高一点。

(3) 阿尔巴尼亚的阶段观

革命经历三个阶段:一是反帝民主主义的阶段;二是建立社会主义社会经济基础阶段;三是现在进行的完全建成社会主义社会的阶段。各阶段是不间断的而且是彼此交错的。每一阶段有一基本任务,依次为政治任务,经济任务(所有制),思想文化任务(《阿尔巴尼亚劳动党历史》,人民出版社 1971 年版,第 457—458 页)。霍查 1961 年讲阿尔巴尼亚进入新历史时期建设发达的社会主义社会。

哈泰·巴涅教授 1985 年在《经济问题》上发表文章说阿尔巴尼亚社会主义经历(从工业化角度讲):①从落后农业国→农业→工业国,始于革命胜利、终于一五计划(1951—1955)。②从农业→工业国→工业—农业发达国,从二五(1956—1960)开始,现在仍在此阶段、将到完全建成社会主义社会。③拥有先进农业的工业国,这将完全建成社会主义的物质技术基础,与政治、思想等其他领域一起,将认为完全建成了社会主义社会。

第五节 对《家庭、私有制和国家起源》文本的研究

一、关于私有制和阶级的起源

国家的存在是以私有制和阶级矛盾的存在为前提的,因此,恩格斯研究国家起源时先研究的私有制和阶级的起源,在《家庭、私有制和国

家起源》(以下简称《起源》)中深入分析私有制和阶级产生的原因和过程,说明它们是社会生产发展到一定阶段才出现的社会历史现象。

①野蛮时代的低级阶段的个人所有制是私有制出现的历史渊源。这时母系氏族进入全盛时期,有一整套(氏族、胞族、部落、部落联盟)完整的组织领导机构:组织生产、安排生活、解决内外各种矛盾,处理全部公共事务,"这种简单的组织,是同它所由产生的社会状态完全适应的"(《马克思恩格斯选集》第4卷,第158页),这些社会条件指的是,生产极不发达,人口极少;自然分工(两性);集体劳动,平场消费,共同占有;没有剥削和奴役,没有统治和压迫,是平等、自由的;不过人们以劳动为基础产生两性之间经济地位的差异,以及集体所有制中少量个人所有制,这是私有的历史渊源。

②野蛮时代中级阶段,出现了第一次社会大分工(《马克思恩格斯选集》第4卷,第156页)。分离出来游牧部落,这时人们学会冶铜冶锡以及二者的合金——青铜,出现了金属工具。这表明在这个阶段人类从使用木石工具进到使用金属工具,从自然分工进到社会分工;这是人类社会生产力的重大突破,新的生产力造成新的社会关系,私有制和阶级差别相继出现了。

原因之一是:社会分工和金属工具引起劳动形态的重大变化,由此导致私有制产生,过去是集体劳动,现在搞畜牧业可以家庭为单位来完成,不必依赖集体劳动。个体劳动形态出现,首先在畜牧业中取代集体劳动,牲畜以及以之交换来的产品,很自然归属于各个家庭所有,成为历史上第一批私有财富。从此出现私有制。

原因之二是:提高了劳动生产率(分工及金属工具),出现了剩余产品,为人剥削人提供了可能,为阶级出现和存在了物质前提。俘虏变成奴隶,阶级分裂从此出现,第一次社会大分工即分裂为两个阶级主人和奴隶,剥削者和被剥削者(《马克思恩格斯选集》第4卷,第161页)。

不过这是阶级产生的最初阶段，也是奴隶制形成的最初阶段。这阶段私有制刚出现还没有那些占有大量财富的富人，人们的财富差别还有，劳动生产率还不够高，奴隶提供的剩余产品还不多，使用奴隶的人还不能完全依靠剥削生活，他还得参加劳动，这就是最初产生的家长奴隶制是奴隶制度的第一阶段。

③野蛮时代的高级阶段：人类学会炼铁进入铁器时代。它使大面积开垦耕作成为可能，给手工业发展提供了可能，使之显示出生产的日益多样化和生产技术的日益改进。于是出现了手工业和农业分离的第二次社会大分工，它促进了私有制和阶级的发展。因为铁制农具的使用促使耕地转变为私有，铁器使人们在较小范围内进行农业生产，而不必依赖集体劳动，于是氏族公社开始把土地分给各家使用，逐渐改进为永久分给家庭使用，成为私有财产。因为随着新的分工，私有财产的发展氏族内成员之间的财富差别扩大了，除了自由人和奴隶的差别外，还出现了穷人和富人的差别，由于劳动生产率的增长提高了人的劳动力的价值，使用奴隶成为有利可图的事情。于是不仅俘虏，而且氏族内的穷人也沦为奴隶，奴隶制有了新的发展。"在前一阶段上刚刚产生并且是零散现象的奴隶制，现在成为社会制度的一个根本的组成部分，奴隶们不再是简单的助手了，他们被成批地赶到田野和工场去劳动。"（《马克思恩格斯选集》第4卷，第163页）

④文明时代出现了第三次大分工即商业和产业分离。这次分工造成了一个不从事生产而只从事产品交换的商人阶级，这表明阶级分裂已从生产领域发展到交换领域。商品交换迅速发展出现金属货币、货币高利贷、土地所有权和土地抵押制，于是财富便迅速地积聚和集中到一个人数很少的阶级手中。"奴隶的强制性劳动构成了整个社会的上层建筑所赖以建立的基础。"（《马克思恩格斯选集》第4卷，第168页）至此奴隶制、私有制便完全确立起来了，以私有制为基础的阶级社会就取代了以血缘亲属关系为基础的原始社会。

二、关于国家的起源本质和发展规律

1. 马克思、恩格斯国家学说的创立和发展

大致可以分为四个时期：第一阶段：19世纪40年代，马克思、恩格斯在1842—1844年实现两个转变。这种转变特别明显地表现在他们对国家、法和社会现实关系问题的认识发展上。在两个转变前，他们是信奉黑格尔唯心主义国家观的，社会实践使他们逐步抛弃了它。

1842—1843年马克思在莱茵报社工作，他在揭露和批判普鲁士书报检查制度，以及关于林木盗窃法和摩密尔地区农民生活状况同官方论战中，看到了普鲁士专制国家的阶级本质，指出它是为林木占有者利益服务的。在《摩密尔记者的辩护》一文中，马克思已接触到国家政权的物质基础问题，这说明他已开始抛弃黑格尔的唯心主义国家观。

1843年夏，马克思总结了他对黑格尔法哲学的批判成果写了《黑格尔法哲学批判》一书，批判地分析了黑格尔在国家与市民社会的关系问题上的唯心主义观点，论述了市民社会决定国家的思想，表明他在创立唯物主义国家观问题上前进一大步，指出并不是像黑格尔说的国家是市民社会的基础。"实际上，家庭和市民社会是国家的前提"（《马克思恩格斯全集》第1卷，第250—251页），不仅肯定了市民社会对国家的决定作用，而且进一步揭示了不是政治国家支配私有财产，而是私有财产的权力支配政治国家。对黑格尔法哲学的批判表明马克思的唯物主义国家观已初步形成。

恩格斯1842—1844年在英国曼彻斯特期间进行大量调查研究，写了《英国工人阶级状况》一书，明确指出资产者在"用他们的财产和他们掌握的国家政权所能提供的一切手段来维护自己的利益"，并"利用国家来对付无产者"（《马克思恩格斯选集》第2卷，第500、566页），因此，无产阶级唯一可能的出路就是暴力革命，这表明他已经看到了资产阶级国家的阶级本质。

1846年马克思、恩格斯合著的《德意志意识形态》一书,第一次论述了唯物史观的基本观点,明确揭示了国家存在的物质基础,剖析了它的阶级根源,奠定了马克思主义国家观的科学基础。这部著作还指出无产阶级革命必须首先夺取政权建立自己政治统治的思想。

1848年的《共产党宣言》揭示了资产阶级国家的阶级本质,指出"现代的国家政权不过是管理整个资产阶级的共同事务的委员会罢了"(《马克思恩格斯全集》第4卷,第468页),并表述无产阶级专政的基本思想,虽然没有用这个概念。

第二阶段:1848年革命到1871年公社革命前,马克思、恩格斯关于国家的观点经受了实践检验并得到丰富和发展。这一时期他们写了许多著作总结1848年革命经验主要有:《1848—1850年法兰西阶级斗争》《德国的革命和反革命》《路易·波拿巴的雾月十八日》等丰富了马克思主义国家学说,特别是无产阶级专政学说,主要的一是首次运用无产阶级专政的概念,"推翻资产阶级,工人阶级专政",揭示无产阶级专政同科学社会主义的内在联系,阐述了无产阶级专政的主要任务和最终目的,丰富了《共产党宣言》中所表示的无产阶级专政的基本思想。二是提出了无产阶级革命必须打碎旧的国家机器的思想,这是"马克思主义国家学说中主要的基本的东西"。

第三个阶段:从巴黎公社到马克思逝世,这个阶段是马克思、恩格斯通过总结公社经验和同各种机会主义论战进一步丰富发展了国家学说。主要著作有《法兰西内战》《论住宅问题》《论权威》《哥达纲领批判》《反杜林论》等,主要是总结公社经验基础上,首次阐述了无产阶级专政国家如何建立和采取什么形式。①工人阶级不能简单地掌握现成的国家机器,并运用它来达到自己的目的。②无产阶级专政的首要条件是无产阶级军队。③无产阶级国家的公职人员必须实行普选制、轮换制和低薪制,这是防止国家机关由社会工作变成社会公仆的重要办法。列宁也认为这是用一些根本不同的机构来代替另一些机构。

马克思、恩格斯在同普鲁东主义做斗争中,在《论住宅问题》一书中分析了无产阶级专政国家在过渡时期的作用及其消亡问题,提出了关于阶级差别即改造小农经济问题。恩格斯强调指出:"无产阶级采取政治行动,必须实行专政,以过渡到废除阶级和阶级一起废除国家。"(《马克思恩格斯选集》第2卷,第527页)马克思、恩格斯在同巴枯宁主义作斗争时,批判了无政府主义的基本信条,权威=国家=绝对祸害和口号:立即废除一切权威和一切国家,阐明革命权威的重大意义,阐述了无产阶级组织国家政权的重大意义,再一次揭示了剥削阶级国家的实质。

马克思、恩格斯在同拉萨尔主义作斗争时,批判了拉萨尔的超阶级国家观,在批判自由国家谬论时还考察了资本主义崩溃和共产主义发展问题,明确提出了马克思主义关于过渡时期的理论,揭示了过渡时期和无产阶级专政的内在联系,提出了共产主义社会发展的两个阶段的学说,论证了国家消亡的经济基础。恩格斯在给贝贝尔的信中还揭示了无产阶级专政国家同其他一切国家的共同本质,即都是对敌人实行暴力镇压的一种机关,又着重指明两者的本质区别,"巴黎公社已不是原来意义上的国家了"。原来意义上的国家是少数剥削者压迫多数人民群众的机器,公社要镇压的是少数剥削者是多数人对极少数人的专政。原来意义上的国家只能通过社会革命消灭它,受阶级斗争规律支配,它是不能自行消亡的,而无产阶级专政国家是在阶级消灭后,就自行消亡的。所以说不是原来意义上的国家,列宁称之为"半国家"。马克思、恩格斯在同杜林斗争中系统阐述了无产阶级国家将自行消亡的论断。

第四个阶段:马克思逝世到恩格斯逝世,1883—1895年恩格斯在反对第二国际机会主义斗争中对国家问题做了阐述和补充。

一是对国家权力对经济发展的反作用问题做了进一步阐述和补充。1890年10月27日致施来特的信提出国家权力对经济发展的反作用可能有三种。这里深刻论述了唯物史观关于经济基础与上层建筑的辩证关系原理。

二是《内战》1891年《再版导言》中在国家问题上首先批判了对国家迷信观念进一步揭示国家的实质(《马克思恩格斯选集》第2卷,第334页)。恩格斯尖锐指出国家是无产阶级斗争胜利后的一个祸害。其次提出了如何防止无产阶级专政国家变质问题。

三是在批判爱尔福特纲领草案时对国家形式和结构问题做了宝贵指示:一是关于共和国问题,认为民主共和国是走向无产阶级专政的捷径;二是关于民族问题与国家结构的联系,坚持统一而不可分割的共和国。他认为联邦制共和国或者是一种例外,是发展的障碍,或者是由君主国向集中制共和国的过渡,是在一定条件下的前进一步;三是关于地方自治问题,驳斥了联邦制共和国一定会比集中制共和国自由的说法,指出真正民主的集中制共和国赋予的自由比联邦制共和国要多。

这个时期恩格斯写的关于国家问题最重要的著作是《起源》,这里第一次用历史唯物主义原理对国家的起源、本质、特征及其消亡问题做了系统全面的阐述和研究,是马克思主义关于国家问题的最重要的著作。

2. 关于国家起源问题

《起源》深入研究了国家在氏族制度废墟上产生的三种主要形式,最后对之作了理论上的概括。

雅典化国家的产生是经过三次社会改革从氏族社会中脱胎出来的。第一次提修斯改革约在公元前800年。这次改革使雅典出现了国家雏形,表现在:①有了在一定疆域范围内行使权力的凌驾于各部落之上的中央权力机关。②打破了按血缘关系组织居住的办法,开始按地区组织居民。③打破了按血缘关系规定居民权利义务的原则,开始按财产关系也就是按居民关系来规定权利义务,这些新机构、新原则从不同方面打破了氏族制度社会的范围,构成雅典国家雏形。第二次是梭伦改革,使雅典发生重大变化。改革的出发点是削弱贵族政治、经济势力,维护工商业奴隶主利益，扶持工商业的发展。这次改革规定了雅典奴隶制社会的发展方向。促进了奴隶制工商业发展，壮大了工商业奴隶主的力量。第三次是克利斯提尼改革，是一次废除氏族制度确立国家制度的改革，最初建立的是奴隶主民主共和国。

雅典国家的产生出促进了奴隶制度的发展。改革发生在（公元前510年—公元前507年）。从此雅典奴隶制经济蓬勃发展，几十年后它就成为爱琴海区域的霸权帝国，几乎垄断了爱琴海上的航海贸易，雅典成为著名的国际商港，文化昌盛，文学艺术、哲学都享有世界声誉。

雅典国家的产生乃是一般国家形成的一种非常典型的例子，它的产生既无外来暴力干涉，也无内部的暴力干涉，是最纯粹、最典型的形式。

罗马国家的产生。公元前576年塞尔维乌斯·土利乌斯对罗马氏族制度进行根本改革，这样罗马氏族制度被破坏代之而起的是一个新的以地区划分和财产差别为基础的真正的国家制度。罗马人的国家不是直接从氏族社会内部产生的，而是在氏族贵族集团与氏族社会外的平民集团相斗争中产生的，是国家产生的第二种形式。

德意志人国家的产生是德意志人征服罗马帝国后在其废墟上建立起来的。罗马奴隶制国家是在公元前600年建立起来的，经过两个世纪发展而强大起来。公元前4世纪开始向外扩张，先后征服地中海各国和地区到公元2世纪止，是罗马奴隶制国家最繁盛时代，从公元3世纪它出现严重的政治经济危机，导致它衰落至最后灭亡。到公元5世纪德意志人征服了罗马帝国。征服后这些生活在氏族制度下的德意志人，便同经历了奴隶制罗马人结合在一起。这个历史特点决定了德意志人的刚刚萌芽的奴隶制不可能进一步顺利发展，它必须适应被征服地区的历史条件，在奴隶制基础上前进而不能逆转。因此征服者德意志人在罗马奴隶制的废墟上不是建立奴隶制国家，而是建立了封建农奴制国家。它是通过两个途径迅速建成封建国家的：一是氏族组织很快变成地区组织；二是氏族机关迅速转变为国家机关。

德意志人封建国家建立具有重大意义：一是它是国家产生的第三种形式，是"作为征服外国广大领土的直接结果而产生的"（《马克思恩格斯选集》第21卷，第193页）；二是它加速了欧洲从奴隶制向封建制转变过程。

综合起来说国家产生的主要原因和一般过程是国家产生的三种形式，各具特点，但具有普遍意义，即由共同点即说明一般国家产生的主要原因、过程。

据恩格斯分析国家产生的原因有4点：①国家是社会分工发展的必然产物。人类进入文明时代又出了另一种类型的社会大分工即管理者和生产者脑力劳动和体力劳动之间的分工。人类社会总有许多公共事务，只要有人去执行公共职能。在氏族社会由首领、酋长有关人员利用业余时间完成，随着生产发展人口增多，特别是私有制和阶级的产生，公共事务的量和质都发生重大变化，需要专门的机构和专门班子处理，这些人获得一定特权，构成为特殊的权力机关，这就是国家。②国家是私有制发展的必然产物。③国家是阶级矛盾不可调和的产物。恩格斯把国家说成是"表面上凌驾于社会之上""自居于社会之上"的力量。这就是说国家是一种凌驾于社会之上但又不是代表全社会各阶级共同利益的全民机构，而是阶级压迫的工具。国家是以武力为后盾，以法律为根据，行使管理整个社会的权力。强制社会成员服从国家意志，遵守国家法律，是居于社会之上但又不是"仲裁"机关，它所制定的法律法令以及一切方针政策都是掌握国家权力的那个统治阶级意志和利益的表现。所以国家的真正实质是阶级压迫的工具，阶级统治的机关。恩格斯还把国家说成是一种"日益同社会脱离的力量"，这个论断从国家产生过程以及它同氏族的机关的区别中，深刻揭露剥削阶级国家的特征，指它同社会生产，同人民群众脱离，是一切剥削阶级国家的基本特征。④国家是异族杂居的必然产物，只能以地区为单位组织居民并建立管理机关。这四者都是生产力发展到一定阶段的产物，国家是生产发展到一定阶段的必然结果。⑤关于国家的实质和特征。⑥关于国家私有制和阶级的消亡。

三、文明与文明时代

1. 关于文明的概念

各国文献表明文明用法多，含义不明确。文明一词在欧洲产生于 18 世纪，但中国与 Civilization 相对应的文明一词则古已有之。传统经典《周易》中即有"见龙在田，天下文明"，不过那时的意思不同是"文采光明、文德辉耀"的意思。而这是公元前 475 年至公元前 221 年时，近代到 17 世纪清代戏曲理论家李渔（1611—约 1679）在《闲情偶寄》中说"辟草昧而致文明"这是把文明与野蛮对立的说法，启蒙思想家们的含义相近了。

文明在现代最普遍的含义"被理解成一切民族原则上都能达到的历史过程的结果。这里的原有状态和已经实现的进步是一致的，都被解释为世界历史的客观现象。文明在这个意义上涉及社会的一切领域，政治、经济、宗教、技术、道德、交往等"。人们一般地也是把文明理解为人类的脱离动物界以通过自己的实践活动所创造的一切物质的、精神的、成果的总和。

西方文献有把文明与文化两者对立起来（如德语地区），但一般认为文化概念较文明概念更广泛。前者指全部的社会产物后者则作为前者的一种类型或一个方面出现。

中国文献及著作是很少在广义上使用文化一词（像西方那样），较多的是把文化限于指称人们精神生活领域，这样文化就成为指人类一切物质生活精神生活总体的文明的一部分或一方面。

据考证，西方 civilization 一词，在某些欧洲主要语言中不早于 18 世纪，启蒙学派使用这个概念是中世纪蒙昧主义对立起来的。

空想社会主义者使用文明一词是批判资本主义制度，如傅立叶着眼于文明时期即资本主义制度，他鲜明尖锐地揭批资本主义制度在经济上、道德上的缺陷。马克思、恩格斯也常在各种意义上使用文明概念，他们在社会观点意义上把文明概念理解为阶级社会的发展阶段。从文化角度则文明包括文献著作产生、分工、生产力，甚至武器发展方面可以感受到的成果，劳动生产率的提高，科学成果等。

他们有时把文明概念用于计划时间上和空间上有一定局限的社会组织，如古代文明、资产阶级文明等，用于阐述人类在物质文化方面或精神文化方面的一切成果，如文明程度。

在 Morgan 文明概念的标志有三条：①一夫一妻制出现。②氏族社会被政治社会所取代。③社会分裂为对立阶级。

恩格斯赞同这个看法，他指出文明的本质特征"文明时代是社会发展的这样一个阶段，在这个阶段上，分工，由分工而产生的个人之间的交换，以及把这两者结合起来的商品生产，得到了充分的发展，完全改变了先前的整个社会"（《马克思恩格斯选集》第 4 卷，第 174 页）。马克思、恩格斯认为进入文明的标志的社会进步状态有三方面含义：①文明是指人类物质生活资料发展的一定阶段，"文明时代是学会对天然产物进一步加工的时期，是真正的工业和艺术的时期"（《马克思恩格斯选集》第 4 卷，第 24 页）。②是指人类智力开化阶段：原始人员愚昧落后，智力未开他们还没有脱掉"自然形成的共同体的脐带"（《马克思恩格斯选集》第 4 卷，第 96 页）还是"蒙昧人""蒙昧民族""野蛮民族"，只是"从铁矿石的冶炼开始，并由于拼音文字的发明及其应用于文献记录而过渡到文明时代"（《马克思恩格斯选集》第 4 卷，第 22 页），文字的发明和应用是人类智力开化的标志。③是指人类社会制度发展的一个阶段即从以血缘关系为基础的氏族制到以地区划分的、"以分工为条件的"，"以阶级关系为基础的社会经济政治制度"，"国家是文明社会的概括"（《马克思恩格斯选集》第 4 卷，第 176 页）。

私有制、阶级、国家的产生是氏族社会灭亡和阶级社会诞生的主要标志。可以说文明时代是以私有制为基础，以阶级对立为主要特征，以国家为主要标志。文明时代经历了三种主要形式即三大奴役形式。文明时代的本质和特征：①卑劣的贪欲是文明时代的动力，发财致富是阶级社会特别是资产阶级社会的唯一目的。②"由于文明时代的基础是一个阶级对另一个阶级的剥削，所以它的发展全部都是在经常的矛盾中进行的。"（《马克思恩格斯选集》第4卷，第177页）因为它几乎把一切权利赋予一个阶级，把一切义务推给另一个阶级。③实行习惯性伪善是文明的统治手段（《马克思恩格斯选集》第4卷，第178页），文明时代必然走向各成员时代。

在列宁著作里文明用法也有不同的地方，如在《论我国革命》中分析了共产主义社会经济形态的特点，同时提出文明概念的内容会被人们所不同的角度去理解。他指出文明的前提是"驱逐地主、驱逐资本家"，做到这点才可以走向社会主义，说明了改造社会同新文明的关系。

但是无论马克思、恩格斯还是毛泽东在揭示剥削阶级文明缺陷时，都没有全盘否定历史传统，在创造文明价值时应该说社会各阶级及其代表人物的行动都起了某种作用，但是先进阶级、阶层的行动则具有特殊的意义。

不同文明中人民群众同社会物质和精神财富的关系是不同的，在私有制社会中文明相对来说仅仅给一小撮社会特权人物带来好处。列宁在《给美国工人的信》中指出，资产阶级文明带来了它的美好的果实，美国在发展人类联合劳动力方面，在应用机器和一切最新技术奇迹方面，都在自由和文明的国家中间占第一位；同时美国也成了贫富间鸿沟最深的国家之一，在那里，一方面是一小撮卑鄙地沉溺于奢侈生活的亿万富翁。

因此有必要改造剥削阶级文明特别是资产阶级文明，克服它的历史性缺陷。但谈它的缺陷、片面并不是否定的历史意义，正如列宁说的

"资本主义文化创立了大生产、工厂、铁路、邮政、电话等"(《马克思恩格斯全集》第3卷，第207页)正加深了资本主义矛盾，马列主义者批判资产阶级文明但从未把它说成是历史上的倒退，从历史眼光它们是递进的进步，但它们不是极限，只是文明史的一个阶段，新文明必将到来。

四、摩尔根是一个环节

1. 理论上的问题

（1）技术决定论：机械唯物主义观点和历史原因单一化的倾向。他将婚姻、家庭、氏族社会结构与一定生产技术相联系，原则是正确的。但把问题看得过于简单、绝对化，忽视了还有历史的、社会的、意识形态方面的非经济原因，就导致技术决定论。19世纪盛行的技术论。

技术决定论与唯物史观是两码事，一般说来以劳动工具为标志的生产力和技术发展水平是认识社会发展水平的指示器，决定社会发展程度，但是社会是由一定的生产力、技术、生产关系、上层建筑等基本要素构成的有机体。生产力和技术只能通过生产关系、上层建筑等环节引起社会结构的变化，所以不能简单地以某一社会使用什么工具来划分社会发展阶段。恩格斯在1890年致布诺赫的信中尖锐指出唯物史观与机械唯物论的区利界限。

（2）技术发展序列不正确。这个问题19世纪考古学界已有公认的分期法。1813年丹麦历史学家维德尔-西门逊（Veeel-Simonson）已最早采用了石器—铜器—铁器时代的划分方法。1836年丹麦考古学家汤姆逊（C. J. Tomsen）著书正式确立了这个至今为考古学界沿用的分期法。摩尔根认为这不够提出文化分期法，作为分期标准这当然是可以而必要的。他"根据生活资料生产的进步"所定出断代标准，即从采集到使用铁器的进化过程，是19世纪人类学处于萌芽状态的流行观点，是从斯宾塞到泰勒一脉相承的。

当代考古学发现已证明采集、捕鱼、狩猎并不像摩尔根说的是三个依次相承的阶段，而是基本上同时的人类在特定的生态环境下互相补充的谋生手段。畜牧业产生不是在农业之前，而是在其后，即使在东半球也是这样，陶器发明大致与农业同时不足以单独代表一个时代。他所概括的技术序列难以成立，所以有人认为他划分的原始社会的两阶段六时期，以及与之相应的婚姻家庭形式需作重新论证。

2. 关于比较历史研究的运用

关于比较历史研究的运用，即以当代原始部落为推测古代部落的依据，近于历史——就人类学而言把当代原始部落社会当活化石有一定参考价值，但要极为慎重。因这里是已经经历几千年发展史，其间变化难以推测，而且他们所处的生态环境以及相邻人群关系也早已不是几千年前的情景，很容易差之毫厘，谬以千里！

3. 关于亲属称谓制

关于亲属称谓制，也不能绝对化。摩尔根以为可以准确无误是绝对化之一个表现。当然婚姻家庭对亲属称谓有重大影响作用，但当代人类学家研究证明居住模式、继嗣等都可影响称谓，所以并不是很简单的。

由于以上理论方法上存在的问题，他的结论有的就偏离了事实，第四版序言已讲到这一点了，其中重要的是：

①关于亲属称谓与社会发展关系。摩尔根将人类分式亲属称谓制与原始社会联系的观点，早有人怀疑，如北极的爱斯基摩人技术水平相当于渔猎时代。亲属称谓却与当代欧美工业社会相似，有的学者以自己意见成果补充摩尔根。②男女杂交阶段。仍找不到生物学或考古学证据，而人类学家对"乱伦禁忌"的研究假说等却有很大发展。③关于母系氏族社会。当代大多数人类学家承认母系与父系有前后继承关系，而民族志资料说明当代仍处于狩猎采集生产力水平（即母系氏族技术水平）的是母系、父系并存，这也需进一步讨论。④家庭形式问题。由乱伦禁忌就涉及家庭形式那样就没有血缘家庭，这也是要继续研究。⑤原始社全

进化程序即氏族—部落联盟，这很难概括全世界几大洲情况。⑥关于原始社会自由平等、博爱。原始社会的自由互助等是求生本能不是自觉的，是愚昧的象征，不是高尚的表现。摩尔根美化成为可无差别无矛盾状态，是站不住脚也不符合实际的。

人们长期以把摩尔根模式奉为经典，是由于一种误解，因为把它当成准马克思主义或马克思主义化了，以为怀疑这模式就是怀疑马克思主义。

第六节 列宁对俄国革命和世界革命的认识

俄国确实是薄弱环节，当列宁面临批准《布列斯特和约》时，清楚知道苏俄没有什么条件发动对德国革命。在1918年春列宁关于俄国社会主义前途的看法是和他在1915—1916年概括的社会主义可单独在一国胜利的理论原则是完全不同的。1918—1919年列宁在许多次讲话中实际指明俄国革命没有一场欧洲社会主义革命的支持是不可能取得胜利的。

1918年3月他在俄共七大讲话中说："现在历史使我们处于极困难的境地。我们在进行空前困难的组织工作时遭受到一系列令人痛心的失败。从全世界历史范围来看，如果我国革命始终是孤立无援的，如果其他国家不发生革命运动，那么毫无疑问，我国革命的最后胜利是没有希望的。"（《列宁选集》第3卷，第459页）

1919年3月他在彼得格勒苏维埃会议上说："只有估计了苏维埃在世界范围内的作用以后，我们才能正确地了解我们内部生活中的琐事，并及时地加以调整。建设工作完全取决于革命在欧洲最重要的国家取得胜利的速度。只有在这种胜利之后，我们才能认真地进行建设工作。"（《列宁选集》第29卷，第3页，只有前一句，后句中文版没有，作者引文来自1918年3月14日《北方公社报》）

18个月后,列宁在纪念十月革命三周年的一次会议上再次指出:"我们一直强调,我们要从国际上看问题,一个像社会主义革命这样的事业在单独一个国家是不可能胜利的。"(中文版《列宁全集》没有这句话,俄文第四版、第五版也没有,原作者声明是引自原始材料)

托洛茨基这几年讲了同样的话:1918年4月14日他在一次工人会议上预言:"如果其他国家的现存政府仍然控制着权力,俄国的革命就没有希望了……"(《论文选》第17卷,第195页)

列宁和托洛茨基的相同点是明显的,但不同的也很明确。在列宁来说:"坚持"到欧洲革命的胜利的口号,是1918—1920年期间俄国的特殊状况的不可避免的结果,而对托洛茨基来说这是一条绝对原则——他不能设想,没有国外的直接支持和革命援助,社会主义会像俄国这样一个国家内取得胜利。

托洛茨基说的同他以前和以后说的一样,列宁的这些看法则与他1915年、1916年和以后1921至1922年说的在实质上是很不同的。列宁自己对这种前后不一致并不特别感到难堪,从整体上考虑列宁打算取消那些过时了的口号,承认他自己和党的错误。后来的内战胜利后,列宁在共产国际第三次代表大会上一次讲话中,公开承认他对俄国革命和世界革命的看法中的一些实质性的变化(《列宁全集》第32卷,第467页)。

第三篇 对民主社会主义理论与实践的探索

第一节 民主社会主义：改良主义的思想体系

民主社会主义是社会党国际各成员党的指导思想，它是一种改良主义的社会思潮。从表面上看，"民主社会主义"既标榜"民主"，又打着"社会主义"的旗帜，似乎具有十分革命的内容。其实，社会党人所鼓吹的"民主"和"社会主义"与马克思主义的观点是格格不入的，"民主社会主义"与"科学社会主义"是两种根本对立的思想体系。

一、民主社会主义的含义

究竟什么是民主社会主义？社会党人并不主张下一个统一的定义。前瑞典社会民主党主席帕尔梅曾说："现在有71种社会主义的定义，如果我提出第72种，并不会因此更说明问题。公认的定义是不存在的。"不过社会党从人的本性出发，十分强调"自由、平等、正义、友爱"等内容，并把实现"政治民主、经济民主、社会民主"等作为具体目标。

民主社会主义的主要内容：民主社会主义的核心是民主。法兰克福指出："没有自由，就不可能有社会主义。社会主义只有通过民主制才能完成，而民主制也只有通过社会主义才能完全得到实现。"各国社会党对这个原则在各种不同情况下做过进一步发挥，因而在社会党的纲领中有各种各样的"民主范畴"，如"民主是社会主义的基本价值所在"，"民主是社会主义最本质的要求"，"民主作为社会主义所追求的最高目标永无止境"，"社会主义是一种在政治、经济和社会方面无限的民主"等。它们不仅把民主规定为总的纲领目标，而且规定了民主在不同领域、不同方面的具体目标。

首先是政治民主。政治民主的核心是实行多党制和议会民主制。他们把民主和专政对立起来，提出民主高于一切，强调自由、平等、人权，反对一切阶级的专政，也反对一切专政的阶级。他们攻击共产党执政的社会主义国家是"独裁统治"，把社会主义国家镇压反革命说成是"消灭个性""消灭自由""违反人道主义"。因此，他们主张的政治民主，实质上是巩固资产阶级专政，反对无产阶级民主与无产阶级专政。

其次是经济民主。其主要内容是以市场经济为基础的混合经济和共同参与。社会党国际的纲领宣布，"社会主义的计划并不以所有生产资料的公有为先决条件"，它同重要生产领域内的"私有制的存在是可以相容的"。他们认为社会主义的"经济目标是充分就业、增加生产、提高生活水平，实行社会保障和推行收入与财产的合理分配"，认为随着若干经济部门的国有化或由工会实行管理，随着新的管理形式的出现和管理技术人员所起的作用等因素，生产资料所有制的古典模式已经部分过时。因此马克思的剥夺剥夺者的思想已不再适用了，几种所有制共存的混合经济是现时代的特点。

民主社会主义为了缓和劳资矛盾，强调工人参加企业管理的重要意义。他们认为工人通过工会参加对企业的经济的管理，在决定重要问题时，工人和资方有对等的决定权，这就是"共同参与"。德国社会民主党的《1975—1985年经济政治大纲》指出：参与决定的要求表明人们为争取更多的自由和自我负责而努力。在那些凡是存在着人统治人的地方，被统治者应当通过参与决定，以有效的方式参与和监督这种统治。

再次是社会民主。主要内容是实行"公平分配"和福利社会。民主社会主义强调私有制的作用,但又不能不承认私有制社会存在的严重的不平等现象,所以他们只能在分配领域想办法,强调公平分配,建立福利社会。在实践中,社会党都搞过一些社会福利措施,尤其是瑞典搞一整套"从摇篮到坟墓"的福利制度;虽在一定程度上改善了劳动群众的工作条件和生活条件,但终究改变不了资产阶级和劳动群众的剥削与被剥削关系,改变不了垄断资产阶级占统治地位的现实。

最后是国际民主。社会党国际一再宣布,民主社会主义是国际性的,社会党人为建立一个和平与自由的世界而努力,还指出维护和平的斗争与争取自由的斗争密不可分。从社会党国际的纲领、决议、声明以及实践活动看,它在国际问题上的基本主张是维护世界和平,并且建立了各种形式的组织,提建议、造舆论、加强影响、进行斡旋,力争发挥他们自称为"伟大国际和平党"的作用。

二、民主社会主义的本质特征

实行改良政策,变革社会现实,以实现自己的目标,是民主社会主义的一个根本原则,他们公开说:"目标明确的改良主义是民主社会主义的本质特征。"

社会党国际的法兰克福声明说:"社会党人为通过民主手段建立一个自由的新社会而奋斗。"所谓民主手段就是民主的、和平的改良主义道路。首先是否定暴力革命。社会党国际的领袖和理论家们,认为暴力革命会带来巨大的损失,难以愈合的创伤,也许还会牺牲整整一代人,一般是不可行的。他们认为资产阶级革命和社会主义革命的历史,说明革命变革所付出的代价太大,与实际争得的自由和社会公正不成比例;而在现代工业社会里,暴力变革的后果更难控制和更难估量。其次,采取改良手段,即和平手段改造社会。他们认为改良手段符合西欧国家的"历史传统和对现实的认识"。德国社会民主党一再表示:它要在平等条件下与其他民主政党进行竞争，以赢得大多数人民的支持，以建立一个符合民主社会主义基本要求的社会和国家。法国社会党 1981 年在大选中获胜，它认为这就是夺取了政权，就是一种合法的革命，就是在政治、经济、文化、社会等各个领域进行一系列改革的基础，也就是通过社会党执政，逐步推进结构改革，分阶段向社会主义过渡。

马克思主义者不反对改良，更不否认在资本主义制度下，为改善工人阶级和劳动群众的政治、经济、文化生活的地位与状况而进行斗争的意义。不同的是：在改良主义者看来，改良就是一切；在马克思主义者看来，正如列宁所说改良不过是革命的副产品。在革命条件尚未完全成熟时，无产阶级应该在革命策略的指导下，为争取利用统治阶级被迫所做的某种改良，作为积蓄革命力量和发展革命形势的一种手段。当革命的主客观条件成熟时，无产阶级应不失时机地进行革命斗争，推翻反动统治，夺取革命胜利。

民主社会主义的一个重要方面是奉行多元主义。社会党国际在成立时就指出，它不要求对待事物的态度严格一律。1986 年社会党国际十七大召开时又重申："我们是一个深刻的多元化运动，这个运动不与任何一种社会主义的哲学解释认同。"民主社会主义的多元化表现在各个方面和各种层次上。

1. 思想渊源的多元主义

社会党人主张多元主义，他们认为，民主社会主义的理论渊源是多元的。

德国社会民主党的几个纲领性文件在论述民主社会主义的思想来源时，总是把几种思想并列。如 1952 年的《行动纲领》指出，民主社会主义的思想来源是基督教、人道主义和古典哲学。1989 年社会民主党柏林代表大会通过的新纲领认为："欧洲民主社会主义的思想根源是人道主义哲学，基督教，启蒙思想，马克思主义的历史和社会学说，工人运动的经验。"

民主社会主义继承了国际工人运动和社会主义运动中的改良主义思想，不过它并不是简单的继承，而是根据形势发展的需要进行剪裁，区分主次，决定取舍，所以在它那儿既有拉萨尔的"自由人民国家"的观点，又有蒲鲁东的互助主义思想；既有19世纪三四十年代的小资产阶级庸俗社会主义的思想碎片，也大量袭用费边主义的观点，而为民主社会主义起奠基作用的则是集机会主义大成的伯恩斯坦修正主义。现任德国社民党主席的福格尔1982年在纪念伯恩斯坦逝世50周年会上明确表示，社民党继承伯恩斯坦的思想传统。为使民主社会主义更具理论色彩，他们把伯恩斯坦的言论大量移植到自己的纲领性文件和领导人言论中，20世纪80年代初德国社民党内有些理论家曾掀起过全面恢复伯恩斯坦名誉的热潮，企图使伯恩斯坦修正主义在民主社会主义思想体系中居于主导地位，但他们没有达到预期的目的。

民主社会主义者认为基督教也是他们的理论的来源。在他们看来，民主社会主义在基本理论上与基督教教义是一致的。西欧的社会党人从争取选民出发，需要争取占居民多数的基督教信徒的支持。社会党国际1953年3月的特别会议通过的《关于社会主义与宗教的声明》明确指出："社会主义承认宗教和人道主义对于世界文明和伦理体系的形成所起的作用。它尤其承认，在欧洲，基督教福音是社会主义思想的精神源泉和伦理源泉之一。"

民主社会主义思想体系中糅合了多种流行的资产阶级经济学的观点，其中资产阶级经济学家凯恩斯的理论占有重要地位。西欧各国社会党几乎都曾接受凯恩斯主义，并据以制定自己的政策。他们实行国家干预的政策，使某些社会党执政时在刺激经济增长、增加就业，延缓危机上起了一定的作用，但它没有也不可能消除发达资本主义国家的矛盾和危机。

2. 指导思想的多元主义

法兰克福声明指出："不论社会党人把它们的信仰建立在马克思主

义的或其他的分析社会的方法上，不论他们是受宗教原则还是受人道主义原则的启示，他们都是为共同的目标，即为一个社会公正、生活美好、自由与世界和平的制度而奋斗。"这表明社会党人不主张有一个统一的世界观，实行"非马克思主义化"。

社会党的前身大都是第二国际时期的马克思主义工人政党。两次大战之间的社会主义工人国际的绝大多数党，直到二战后初期还自认为是信奉马克思主义的。社会党国际成立时，就宣布反对单一的思想理论基础，否定马克思主义的主导地位，不承认马克思主义是唯一科学的社会主义。有的党甚至不承认马克思主义是科学，不再以马克思主义作为指导思想。社会党国际不要求成员党和党员信仰马克思主义，这是社会民主主义在战后的一大变化，也是它们和共产党的一个根本区别。

社会党的一些理论家们道出了社会党这种变化的真谛。他们直截了当地说，民主社会主义的多元主义，是针对历史唯物主义和辩证唯物主义垄断社会主义科学性的一种抉择。社会党国际前书记、著名的国际史学家尤利乌斯·布劳恩塔尔认为，战后，"在欧洲民主中，马克思主义不再是作为无产阶级革命的有效力量"。1950年6月，在社会党国际纲领起草委员会上，工党总书记摩根·菲利浦斯公开说："英国的社会主义不论在理论上、实践上，还是在组织工人方法上都极少要归功于马克思"，还说英国工人运动不能接受马克思关于要求政治组织进行阶级战争的观念。1956年英国工党理论家克罗斯兰出版了他的主要著作《社会主义的未来》，指出："在我看来，马克思对于现时代的社会主义者是无可贡献了……他的教导所针对的那些条件早已消逝了。"一句话，他认为马克思主义已经过时了。

德国是马克思、恩格斯的故乡，德国社会民主党是在马克思、恩格斯直接影响和关怀下建立的，但德国社会民主党在1959年的哥德斯堡特别党代会上公开放弃马克思主义世界观。大会通过的纲领宣称自己的思想基础是多元主义，说这个党"是一个思想自由的党，它是具有不同信仰和不同理想的人们的共同组织。它的一致性是以共同的基本道德观念和政治目标为基础的"。1972年，德国社会民主党的主席维利·勃兰特说，社会党人不应当追求一种真理，应当学会跟若干真理共存。1970年勃兰特在恩格斯诞辰150周年纪念会上说："我们大家都是站在马克思、恩格斯肩上的。"在1983年马克思逝世100周年纪念会上，他承认"马克思的许多论点和预言已经表明是有充分根据的"，却又说马克思是19世纪最重要的民主社会主义者之一，因为在马克思的早期著作中，按照欧洲古典人道主义哲学传统，阐述了一种致力于个人自由和幸福的社会哲学。他极力想把马克思主义归属到人道主义范畴。

法国社会党的实践活动虽然并不是真正按马克思主义行事，但它却标榜自己是以马克思主义为指导思想的。曾任法国社会党总书记的居伊·摩勒在1950年6月的国际社会党代表会议委员会的会议上，讲到对马克思主义的态度时说，法国社会党全党"都无保留地承认马克思主义对资本主义社会的分析……没有一个法国社会党人承担必须承认辩证唯物主义的义务，但所有法国社会党人都把历史唯物主义看作是研究人类社会历史的非常好的方法"。自1971年后，法国社会党就不再称自己是马克思主义政党了。这时开始担任党的第一书记的密特朗主张思想理论的多元化，他如实地认为自己不是马克思主义者，但承认"马克思主义对社会主义思想作了不可代替的贡献"，是"使社会主义汇成大河的源泉之一，也许是最深的源泉"。但他否定列宁主义，不承认列宁主义是马克思主义的继续和发展。

荷兰工党表示自己致力于民主社会主义。它谋求建立的社会主义模式是民主的、人道主义的、不同任何哲学相联系的，所以它在指导思想方面也是多元主义，包括各种人道主义、和平主义和宗教社会主义。它的代表在1950年6月国际社会党的哥本哈根会议上说，"两次世界大战已经把欧洲社会主义从马克思主义那里分离出来了"。

西班牙工人社会党在1979年9月的特别代表大会上，根据其总书记冈萨雷斯的意见，取消了马克思主义政党的提法，但仍承认马克思主义是分析和改造社会的理论工具。

"马克思主义过时了"是一种流行颇广的观点。这种观点既不符合历史，又不符合现实。当然，马克思主义的个别原理会因历史条件的变化而不再适用，但今日世界发展的趋势并没有越出马克思主义所概括的基本规律。实践反复证明马克思主义关于辩证唯物主义与历史唯物主义的世界观和方法论、关于揭露资本剥削劳动秘密的剩余价值论、关于资本主义社会基本矛盾及其发展规律的理论、关于无产阶级革命和无产阶级专政学说、关于党的学说、关于民族解放运动理论等，至今仍然是我们行动的指南，马克思主义作为人类认识社会和改造社会的武器是不会过时的。有人说真理是多元的，马克思主义只是多元真理中的一元，只应和其他学说理论处于平等地位，不能也不应居于指导地位。这种观点是完全错误的。任何真理都有它研究和适用的范围。马克思主义是无产阶级和劳动群众进行革命，建设社会主义和共产主义的学说，在这个范围内它是唯一科学的真理。当然，马克思、恩格斯不止一次地说过，他们的学说不是教条，需要在实践中不断发展，所以坚持马克思主义与发展马克思主义是统一的。

三、关于党的理论

1. 从工人党到"全民党"

社会党从成立到20世纪50年代，一般都自称是工人政党。但是到50年代末之后有了很大的变化，它们不再称自己是工人政党，不坚持代表工人阶级利益的提法，而说它自己是"人民党"或"全民党"。当他们取得执政地位时，就更以全体国民的代表的身份和姿态出现。

法国社会党在1946年的原则声明中还说：社会党一直是而且今后还是以工人阶级组织为基础而进行斗争的党。到1971年法国社会党重建后，就不再坚持这种提法，不再称自己是马克思主义的党了。1981

年密特朗竞选总统时发表的施政纲领，就明显地以全民代表自居，说自己的使命是为解放个人而组织社会，目标在于为建立一个真正全国大家庭创造条件。西德的社会民主党直到50年代末，还重申自己是工人政党，但1959年它的哥德斯堡纲领中，则明确宣布"社会民主党已经从一个工人阶级的党变成一个人民党"，表示"欢迎一切承认民主社会主义的根本意义和要求的人们参加到它的队伍中来"。它的1985年通过的新纲领草案，"确认社会民主党的性质是一个自由的左翼人民党"。五十年代末以来，许多社会党都相继改变了党的纲领中的过去的提法，由代表工人阶级的党改为"具有不同信仰和不同思想的人们的共同组织""人民党""全民的党""民族的党""同胞的党"。是阶级的政党还是人民的党，这是民主社会主义和科学社会主义在政党观上的一个根本区别。

社会党改变自己的政党性质的提法的原因，首先由于社会党的组织成分发生了重大变化。社会党人认为战后科技革命和国家垄断资本的迅猛发展，引起产业结构的变化，资本主义社会的阶级结构也发生了重大变化，不再是过去所认为的那样，在无产阶级和资产阶级两大对抗阶级之间的中间阶层不断分化、缩小，相反新的中间阶层不断增加，越来越多的人在办公室工作，而在生产第一线操作的传统的产业工人却越来越少，社会党作为传统工人政党的阶级基础已经大大削弱。中间阶级随着它在社会生产中的地位和作用的增长，在政治上日益表现出新的思想意识和新的影响，而工人阶级却逐渐失去了作为动力的历史主导作用。社会党认为新中间阶层的知识分子比产业工人有更大的进取心，是拥护和要求实现社会主义的重要力量，社会主义将由这些适应生产力而出现的社会阶层领导。社会党还认为社会主义也不只是工人阶级的愿望，就社会主义的基本价值而言，它是人们的共同要求。

其次，各国社会党都是主张议会民主道路的，主张通过争取选民，获得议会多数上台执政，但在选举实践中许多党连续遭到挫败。他们认为要改变这种局面,就必须扩大党的群众基础,修饰党的形象,改变党的性质,打开党的大门。自20世纪50年代末以来,各国社会党,特别是西欧社会党,非常重视扩大发展组织工作,强调党是"劳动者的党""多阶级的党""群众的党""联邦性的党"等。日本社会党1982年第四十六次代表大会通过的纲领认为社会党应"代表所有的劳动阶级"成为"所有勤劳国民的党""向所有的人开放"。现在,各社会党的力量有了较大的发展,党员的成分也发生了很大的变化,工人成分少了,一般职员、技术人员、教员、律师、医生的成分增加了。

2. 多党制与党的领导作用

民主社会主义的多元主义在政治上的一个表现,就是主张多党制,社会党只是政治多元化体制中的一个党,这是民主社会主义政党理论的一个方面。法兰克福声明指出,社会主义只有通过民主制才能完成,而"民主制要求不止一个政党有存在的权利和当反对派的权利",由此它也否定马克思主义工人政党在进行革命和改造社会的斗争中的领导作用,而主张多党制。

社会党国际把"由多数派组织政府,同时尊重少数派的权利"作为一项重要的政治原则。德国社会民主党1959年哥德斯堡纲领主张多元民主,说"少数人的权利和多数人的权利必须同样受到尊重",政府和反对党"双方都要分担国家责任"。法国密特朗做了总统就宣布他将不懈地沿着多党制的道路前进,尊重别人的意见,允许不同的观点互相争论。社会党的领袖和理论家们都强调只有实行多党制,才能保证民主。其实,从本质上看,在资本主义制度下,不管是多党制、两党制或一党多派制,都"是资产阶级互相倾轧的竞争状态所决定的,它们谁也不代表广大劳动人民的利益"(《邓小平文选》第2卷,第267页),不管谁上台,都没有改变政党或者政权的性质,都不可能消除资产阶级对广大劳动群众的剥削和压迫。恩格斯说得好,"他们轮流执掌政权,用最肮脏的手段为最卑鄙的目的运用这个政权"(《马克思恩格斯全集》第22卷,第227页),"这些人表面上是替国民服务,实际上却是统治和掠夺国民的"(《马克思恩格斯全集》第 22 卷，第 227—228 页)。曾经执政的那些社会党，有的几年，有的十几年，有的几十年了，他们都没有说由于他们执掌过政权，已经消除了资本主义制度，已经建立了社会主义国家。

在现代民主政治生活中，民主有着截然不同的阶级属性和阶级内容。正像根本不存在没有政党领导的国家一样，也根本不存在没有政党领导的民主，因为民主是一种国家形式，一种国家形态。在资本主义制度下，否定工人政党的领导作用，鼓吹超阶级的、抽象的民主，实际上就是否定广大劳动人民的民主权利，从而巩固资产阶级民主制。

3. 关于党的组织原则

社会党国际和各国社会党在组织原则上都奉行一般民主制，或者说都奉行权力扩散原则。在他们看来只有按这种原则办事，才能够充分发扬民主，杜绝专制，防止独裁。他们反对民主集中制的组织原则，认为实行民主集中制必然产生极权主义、个人专断。民主集中制是科学社会主义关于党的建设和政权建设的基本原则。民主与集中两者之间是相辅相成的关系，既充分发扬民主，又实行正确的集中，把两者很好结合起来，不仅不会导致个人专断，恰恰可以防止个人专断。如果只强调集中，不要民主，那才会产生个人专断；如果只强调民主，不要集中，那就会导致个人主义、宗派主义、无政府主义、极端民主化泛滥。民主集中制是决策科学化、民主化的制度保证，是辩证唯物主义和历史唯物主义在组织建设和制度建设方面的体现。由于奉行权力扩散原则，各社会党也同社会党国际一样是没有严格纪律的涣散的组织，党内经常存在着思想上政策上的分歧，存在着不同的派别组织，有的社会党派到国会去的议员、各级领导机关的构成，都只得采取比例代表制决定各派的入选人员。是不是坚持民主集中制，这是民主社会主义与科学社会主义在组织问题上的一个根本区别。

四、关于国家的理论

1. 两种根本对立的国家观

列宁曾经说过，"国家问题是一个最复杂最困难的问题。也可说，也是一个被资产阶级的学者、作家和哲学家弄得最混乱不堪的问题（《列宁选集》第4卷，第41页）"。马克思、恩格斯以唯物史观为基础，确立了科学的国家观，指出国家是一个历史范畴，是阶级社会的产物，是统治阶级的工具。军队、警察、法庭、监狱等国家机器是统治阶级行使国家权力的工具。剥削阶级国家的主要职能是镇压被剥削阶级，它也有某些社会职能，但国家的本质决定了这些职能也必定受统治阶级利益的影响。在资本主义条件下，工人阶级为求得解放必须反对现存国家，经过革命夺取政权、打碎旧的国家机器，建立无产阶级专政，才能实现社会主义。随着工人运动的发展，特别是各国工人阶级独立政党的建立，工人阶级利用现存国家争得自己的政治地位和经济地位的一定改善的可能性和必要性，以及在实际斗争中取得的成就，马克思、恩格斯都予以充分的估计和肯定。他们曾辩证地指出工人阶级已经把普选权由欺骗的工具变成解放的工具，指出："在资产阶级借以组织其统治的国家机构中，也有许多东西是工人阶级可能利用来对这些机构本身作斗争的。"（《马克思恩格斯全集》第22卷，第603页）

第二国际以前的社会民主党基本上能够按照马克思主义的理论对待资产阶级国家，既充分利用一切合法手段，首先是普选权来谋取工人阶级政治经济地位的一定改善，又公开申明自己的目标是夺取政权建立社会主义制度。但各党内部确实有一些人站在机会主义立场，散布改良主义的言论和主张。经过第一次世界大战和十月革命后，国际工运分裂成为布尔什维主义和社会民主主义两大阵营，后者继承第二国际各党名称，公开否定暴力革命和无产阶级专政，完成了对马克思主义国家学说的修正，形成了自己的一套改良主义的国家学说，抛弃《共产党宣言》关于资产阶级共和国是管理资产阶级共同事务的委员会的观点，把国家看成是代表社会全体成员的超阶级的机构，哪个阶级在议会中据有的议席多，力量大，它对国家机构的影响就大，就可以决定国家机构的性质。虽然西欧在20世纪20年代到30年代有11个社会民主党曾先后或长或短地参与执政或单独执政，也做了一定工作，但实际丝毫没有改变国家的性质。第二次世界大战后，各国社会党的力量普遍增长，也有了更多的执政经验，形成了民主社会主义的国家观。

2."现存的国家不再是阶级国家"

民主社会主义者无法否认现代资本主义社会存在着不同的社会阶级，仍然是阶级社会，因此他们也就不可能提出纯粹的超阶级的国家观。德国社会民主党1975年通过的《1975—1985年经济政治大纲》（简称《大纲》）曾批评那种把国家看成"不偏不倚的中间人"的观点。1986年8月，这个党通过的新纲领草案说：现代"国家并不是中立的机构，并不是凌驾于所有社会利益之上的机构。经济上强大的集团始终利用国家机构，在损害多数人和共同幸福的基础上实现自己的特殊利益"。如果把国家看成不偏不倚的中间人，就既抹杀了各种社会集团对国家政策施加压力的事实，又忽视了国家行为对经济部门的依附性。

但是这个《大纲》却认定国家并不是必然要成为经济上占统治地位的阶级或社会集团的工具，相反，国家也能成为人们通过民主手段改造社会的工具。它认为在民主制度中，选民的意志在很大程度上决定国家的活动，既然选民中的绝大多数是劳动者，所以也就是劳动者多数的意向，没有一个政府能长期推行违背大多数人民利益的政策。由此他们认为国家是各个阶级和利益集团进行角逐的场所，谁在议会里掌握多数，谁就掌握了国家，谁也就决定国家的性质和方向。由此，发达资本主义国家也就不再是阶级国家了。这份纲领草案说他们的社会还是有阶级的社会，而他们的国家，由于政治民主，至少不再是阶级国家了。

3. 承认和支持现存国家

民主社会主义的纲领性文件中都明确表示支持现存国家，特别是战后从法西斯奴役下解放出来的国家的社会党，都认为自己参与缔造了现存国家，就更是如此。法国社会党1945年的"原则声明"说，今天的国家已是工人们的财产，并且在很大程度上是工人们的手工制品。德国社会民主党的哥德斯堡纲领明确表示拥护联邦德国的相当于宪法的基本法。它的1986年的新纲领草案宣称："德意志联邦共和国是我们的国家，我们与其他政党一道并在与他们的激烈竞赛中建设了这个国家。我们懂得对国家负责。"从上述立场出发，所有欧洲的社会党的实践活动都是以承认并遵守本国的宪法与法律制度为前提，并以此为出发点去改善国家制度本身。他们普遍表示拥护国防。他们认为应当把现存国家的警察看作是维护治安的力量，而不是镇压人民的工具。他们把政治斗争局限于扩大选举权，争取多数选票，获得议会席位、组织政府等方面，至多是修改宪法条款，达到执政目的。社会党上台执政后，都还是采取了一些措施限制垄断资产阶级权力，在一定程度上提高了人民的社会地位，改善了一些劳动和生活条件，但都不能从根本上改变资产阶级国家性质。有些社会党长期执政，搞了一整套福利制度，认为国家为维护安全、自由和公正承担责任，为人民的生活质量费心，已是福利国家或者是人民权利的共同体。他们最长的执政几十年了，但到现在还是不得不承认他们那里是资本主义制度，因为这种福利制度等，并没有根本改变资产阶级同广大劳动者的剥削与被剥削关系，没有改变垄断资产阶级在经济上占有统治地位的事实。

4. 国家的主要职能是管理

民主社会主义也不否认国家还有一定的镇压职能，但他们认为，在现代社会中，国家的镇压职能在不断减弱。他们崇尚民主，反对专政。他们认为国家享有最高权力，它可以采取暴力手段来维持社会安全，不允许公民违反法律或者以暴力反抗。但他们把国家的管理职能提到首位，认为国家对各个利益集团的协调作用，以及对社会生活的管理职能在不断加强，因为现代工业的发展，使发达国家进入后工业社会，这种社会经济发展的客观形势，需要大大增强而且事实上已大大增强国家权力以支配社会经济生活。这种支配表现为国家承担巨大的经济责任,即国家干预。国家干预首先是国有化,即直接经营国有企业,其次是控制其余的私营部门,最后是运用税收、财政、货币、信贷等政策,以及其他如社会福利、住宅建设等政策来决定收入的分配和资源的分配,以影响整个社会经济生活。在他们看来,这样的社会已不是资本主义社会,它的前途是社会主义。这样的国家,通过对社会生活和经济生活的干预塑造,完成自己的职责。

民主社会主义的国家观继承和发展了第二国际机会主义的国家学说,是社会党改良主义纲领和政策的理论基础。

五、第三条道路

重建后的社会党国际和各国社会党,一直采取既批评资本主义,又反对共产主义的立场,力图在国际政治舞台上以中坚力量的姿态出现。但是在两种制度、两种意识形态斗争中,它的倾向是十分明确的,它的改良是在巩固着资本主义社会,却不断抨击、谴责、辱骂共产主义。据统计从1951年到1989年6月(十八大),社会党国际的代表大会、理事会、执行局的决议、声明和公报350多项,90%以上是关于世界和平、裁军、欧洲安全、地区冲突、南北关系、恐怖主义、生态环境等问题。其中有20多项是直接干涉社会主义国家内政的声明或决议,有两项是直接干涉中国内政的决议。它在维护欧洲和世界和平、争取裁军、促进南北对话、反对霸权主义等方面起了积极作用,但在抗衡和瓦解世界共产主义运动方面也起到了垄断资产阶级不容易起的作用。

1. 20世纪50年代亲美反共

《法兰克福声明》揭露资本主义的弊端,说资本主义"使阶级之间的斗争尖锐化了",证明"没有灾害性的危机和大规模的失业,它就无法运行","它产生了社会的不安定与贫富之间的悬殊差别",它的扩张和剥削"使民族之间和种族之间的冲突更加剧烈",并最后归结说:"社会党人之所以反对资本主义,不仅因为它造成经济上的浪费,也不仅因为它使群众不能享受物质权利,最主要的是因为它违背了社会党人的正义感。"《法兰克福声明》对资本主义的揭露批评是如此的抽象和苍白无力,以至人们不能不认为它毫无动员劳动人民起来反对资本主义制度之意,只有申辩社会党产生的背景材料之心。

《法兰克福声明》抨击共产主义几乎是不遗余力的。它的序言约等于总纲,一共13条,其中攻击共产主义的就有4条,措辞也极为尖刻。把国际共运称为"新帝国主义的工具",诬蔑共产主义造成国际劳工运动的分裂,使社会主义运动在许多国家的实现推迟了几十年,攻击社会主义是新的阶级社会,胡说共产主义歪曲社会主义传统,建立一种同马克思主义批判精神不相符合的神学。1956年它的理事会会议、执行局会议一再表示坚决拒绝同共产党建立任何统一战线或任何其他形式的政治合作。西欧社会党在历史上就有反共传统。社会党国际从其建立起,口头上标榜走第三条道路,实际上是有鲜明的亲美反共立场。社会党国际的这种立场,除了历史的和意识形态的对立外,还有实际的利害矛盾。

他们需要亲美,一是因为西欧各国在大战中遭到严重破坏,战后经济破败,急需得到援助,能向它们提供大量援助的只有美国,所以西欧各社会党普遍支持马歇尔计划。二是需要美国支持以限制苏联在西欧影响的扩大,解除社会党对苏联渗透的担心,所以它们普遍支持杜鲁门主义。

他们主张反共,一是因为西欧各国共产党在反法西斯战争中付出巨大牺牲,做出重大贡献,起到中坚作用,战后力量都有较大发展,有的已超过社会党,使社会党感到它在国内的地位受到威胁;二是由于战后西欧社会党支持美国,在两大集团冷战条件下,苏共和其他共产党也仍然敌视社会党。九国共产党情报局成立时发表的宣言就谴责他们背信弃义,支持帝国主义,造成工人阶级分裂;同时,东欧人民民主国家,普遍把社会党合并到共产党内，并镇压其右翼领导人的做法，也加深了它们对共产党的猜忌。由于上述原因，在20世纪50年代社会党国际在政治上主要矛头是针对共产党，针对苏联和社会主义国家；在意识形态上时时处处强调民主社会主义与共产主义的区别和对立。

2. 二十世纪六七十年代的中间色彩

历史进入60年代，世界形势发生了重大变化。1962年6月社会党国际理事会在奥斯陆举行会议，通过了《社会党对今日世界的看法》的"奥斯陆声明"，重申"法兰克福"声明的原则，提出了社会党国际对当时形势的观点和主张。在这个声明中对共产主义的攻击仍远远超过了对资本主义的批判，但在对世界和平和新兴国家问题，表现出了较明显的中间色彩。

奥斯陆声明说："未来既不属于共产主义，也不属于资本主义。共产主义和资本主义都是倒退到一个把人当成原料而不是一切努力的源泉和目标的时代。"它列举了工业化国家的某些弊端，同时指出由于社会党执政时，对变革社会所作的努力，使无产阶级贫困化、资本主义危机等理论过时了。它的主要矛头仍是针对苏联和其他社会主义国家。

70年代以来，世界格局发生深刻变化。社会党国际在一些重要会议上作出的决议和决定，表明它的中间色彩日益明显。1972年6月社会党国际举行第十二次代表大会。大会强调民主社会主义应当继续同共产主义展开意识形态的激烈争论。当时的副主席勃兰特在报告中也强调不应抹杀社会党同共产党国家的党派之间的对立。

1976年11月社会党国际召开第十三次代表大会。大会通过的《关于政治形势的决议》说："在当今世界上，资本主义和共产主义依然表现为现代社会压迫的主要形式：两者都为谋求利润和维护统治阶级的利益而不惜牺牲民主权利和公民自由，并为维护无所不能的官僚统治的特权服务。"指出既争夺又勾结的集团的强权政治继续统治世界，"在当前形势下，世界的持久安全不能只是通过大国集团在瓜分势力范围的基础上取得均势来实现"。这里一般都是各打五十大板的中间态势，可以说社会党国际自十三大以后，攻击共产主义的调子较之过去逐步有所降低。

3. 同共产党的有限合作

1983年4月社会党国际在阿尔布费拉召开第十六次代表大会，通过了《阿尔布费拉宣言》，这个宣言认为民主社会主义"面临的挑战是成为第三种势力，成为对资本主义和一党制国家共产主义的替代力量"。关于资本主义，《阿尔布费拉宣言》说："曾经有过资本主义已经得到改造的令人欣喜的幻觉，有过经济将无止境增长的田园诗，似乎这种经济增长将日益为各国国内和各国之间带来公正，而无须面临认真进行重大制度改革所带来的不便。"然而，事实上资本主义在"今天则是一片混乱"。关于共产主义，这个宣言说："共产党国家的经济也在不同程度上陷于严重困境"，"尽管可以把这些困难部分地归咎于先进资本主义国家危机的影响，但是我们必须强调，共产主义的社会经济制度在很大程度上是造成这种恶化的原因"。所以它认为在资本主义和共产主义发生动荡的现时代，唯有社会主义意识形态能够给第三世界人民和工业国人民带来希望，是唯一能够既顾及社会公正和自由，又能尊重人的权利的方法，是能够把各不相同的人团结在一起的一整套经验，是一种最能毫不迟疑地处理世界和平与安全问题的意识形态。

1986年6月社会党国际第一次在欧洲以外的地方秘鲁首都利马召开代表大会，即第十七次代表大会，通过了《利马宣言》和《利马委托书》。《利马委托书》阐明了制定新的原则声明的基本原则，没有直接批评资本主义，也没有直接批评共产主义，表示既摒弃一切阶级的专政，也摒弃一切专政的阶级。《利马宣言》作为总决议，对美国的批评集中在经济问题上，对苏联的批评集中在阿富汗问题和犹太人问题上，并又一次表示声援东欧的"民主运动"。受社会党国际邀请，中国共产党派代表以观察员身份列席了这次大会。社会党国际的代表大会邀请共产代表参加，这说明它已废除了不同共产党来往的决定。

　　社会党国际的这种态度变化是同经济政治形势的发展密切相关的。二战后的繁荣，在20世纪70年代末结束了。80年代以来，资本主义世界经济衰退，使西欧各国社会党普遍处于困境，它们不得不对其改良主义福利政策实行紧缩，这也使福利国家的种种措施难以为继，丢失了一个重要政治资本；同时，它们都面临着各自国内保守主义势力的挑战，社会党国际几个重要成员党在大选中所得选票大幅度下降，不得不面向国内把注意力用在争夺执政地位与争夺选民上。在国际问题上，特别是在战争与和平问题上，它们害怕美苏两霸在欧洲争夺会爆发战争，所以他们强调"各国人民比以往任何时候都更加相互依存"，强调东西欧共同利益，主张"共同安全"，强调东西方在均衡基础上实现缓和，改善与东欧关系。他们也更加重视与第三世界关系，特别是在两次能源危机后，把和平与发展并列为当代两个首要问题，为之不断做出努力。民主社会主义虽然标榜它要走第三条道路，但实际上它的倾向性是明确的。在两种制度、两种意识形态的斗争中，是不可能不偏不倚地走第三条道路的。1989年6月社会党国际第十八次代表大会通过的《原则宣言》，宣称"支持旨在通过自由化和民主化改造共产主义社会的一切努力"，这明显暴露出他们敌视社会主义国家的立场。

第二节　评民主社会主义的多党制

　　20世纪80年代末以来，东欧一些社会主义国家的执政党纷纷改名社会党或社会民主党，宣布用民主社会主义取代马克思主义作为党的指导思想，并对共产党进行所谓全面彻底的"改革"或"根本改造"。这种被称为"东欧现象"的变化，在政治方面的显著特点，就是以推行"多党制"为突破口，全面否定共产党和社会主义现代化建设。因此，从理论和实践上认清民主社会主义鼓吹的"多党制"是十分必要的。

一、民主社会主义在政治领域主张"多党制",并不是它们的"新发现"

多党制是资本主义国家历史与现实的产物,它是各个资本集团之间为争夺权力而展开斗争的政治反映,是协调资产阶级内部关系、欺骗和麻痹劳动人民的政治形式。这种被称为维护资本主义统治的精巧形式,革命导师早就做过深刻的评述,恩格斯说:"我们在那里可以看到两大帮政治投机家,他们轮流执掌政权,用最肮脏的手段为最卑鄙的目的运用这个政权,而国民却无力对付这两个大的政客集团,这些人表面上是替国民服务,实际上却是统治和掠夺国民的。"(《马克思恩格斯全集》第22卷,第227—228页)列宁也指出:多党制是"在不改变资产阶级制度基础的情况下为争夺政权进行着斗争"(《列宁选集》第3卷,第197页),可见,资本主义国家实行多党制,关键是为了争权夺利。

民主社会主义主张多党制,可以说是资产阶级多党制的延续和发展。尽管它在不同的国家、不同的时期的具体提法及主张是定义繁多,千差万别,但并不是它们所标榜的"既非社会主义又非资本主义",不论是西方社会民主党还是东欧由共产党演变而来的社会民主党,他们所主张的多党制是一脉相承的。西欧的民主社会主义为了适应第二次世界大战后资本主义发展的形势,提出以多党制为核心的超阶级的政党理论,以及在这一理论指导下推行的社会改良、阶级合作等政策,企图用改变自身的基本形态来赢得资产阶级、小资产阶级和部分工人的支持,扩大民主社会主义主要的社会阶级基础,使之成为社会普遍可以接受的政治力量。说穿了,就是为了多拉选票,以求得上台执政。而东欧的一些社会主义国家中执政的共产党,在执政达40多年后的今天,却"主动放弃"执政地位,主张多党制,以"在各政党和社会力量互相竞争的充满活力的体制中,谋求得到一个被承认的席位",这就使许多人感到困惑和难以理解。实际上,在信奉民主社会主义后主张所谓的多党制,皆是为了夺权。所不同的是,资本主义国家的多党制是其内部各种政治势力的相互争权,是"轮流地使政权从一只手放下,又立刻被另一只手抓住"(《马克思恩格斯全集》第 11 卷,第 399 页)。在社会主义国家里主张多党制,则是为了夺共产党的领导权。

为了达到夺权这一目的,信奉民主社会主义的人首先以批判"斯大林主义""斯大林模式"为幌子,攻击马克思主义是"教条""僵化",必须用"人道主义""民主思想"等"精神营养"来补充。攻击十月革命以后建立的社会主义制度"陷入了严重的社会政治危机",而造成这种危机的根本原因是共产党"以暴力的手段发挥执政作用",是"独裁和政治垄断"的结果。可见,它们从对某个人的否定开始,不区分这种所谓"主义""模式"体现的是社会主义本质特征的基本原则还是本质特征的具体实现形式,进而对与此相联系的马克思主义、共产党的执政地位的否定,乃至对整个社会主义制度的否定,为他们推行多党制制造了借口。

其次,对共产党进行"根本改造"。突出表现在:在阶级性质方面,把共产党从工人阶级的先锋队变成"全民党";在奋斗目标方面,把共产主义换成了民主社会主义;在指导思想方面,取消了马克思主义的主导地位,代之为"一切进步的思想";在组织原则方面,用"普遍的民主原则"代替民主集中制原则。经过这一番"改造",共产党已面目全非。

再次,修改宪法,按西方议会民主制原则进行自由选举。他们"主动提出和积极取消"在宪法中规定的共产党的领导地位,宣称共产党"只能成为多党中的一个政党",而不能谋求对"权力的垄断",应该把"建设性的反对派结合到政治体制中来",这种各党派"平起平坐"的自由竞争才符合"民主的原则"。当解除了共产党的武装后,这种"自由选举"的结果就不难设想了。这样,共产党执政就发展成"多党政治体制"。

显而易见,民主社会主义在社会主义国家中推行的多党制,是有其特殊含义的,它并不是强调在共产党的领导下,其他政党、政治派别的合法存在和在宪法的范围内开展自己的活动,而是指允许政治反对派、允许同人民群众根本利益相对立的反对党的合法存在,也就是要推行西方资本主义国家那种两党或多党轮流执政的多党制。因此,民主社会主义主张的多党制,并没有跳出资产阶级多党制的圈子。

二、民主社会主义具有很大的迷惑性和欺骗性

一些人在它的迷惑下也天真地认为:多党应该比一党更民主,各党平等的竞争不是更有利于克服官僚主义和腐败现象吗?可见,认清民主社会主义多党制的实质,就不仅仅是一个理论问题,而且是一个紧迫的现实问题。

马克思主义认为,现代政治实际上是政党政治,这是当今世界各国政治生活的共同特征。政党和国家一样,是阶级斗争的产物,是阶级斗争的工具。一个国家所采取的政党制度,反映出政权的性质和统治阶级的根本利益。资本主义国家实行的两党或多党制,是建立在资本主义的经济基础、政治制度之上的,是各资本集团之间相互争夺、相互制约、相互妥协的反映。社会主义国家实行共产党的领导,是由社会主义的经济、政治制度决定的,是无产阶级的阶级地位和历史使命决定的,坚持共产党的领导,是社会主义国家政治制度的本质特征,是确保社会主义顺利发展的关键,所以共产党不能跟其他政党特别是反对党分掌领导权。列宁强调说:"承认无产阶级的政治统治,无产阶级的专政,即不与任何人分掌而直接依靠群众武装力量的政权。"(《列宁全集》第31卷,第24页)在社会主义国家,如果推行多党制,允许反对派、反对党的合法存在,允许它们与共产党分享政权,这实际上是把共产党人用鲜血和生命换来的社会主义制度拱手让人,是允许复辟资本主义,这是与无产阶级的根本利益格格不入的。因为共产党代表着广大人民群众的根本利益,它的性质、纲领以及路线、方针、政策,集中体现了人民群

众的根本要求,如果一旦改变了共产党的执政地位,由资产阶级上台执政,人民群众的根本利益必将受到损害,社会主义国家的性质就会发生根本变化。因此,民主社会主义鼓吹的代表不同利益的政党、派别是不可能平等的,更谈不上"和谐的竞争"。

民主社会主义攻击、诋毁共产党领导,蓄意夸大共产党在领导社会主义建设中的失误,把共产党的领导同社会体制中出现的弊端等同起来,宣称消除这种"政治垄断"的唯一途径就是实行多党制。似乎一旦实行了多党制,社会上所有的弊端就会消除,社会就会"民主"和"人道",把多党制梦幻成救世的良药,只能是自欺欺人。

东欧一些社会主义国家的急剧变化,是与民主社会主义推行的"多党制"有紧密联系的。它否定和取消共产党的领导权和领导地位,为政治反对派的存在和夺权制造舆论和大开方便之门,这一目的是十分明显的。它起着"里应外合"的作用。一方面,多党制迎合了帝国主义"和平演变"战略的需要。帝国主义对社会主义国家"政治上孤立、经济上封锁、军事上包围"的企图遭到失败后,转而采取用政治、经济和文化等手段对社会主义"和平演变",并把"突破波匈、演变东欧"作为实施"超越遏制"战略的首要目标,寄希望于民主社会主义的作用,美国前总统国家安全事务助理布热津斯基在《大失败》一书中就直言不讳地说:"民主社会主义和福利国家常常是同共产主义学说的吸引力进行斗争和为共产主义模式提供另一种选择的最有效办法。"民主社会主义主张的多党制,正中西方资产阶级的下怀,充当了对社会主义国家"和平演变"的工具。另一方面,民主社会主义推行多党制,成了侵蚀社会主义国家内部的"毒素"和"蛀虫"。堡垒是最容易从内部攻破的,东欧剧变就是在民主社会主义旗号下,通过在社会主义国家中推行多党制,把攻击的矛头直指执政的共产党,允许各种政治反对派、反社会主义的政治组织合法存在,导致政治反对派与共产党"平起平坐",分庭抗礼。深受民主社会主义侵蚀的一些社会主义国家的执政党,思想上的严重混乱导致政治上的动摇，被迫"主动放弃领导权"和"主动交出政权"。这一教训深刻地说明，是民主社会主义多党制促成了共产党的自我否定，它不仅仅是否定了共产党的领导权和执政地位，而且也意味着否定了共产党领导的社会主义事业，这一变化在国际共产主义运动史上是绝无先例的。

对民主社会主义"多党制"的认识，实质上是对社会主义和资本主义当今特点的再认识。特别是在和平与竞争的国际环境中和社会主义国家进行改革开放的条件下，如何对社会主义的发展道路进行探索，人们的思想并不是一致的，而改革开放中难免的失误，客观上为这种不一致的认识提供了存在的土壤，这种不一致的认识积累，在一定的条件下可以形成尖锐的思想冲突乃至导致政治斗争。民主社会主义正是利用人们思想认识上的这种差异，抓住共产党在领导社会主义建设中出现的失误，煽动人们对共产党不满，以此来推行多党制。信奉民主社会主义的人认为，实行多党制能达到"权力的相互制约"，可以"杜绝腐败和防止独裁"，是"利益多元在政治上的必然反映"。这些问题的提出，无疑是给那些对社会主义发展产生迷惑的人注入了一支"迷魂剂"，使他们更摸不着头脑地跟着多党制打转转。很明显，在社会主义社会，在公有制的基础上，劳动人民之间在根本利益上是一致的，这种利益关系，决定了以全局利益和社会利益为基础，去协调各种局部利益，即在维护劳动人民根本利益的前提下，去协调各种利益之间的矛盾，而代表人民根本利益的，只能是共产党。如果"利益多元"必然导致"多党"，而多党各自代表不同的利益，那么，社会主义国家中绝大多数人的根本利益又由谁去代表呢？而在各种利益关系中，阶级利益是最根本的利益，如果抽掉其具体的阶级内容，而侈谈所谓"全人类的利益"，其结果必然是对社会的重大斗争问题模糊不清。正因为共产党代表人民群众的根本利益，决定了它能自觉主动去接受人民的监督，并在领导社会主义建设的实践中战胜自身的缺点。如果仅仅强调"多党制能达到权力制约"，请问，有的西方资本主义国家中有几个甚至十几个政党，难道腐败现象就消除了吗？就能防止独裁吗？

事实证明，凡推行民主社会主义多党制的社会主义国家，都无不走上或正在走向发展资本主义的道路。它们标榜的所谓能使国家摆脱危机的民主社会主义道路，其后果是把这些国家引向资本主义，把人民引向灾难和黑暗。

三、民主社会主义作为一种改良思潮，它的影响不仅仅局限在欧洲

随着我国改革开放、对外交流的扩大，民主社会主义也从不同的渠道渗透进来。前几年我国出现的资产阶级自由化思潮，和它就是声气相通的。

资产阶级自由化与民主社会主义不论在其表现形式还是在其本质方面都是一致的。搞资产阶级自由化的人打着"解放思想"的旗号否定四项基本原则，打着"改革开放"的旗号来改变社会主义的发展方向，大肆宣扬"民主无东西之分"，要从政治、经济、思想文化乃至社会生活的各方面实行"全盘西化"，他们鼓噪什么"马克思主义过时了""共产党腐败了""社会主义失败了""两种社会制度'趋同'了"，挑起了一场严重的政治风波。

坚持资产阶级自由化立场的人，把斗争的锋芒直指执政的中国共产党，煽动说中国共产党的领导是"一党专政"，提出"要实行西方的多党制"，要"取消共产党的领导，实行多党制"。

在我国，在要不要共产党领导的问题上，人们已经做出多次历史选择，"没有共产党，就没有新中国"，已经成为一个最基本的国情，成为亿万人民的坚定信念。中国共产党领导下的多党合作，是一种新型的、符合中国国情的、有中国特色的政党制度。坚持四项基本原则，已成为中国共产党和各民主党派团结合作进行社会主义现代化建设的共同政治

基础。这种政党制度，是我国在长期的革命和建设中逐步建立起来的，是历史发展的必然。各民主党派在长期的革命斗争中，逐步认识到共产党是中华民族的优秀代表，是各族人民根本利益的忠实代表，是中国未来发展前途的代表，民主党派接受共产党的领导，为共同的利益而实行合作共事，肝胆相照，荣辱与共，在这种情况下，不可能也没有必要成立什么反对党，实行多党制。正如江泽民同志在庆祝中国共产党成立七十周年大会上所讲："必须坚持和完善中国共产党领导的多党合作和政治协商制度，不能削弱和否定共产党的领导，不能搞西方那种多党制。"（《改革开放三十年重要文献选编》上，第597页）

第四篇　对中国特色社会主义理论与实践的研究

第一节　科学社会主义的新发展以及中国实践的新要求

一、科学社会主义的新发展

（一）对社会主义概念的新认识

社会主义实践使几十年发展中不仅使社会主义具体特征发生了变化，而且社会主义社会的本质特征也发生了变化（"一定的改变"）。原来的社会主义概念在很大程度上源于对社会主义的低需求和对社会主义的简单看法。当时注意的中心不是人而是生产，在相当长的时期内把这些观念同社会主义本质特征混为一谈。

更新社会主义概念的方法论问题：

其一，坚持历史主义观，"首先研究社会主义制度形成和发展的分期问题"（《苏联东欧问题译丛　第二辑（增刊）》，第121页）。马克思指出，"从资本主义向共产主义过渡需经过渡时期、社会主义、共产主义三阶段"（《马克思恩格斯全集》第19卷，第31页），但在资本主义不发达国家向共产主义过渡各阶段必然要具有更加长期的特点，可能出现过渡、初级、发达、共产主义四段。

社会主义初级阶段特点：物质生产领域：手工劳动占统治地位。工农业发展水平相脱节，对生产发展的注意常常高于对人的发展的注意。经济领域：存在一些在法律形式上公有化的经济部门，但它们缺乏必要的物质生产基础，经济计划在相当大的程度上缺乏统一的经济基础情况下实施的。社会领域：消灭了剥削阶级和经济领域的剥削，但缺乏必要的物质技术进行巩固，存在强大的平均主义倾向和残余，按劳分配得不到充分发挥。政治领域：权力高度集中，行政管理手段用来做缺乏物质技术保障的特殊补充。

其二，恢复马列主义的社会主义概念。更新发展由于今天的科技革命及文明的发展而不适应即过时的马列观点。

其三，一种社会主义概念是反映某一个社会阶层的利益，注意此才能克服在特殊利益影响下所形成的片面性观点。认为社会主义是人人得到好处的社会的观点是错的，这是把社会主义看成自然制度的复活。

其四，社会主义社会概念中的新要素。

（1）社会主义的起点构成要素不是作为社会生产消费基层单位的生产者的联合体，而是劳动集体、家庭、地区性日常生活组织形式之间，从它们当中将形成社会的初级自治单位，则是社会主义的组成要素。要完全放弃马克思、恩格斯、列宁关于家庭在社会主义社会当中的作用的观念，必须承认家庭是基本经济单位，所以家庭积累，家庭经济、家庭继承等仍然存在。

（2）公民社会是社会主义的人民自治，但还不是马克思所论述的取代国家共产主义社会自治。

（3）社会主义经济基础将由公有制构成，具有多层次的所有制。要重新制定关于所有制问题的理论概念，正确阐明谁是主人。既然主人翁责任感是在劳动集体当中形成的，那么就不是国家而是劳动集体，是所有制的真正主体。

（4）要对按劳分配作重大修正。马克思、恩格斯那里没有说明它给社会带来的分化规模问题，分化规模是由劳动生产率差异程度决定的。现代总体劳动在构成与马克思、恩格斯时代不同，各种类型的脑力劳动者大大增加，服务行业也不断扩大，对主要从事脑力劳动和服务行业者来说，确定劳动成果和按劳付酬是特别复杂的事。

（5）要修正马克思、恩格斯列关于社会主义条件下城乡关系问题的论述。他们以为解决城乡关系的出发点是消灭大城市。由此他们得出把人类联系起来的公社的样式，人们在其中生活的生活方式等一些重要结论，还没有被实践证实。社会主义目前条件下城市是社会的基本单位，承认存在城市文化和城市人的生活方式，是对马克思、恩格斯关于社会主义概念的重大修正。

（二）对无产阶级在革命中的领导权的新认识

无产阶级在民主革命中的领导权思想是马克思主义的基本原理。马克思、恩格斯首先提出这个原理的主要思想，是针对总结（时间：1848—1852）1848年德国资产阶级革命时代所作论断，即只有无产阶级才能领导人民把民主革命进行到底的思想。

其一，资产阶级在资本主义生产关系发展，阶级对抗日益尖锐化情况下，害怕无产阶级利用民主革命的彻底胜利反对他们自己，所以他们在革命开始后很快就站到反革命一边了。它不能领导人民把革命进行到底，也不能成为绝对的统治者，只能卑贱地做专制制度的尾巴。

其二，马克思、恩格斯考察了小资产阶级特性，动摇，不彻底，它不愿为无产阶级利益变更社会，它只想使现存社会使它感到满意和舒服，它不能领导人民把革命进行到底。

其三，领导德国民主革命的责任历史地落到无产阶级肩上，但德国当时绝大多数工人政治觉悟低，没有认识须组织独立的全国性的工人组织。所以它也无法马上担负领导民主革命的责任。

其四，在此情况下马克思、恩格斯认为：为使共产主义者同盟不致成为脱离群众的小宗派组织，就必须投身民主革命成为彻底的革命派，无产阶级在保持自己独立性的条件下，尽量利用一切机会同资产阶级民主派建立临时联盟。同时提出自己的更高要求，批判资产阶级民主派的不彻底性，推动他们革命逐步把广大工农群众从资产阶级和小资产阶级影响下解脱出来。

当时（1848年革命失败后）马克思、恩格斯曾估计德国政权将要经过一个由资产阶级各阶层依次更替的过程，然后才由无产阶级成为领导阶级，完成德国的民主革命统一事业。后来马克思、恩格斯此设想未实现，德国自上而下统一。

总之，在《中央委员会告共产主义同盟者书》等文中已经有了只有无产阶级才能领导人民把民主革命进行到底的思想，这是作为德国无产阶级的一个奋斗目标提出来的。他们认为无产阶级要实现民主革命领导权：①须作为一支独立的政治力量出现于政治斗争舞台。②要有自己的政党领导。

（1）民族民主革命的兴起及内容

这里的革命是指革命的原意即政治革命。民族民主革命就是殖民地半殖民被压迫民族反时殖民主义、帝国主义、霸权主义，争取和维护民族独立和解放的革命运动，就是要解决民族殖民地问题。民族民主革命和民族殖民地的问题是社会政治历史范畴。

民族民主革命在历史上怎样出现、怎样发展的呢？所谓殖民地原意就是一个国家向它所征服的地区移民，这个地区就叫作殖民地。剥削阶级不仅剥削本国的劳动者，还向外掠夺其他民族，直至在那里建立自己的统治，推行殖民政策。这是古已有之的，古罗马帝国就在北非侵占了大片殖民地，到中世纪奥斯曼帝国也曾在中东和巴尔干建立封建主义的殖民统治。

我们说的民族殖民地问题是指随着欧洲资本主义萌芽而产生的近代殖民主义。从资本主义原始积累阶段起，掠夺殖民地贩卖奴隶就是积累资本的重要手段、途径。15世纪葡萄牙在摩洛哥的休达地区建立第一个殖民地据点。西班牙在拉美从16世纪到18世纪屠杀了1500万人，掠夺了一亿公斤白银、250万公斤黄金。英国到18世纪侵占了大于本土150倍的殖民地，称"日不落国"，它在印度不到60年时间（1757—1815）掠夺了10亿英镑。

资本主义文明就是打着自由贸易的幌子以商品输出为手段，在殖民地人民的鲜血和白骨上建立起来的。他们道貌岸然开口人道、闭口友谊，但正如马克思所说："当我们把自己的目光从资产阶级文明的故乡转向殖民地的时候，资产阶级文明的极端伪善和它的野蛮本性就赤裸裸地呈现在我们面前。"（《马克思恩格斯全集》第9卷，第251页）资本主义使亚、非、拉广大地区在300年间沦为殖民地建立了殖民体系。

随着殖民侵略的扩展，殖民地、半殖民地人民的争取民族解放的斗争也就开始了。一般认为民族解放运动从美国独立战争算起，因为它是世界上第一次胜利的反对殖民地压迫的民族解放战争。

18世纪末19世纪初拉美人民继续进行争取独立的斗争进行独立战争。海地是拉美第一个摆脱殖民地统治获得独立的国家，到19世纪20年代拉美建立了18个独立国家。

19世纪中亚洲掀起了反对殖民侵略的第一次高潮，其中有波斯巴布教起义（1848—1852）、印度民族大起义（1857—1859）、中国的太平天国革命（1850—1864）。到了帝国主义时代，殖民地的作用发生了很大变化。帝国主义为了夺取最大限度超额利润，疯狂推行殖民政策，成为"全世界殖民政策的特殊时代"《列宁选集》第2卷，第797页）。帝国主义通过直接占领和控制，把殖民地、半殖民地变成它们的原料来源地，商品销售市场、投资场所，用资本输出这种主要形式，榨取殖民地、半殖民地这样殖民地就成了帝国主义的生命线。在19世纪最后二三十年中资本主义列强对亚非拉地区进行疯狂侵略，灭亡了上百个国家，兼并了成百上千的弱小民族，占领了2500万平方公里土地，奴役着近10亿居民。到了19世纪和20世纪之交最终把世界瓜分完毕。这时非洲的90.4%，亚洲的56.6%，波利尼西亚的98.9%，大洋洲的100%，拉美的27.2%都沦为帝国主义的殖民地。其他像波斯、中国、土耳其则沦为半殖民地和附属国。帝国主义殖民体系最终形成，到第一次世界大战前仅仅英、法、俄、德、日、美等六国就占领了6500万平方公里土地。这样整个世界就形成了一方面是人口众多的被压迫民族，另一方面是拥有巨额财富的军事实力强而人数很少的压迫民族。

世界划分为压迫民族与被压迫民族这样两大营垒后，民族问题就和殖民地问题联系起来了，民族问题由局部的国内的问题扩大为世界范围的民族殖民地问题。民族的问题和帝国主义联系起来了，民族殖民地问题由孤立自在的问题成为推翻帝国主义实现无产阶级社会主义革命这个总问题的一个部分了，反对帝国主义成为民族殖民地问题的首要任务。

在帝国主义压迫、掠夺、奴役下，民族解放运动即殖民地半殖民地和一切被压迫民族反对殖民主义、帝国主义、霸权主义，争取和维护民族独立和解放的革命运动，就成为不可避免的历史的必然，而且成为同西方无产阶级革命并列的一支重要革命大军了。

第一次世界大战和十月革命的胜利对民族殖民地问题发生极其深刻的影响，开辟了民族解放运动的新纪元。

首先，它使殖民地半殖民地内部的社会关系和阶级关系发生了深刻变化。大战和战后资本主义的经济危机削弱了帝国主义对殖民地半殖民地的经济控制。战争又提出了更多更大的需求，因而殖民地半殖民地的民族工业有了迅速的发展。这种发展引起社会经济结构和阶级关系的变化。民族资产阶级的队伍和他们的经济实力增强了。他们纷纷建立民族资产阶级的政党或组织，要求摆脱帝国主义要求国家独立，要求自由发展民族经济。随着民族工业的发展，无产阶级更加成长壮大，在这些国家出现了有组织的工人运动。日益破产的农民和手工业者的阶级斗争意识也增加了，知识分子中的一些先进分子也向各方面寻求解放的真理、道路。

其次，十月革命一声炮响为被压迫民族送来了争取解放的革命真理即马列主义。在战争、革命影响下，人民的精神面貌发生了急剧变化。马列主义真理和十月革命的实践使被压迫民族的无产阶级迅速地发展成为有觉悟的独立的政治力量，登上反帝斗争的历史舞台。在十月革命号召下纷纷建立无产阶级先锋队组织共产党，坚持在无产阶级领导下与国际无产阶级结成联盟，进行彻底的反帝反封的革命斗争。

最后，它使帝国主义时代两条革命战线，无产阶级社会主义革命和民族民主革命联合起来，共产国际和列宁提出了"全世界无产者和被压迫民族联合起来"（《列宁全集》第31卷，第412页）的口号，推动革命斗争的高涨。

虽然如此，民族民主革命那时还没有形成一片世界革命运动，帝国主义殖民国家通过国际联盟实现了分割世界，防止了殖民体系的瓦解。

第二次世界大战及其后果，特别是中国革命的胜利大大推进了民族民主革命运动的进程。战后民族民主运动一浪高过一浪，武装斗争连绵不断，80多个国家相继独立，帝国主义殖民体系土崩瓦解。以往的帝国主义的殖民奴隶成为反帝反殖反霸斗争的主力军，成为推动历史车轮前进的伟大动力了。

战后民族民主革运动的新特点是：①规模大。席卷亚非拉地区。新获得独立的80多民族民主革命运动连成一片，正向纵深发展。②目标明。虽然有不少国家是经过半自治到自治分阶段实现了独立，但他们的目标明确要获得真正独立，斗争虽有曲折，但是总向前发展的，反映了国家要独立，民族要解放，人民要革命的时代潮流。③斗争水平提高了，出现了不少民族主义者的革命组织领导革命运动，有的还组织了共产党，斗争经验也较丰富（武装的和平的群众运动的，反帝反社会帝国主义）。

战后民族民主革命运动可以大致分成三个阶段：①战后到亚非会议是一个时期：从1945年起的印尼、印支，1946年的印度，1949年的中国胜利，都是从亚洲突破的。这个时期主要敌人是美帝支持下的老殖民主义者如英、法、荷等，当时各国联系还少，基本上是各自为战。这个时期有些国家的党执行右倾路线，使革命受到挫折。如马来西亚、缅甸、菲律宾都上当受骗，又如印尼共产党、印度共产党等，阿尔巴尼亚党反对武装斗争，使民族解放旗子被民族解放阵线掌握了。②从20世纪50年代中到60年代末是第二时期：1955年4月亚非会议是这个时期开始时的突出事件，是战后民族解放运动的里程碑。运动向更广大地区开展，这期间非洲有37个国家取得独立，其中1960年一年就有17个，为此人民称1960年为非洲年。矛头这时是指向美帝及其走狗，而各国团结日益加强。1961年9月召开不结盟国家首脑会议，出现了反帝反殖的联合的国际组织。③60年代末以来为第三时期：主要是反"两霸"，以后逐渐演变主要反苏社会帝国主义，这个近期大家都还记得清楚的。目前世界上最后一批殖民地共计23个，这包括非自治领地托管地共有620万人口，其中美属357万人，英属13处，683000人，澳属1处、1000人，新西兰属1处、南非属1处。

总之，老牌殖民主义国家一个个被打退缩回去了，丧失了殖民地，美帝国主义连遭失败，力量已大减，处于退守之势。应该特别注意这一时期苏修帝国主义在亚、非、拉侵略扩张特别厉害，成为亚非拉人民的主要敌人。当然亚非拉有些国家还没认识这一点，但这是事实。为什么这时它成为主要敌人呢？就是因为它的霸权主义恶性膨胀，采取攻势想霸占全世界，它打着国际主义无私援助招牌，披着天然盟友外衣争夺战略资源，控制战略通道，掘取战略要地，策动代理人战争，直到进行武装入侵严重威胁民族独立国家的生存。民族独立国家要把革命进行到底，要生存、要发展就必然要同帝国主义特别是苏修帝国主义进行坚决斗争。当然有些地区、国家、人物长期以来反美帝，对苏认识不清，有的深受美帝之害却对苏认识不清，认清苏联霸权主义还是有一个过程的。

（2）民族民主革命是世界无产阶级革命的一部分（地位）

马克思主义认为，民族问题是社会革命总问题的一部分，在世界资产阶级革命时期，它是世界资产阶级革命的一部分。十月革命已改变了世界历史的方向，划分了整个历史时代，宣告了世界资产阶级革命时代的结束和世界无产阶级革命时代的开始，民族民主革命就成为世界无产阶级革命的一部分。

为什么在过去它只是世界资产阶级革命的一部分呢？在资本主义上升时期，随着资本主义的发展，出现了产生了资产阶级的民族问题和民族运动。这时的民族运动的"目的是销售自己的商品，战胜和自己竞争的异族资产阶级"（《斯大林选集》上卷，第70—71页），因为"在年轻的资产阶级看来，市场是基本问题"（《斯大林选集》上卷，第70页）。资产阶级要求建立民族市场，反对统治民族中的封建贵族和异族侵入，进而要求建立民族国家。这样为资本主义的迅速发展扫清道路。这时无产阶级还没有成为独立的政治力量，而是资产阶级民族运动的追随者、尾巴。资产阶级成为民族运动的"主角"，掌握了领导权，广大农民和城市小资产阶级成为它的同盟案。这样的民族运动当然只能是资产阶级的民族运动，是资产阶级世界革命的一部分，18、19世纪的西方国家的民族运动就是这样发展的。

到帝国主义阶段，世界已经划分为两个阵营，一个营垒是少数压迫民族，另一个是绝大多数殖民地半殖民地被压迫民族的阵营，这样就决定了帝国主义是宗主国，是无产阶级和被压迫民族的共同敌人，反对帝国主义就成宗主国无产阶级和被压迫民族的共同任务。所以列宁得出结论说："我们应当把争取社会主义的革命斗争同民族问题的革命纲领联系起来。"（《列宁全集》第21卷，第387页）他在第一次世界大战期间就提出了把民族解放革命同世界无产阶级革命联合起来的思想。十月革命扩大民族问题范围，使民族问题由反对民族压迫的局部问题变成殖民地半殖民地被压迫民族从帝国主义压迫下解放出来的总问题，"把民族问题从资产阶级民主革命的一部分变成了无产阶级社会主义革命的一部分"(《斯大林全集》第7卷,第185页)。

帝国主义时代的民族革命实质是反对帝国主义垄断资产阶级的阶级斗争。这种斗争不管采取什么形式,只要反对帝国主义就是世界无产阶级革命一部分。毛泽东同志说:"不管被压迫民族中间参加革命的阶级、党派或个人,是何种阶级、党派或个人,又不管他们意识着这一点与否,他们主观上了解了这一点与否,只要他们反对帝国主义,他们的革命,就成了无产阶级社会主义世界革命的一部分,他们就成了无产阶级社会主义世界革命的同盟军。"(《毛泽东选集》第2卷,第671页)中国新民主主义革命就是无产阶级社会主义世界革命的一部分,世界无产阶级革命一部分这就是它的地位。

当前第三世界国家和人民的反帝、反殖、反霸斗争直接打击帝国主义、霸权主义的统治基础,完全符合时代的发展方向,符合世界无产阶级革命的需要,他们的革命斗争是无产阶级世界革命的重要组成部分。①当然存在着很复杂的情况,第三世界国家中有的社会制度不同,经济水平不同,政治情况多变,因而在对待帝国主义和霸权主义、对待本国人民的态度上表现出种种差别;②虽然由于一些历史原因,特别是帝国主义挑拨离间,使它们某些国家间存在着争端,甚至发生战争或武装冲突;③世界各国内部还存在种种不同的政治势力,甚至有些国家还存在少数反动派或帝国主义的代理人。所有这些复杂情况都不影响第三世界的革命斗争,是当代无产阶级世界革命的重要组成部分。因为不管这些国家中政治状况如何千差万别,都不能改变帝国主义、霸权主义同第三世界国家和人民的奔波矛盾。国家要独立,民族要解放,人民要革命是不可抗拒的历史潮流。

(3)民族民主革命是摧毁帝国主义的决定性力量(作用问题)

殖民主义者对殖民地半殖民地的残酷剥削和压迫使被压迫民族与宗立国的矛盾成为殖民地、半殖民地社会的主要矛盾,同时殖民主义者与原有封建势力相勾结，加剧了人民大众同封建主义的矛盾，这些矛盾必然引起殖民地、半殖民地人民反对宗主国的民族解放斗争。在帝国主义时代这种斗争必将促使帝国主义各种固有矛盾的激化，加剧帝国主义世界政治、经济危机，动摇帝国主义统治基础，成为打击帝国主义的决定性力量，发挥伟大的历史作用。这种作用表现在：①被压迫民族的革命斗争是"摧毁帝国主义后方"的挖根基的斗争。帝国主义时代殖民地、半殖民地成为帝国主义的生命线，是它的生存基础，要是不奴役殖民地、半殖民地它就不能生存下去（原料、市场、投资、竞争、争霸、培植机会主义）。所以被压迫民族革命斗争就成为摧毁帝国主义后方基础的革命斗争。②被压迫民族的革命斗争是压迫民族的无产阶级解放的首要条件。这两种革命斗争本是互相支持，促进互为条件的，没有宗主国无产阶级的胜利，就不可能最后打倒帝国主义，最后消灭民族压迫；没有被压迫民族革命斗争的胜利，资本主义国家无产阶级也得不到自己解放。压迫其他民族的民族是不能获得解放的。

革命是不平衡的，资本主义制度在世界范围内过渡到社会主义制度，是一个长期复杂曲折过程。当资本主义国家无产阶级革命被敌人镇压，而处于低潮时，或者由于机会主义叛徒出卖破坏，使无产阶级队伍分裂、革命受挫折时，无产阶级导师总是把希望寄托在被压迫民族革命斗争上，并把它看作推动资本主义国家无产阶级革命的"首要条件"和起"决定性作用"。1848年如此，20世纪初如此，1923—1929年相对稳定时期如此，当代情况仍然如此。毛泽东同志就是明确把希望寄托在第三世界身上。③被压迫民族的革命斗争是社会主义国家获得巩固的重要因素。既然民族民主革命是摧毁帝国主义后方的伟大斗争，既然民族民主革命是压迫民族无产阶级解放的首要条件，那么民族民主革命就威胁着帝国主义统治的基础，牵制和削弱帝国主义的军事、政治、经济实力，这当然就给社会主义国家的巩固和发展提供了有力的支援。十月革命胜利后，俄国无产阶级处在帝国主义的严重包围中，帝国主义列强妄想把苏维埃国家扼杀在摇篮中，那时列宁就指出："东方亿万被压迫人民的革命运动正在蓬勃发展"（《列宁全集》第 32 卷，第 441 页），使"资本主义世界的分崩离析愈来愈厉害"（《列宁全集》第 32 卷，第 427 页），"团结愈来愈削弱"（《列宁全集》第 32 卷，第 427 页），所以国际帝国主义虽然力量要比苏维埃俄国强大得多，但无力扼杀苏维埃政权，反而不得不暂时承认它或半承认它，民族民主革命是社会主义国家在资本主义包围下能够生存并巩固的一个要素，社会主义国际同它要互相支持共同奋斗。④被压迫民族的革命斗争决定着世界革命的结局。在帝国主义和无产阶级革命时代，占世界人口大多数的被压迫民族蕴藏着极大的革命潜力，他们的革命斗争决定着世界革命的结局。列宁在《宁肯少些，但要好些》中就指出斗争的结局归根到底取决于这个人口大多数，这些人口迅速卷入民族解放的革命斗争，这就是社会主义革命在世界上最后胜利的"完全和绝对"的保证。

现在第三世界国家和人民的反殖反帝反霸斗争，成为不可抗拒的世界性力量，将给帝国主义、霸权主义以决定性的打击，加速它们的灭亡。这些就是民族民主革命在世界革命中的所能起的和必将起的作用。

（4）民族民主革命是反帝反封建的革命

第一次世界大战和十月国革命以后，民族民主革命是无产阶级社会主义世界革命的一部分，但是它的性质还是资产阶级民主革命即资产阶级性质的民主主义革命，不是无产阶级的社会主义革命。

这种性质是由殖民地半殖民地的社会性质决定的，殖民地、半殖民地社会里主要矛盾是人民同帝国主义和封建主义的矛盾。殖民地、半殖民地是封建社会或具有封建社会萌芽的社会，帝国主义入侵后破坏了原有经济结构，使原来的社会发生了变化，一般成为封建土地所有制与买办资本相结合的经济。帝国主义、封建主义两座大山，封建主义是帝国主义的基础，帝国主义是封建主义的靠山。殖民地、半殖民地社会里主要矛盾是人民大众同帝国主义和封建主义的矛盾，民族民主革命的任务就是对外推翻帝国主义压迫，对内推翻封建主义统治，前者属民族革命，后者属民主革命。这两者合起来就是民族民主革命，民族民主革命就反帝反封建的革命，它不是反对一般的资本主义和资本主义私有制。

毛泽东同志讲过："既然中国社会还是一个殖民地、半殖民地、半封建的社会，既然中国革命的敌人主要的还是帝国主义和封建势力，既然中国革命的任务是为了推翻这两个主要敌人的民族革命和民主革命，而推翻这两个敌人的革命，有时还有资产阶级参加，即使大资产阶级背叛革命而成了革命的敌人，革命的锋芒也不是向着一般的资本主义和资本主义的私有财产，而是向着帝国主义和封建主义，既然如此，所以，现阶段中国革命的性质，不是无产阶级社会主义的，而是资产阶级民主主义的。"（《毛泽东选集》第2卷，第646—647页）

中国的民族民主革命叫新民主主义革命，它已不是旧的、被资产阶级领导的，以建立资本主义社会和资产阶级专政国家为目的的革命，而是新的由无产阶级领导的，以建立新民主主义社会和建立各个革命阶级联合专政的国家为目的的革命。

（5）民族民主革命的动力

分清敌我友是革命的基本问题，只有搞清这个问题才能制定正确的纲领、路线、战略、策略引导革命走向胜利。

殖民地、半殖民地的资产阶级不同于资本主义正常发展的国家里的资产阶级，它包括两个部分，即大资产阶级包括官僚资产阶级和买办资产阶级和民族资产阶级。买办资产阶级是帝国主义资本主义的附庸，它的生存、发展完全依附于帝国主义，特别是其中当权的官僚买办资产阶级，不仅在经济上而且在政治上都是帝国主义的代理人，出卖国家利益和主权。买办资产阶级不能领导革命，也不会参加革命，它是民族民主革命的凶恶敌人，是革命的对象。

民族资产阶级是两重性，对革命态度也是矛盾的，他同帝国主义、封建主义矛盾，故可参加革命。但又同帝国主义有联系，并且害怕工农起来，不愿革命彻底胜利，所以虽能参加革命但又有动摇性、妥协性。民族资产阶级的这种特性决定他也是革命动力，但它无法完成两大革命任务。

只有无产阶级能够领导民族民主革命达到彻底胜利。这些国家工业无产阶级的很大一部分较民族资产阶级资格老，力量大，它在自己的政党共产党领导下可以把多个革命阶级阶层团结在自己周围，组成人民大众的革命大军，新民主革命首先新在无产阶级领导。

无产阶级领导主要是领导农民，农民占人口大多数，是革命主力军。但是农民的阶级局限性决定他们不能成为革命的领导阶级，但它是无产阶级可靠的同盟军，工农结成巩固联盟，这是革命成败关键。其他小资产阶级也是无产阶级的可靠的盟军，他们也只有在无产阶级领导下才能真正得到解放。

(6) 民族民主革命的道路问题

农村包围城市，最后夺取全国政权，这是中国新民主主义革命胜利的道路。前文已经学过无产阶级革命的道路问题，暴力夺取政权是无产阶级革命的一般规律。革命道路讲的就是用什么斗争方式解决革命的根本问题，实现革命的现实目标即夺取政权问题。

一个国家的革命走什么道路应该怎样确定才算科学、正确呢？革命道路的确定必须要根据马克思主义普遍原理，同时要同本国革命的具体实践紧密地联系起来，要认真分析社会中客观情况，分析斗争双方的力量对比，通过革命实践逐步确立的。脱离本国实际情况、具体环境、主观臆想一条革命道路或者机械搬运外国情况和经验都是不行的，都只能给革命事业带来损害。

适合本国特点的革命道路靠谁确立呢？只能由本国人民自己来寻找创造和确定，别人不能代庖，也没有理由把自己的意见强加于人。

二战后民族民主革命的实践说明，在道路问题上有不同情况。大致归结为两种，其中一种就是中国革命的道路，即"以农村包围城市最后夺权全国胜利的道路"。

中国革命道路是怎样找到的：①"我们党创造性地运用马克思列宁主义的基本原理，把它同中国革命的具体实践结合起来，形成了伟大的毛泽东思想，找到了夺取中国革命胜利的正确道路。"（《三中全会以来重要文献选编》下，第792页）就是说是根据毛泽东思想这个伟大理论找到的，是根据马克思主义普遍原理并把它具体运用于中国革命实际找到的。②是中国人民的伟大领袖"毛泽东同志从中国的历史状况和社会状况出发，深刻研究中国革命的特点和中国革命的规律，发展了马克思列宁主义关于无产阶级在民主革命中的领导权的思想，创立了无产阶级领导的，工农联盟为基础的，人民大众的，反对帝国主义、封建主义和官僚资本主义的新民主主义革命的理论"（《三中全会以来重要文献选编》下，第826页）。新民主主义革命理论是创造这条道路的基本依据，这是中国人民的领袖代表中国人民的利益，总结中国革命的实践。

为什么中国革命要走这样的道路呢？

以农村包围城市，最后武装夺取全国胜利的道路。这是根据中国的历史和社会状况决定的。由于旧中国没有资产阶级民主，反动统治阶级凭借武装力量对人民实行独裁恐怖统治，革命就只能以长期的武装斗争为主要形式。所谓武装的革命反对武装的反革命，这是中国革命的特点，也是中国革命的优点。

中国革命的武装斗争是无产阶级领导的以农民为主体的革命战争。农民是无产阶级的最可靠的同盟军。无产阶级通过自己的先锋队用先进思想、组织性、纪律性提高农民群众的觉悟水平，建立农村根据地，长期进行革命战争，来发展壮大革命力量，以农村包围城市，最后夺取全国胜利。

过去，我们根据马克思主义革命理论常常说明暴力革命已发生过两条不同的道路，即十月革命的道路和中国革命的道路，并把中国革命道路说成殖民地、半殖民地的典型，甚至有普遍意义。

(7) 关于中国革命道路的特点、内容、条件等问题

中国的以农村包围城市,最后夺取全国胜利的道路的基本内容,是土地革命武装斗争和革命根据地的"三位一体"的工农武装割据。

土地革命是民主革命的主要内容和根本任务。民族民主革命实质上就是党领导农民进行土地革命。无产阶级政党只有深入农村领导农民进行革命斗争,解决土地问题,才能在农村建立强大可靠的堡垒,取得革命军队所需要的人力物力后备。武装斗争离开土地革命就失去群众基础,无法存在和发展。没有土地革命,不能调动农民的积极性,不能壮大武装,巩固和发展根据地。毛主席说:"如果我们能够普遍地彻底地解决土地问题,我们就获得了足以战胜一切敌人的最基本的条件。"(《毛泽东选集》第4卷,第1252页)为了搞好土地革命就要在深入调查研究基础上制定符合实际的土地革命路线。

武装斗争是主要形式。没有武装斗争,土地革命不能有效进行,革命根据地也不能生存。土地革命靠武装保卫,根据地靠武装开辟和巩固。

革命根据地是民族民主革命战略基地,是武装斗争和土地革命的依靠,是把革命引向全国胜利的立足点。建立根据地就能坚持土地革命,才能使革命武装有所依托,避免流寇式战争。

(三) 社会主义所有制的新认识

(1) 多种所有制概念的提出对社会主义理论发展有重要意义

集体所有制是对马恩社会主义观念的首次突破,这种突破不是随心所欲的,是实践提出来的,实践要求发展理论,是有中国特色的社会主义。

(2) 长期以来社会主义被认为是单一的公有制社会。1958年出现急于过渡即共产风,以为越是单一、纯粹,社会主义的"品性"就越高。公有制就是全民、集体两种,不能有私有制。

(3) 过去党的领导人从中国实际出发,曾提出考虑放宽,周恩来提

出可以保留少量的私有制作为第三种所有制。陈云提出个体经营是国家经营和集体经营的补充。毛泽东本人在1956年12月同民主党派负责人也说过，他怀疑俄国经济政策结束得早了，只搞了两年退却就转为进攻，到现在社会物资还不足。我们保留了私营工商业职工二百五十万人（工业一百六十万，商业九十万），俄国只保留了八九万人。还可以考虑，只要社会需要，地下工厂还可以增加。可以开私营大厂，订个协议，十年、二十年不没收。华侨投资的，二十年、一百年不要没收。可以开投资公司，还本付息。可以搞国营，也可以搞私营。可以消灭资本主义，又搞资本主义。他们这些思想是开明的，但主要是说的特殊问题，更多表现了政策观念的灵活性，还没有上升到理论高度来概括。

（4）现在体制改革，中央对十一届三中全会以来改革搞活中出现的多种经济形式、多种经营方式，在十二届三中全会的《中共中央关于经济体制改革的决定》后，对这种多维的经济结构作了理论概括，提出了"以社会主义公有制为主体"和"多种经济成分"，"多种所有制形式"的新概念，认定我国现在是以公有制为主体，具有多种经济成分即多种所有制的社会主义社会。在这种社会是除公有制外还有公私合营、合作经济、个人经济、私人经济（包括外商企业）。这与新民主主义各成分不同，那时社会主义公有制未占绝对优势，个人、私营不从属社会主义经济，而是自发发展的。与新民主主义各成分不同：一是社会主义公有制占绝对优势；二是个人经济私营经济从属于社会主义经济作为必要补充而存在，那时不是这样，而是自发发展。

（5）各种经济成分共存共生，在现实生活中也会带来许多新问题，但这不会改变社会主义的性质。

所有制关系的改革问题：其一，中国经济体制改革应包括两个互相关联方面。①经济运行机制的改革。②所有制关系的改革：理论是一些同志认为这是整个经济体制改革关键是有道理的，因前者无不涉及所有制关系。

其二,"公有制为主体,各种所有制形式并存"提法,三层含义。①在社会主义条件下改革所有制不是改掉公有制而是完善、发展它。②在所有制改革的目标模式中,是多种所有制形式,近几年来出现的跨越所有制界限,实行经济联合的企业群体值得注意。③在新型所有制体系中允许非公有制有一定的发展。

其三,什么是"以公有制为主体"和"以国有制的主导"?一种认为是在整个经济中占大比重;另一种认为是掌握着国民经济命脉的重要部门。在发展生产力的基础上增强对其他所有制形式的有机联系和影响,发挥自己优势——质、效益。应该是既看量更看质和效益优势的作用。

其四,非公有制成分中的雇工经营问题。

①目前在全国农村经济中雇工经营比重还小,占农户的1‰左右。雇工人数占总劳力的2‰～3‰,超过7个雇工的户数占雇工户的总数的25‰,占资金超过10万元,人数达几十人和百人的。②多数人认为雇工经营是发展商品经济的必然产物,有利生产力发展应允许存在,加强管理。③雇工经营的性质:一种认为属于带有资本主义剥削的私人企业,应同家庭劳动基础上雇请少数几个帮工的个体经济区别开来;公开明确承认这种企业的合法地位,同个体经济一样是社会主义经济的必要补充。一种认为,在社会主义经济包围之中的农村雇工企业的资金只要处于运动之中经营之中,它就事实上属于社会所有。雇工应称招工,雇工经营有可塑性,带有资本主义因素,又不等于资本主义——这当然是就招工情况说的。④社会上社会主义论较多的,反响较大的是利用职权和我们管现漏洞暴富的少数雇工大户:a. 发展商品经济,难免产生这种"大户";b. 其存在和发展可影响周围个体户把收入更多地转入投资,而不是消费,有利于发展生产力;c. 国家掌握经济命脉和客观管理手段,可进行调节管理,不必担心两极分化;d. 要做具体调整分析找出一个收入调节参数,通过税收和加强工商管理,做到收益分配合理

化，企业进行为合理化；e. 要总结经验探索把私营经济引导到合作经营或 国家参股的股份经济的途径，把它纳入有计划商品经济轨道。

其五，所有制关系改革中的重点是国家所有制。①对一部分条件适合的国有制企业实行"包、租、卖"给劳动者集体或个人经营是可行的，有益的。②难点在于大中型企业。它们个数不多但所占资产和产值比重很大，直接反映经济运行的活力和效率。③搞活大中型企业有几种设想和做法：a. 从强化物质利益制刺激着手进行改革。前几年，先以奖金、工资、管理决策权力和企业领导体制着手作了一些改革，对打破职工吃企业的"大锅饭"起了积极作用，但没解决企业吃国家的"大锅饭"的问题，相反不少企业运用下放权力滥发奖金，出现奖金膨胀，这个方法行不通。这几年试行"企业留利递增包干""利改税"等办法来改变区域同国家关系，国家不直接干预，解决区域内部活力问题，但价格体系不合理，各企业生产条件不均衡，这对有些条件不好的企业不利。这样办法也未解决企业投资饥渴和投资膨胀问题，且负盈不负亏，只注意短期行为，不注意长期行为，仍是吃国家的"大锅饭"。b. 放弃国家占有，由某些社会集体掌握、控制、实行社会占有或企业集体所有。据外国经验这样问题很多，难以在我国实行。c. 所有权同经营权分离，又有多种设想：甲：建立经营责任制，困难是资产衡量资产评估（但资产评估总是要搞的，它是国家、企业间财产制约关系之依据）。乙：实行股份化：有人认为它是资本主义的东西，有人认为它同资本主义没有必然联系，说马克思在《资本论》中曾把资本主义经济中的股份制当作建立社会主义公有制的一个前提来论述，我们完全可以探索出社会主义股份所有制的道路。

（6）马克思、恩格斯的社会主义观念中，社会主义社会没有商品、货币。列宁、斯大林在提出集体所有制时与之相联系也就提出：社会主义社会还存在商品、货币，这是突破，但这种突破受到历史局限。斯大林认为社会产品的消费品部分才是商品，生产资料不是商品，价值规律只在流通领域起作用。认定是有计划的商品经济,这是一次重大突破。对社会主义商品关系和市场体系理论的认识,在我们理论界可分为三个阶段:最初,是斯大林观点,即消费品才是商品,价值规律只在消费品交换中起调节作用。市场也只存在消费交换中。20世纪50年代中期,有人写文字论证生产资料也是商品,但长期未被重视。毛泽东在纠正1958年"共产风"的过程中,针对反对商品生产,否认价值规律的观点,在第一次郑州会议(1958年11月)指出:现在有些同志,避开使用有积极意义的资本主义范畴——商品生产、商品流通、价值法则等未为社会主义服务,"这是对马克思主义不彻底、不严肃的态度"(《毛泽东文集》第7卷,第437页),"是不承认客观法则的表现"(《毛泽东文集》第7卷,第437页),他提议在起草的会议文件中写上"必须生产适宜于交换的社会主义的商品",加一个"社会主义",以便法则"社会主义商品生产"(《毛泽东年谱(一九四九——一九七六)》第3卷,第496页)。他赞同斯大林观点,认为不能把商品生产和资本主义混为一谈,商品生产与资本主义相联系就出资本主义,和社会主义联系就不出资本主义。他还指出在社会主义建设时期,要"有计划地大大发展社会主义的商品生产"(《毛泽东年谱(一九四九——一九七六)》第3卷,第504页)。他讲的是从斯大林法则出来的,但未见比斯大林明确坚定。

在第二次郑州会议(1959年)上(从这时起他开始注意对马克思主义基本经济理论的学习研究),他说:价值法则,等价交换不仅存在于公社内部也存在于集体所有制与全民所有制之间,实际上,生产资料各部门之间也有价值法则起作用。他批评"共产风"论,"一平、二调、三收款,就是根本否定价值法则和等价交换"(《毛泽东年谱(一九四九——一九七六)》第3卷,第613页)。

1959年3月下旬上海会议,他进一步指出:客观存在的价值法则,"是一个伟大的学校,只有利用它,才有可能教会我们的几千万干部和几万万人民,才有可能建设我们的社会主义和共产主义。否则一切都不可能"(《毛泽东文集》第8卷，第34页)。

1962年七千人大会时他修改刘少奇报告稿时，增加了一段话："按劳分配和等价交换这样两个原则，是在建设社会主义阶段决不能不严格地遵守的马克思列宁主义的两个基本原则。"(《毛泽东著作专题摘编(上)》，第986页)这是他的理论总结说明了在"文化大革命"前他基本上坚持了这个观点。毛泽东比斯大林前进了，认为生产资料也是商品，价值规律也在生产领域内发生作用。但他对价值规律的作用的认识还没有突破斯大林的框框，仍然把价值规律体系、商品生产同计划经济作用相对立。他说（1958年11月郑州会议）社会主义商品生产不是为价值法则所指挥（调节），而是为计划所指挥。1959—1960年他初读《政治经济学》时还说："价值规律作为计划工作的工具，这是好的。但不是不能把价值规律作为计划工作的主要依据。"(《毛泽东年谱（一九四九——一九七六)》第4卷，第288页)他这种说法，从政治上是为"大跃进"反右倾运动，按价值规律就是"得不偿失"。从经济观点看同时也反映了他们的认识，这种观点到党的十一届三中全会后才纠正。这里第二阶段，在理论界，仍有个别人坚持生产资料不是商品的观点，但大多数人解决了社会主义经济中存在商品生产和商品交换（但没有达到说是商品经济），生产资料也是商品，价值规律不仅调节消费资料的生产和交换，而且也调节生产资料的生产和交换。从而也提出发展完善社会主义市场问题。第三阶段：中共十二届三中全会通过了《中共中央关于经济体制改革的决定》，该《决定》在总结国内外社会主义建设的历史经验和教训后，指出：社会主义社会"是在公有制基础上的有计划的商品经济"，"社会主义计划经济必须自觉依据和运用价值规律"。"商品经济的发展是社会主义经济发展的不可逾越的阶段，是实现我国经济现代化的必要条件"。(《十二大以来重要文献选编》中，第568页)这是社会主义认识的一次大飞跃，承认商品经济是社会主义经济的内在的固有的本质属性。

这样就提出了建设社会主义统一市场体系问题，要发展社会主义商品经济就必须建立统一市场。一是资金市场即金融市场问题。①商品容许多种渠道，一种认为主要靠扩大银行系统经营业务范围，银行是高盈利的货币经营单位，不应允许私人金融组织。一种认为应允许多种经济成分。②允不允许长期资金市场即资本市场（短期是货币市场及存放款）即债券、股票发行流通。二是劳动市场，争论较多。一种：社会主义条件不存在也不应存在劳动力市场。不能将劳动者与企业之间的自由选择和劳动力合理流动称为市场。一种：开放劳动市场是改革统包统配劳动制度的必然趋势，是完善社会主义市场的一个重要组成部分，是社会主义商品经济发展的客观要求。这两种争论的焦点是社会主义条件下劳动力是否具商品性质。

多数认为，一般地说社会主义条件下劳动力是商品是不妥当的。另有一些人主张干脆承认社会主义经济中劳动力也是商品，认为这并不会改变劳动力的社会主义性质。它并不等同于资本主义制度下的雇佣劳动，这个问题讨论很热烈，除此之外讨论的还有房屋地产商品化问题等。

（四）社会主义分配制度的认识

按劳分配问题. 共同富裕与先后突破。社会主义的目标是消灭贫穷，实现共同富裕。贫穷不是社会主义。这里社会主义的根本原则，与公有制一样的基本原则。但什么是共同富裕，如何共同富裕？有个理解问题，长期以来共同富裕被认为是"均富"，完全平均。同步富裕，这是粗陋的平均主义，早中期空想社会主义思想。其实差别在任何时候都是客观存在，不仅社会主义社会不会完全平均，没有差别就是共产主义，也不可能是自由的。马克思主义主张缩小差别，缩小是一个历史过程。共产党人创立的社会主义国家认为是根据客观情况制定正确政策，努力缩短这个过程，如果不这样，而是不承认想取消这个过程就会是共同贫穷。

我们的历史经验，1958年"大跃进"刮"共产风"搞"吃饭不要钱""供给制"，毛泽东当时视为共产主义因素。他谈《三国志》向往张鲁的原始社会主义政策并用来为公社化平均主义措施做历史论证。

1958年11月郑州会议上毛主席说：三国时候汉中有个张鲁，曹操把他灭了。他也搞过吃饭不要钱，凡是过路人在饭铺里头吃饭、吃肉都不要钱，尽肚子吃，这不是吃饭不要钱吗？他不是在整个社会里头搞，而是在饭铺里搞。他搞了三十年，人们都高兴他那个制度，那里有种社会主义作风，我们这个社会主义由来已久了。

在武昌起义期间，他对《张鲁传》写过两段批语，一个是流传较广的1958年12月10日批注，讲中国的农民革命斗争是部阶级斗争史，其中也提到张鲁"吃肉不要钱""吃饭不要钱"等。但在12月17日还写过一段话，对张鲁的原始社会主义政策大加赞赏。说这里所说的（指张鲁）群众性医疗运动，有点像我们人民公社免费医疗的味道，不过那时是神道的，那时只好用神道。道路上饭铺里吃饭不要钱。大约有1600年时间了。贫农、下中农的出产，消费和人们的心情还是大体相同的，都是一穷二白。不同的是生产力于今进步许多了。新中国成立以后，人民掌握了自己这块天地，在共产党的领导之下，但一穷二白是古今接近的，所以这个张鲁传值得一看。这段批注他当即涂去了，这一方面说明他并不坚持也没有大肆宣传的意思。另一方面也说明这曾是他的一个兴奋点，这可以帮助我们理解他的思维轨迹。

他并不主张回到张鲁时代，这时他是反对一平二调的。但他的思想是矛盾的，一方面反共产风，一方面又认为不可太富。甚至认为穷比富好（穷不是绝对意义上的穷），对富裕以后他有自己的看法。1956年他听取工业汇报讲到一穷二白时就曾表示过农民要富不可太富。土地公有了，拖拉机、抽水机、大型的家当由国家掌握，不能交给农民。

1959—1960年初谈政治经济学，认为外国评论讲的"穷是跃进的动力"这句话很对。穷就要干要革命，不断革命，富了事情就不妙了，中国现在不富将来富了一定也会产生问题。

在讲到劳动报酬时，他还谈报酬不宜过高，维持人民健康为原则，过分强调物质刺激不好。在俄国土改以后，农民不敢"冒尖"，以穷为荣，以富为过，这是一个好现象。到他晚年这种思想发展更严重。就其穷则思变而言而有合理性，这种想法对我国历史发展进程发生了影响。决定是部分先富起来，这是按劳分配原则的具体体现，是马克思主义政策。

（五）对社会主义建设时期阶级斗争的认识

1. 社会主义建设时期的阶级斗争是长期的、曲折的、复杂的

我们的最终目的是实现人类无限美妙、无限光明、无限幸福的共产主义社会，由资本主义过渡到共产主义不能不经历着严重的阶级斗争，毛泽东同志从我们新中国成立以来的阶级斗争实践出发，深刻地研究和分析了我国过渡时期的阶级斗争经验，指出我国整个过渡时期的阶级斗争的长期性、曲折性和复杂性的规律，并且提出了正确处理和进行无产阶级专政条件下阶级斗争的全面的具体的方针政策，把马克思列宁主义关于过渡时期阶级斗争的理论推进到一个新的发展阶段。

毛泽东同志指出："中华人民共和国的成立标志着中国革命由资产阶级民主革命阶段转变到社会主义革命阶段，即进入由资本主义到社会主义的过渡时期。"毛泽东同志和党中央反复教导我们，在整个过渡时期，无产阶级同资产阶级的斗争，社会主义道路同资本主义道路的斗争，始终是我国内部的主要矛盾，我国人民同帝国主义之间的矛盾是国外的主要矛盾。我们要进行社会主义建设，消灭一切私有制度，消灭阶级和阶级剥削现象，"一方面，外国帝国主义决不会袖手旁观，另一方面，国内那些已经被打倒的阶级，决不会甘心于自己的死亡，那些将被消灭的阶级决不会没有反抗"（《建国以来重要文献选编》第5册，第127页），阶级斗争必然存在，不可避免。

在三大改造完成之后，我国社会主义革命在经济战线上已经取得了基本胜利。毛泽东同志指出："在我国，虽然社会主义改造，在所有制方面来说，已经基本完成，革命时期大规模的急风暴雨式群众阶级斗争已经基本结束，但是，被推翻的地主买办阶级的残余还是存在，资产阶级还是存在，小资产阶级刚刚在改造。阶级斗争并没有结束。"（《关于正确处理人民内部矛盾的问题》，第 26 页）1957 年的反右斗争证实了毛泽东同志的光辉预见。

经过整风"反右"，社会主义革命在政治战线和思想战线上也取得了决定性的胜利，阶级力量的对比更进一步发生了有利于无产阶级与不利于资产阶级的根本变化，摆在全国人民面前的中心任务是迅速发展社会生产力，把我国建设成为一个具有高度发展的现代工业，现代农业，现代科学文化的强大的社会主义国家。但是阶级并没有消灭，我国还存在两个剥削阶级和两个劳动阶级，阶级斗争并没有结束。毛泽东同志指出："无产阶级和资产阶级之间的阶级斗争，各派政治力量之间的阶级斗争，无产阶级和资产阶级在意识形态方面的阶级斗争，还是长期的、曲折的，有时甚至是很激烈的。无产阶级要按照自己的世界观改造世界，资产阶级也要按照自己的世界观改造世界，在这一方面社会主义和资本主义之间谁胜谁负的问题，还没有真正解决。"所以阶级斗争还必须积极进行到底，直到阶级最后消灭为止。毛泽东同志的这些天才英明的论断，是对整个过渡时期阶段斗争形势的总的分析和估计，是阶级斗争学说的伟大发展。

为什么过渡时期的阶级斗争是长期的呢？首先：对五类分子的改造是长期的斗争任务。五类分子，在经济上已被打垮了，政治上已搞臭了，在群众中是彻底孤立了。但是毛泽东同志早就指出，对于反动阶级和反动派的人们，不准他们乱说乱动，要使他们在劳动中改造自己，成为新人，人民民主专政国家能够做到这点，这个工作做好了，这些剥削阶级才算最后被消灭了。现在地主、富农分子还没有完成这个改造，这是我们长期的斗争任务。同时他们中间有些人是至死不变的，要带着花岗岩脑袋进棺材的。

革命和反革命的斗争是长期的，是绝不能忽视的。几年来我们肃清了绝大多数反革命，反革命分子已经不多了，但是还有。毛泽东同志指出："没有肃清的暗藏的反革命分子是不会死心的。他们必定要乘机捣乱。美帝国主义者和蒋介石集团经常还在派遣特务到我这里来进行破坏活动。原有的反革命分子肃清了，还可能出现一些新的反革命分子。"（《关于正确处理人民内部矛盾的问题》）我们同反革命的斗争还会长期存在。

同样，对资产阶级右派，必须准备进行长时间的反复的斗争，才能彻底解决他们同人民之间的矛盾。对坏分子也必须积极加以镇压。总之，同五类分子的斗争，把他们改造成为新人，是个长期的阶级斗争的过程。

其次，资产阶级和它的知识分子的改造也还远未完成。资产阶级由于具有两面性，我们党对他们采取团结、教育、改造的和平改造政策。虽然经过社会主义改造高潮和一系列的政治运动，资产阶级已不占有生产资料，资产阶级分子大多数都有不同程度的进步，但是他们的剥削根子还没有脱离。他们的资产阶级立场和世界观还没有根本转变，会在一个很长时期内同社会主义制度相抵触，并总想用他们的世界观来改造世界。毛泽东同志指出："我国社会主义和资本主义之间在意识形态方面的谁胜谁负的斗争，还需要一个相当长的时间才能解决。这是因为资产阶级和从旧社会来的知识分子的影响还要在我国长期存在，作为阶级的意识形态，还要在我国长期存在。"（《关于正确处理人民内部矛盾的问题》，第27页）改造资产阶级分子，使之在社会主义道路上坚持前进，克服他们对资本主义的留恋，是长期斗争的过程。

再次，小资产阶般，特别是少数富裕农民的资本主义自发倾向，资产阶级、小资产阶级的习惯势力的克服，也不是短期内可以完全奏效的，毛泽东同志指出："反映旧制度的旧思想残余，总是长期地留在人们头脑里不愿意轻易退走的。"(《中国农村社会主义的高潮》上册，第123页）他又指出："富裕农民中的资本主义倾向是严重的，只是我们在合作化运动中，乃至以后一个很长时期内，稍微放松了对农民的政治工作，资本主义倾向就会泛滥起来。"(《中国农村社会主义的高潮》上册，第353页）所以这方面的斗争也是长期的。

最后，还需要在工人阶级和劳动群众中，加强教育以彻底肃清资产阶级思想影响。

但是，有些人散布"阶级斗争熄灭论"，他们说，"三大改造完成后消灭了生产资料的私人占有制度，阶级的区分就消失了，阶级斗争也就熄灭了"，这是极端错误的。

第一，三大改造后，并没有彻底消灭生产料私人占有制，现在资本家还拿定息，就是说资产阶级在经济上作为一个阶级还没有最后消灭，还有剥削。农村中还有一小部分私人所有的生产资料。也还有私人活动的初级产物，所以经济战线上的社会主义革命，并没有取得彻底胜利，还要继续进行到底。第二，阶级的区别虽然根源于生产资料占有的不同，但各个阶级的经济地位，决定了不同的立场、世界观和政治思想，阶级区别除了表现在所有制上不同外，还表现在政治上思想上的不同，维护阶级区别和消灭阶级区别的斗争，总反映在政治斗争思想斗争上，所以为了消灭阶级，不仅要进行经济战线上的社会主义革命，还要进行政治战线思想战线上的社会主义革命，消灭剥削阶级的政治思想影响和彻底改造剥削阶级分子的政治立场和世界观，否则，社会主义经济制度也就不能巩固和发展，这个革命我们虽已取得了决定性胜利但还远未彻底完成。因此"阶级斗争熄灭论"是完全站不住脚的。

他们的另一理由是说，现在党提出了进行文化革命和技术革命的任务，表明我们现在同自然开战，解决人同自然的矛盾了，这就不是阶级斗争了，这同样是错误的：第一，党提出文化革命、技术革命的任务是同"正确处理人民内部矛盾""巩固和发展社会主义的全民所有制和集体所有制，巩固无产阶级专政和无产阶级的国际团结""继续完成经济战线，政治战线和思想战线的社会主义革命"等同时共提的。这就是说我们在进行向自然开战的同时是要继续进行社会革命的，这两个革命是相互联系，相互促进和推动的。第二，文化革命、技术革命这只是社会主义革命，在文化革命、技术领域的继续和发展。文化革命、技术革命不只是量的问题，而且是质的问题，例如文化革命它包括工农群众知识化和知识分子工农化，把文化技术交还给工农群众掌握，和对知识分子进行思想改造，这是要经过严重阶级斗争的，而且，各个阶级对文化技术革命都是有不同的看法和态度的，是无产阶级世界观指导，还是资产阶级世界观指导？是为无产阶级服务，还是为资产阶级服务？是无产阶级政治挂帅，还是资产阶级政治挂帅？是群众路线，还是专家路线？是轰轰烈烈，还是冷冷清清？是多快好省，还是少慢差费？这都不能不是一场严重的持续的阶级斗争。

"阶级斗争熄灭论"严重地歪曲了马列主义政治学，曲解了我国阶级斗争的现实，制造这种谬论的人，有的就是我们的阶级敌人或右倾机会主义分子，他们企图麻痹群众斗志和解除工人阶级的思想武装，并在这个幌子下进行他们反党反社会主义的阶级斗争。

但是，我们中间也有些人对我国社会主义建设时期的阶级斗争是长期性认识不清，产生右倾麻痹思想。例如三大改造完成后，他们以为阶级不存在了，阶级斗争熄灭了，1957年资产阶级右派的猖狂进攻和我们的反右斗争，打破了这种天真的想法。政治思想战线上的社会主义革命取得决定性胜利后，他们以为这下子可该结束阶级斗争，过个安静舒适的生活。这次反对右倾机会主义的斗争，又打破了他们天真的想法。现在，反对右倾机会主义的斗争已经取得极大胜利，有人又在想今后大概不会有阶级斗争吧！这还是幻想，只要阶级还存在，资产阶级的政治思想影响还存在，阶级斗争就不会结束，做好精神准备吧，实践已经证实，我国社会主义建设时期阶级斗争是长期的，列宁曾说："社会主义革命不是一次行动，不是一条战线上的一次战斗，而是充满了剧烈的阶级冲突的整个时代，是在一切战线上，也就是说，在经济和政治的一切问题上的一系列的战斗。"（《列宁全集》第22卷，第138页）不是一个回合，也不是几个回合，是长期的。

我国社会主义建设时期的阶级斗争，又是曲折的。刘少奇同志指示说："无产阶级和资产阶级之间的政治斗争和思想斗争，在整个过渡时期都是不可避免的。不过这种斗争像波浪的起伏一样，有时候高，有时候低，有时候表现尖锐，有时候又表现缓和。这种斗争，要到资产阶级的政治的和思想的影响最后消灭的时候，才会熄灭。"（《马克思列宁主义在中国的胜利》，第14页）。这是从我国革命和建设实践中总结出来的关于社会主义建设时期阶级斗争规律的马克思主义的结论，我国十年来，我们工人阶级同资产阶级的斗争实践充分证明了这一点。我们同他们有三次比较尖锐的阶级斗争。

一次在国民经济恢复时期，资产阶级利用当时国际形势（抗美援朝的斗争）、国内形势（土改后国内市场日益扩大）利用他们在轻工业生产和国内贸易方面有相当大的经济力量，以至利用他们的政治地位向国家和工人阶级猖狂进攻，施放"五毒"，即偷工减料、偷税漏税、盗窃国家财产、盗窃国家的经济情报和腐蚀干部的行贿。以对抗无产阶级政治上的领导地位，攫取经济上社会主义成分的领导地位，以便使解放了的中国朝着资本主义道路发展，这说明工人阶级同民族资产阶级至少同它的一部分（完全违法户以至基本违法户）存在着明显的对抗性矛盾。党领导全国人民在1952年初发动了"五反"运动，打退了资产阶级的猖狂进攻，通过这个激烈的群众性的阶级斗争，教育了工人群众；提高了工人阶级的觉悟，大大削弱了资产阶级在群众中的政治影响，也教育了资产阶级中的大多数，使他们认识到只有接受无产阶级的领导，走社会主义道路才有他们的出路，从而为资产阶级工商业的社会主义改造准备了条件，并且也能够在以后一个时期采取比较温和的形式，阶级斗争暂时缓和下来。

另一次是1956年大改造以后资产阶级中的右派，利用"匈牙利事件"在国际上刮起的一阵"台风"，逐步地展开了对党和国家的进攻，到1957年5月，他们利用党整风的机会就疯狂的到处点火，妄想在我国也制造一个"匈牙利事件"：使资产阶级复辟，这是一场在政治思想上严重的阶级斗争。资产阶级右派实际上是地主、官僚、买办资产阶级、国民党反动派的代理人，他们猖狂进攻的目的，就是要使我国回到殖民地半殖民地的老路上去。党领导人民在1957年夏季开始在全国范围内展开了反对资产阶级右派的斗争。经过这个斗争，反党反人民反社会主义的资产阶级右派在群众中彻底孤立了，左派受到了锻炼，中间阶级在政治上思想上有不同的转变和进一步，这就使我国资产阶级和无产阶级之间的阶级斗争又暂时趋于缓和。

再一次是现在进行的反对右倾机会主义的斗争，这是我国无产阶级和资产阶级的阶级斗争在新的历史条件下的继续，斗争正在继续，已经取得了极大胜利，还要把这个斗争进行到底。

上述事实，充分证明，我国社会主义建设时期的阶级斗争的长期性是通过曲折的形式表现出来的，是按照高一阵、低一阵、再高一阵、再低一阵的波浪起伏的形式向前推进的。一直到资产阶级政治思想影响，资产阶级小资产阶级习惯势力最后消灭时为止。

有些人认为过渡时期的阶级斗争越来越尖锐，这是不符合实际的，应该认识到，在无产阶级专政条件下的阶级斗争始终朝着有利无产阶级，而不利于资产阶级方向的变化，资产阶级的力量不是越来越强大，阶级斗争不是日益尖锐化，否则，要犯"左"倾错误。

有些人相反，认为阶级斗争越来越缓和，这也是不符合实际的，因为我们同资产阶级的斗争不是一次展开一次解决的，而是逐步展开，逐步解决的，同时，剥削阶级是不会自动退出历史舞台，事实证明：就是在毫无希望的情况下，他们也要进行绝望的挣扎，一次失败了，又重整旗鼓，积蓄力量，遇有机会再同无产阶级较量，这就决定了阶级斗争是个时起时伏、时高时低、时而尖锐、时而缓和的过程。认为阶级斗争日益缓和下去是不对的，否则，就要犯右倾错误。

我国社会主义建设时期的阶级斗争同时又是十分复杂的，这是因为，首先："在我们的面前有两类社会矛盾，这就是敌我之间的矛盾和人民内部的矛盾，这是性质完全不同的两类矛盾。"(《关于正确处理人民内部矛盾的问题》，第1页）在我国当前所谓敌我矛盾是指我们同五类分子的矛盾，也就是同一切反抗社会主义革命和敌视、破坏社会主义建设的社会势力和社会集团的矛盾，对于这一类矛盾就要分清敌我，用专政的办法，即孤立、分化、惩办和镇压的方法解决，这是你死我活的阶级斗争。这种矛盾和斗争如同我们前面说过的还存在，还要长期继续下去。

在社会主义建设时期我国人民内部矛盾"包括工人阶级内部的矛盾，农民阶级内部的矛盾，知识分子内部的矛盾，工农两个阶级之间的矛盾，工人、农民同知识分子之间的矛盾，工人阶级和其他劳动人民同民族资产阶级之间的矛盾，民族资产阶级内部的矛盾，等等"(《关于正确处理人民内部矛盾的问题》，第2页）也就说明，我国人民内部矛盾：除了劳动人民内部的矛盾以外，还包括劳动人民同剥削者之间的矛盾。由于我国民族资产阶级具有两面性，在民主革命时期它有革命性一面，又有妥协性一面，在社会主义革命时期有剥削工人阶级取得利润的一面，又有拥护宪法愿意接受改造的一面。因此，工人阶级同资产阶级的矛盾，是属于人民内部矛盾，工人阶级同资产阶级的斗争，也一般地属于人民内部的阶级斗整，但在一定条件下，如果我们处理不得当，或者民族资产阶级不接受我们的政策，它还会变成敌我之间的矛盾的。我国人民内部矛盾按其性质来说可分两种：第一，两条道路即阶级斗争方面的矛盾，主要表现无产阶级同资产阶级之间的矛盾和斗争，工人阶级同小资产阶级特别是富裕中农之间的矛盾和斗争。也还表现为劳动人民内部无产阶级思想同资产阶级思想的矛盾和斗争。这一矛盾是整个过渡时期的主要矛盾,它在多数情况下表现为人民内部矛盾,在某些范围内表现为敌我矛盾。第二,属于认识方面的矛盾,表现为主观与客观先进与落后、正确与错误等方面的矛盾,它一万年还会存在,但在阶级没有消灭以前,往往和阶级斗争有联系,阶级消灭以后,也就完全失去阶级性质了。

由此可见,我国现阶段,不仅存在敌我矛盾,而且还存在大量的人民内部矛盾、人民内矛盾不仅包括认识方面矛盾,而且也包括阶级斗争方面的矛盾。修正主义者把人民内部矛盾仅归结为领导与被领导的矛盾,阉割了它的阶级内容,企图麻痹群众的革命意志,引导人们脱离阶级斗争。我们必须对这种反动观点彻底地批判。

社会上各种矛盾,必然要在政治、经济、思想、文化等一切领域里反映出来,这就决定了我国过渡时期阶级斗争是复杂的。为了正确处理无产阶级专政条件下的阶级斗争,必须分清两类矛盾。如果我们不注意划清两类不同性质的矛盾,用不同的办法来处理,就必然要犯错误,或者看不见敌我矛盾,把敌我矛盾当作人民内部矛盾来处理,不是采取专政的办法,即孤立、分化、惩办和镇压的方法处理,或者是看不见人民内部矛盾,夸大敌我矛盾,把人民内部矛盾当作敌我矛盾,不采取"从团结的愿望出发,经过批评或者斗争使矛盾得到解决,从而在新的基础上达到新的团结"(《毛泽东文集》第7卷,第21页)的办法,这都会混乱战线造成错误的。

此外,这两类矛盾在一定条件下是可以互相转化的,如果矛盾转化了,我们的处理方法不随着转化也就要犯错误的。只有正确认识并处理这两类矛盾,才能把我们事业顺利地推向前进。现在党内同右倾机会主义分子的矛盾和斗争,由于他们具有两面性即反动的一面(资产阶级立场和世界观,反对党的总路线)和革命性的一面(还有爱国心,还反对帝国主义和有一种模模糊糊的要社会主义的倾向)所以一般是属于内部矛盾，对他们采取"批判从严，处理从宽"的方针，欢迎他们改正错误，如果他们坚持错误，性质就会发生变化，处理方法也就要相应改变。

其次，复杂性也表现在国外还有帝国主义，十年来帝国主义特别是美帝国主义一直敌视我国，阴谋颠覆，至今仍然占领我国领土台湾，扶植蒋介石集团，组织对我国的军事包围和进行军事挑衅，派遣特务、间谍，并积极推行禁运政策，经常诅咒、诽谤并挑拨我们与友好国家关系，千方百计地在我国寻找他们的代理人，我们必须同中国人民的死敌美帝国主义进行坚决不懈的斗争，一直到它消灭为止。

除了帝国主义集团以外，在亚非地区还有许多取得民族独立的中立国家，这些国家的统治者是资产阶级民族主义者，他们要求有一个和平的国际环境，以发展民族经济，同帝国主义存在矛盾，我们同他们虽然制度不同，但是在反战争、反殖民主义上是有相同的地方，我们有可能同他们求同存异，共同反帝，但这些国家的统治集团又和帝国主义有着密切联系，并有一定程度的依赖性。它的阶级本质决定了它具有某种向外扩张的欲望，总会这样那样地反映帝国主义干涉政策的影响，并想继续保持帝国主义的某些不光彩的遗产。他们在帝国主义的支持挑拨下，在国内反动派的压力下，就会利用资产阶级民族主义情绪，进行危害我国而有利于帝国主义的反动活动，所以反对反动的资产阶级民族主义在某些时候的进攻，也是我们社会主义建设时期阶级斗争的一个方面。

此外，国际上还有以南斯拉夫为代表的现代修正主义者，他们背叛工人阶级，投靠美帝国主义，成为美帝国主义的顺从工具。对内恢复资本主义，对外反苏反共反对社会主义阵营，经常攻击诽谤我国，为帝国主义及其他反动派效劳，我们也必须展开对修正主义的坚决斗争。可见在国际上的阶级斗争也是复杂的、多方面的，只要国际资产阶级存在，斗争就不会结束。

综上所述，可见我国在社会主义建设时期的阶级斗争是长期的、曲折的、复杂的，认识和掌握阶级斗争的这种特点和规律，就能使我们不会因阶级斗争趋于缓和而失去革命警惕，也不会因阶级斗争激烈尖锐，而缺乏思想准备。始终保持清醒的头脑，在阶级斗争中做一个勇敢坚定的无产阶级战士。

2. 反对右倾机会主义的斗争是我国政治战线思想战线上社会主义革命的继续

目前全党正在展开反对右倾机会主义的斗争，是我国十年来资本主义和社会主义两条道路的斗争在新的历史条件下的继续，是政治战线、思想战线上的社会主义革命的继续和深入，是一场很激烈的、很深刻的阶级斗争。

大家知道，1958年以来，在党的总路线的指导下我国出现了"大跃进"和人民公社化运动。我国的社会主义革命和社会主义建设推进到一个新的阶段。我国社会面貌发生了巨大的变化，生产力得到进一步解放资产阶级经济制度和个体经济制度在我们国内到了最后灭亡的时候，社会主义建设开辟了一个高速度发展的伟大航程，原定15年在主要工业品产量方面赶上英国水平，可以提前在10年左右内基本实现，原定的第二个五年计划可以提前三年基本完成，原定在1967年实现的12年农业发展纲要，可以争取大大提前和超额完成。这一切加快了我国社会主义建设事业，壮大了社会主义阵营力量，这也就引起国内外敌人的仇视和国内的反社会主义势力的反抗、挣扎。

帝国主义从一开始就对我国建设社会主义总路线、"大跃进"和人民公社运动进行了恶毒的污蔑和攻击。把我国人民在"大跃进"中的冲天干劲和高度自觉性，说成是"强迫劳动"，把人民公社污蔑为"大规模的奴役制度"，当"大跃进"取得巨大成就，人民公社走上巩固、健全的发展道路时，又叫嚣我们遭到"失败""挫折"。帝国主义攻击这不是什么奇怪的事，敌人的咒骂和污蔑，他们的仇视和攻击正证明了我们的正确和兴旺，这种狂吠无损于我们一根毫毛，中国的历史车轮将继续滚滚向前。

在国内，已被推翻的反动阶级残余分子，资产阶级右派眼看他们的"黄金时代"永不复返了，充满仇恨，进行绝望挣扎，他们蠢蠢欲动，妄想劳动群众对党不利，他们破坏生产，消极怠工，城乡反社会主义势力由于毁灭了他们走资本主义道路的一切希望而表示反抗，在农村中表现得很明显。人民公社这个新生事物一出现，地主、富农说，"过去合作化，现在公社化，越吹越大！眼看要垮"；富裕中农说，"船大了不好掌舵"。贫农、下中农却坚定地回答："船越大越稳，越走越快，越不怕风浪。"他们把公社看成是命根子，雷打不散的。一部分富裕中农却留恋单干的道路，并利用整社而要求"包产到户""土地下放"，围绕公共食堂也展开了一场辩论和斗争。

所有这些情况，说明我国阶级斗争确实存在，而当前还是激烈的。

社会上的阶级斗争必然反映到党内来，资产阶级的反抗社会主义的斗争不能影响我们党内的一些不坚定分子。党内的一些坚持资产阶级世界观、顽固地要保留着资产阶级意识的人，在阶级斗争尖锐的时期，就往往要从党内来进行反对党的路线的活动。这一次右倾机会主义分子反对总路线、反对"大跃进"、反对人民公社的活动，正是反映了资产阶级对社会主义的反抗，他们是资产阶级思潮的代表，是农村中资本主义自发势力的代表。

为什么说反对右倾机会主义的斗争是两条道路的斗争，是政治战线、思想战线上的社会主义革命的继续和深入呢？看看他们活动的实质吧！

他们反对革命群众运动，把"大跃进"，把群众在党领导下高速度建设社会主义事业的冲天干劲，说成是"小资产阶级狂热性"。其实在我国社会主义建设中出现一浪比一浪高的群众运动高潮，这是合乎规律的现象，是必然的。解放了的六亿五千万人民要求迅速摆脱"一穷二白"的坚强愿望，在社会主义制度下具备了实现这个愿望的充分条件，在党的领导下群众的思想解放，意气风发、干劲冲天，这种愿望就有可能成为现实了，这些都决定了一浪高一浪的群众运动高速度发展社会主义建设事业的必然性，总路线正是反映这个规律性，说这是"小资产阶级狂热性"，只是反映了他们的资产阶级思想观点，反映了资产阶级对社会主义的反抗，不然何以把群众运动当作可怕的灾难呢？

他们说："公社化搞早了，搞快了，搞糟了。"在前一阶段总路线学习中，大家都到公社调查过，也听过有关公社的报告，所有的公社发展历史都证明，它是我国政治经济发展的必然产物，是办得及时、办得很好，经过严重考验，没有一个垮台，在百年未遇的自然灾害条件下，保证了大丰收，就是明证。右倾机会主义分子反对公社实质上是代表已被推翻的阶级和有资本主义自发思想的部分富裕中农对社会主义的反抗。

他们反对政治挂帅，也就是反对党的领导，是要由他们来挂帅，由资产阶级政治、资产阶级思想挂帅，以便为复辟资本主义开辟道路。

他俩反对这、反对那，实质上是集中在反对党的总路线。党的总路线这是马列主义普遍真理与我国革命和建设的具体实践相结合的产物，是既有经济原则，又有政治原则；是符合全国人民的雄心大志的高速度建设社会主义的总路线。眼前两条路：一条是前进，这就要跟着党、跟着毛主席，坚持总路线、"大跃进"、人民公社；另一条是后退，退回资本主义老路。右倾机会主义分子反对三大红旗就是走的这条道路。所以当前的阶级斗争主要是围绕着总路线进行的斗争，而坚持或反对总路线就是要不要走社会主义道路，要不要社会主义的斗争，也是无产阶级世界观和右倾机会主义分子的资产阶级世界观的斗争，是社会主义革命的继续和深入。对这场斗争的意义要有充分的估计，这是关系到党、国家和人民的命运的问题。

有人说，右倾机会主义分子也要社会主义呀！但是他们既然主张取消无产阶级政党的坚定领导，企图压抑人民群众的积极性，那么他们要的是什么社会主义呢？这只能是机会主义、修正主义者的"社会主义"，它不过是向资产阶级投降的别名而已!

有的人说,右倾机会主义分子是很少数,成不了大气候,这样搞不是小题大做吗?的确他俩人数很少,代表的也只是一部分十分细微的力量,他们实在是不能扭转历史前进的方向的。但是必须看到:第一,这些人是打着马克思主义招牌的,所以有很大欺骗作用。第二,这些人是党内的资产阶级革命家,其中有些人过去给人民做了一些有益的工作,有政治地位,这就有很大迷惑作用。所以不能够小看他,何况这是两条道路,要不要社会主义,要不要把社会主义革命进行到底的斗争,如何能算小题目呢?什么才算大题目呢?这就是真正的大题目是要大做文章的。"一粒老鼠粪,搞坏一锅汤",如果不彻底揭露他们,不肃清他们的影响,总路线就不能贯彻执行,群众的积极性就发挥不起来。就会给社会主义建设带来极大危害,自从反右倾斗争开展以来全国各个战线旳面貌发生了多大变化啊!我们学院的局面又发生了多大变化啊!这就充分证明党的英明正确,这是大题目、大文章、大收获、"大跃进"。毛主席曾经指示说,在我国社会主义革命取得基本胜利后,社会上还有一部分人梦想恢复资本主义制度,他们要从各个方面向工人阶级进行斗争,包括思想方面的斗争,在这个斗争中,右倾机会主义者是他们最好的助手。这就说明在社会主义革命和社会主义建设时期右倾机会主义是主要的危险。因此,必须保卫党的总路线,展开反对右倾机会主义斗争。

有人认为:右倾机会主义分子是党内的事情,为什么党外群众也要参加到这个斗争中去呢?这是没有充分认识到反对右倾机会主义的斗争的伟大意义,前面已经探讨到,我们同右倾机会主义基本分歧不是枝节问题上,认识上方法上的分歧,而是在党的路线上、立场观点上的根本分歧,是关系着党和国家人民的前途、命运的问题,因此全国人民都必须投入这一战斗中去。我国青年一向具有关心国家和民族命运的优良传统,当然应该投入战斗并要站在保卫党的总路线的最前列。

同时,右倾机会主义分子的人数虽然很少,但是,右倾情绪、右倾思想却是比较多的。从我院总路线社会主义教育运动中也可以看出，右倾机会主义的言论，在学校内还是很有市场的。他们攻击党领导下的群众运动是"小资产阶级狂热性运动"，在我们中间不是也有人说学校大搞群众运动是"闹哄哄、一场空"，"小资产阶级疯狂性的体现"吗？他们攻击大办钢铁"得不偿失"，人民公社"办早了、办快了、办糟了"，在我们学校中不也有这种类似的言论吗？他们在农村两条道路斗争问题上的真正想法是人民公社不如高级社，高级社不如初级社，而初级社又不如互助组和单干，在我们学校不是也有人说："初级社本算好，有吃有用吃得饱；高级社也还好，虽然没钱用，吃的是够了；人民公社成立了，不但没钱用，饭也吃不饱。"这在实质上不是也主张倒退吗？还有……

因此必须通过总路线教育运动，明辨是非，提高认识，坚决站到无产阶级方面来，为贯彻、执行党的总路线而斗争。

3. 站稳立场，改造自己，保持总路线，做一个彻底的革命战士

社会主义建设时期，阶级斗争是长期的、曲折的、复杂的。不管阶级斗争的形式怎样多种多样，我们总要站稳立场，发挥革命坚定性，是敌我矛盾就实行专政，是人民内部矛盾就用团结—批评—团结的公式去解决。要做到这一点，首先就要树立明确的阶级观点，坚持阶级分析法。

"什么藤结什么瓜，什么人说什么话。"在阶级社会里，不同阶级有不同利益和要求，不同的政治态度和政治活动，有不同的思想意识、习惯、感情等。从不同的阶级利益出发，各个阶级围绕着社会生活的各方面，展开剧烈的阶级斗争，要正确认识分析这种错综复杂的情况，就要靠马克思主义的阶级观点和阶级分析法。毛主席告诉我们认识社会现象的最基本的方法就是阶级分析法，毛主席就是运用这个科学武器的光辉典范，我国革命在毛泽东思想旗帜下不论情况如何复杂，都正确地判明了革命的主力军和同盟者，认明了谁是革命的敌人，制定正确的战略策

略,团结一切可能团结的力量,壮大革命势力,孤立和打击敌人,使我们取得一个接一个的革命的胜利和建设事业的伟大成就。

因此,革命的敌人都反对我们的阶级观点和阶级分析方法,1957年右派分子曾攻击我们这个科学武器,妄想叫我们放弃它,从而不辨是非,不分敌我,以便于他们浑水摸鱼,进行反党反社会主义的阶级斗争。那时候,他们散布的许多反党反社会主义的语言,曾经迷惑过一部分人。这也是可以理解的,列宁曾指出:"当人们还不会从任何一种有关道德、宗教、政治和社会的言论、声明和诺言中揭示出这些或那些阶级的利益时,他们无论是过去或将来总是在政治上作受人欺骗和自己欺骗自己的愚蠢的牺牲品的。当那些主张改良和改善的人还不懂得,任何一个旧制度,不管它怎样荒谬和腐败,都是由某些统治阶级的势力所支持的时候,他们总是会受拥护旧制度的人们愚弄的。"(《列宁全集》第19卷,第8页)经过反右斗争,许多人开始明白了离开了阶级观点和阶级分析法会走到多么荒唐和危险的道路上去。

现在,在右倾机会主义思潮冲击下,又有人说:"阶级分析法过时了。"真的过时了吗?没有,只要社会上阶级和阶级影响还存在,就不能放弃阶级分析法,否则,就不能正确认识和处理社会政治问题,就不能区分什么是资产阶级的思想和政治观点及其表现形式,就不能坚持工人阶级的立场、坚持社会主义和共产主义的方向,就不能完成"兴无灭资"的任务,就不能建成社会主义和共产主义。

有人说:"思想意识落后,与阶级出身无关,用不着阶级分析法了。"思想意识是人们的社会生活地位决定的,这是马克思主义的基本原理。毛主席说:"在阶级社会中,每一个人都在一定的阶级地位中生活,各种思想无不打上阶级的烙印。"(《毛泽东选集》第1卷,第283页)说思想意识与出身无关是毫无根据的。

当然我们不是"唯成分论"者,出身于剥削阶级的人也可以树立先进的共产主义思想与共产主义的世界观,这正是在党的教育下这些同志在革命斗争实践中进行自我教育自我改造的结果，正是他们自觉地背叛原来的阶级地位的结果。也有出身于工农家庭的人由于生活地位的变迁或接受资产阶级思想影响而蜕化变质的；这些都证明人的思想意识与阶级地位社会生活地位的紧密关系，和思想意识是可以改造转变的而不是证明思想意识与社会生活地位无关。所以我们要分析一种思想观点就必须要提高到代表什么阶级利益的高度，这就叫作"挖根"，例如有人说"紧张"，我们就要问是什么人感到"紧张"，是什么样的"紧张"；有人说"不自由"，就要看是什么人觉得不自由，要的是什么样的自由。说公社化后人民生活水平降低了的又是哪些人呢？难道不是那些在公社化以至合作化前生活过得也很不错的人吗？又如有人抱着"甘居中游"的态度，工作上"不求有功但求无过"，"虽然受不到表扬；但中间人数很多，也不算落后"，有人对新生事物总是"求全责备"或"敬而远之"，这些是落后思想，但这是哪个阶级的思想反映呢？工人阶级的阶级地位决定它永远是朝气蓬勃、热情奋发，充满革命进取精神，为新生事物而斗争到底的，这不是工人阶级的思想意识，这种思想反映了小私有者的特点。

有人说："不必要再划分左中右了，否则会限制一部分人的积极性。"左、中、右是指一个人的政治态度和倾向性，这不是由主观愿望决定的，而是由他的立场和世界观决定的，这种分歧在革命转变关头，在重大的政治思想运动中表现得特别明显突出，这种区分正是阶级分析法的具体运用，我们根据这就可以确定正确的方针和对待办法。至于划分左、中、右是否会限制人的积极性，这要看是什么人的积极性和什么样的积极性，我们用阶级分析法指出资产阶级右派是反动派是反革命派，揭露他们的罪行，使之在广大群众中孤立，这的确限制了他们反党反社会主义的积极性，这是天大的好事。根据对当时阶级斗争的形势分析，我们也指出了右派分子只要低头认罪，老实改造，还是可以回到人民内部来的，晓以大义，指明出路。这也就激发了那些肯于认罪，决心改造的右派分子的自我改造的积极性。可见积极性的问题也是要用阶级分析法去认识的。

　　至于中间状态，既是客观存在，那么指明这种状态就便于团结教育工作，帮助一个人认识自己并正视自己思想政治上的中间或落后状态，这本身就是一个教育提高的过程。只要加强思想政治工作，绝大多数这样的同志都是可以转变的，事实证明了这点，所以这也只能推动这些同志自我改造的自觉性积极性。如果因为指明了实在的中间或落后面貌而萎靡不振，积极不起来，这不过说明是没有决心与资产阶级个人主义决裂，不愿改造资产阶级世界观而已。

　　有人说："在高等学校里贯彻阶级路线，会限制非工农出身同学的积极性。"我们相信绝大多数非工农出身的同学是不同意这种言论的。我们社会主义学校当然要向工农开门，为工农服务，热爱社会主义的站在无产阶级立场来看待问题的同志，一定为工农青年能迅速掌握科学文化为社会主义建设服务而高兴。其实在我们高等学校里出身于非工农家庭的青年还占有很大比例。我们党对他们是同样的非常关心和认真培养。我们是马克思主义者，从阶级观点看问题，因此对这些青年同学提出严格要求，要求他抛弃剥削阶级影响，站稳无产阶级立场，朝又红又专方向前进，这怎么会影响他们为社会主义事业服务的雄心大志与积极性呢？这些同志不应受这些挑拨性言论的影响。

　　有了明确的阶级观点，坚持阶级分析法，就能够政治坚定、头脑清醒、方向明确。

　　其次，要树立阶级观点，坚定阶级立场，除了必须认真学习马克思列宁主义毛泽东思想以外，必须在斗争实践中锻炼自己。改造自己才行。我们党所领导的政治思想运动就是这种最好的学校。

　　但是，有人认为学校里不必再搞什么政治运动了，好像革命已经成功了，这是错误的且有害的看法。

　　革命和建设本身就是群众的自觉的行动。党的领导和革命群众运动相结合是我们建设的根本方法。在高等学校两条道路的斗争并没有结束,因此高等学校必须适应社会阶级斗争的形势的发展,开展政治思想运动,以彻底清除资产阶级教育思想,把党的教育方针的红旗牢固地树立起来。同时高等学校必须不脱离当前社会主义革命和建设的实践,这也决定我们必须参加一切全民性的政治运动,否则,这个运动就不能取得全面彻底的胜利。认为高等学校可以不管全国全民的政治运动,关门读书,这实际上就是要我们同社会实际,同人民群众隔绝,这就是放弃教育方针,就会改变我们教育事业的性质而走回资产阶级老路,这正符合资产阶级的利益。

有人说,"运动,运动,看你出去怎么动"。我们认为不参加政治运动,出去就真的不能动。社会斗争实践是最丰富的政治。正是通过一系列政治运动,广大师生锻炼了立场,提高了觉悟,分清了界限,明确了方向,在运动中培养工农感情,鼓了干劲,长了志气,发扬了共产主义风格,提高了马克思主义理论水平和政策思想水平,学习了阶级分析法与群众路线的工作方法。这是非常宝贵的首要的东西,绝不是"乱哄哄,一场空"的恶意污蔑所能否定的。

但有人认为搞运动"只利红,不利专",这是"不务正业"。正业是什么,首先是社会主义和共产主义方向,任何专业离开这个方向,就脱离了正路,就不是正业。毛主席说:"没有正确的政治观点,就等于没有灵魂。"(《关于正确处理人民内部矛盾的问题》,第 23 页)没有灵魂,算什么正业?

红与专的问题是"老"问题了。不红的专家是抱着资产阶级世界观,为资产阶级利益服务的。在我们的社会里,想不红而成为专家是愈来愈困难了。这不仅因为我们的社会不培养这种专家,不支持这种专家,而且他们的个人主义的"动力",是愈来愈不济事,他们缺乏克服攻占科学堡垒道路上的难关的动力。只有坚定的社会主义方向,有建设社会主义的坚强愿望,为人民服务的意志,才能克服困难,掌握现代化的文化科学技术知识。这种力量是从无产阶级的立场和世界观出发的，只有不厌求红的人才能刻苦钻研真正专起来。把红与专对立起来，这是资产阶级观点的反映，所以红与专的问题是思想领域里无产阶级世界观同资产阶级世界观的斗争的突出问题，这是阶级斗争的反映。

有些人厌恶政治运动说："过关，过关，什么时候才有个完呢？"问题很明显，首先是要不要社会主义，毛主席说："当人民推翻了帝国主义、封建主义和官僚资本主义的统治之后，中国要向那里去？向资本主义，还是向社会主义？有许多人在这个问题上的思想是不清楚的。事实已经回答了这个问题：只有社会主义能够救中国。社会主义制度促进了我国生产力突飞猛进的发展，这一点，甚至连国外的敌人也不能不承认了。"（《关于正确处理人民内部矛盾的问题》，第11页）社会主义与共产主义，这是全国人民的坚强愿望，任何人任何势力也阻挡不了的。

怎样实现社会主义呢？"共产主义革命就是要最坚决地打破过去传下来的所有制关系；所以，毫不奇怪，它在自己的发展进程中要最坚决地打破过去传下来的各种观念。"（《马克思全集》第4卷，第489页）我们都承袭有旧制度旧传统的旧观念，背有包袱，这些负担越来越同社会主义抵触。怎么办呢？党和毛主席教导我们要发挥主观能动性，在斗争中改造主观世界，把自己所沾染的资产阶级老传统观念抛弃掉，树立无产阶级世界观。要社会主义和共产主义，就要改造自己，就要过关。真正革命的战士是不怕过关的。对思想改造、政治运动厌倦的人，他们要的是什么社会主义呢？难道各种思想各种人的利益都毫无冲突，能建设一个社会主义？这种社会主义难道不是资产阶级的社会主义吗？所以我们必须树立不断革命的思想，站到无产阶级方面来投入斗争，彻底改造自己，否则，这一关过了，下一关还会出岔子的，不要做一个资本主义的殉葬者。

反对右倾机会主义的斗争，是政治战线、思想战线上社会主义革命的继续和深入，这是在新的历史条件下的一场很激烈、很深刻的阶级斗争。这一场斗争从意识形态方面来说是无产阶级世界观与资产阶级世界观的斗争，这并不是偶然的。在社会主义改造完成后，资产阶级已经失去了向无产阶级进行阶级斗争的经济力量，他们所剩下的反对无产阶级的武器，主要是资产阶级的政治影响与资产阶级的世界观了。社会主义建设的"大跃进"与人民公社化运动，出现了千千万万的新生事物，对一切由剥削制度产生并为剥削制度服务的旧思想、旧传统、旧习惯提出了严重的挑战，对资产阶级世界观提出了严重的挑战，所以两种世界观的斗争，就成为当前政治战线、思想战线上的社会主义革命的突出问题了。为了完成社会主义与共产主义事业，必须彻底扫除资产阶级世界观，而每一个革命者如果不完全消除资产阶级世界观，树立无产阶级世界观，也就不能领会，掌握和贯彻执行党的社会主义建设总路线和各项方针、政策。我们每一个同志都要在这一次保卫党的社会主义建设总路线和社会主义教育运动中来改造自己的世界观。

世界观是为人的立场所决定的，有什么样的立场就有什么样的世界观。对我们知识分子来说，根本问题是立场问题。说是要自觉地站到无产阶级立场上来进行不断革命、不断改造的问题。思想改造是大破大立的过程，我们要自觉地参加革命斗争，在斗争中提高无产阶级的政治觉悟，坚定无产阶级的阶级立场，树立明确的阶级观点，坚持阶级分析法，培养革命的坚定性。我们必须认真学习毛泽东思想，学习毛主席的著作。中国革命和建设事业的全部历史证明，只要在毛泽东思想指导下我们就必然取得胜利，离开毛泽东思想的指导，就必然遭到挫折和失败。站稳立场，改造思想，高举毛泽东思想红旗，把社会主义革命进行到底，为社会主义、共产主义事业在我国彻底胜利而奋勇前进。

二、科学社会主义在中国实践的新要求

（一）注重马克思主义研究中的"突破"问题

邓伟志在《人民日报》1986年3月14日发表《马克思主义研究中

的"突破"》的文章,做出论断,马克思、恩格斯关于"社会主义历史阶段商品经济将消灭"观点已被突破。他说"马克思主义把社会主义商品生产的大门关上了,列宁把商品经济之门稍微开了一些。斯大林在《苏联社会主义经济问题》中把门开得比列宁大一些,毛泽东在读斯大林这本书后把门开得比斯大林大一些,可惜的是他晚年重新又把这个门紧紧关死。直到1984年十二届三中全会才把这个门大开"。邓小平认为马克思不承认社会主义条件下还有商品经济。

周抗在《社会科学报》(1986年7月24日20期4版)发表一文,她谈所谓突破,指邓小平的意见同另一理论界人士认为马克思、恩格斯认为一旦进入社会主义历史阶段必然要消灭商品生产一样是对马克思、恩格斯的误解,她认为:其一,马克思、恩格斯设想的社会主义是世界范围而不是一国数国的社会主义。其二,马克思、恩格斯说的都是将要消灭《反杜林论》说的"社会占有生产资料时""商品生产将被消除"。《哥达纲领批判》上的那句话原文的"不交换"也是将来式。其三,为此应理解为商品生产必将在社会主义中长期存在。周抗认为只是突破了我国长期流行过的错误观念(包括毛泽东晚年错误)不是对马列主义理论的什么个别观点的突破。

诸仲欣在《社会科学报》1986年9月9日23期4版发表《究竟突破了什么?》文章说上两文都把现阶段社会主义看作共产主义第一阶段,他们都没有找准突破对象,他认为马克思一贯把社会主义看作过渡阶段,至少在总结公社经验后,他认为可以在一国搞成社会主义。马克思、恩格斯认为"在向完全的共产主义经济过渡时,我们必须大规模地采用合作生产作为中间环节"(《马克思恩格斯全集》第36卷,第416页),因此,显然社会主义要发展商品生产。

列宁晚年把社会主义分了阶段,斯大林合二而一,在《苏联社会主义经济问题》中还坚持他1931年提出的用圣西门主义的"各尽所能,按劳分配"的"新法权",把"阶级还没有彻底消灭的"社会主义与共产主义第一阶段画等号的公式。毛泽东晚年肯定了张春桥的《破除资产阶级法权思想》一文该文把圣西门主义的"新法权"(《傅立叶传》,第15页),伪造成马克思原话,兜售合二而一的公式,这也不是"突破"。

邓小平审定的《贯彻按劳分配的社会主义原则》一文指出现阶段不是马克思的低级阶段或第一阶段,我们是社会主义初级阶段。有关社会主义的认识必须把马克思主义基本原理同各国社会主义建设实际结合起来,走自己的路,即承认社会主义建设是有不同的方法和形式。70年来在这个问题上经过了曲折复杂的认识过程。空想社会主义者在设想的未来社会的蓝图是公有制的建立,私有制、剥削的消灭,人人劳动,公平分配即按需要,按平均或按劳动实行,没有商品货币、金银财富受人唾弃,商业活动受到批判。

社会主义建设70年是一个重要的课题,70年来社会主义事业有了很大的发展,改变了社会历史的进程,这中间有三次大的历史性的飞跃。一是十月革命的胜利,开创了社会主义诞生的新纪元,历史步入新阶段,社会主义思想进入列宁主义阶段。二是40年代后半期欧亚一批社会主义国家出现,这是又一次的飞跃,其中在中国新民主主义论是一次大飞跃的产物,它论证了在近代中国的具体历史条件下,超越资产阶级统治,资本主义发展阶段经过新民主主义进入社会主义的历史必然性和现实可能性。社会主义制度在十几个国家取得胜利,成为社会主义体系。三是社会主义国家改革潮流,这个潮流在各国的发展的具体诱因虽有不同,但总的是在社会主义实践中对社会主义再认识这个过程正在进行,其中中国的社会主义初级阶段是社会主义在中国的又一次飞跃,这次飞跃是建党以来吸取了社会主义建设70年的经验教训的总结,也是我国38年社会主义建设经验教训的总结,更是9年改革实践的总结。这个飞跃正在实践,它的成功将为开创社会主义的生产力超过资本主义的新纪元铺平道路,社会主义优越性将逐步放射出照人照史的光彩,它将同第一个70年中的从空想到科学,第二个70年从理论到现实有同等的甚至是更大的历史意义和作用。都有自己研究远未走完的初级阶段，但它是有异常来说内容的阶段，就其实践方面而言是社会主义制度的建立与社会主义事业的建设而其理论方面概括起来对社会主义的再认识。

（二）加强对科学社会主义的研究

1. 什么是科学社会主义

科学社会主义又称科学共产主义。广义的是指马克思主义整个思想体系，它的全部内容，经典作家有时就是这样使用的。狭义指三部分之一即马克思主义的核心。我们这门课是从后者意义上讲的。每门课都有自己研究的对象，不同的研究对象正确反映了不同学科的特殊矛盾和特殊本质。科学社会主义研究的对象是什么？至今还有争论未得到统一。这个争论不仅我们有，别的国家如苏联也争论了十几二十年。

苏联关于科学共产主义教学与科研情况：根据苏共中央决定高等院校自1963—1964年度一律开设"科学共产主义"课程，按全国统一的教学大纲讲授，出版过很多种教科书、讲义、教材，现在已经一律使用苏联社会科学院副院长费多谢耶夫主编的《科学共产主义教科书》。据了解到1980年，苏联全国高校中有365个独立的科学共产主义教研室，有5000名以上的专职教师，全国有五所综合大学的哲学系内设有"科学共产主义部"培养教师及理论宣传工作者，招收研究生。莫斯科大学正筹备成立"科学共产主义系"。根据苏共中央1974年5月5日决议，对全国高校毕业生一律进行科学共产主义学科的国家考试，1975年颁发了"高校科学共产主义学科国家考试大纲"其中除科共理论外还包括哲学、政治经济学和党史课有关内容，苏当局认为"这是对毕业生社会政治成熟的程度的检验"，1976年开始提出建立科学共产主义学位的问题。可见苏联自60年代初开设科学共产主义以来已有相当规模，它在社会科学体系中已占有"牢固的地位"。

从这门学科建立以来，苏学术界就展开了关于科学共产主义的对象、任务、范畴以及它同哲学、经济学的关系问题进行了反复讨论，苏联人把他们的讨论划分为三个时期。第一阶段，60年代前半期。1961年《哲学问题》与《哲学科学》两家杂志就科学共产主义对象与哲学经济学关系展开很热烈的讨论发表了各种不同观点。第二阶段，60年代下半期《哲学问题》杂志与哲学所讨论科学共产主义规律和范畴开始，这时出版了大部头著作和两种专门杂志。第三阶段，1971年哲学所在《科学共产主义》杂志上组织讨论重点是科学共产主义理论的社会政治性质及其规律范畴和体系。

讨论中最主要的是对象问题，60年代讨论中大致分为两类，一是认为是研究共产主义社会结构的产生、确立和发展的社会政治方面和意识形态方面的规律。二是认为研究从资本主义到社会主义，从社会主义到共产主义所有规律，讨论中也有少数人认为科学共产主义没有独立的研究对象，如"科学共产主义是研究政治经济学和历史唯物主义所揭示的那些规律，运用于社会主义和共产主义建设的途径形式和方法的科学"。"很难指出那个科学共产主义的范畴不同时也是历史唯物主义或政治经济学的范畴。"为进一步弄清对象，也讨论科学共产主义与其他学科的关系。经过反复讨论从60年代后期到70年代初期大部分人意见趋于一致，认为科学共产主义是马列主义的社会政治理论，并对这一观点作了多方面论述。其中普遍为大家接受的是斯捷潘年的提法，他在《苏共二十四大和科学共产主义方法论》一文中说：科学共产主义是关于共产主义社会结构、孕育、产生、发展的一般的社会政治规律，具体说科学共产主义是关于无产阶级历史使命的理论；是无产阶级反对资产阶级的学说；是关于党的战略战术的科学；是建立社会主义和共产主义规律的学说(《莫斯科大学学报》(科学共产主义专辑) 1971年第3期)。

1977年出版的《科学共产主义—马列主义的社会政治理论》中归纳的特点是：其一，科学共产主义研究的只是共产主义社会结构的产生发展的特殊规律，包括在资本主义内部产生的主客观前提。其二，科学共产主义不是唯一研究共产主义社会结构的科学，它只研究人类在走向共产主义过程中的社会政治活动，即各种社会政治力量的发展、活动和相互作用和规律。其三，科学共产主义不仅研究对社会进行共产主义改造的客观的社会政治规律，而研究如何把这些规律运用于无产阶级实现自己的历史使命过程中，运用于马列主义党和社会主义国家的政策中，运用于对事进行科学管理中。

1977年出版的《科学共产主义教程》则认为"科学共产主义是关于无产阶级进行阶级斗争和社会主义革命的科学，是关于建设社会主义和共产主义的科学，是关于整个世界革命进程的科学"。

现在他们着重研究的有以下一些主要课题：第一，科学共产主义学科的方法论问题即科共的性质、任务、对象、规律和范畴体系以及它与哲学、经济学关系问题普遍认为科学共产主义是马列主义社会政治理论，对象是共产主义社会经济形态的发生、形成与发展的普遍性规律，其核心是研究社会政治规律，是一门综合性的社会政治规律，是一门综合性的社会政治科学对苏共活动有特殊意义，是关于国际共运的学说，是一门国际性的学说。第二，关于发达的社会主义社会问题。第三，世界社会主义体系问题。第四，当代世界革命进程问题。第五，意识形态斗争问题。

2. 必须认真研究科学社会主义

我国过去没有单独开过科学社会主义课，粉碎"四人帮"后，中央强调了认真研究科学社会主义，在各级党校里都开了科学社会主义课，在高等学校科研机构里都开始重视并研究这个问题，许多并成立了研究会、学会，招了研究生。几年来全国范围内开过几次较大的讨论会，这两次会都把科学社会主义的对象和体系列为中心内容之一，从这些讨论看到当时为止关于科学社会主义对象大致有以下的提法，没有取得一致的认识。一是认为科学社会主义是研究阶级斗争的学说或无产阶级阶级斗争规律的科学。二是社会主义社会、共产主义社会产生发展及其规律的科学，也有的概括为无产阶级历史使命的科学。三是无产阶级解放条件的学说,这是1847年恩格斯在《共产主义原理》中的话,即第一个问题什么是共产主义的答案。有的人把这解释为科学社会主义是研究社会主义革命运动发展规律即无产阶级解放运动的理论和策略。四是关于无产阶级斗争的性质条件以及由此产生的一般目的的学说,这是1885年10月恩格斯在《共产主义同盟的历史》一文中提出的。第三种、第四种说法实际上是一样的,表述详略略有不同而已,三中全会以后第一种表述方法已经没有人再坚持了。当时主张此说的同志也改变了提法接近于后者了,实际上只有第二和第三、第四两类提法了,现在出版的有关出版物中基本上采用第四种说法了。

我们在1978年底到1979年初讨论了这个问题取得了基本一致的意见,写了文章发表在我们出的参考资料及学报上,算是公开发表在同行中间持此说的最早者,现在大多数同意此说。我们所以主张这个说法是鉴于这是科学社会主义创始人在研究空想社会主义学说中,在同各种各样冒牌社会主义做斗争中逐步形成和完善的对科学社会主义的特殊本质的概括,是他们在不断总结革命实践经验的基础上的系统完整的提法,参见讲义说明性质、条件、一般目的。

现在这个对象问题仍没有完全解决,就是说还有不同认识,实践在发展,理论更应不断发展,这是当然的。现在还有一些同志提出一些新的看法,未参加讨论,在人民代表大会的科学讨论上有位同志提出,科学社会主义的研究对象是从资本主义到共产主义整个社会历史阶段社会政治关系,这和苏联科学界的多数看法是一样的,不过人家是社会政治规律,这里说的是社会政治关系。有一位同志在广州会议上提出科学社会主义研究对象是整个资本主义社会形态转变社会主义社会形态的规律,是共产主义社会形态由低级阶段向高级阶段发展的规律。它的特点是以整个社会形态为研究对象,他认为在这种研究中社会经济关系及其变化始终是研究的中心。因此,他认为科学社会主义是一门以经济分析为主的综合性社会科学,如对资本主义生产关系、社会主义生产关系、共产主义生产关系的分析本身就是他的重要内容,而不是它们理论的前提,他认为恩格斯说剩余价值的发现使社会主义从空想变为科学是指社会主义学说本身包含了对剩余价值的说明而变成了科学,不是指社会主义学说因为得到了剩余价值学说作为理论前提而成了科学。他举出恩格斯的科学社会主义学说是从剩余价值学说开始,并且以此为中心发展起来的,说明剩余价值学说既然是中心,当然就是重要组成部分,不是它之外的理论前提或基础。这是一种新颖说法,他是否定其他表述的。

科学社会主义是无产阶级解放运动的条件、性质和一般目的的学说,它的内容具体说就是:关于社会主义取代资本主义的历史必然性,研究资本主义生产方式的历史联系和它的内部性质与发展规律,研究资本主义被社会主义取代的规律性;关于无产阶级历史使命的学说;关于无产阶级实现自己的历史使命的道路途径问题;关于无产阶级政党及其战略策略问题;关于无产阶级解放的最终目的以及实现这个目的的历史进程;关于社会主义社会建设的有关社会政治的各个方面;关于无产阶级解放的国际条件。

3. 为什么必须认真研究科学社会主义

在前文我们谈了研究社会主义的意义,指出了加强科学社会主义研究是无产阶级运动实践中提出的迫切任务,提出了五个方面的理由,论证我们必须要加强科学社会主义的研究,这些都是我们应该理解的,能够理解的。现在从两方面说明一下:

从世界范围内来看,美国《时代》杂志1978年3月的一篇文章里说"社会主义已成为20世纪最富有影响的政治意识形态或口号"。他说到那时为止,"这种或那种自封的社会主义者统治着53个主权国家,控制着世界上39%的领土和42%的人口"。罗马大学的一个历史学家罗落利奥·罗梅奥说,"每一个人都以他自己的方式来想象社会主义"。塞内加尔总统,利奥波尔德·桑戈尔说社会主义是"按照最科学、最先进和最有效的方法合理地组织人类社会",这个人最近辞去总统职务不做终身制了。英国工党代表说社会主义是"一种以合作来代替竞争为基础的社会"。法国社会党的密特朗把社会主义称为"一种热忱、一种集体行动——人们团结一致寻求正义"。西德法兰克福大学的一个政治学教授认为社会主义社会中,人们可以和平地生活在一起,通过各自的活动而得到满足。社会主义所追求的真正的解放,是对个人和对个人的各种潜能的解放。牙买加的流行歌曲"社会主义是热爱你的兄弟,社会主义是心手相连,热爱和团结,这就是社会主义的含义"。苏联修正主义者称他们自己是"发达的社会主义""现实的社会主义"。而那些追随他们的一些社会主义国家,正在发生引人注目的变化。西方的资本帝国主义国家里有各种社会主义思潮,有些提法引人思考,有些提法很引人警惕。坚持社会主义道路的国家也各有自己的特点,做出自己的贡献,带有自己的某些局限,比如说波兰事件。所有这一切都必须认真地加以研究,用作借鉴,这些都给科学社会主义研究提供了新的情况,新的材料,给科学社会主义研究提出了新的任务,新的责任。只有根据国际情况认真研究科社理论,才有助于我们根据实际情况坚持社会主义道路,才能丰富和发展科学社会主义理论,才能认清时代对我们提出的要求,才能分清真假社会主义。

就我国社会主义事业来说,我国进入社会主义的 31 年中,党领导人民英勇斗争取得伟大胜利,也犯了几次严重错误。主要是 1958 年—1960 年"大跃进"到反右派的错误和 1966 年—1976 年"文革"的错误,使社会主义事业遭到严重挫折,取得了深刻的经验教训,主要的是更多地懂得什么是科学的社会主义,我们找到了一条建设现代化的高度民主和高度文明的社会主义强国的正确道路。31 年来我们取得的重要成就是:第一,建立了以工人阶级为领导的人民民主的社会主义共和国,克服分裂实现统一,民主制度虽不健全,但绝大多数党员和干部诚心诚意为人民为社会主义事业服务,我们一定能建立高度民主的政治制度。第二,完成了从新民主主义革命到社会主义革命的直接转变彻底完成民主革命任务。第三，基本完成生产资料所有制的社会主义改造，消灭了剥削，初步实现按劳分配，剥削阶级已不再存在。第四，进行了有计划的经济建设恢复发展了生产，逐步建立了独立的比较完整的工业体系和国民经济体系，打下了现代化建设的初步基础。虽然由于"四人帮"破坏制度不完善和长期未按经济规律办事使国有的优越性没有充分发挥出来，但工农业生产总值每年平均还增7％，1979年全国国有资产达3500亿元。第五，进行伟大抗美援朝和反对苏联霸权主义斗争，巩固了国家独立，保卫了社会主义事业，执行了和平外交政策。

党的十一届三中全会以来，党中央制定和重申了政治路线、思想路线、组织路线，我们的社会主义事业进入了一个新的历史时期。在进入新时期时，我们一个最突出的感觉是在回顾过去30年社会主义事业时，发现我们没有分清什么是社会主义，什么是资本主义，社会主义概念还不清楚，入党入团学习生在红旗下的意义，但并没有真懂，这是个历史的讽刺，是个痛苦的真理。科学社会主义不是马列主义组成部分之一吗？不是十月革命一声炮响，马列主义就传入中国了吗？我们不是革命几十年了吗？为什么还没有真正懂得科学社会主义呢？这个原因是多方面的。

第一个原因就是社会主义还在实践中，社会主义在很大程度上还是一个需要我们去进行研究、探索和实践的领域，因此对社会主义认识自然是没有完成的，要不断总结实践经验。

马克思、恩格斯是科学社会主义的创始人，但他们在世的时候，还没有建设社会主义的实践，科学社会主义还只是一种科学预见。马克思在刚开始创立科学社会主义时，在1843年给卢格的信中说"新思潮的优点恰恰在于我们不想教条式地预料未来，而只是希望在批判旧世界中发现新世界"（《马克思恩格斯全集》第1卷，第416页）。马克思、恩格斯批判旧世界即资本主义制度，他们指出资本主义的基本矛盾是生产的社会性和占有的资本主义私人性之间的矛盾，将来的社会一定要使生产资料从而也使生产产品的占有也是社会化,即以公有制来代替私有制,消灭剥削,消灭阶级。这是科学的预见。旧社会中包含着新社会的因素,社会生产力发展到这样地步,再前进就要消灭私有制,而社会是必然要前进的,但终究那是没有社会主义的实践。

1872年在巴黎公社之后,恩格斯在论住宅问题中谈到无产阶级夺取政权后,将会怎样在经济上进行社会主义改造时说,"企图预先回答和针对一切可能场合来回答这个问题,那就是制造空想,这种事情我情愿让别人去做"(《马克思恩格斯全集》第18卷,第315—316页)。科学社会主义创始人之一列宁称之为"科学社会主义之父"的恩格斯拒绝回答没有实践经验的社会主义改造的具体问题。

马克思、恩格斯论证的科学社会主义,是以当时生产力高度发展的资本主义国家的情况为依据的,它们的生产高度社会化为社会主义制度准备了充分的条件。经济条件不成熟是不能打出一个社会主义来,枪杆子里面出政权,但是枪杆子不能在经济条件不成熟时,打出一个社会主义的经济制度来,社会主义本来应该建立在社会化大生产的基础上的。

但是,历史的发展,发生了列宁说的历史发展顺序上的特殊性的状况,一个俄国、一个中国,总之已经建立社会主义的国家都不是这样的情况,都是资本主义发展比较落后的国家,首先取得社会主义革命的胜利。当在具体的历史条件下无产阶级有可能取得政权而不去夺取政权,那就不是马克思主义,而是机会主义。在这样的国家里建设社会主义社会,马克思、恩格斯没有论证过。在这样的情况下怎样实现社会主义呢?列宁在1918年在《国民经济委员会第一次代表大会上的演说》中指出,共产党人早就根据马克思主义科学社会主义原理知道资本主义社会必然要被社会主义所代替,被改造成社会主义社会。"可是,改造的形式和具体改造的发展速度,我们都不知道。只有集体的经验,只有4百万人的经验,才能在这方面给我们以决定性的指示。"(《列宁选集》第3卷,第570页)可见,在经济落后的国家里,更是不能一下子就清楚懂得如何改造旧社会，建设社会主义。

列宁从十月革命后到他丧失工作能力中间有六七年时间，领导俄国人民为社会主义事业奋斗，他取得了一些成功经验，也取得了一些失败的教训。在十月革命胜利后，列宁曾经设想并试图立刻过渡到共产主义的生产和分配上，想把全国组织成一支劳动大军，实行最严格国民经济的统计和监督，实行军事共产主义，这与当时的环境有关，是不得已的，也是有成效的。当时在城市里所有工商业一律没收，农村实行"余粮收集制"，结果证明国家无论如何不能一下子接管几十万大小企业，造成经济混乱和破坏，很多地方农民暴动，后来不得不改行"新经济政策"。列宁做过许多很好的设想，这个大家已经学过了，如国家资本主义、合作制、电气化、反对官僚主义、发展党内民主等，但列宁没有看到社会主义事业的完成，没有看到实现工业化，实现农业社会主义改造。

斯大林对苏联社会主义事业做出过伟大贡献，也犯过严重错误，他搞的农业集体化是强迫的，付出很高代价，破坏了生产力，20世纪30年代初发生大饥荒，死了一千万人，他实行了高度集中的计划经济体制；他把"农民搞得很苦"（毛语）；实行个人迷信，造成个人专权、个人领袖的制度。在苏联的模式里上下都是个人领导制度，终于造成了一个特权阶层，斯大林在同他女儿谈话中也承认在苏联出现了一个"该死的特权阶层"，这个特权阶层以赫鲁晓夫为代表篡夺了苏联党和国家的领导权，成为压迫人民、剥削人民的统治集团，把苏联由一个社会主义国家演变成社会帝国主义国家，给国际社会主义运动留下深刻的教训。

新中国成立后，曾经学习过苏联建设社会主义的经验，学到了一些有益的经验，但也发生过照搬苏联模式的缺点、错误，苏联的正确经验也有一个适合不适合我们国情的问题，必须要根据我们的情况来探索建设社会主义道路，只有千百万人民群众的革命实践才能回答。我国三大改造后，消灭了剥削制度，基本上消灭了剥削阶级，我们究竟应该怎样建设社会主义呢？党的八大总结了经验，获得了正确认识，制定了正确的路线。党的八大的路线是从我们自己的实践中总结出来的,适合国情的宝贵经验,它也指明了我国建设的形式和速度,可惜时间不久,它就被抛在一边了,使社会主义事业遭受了挫折,只有经过反复实践,不断总结经验才能愈来愈深地理解和掌握科学社会主义。

第二个原因是缺乏一贯的科学态度研究社会主义。我们搞了31年的社会主义,但是我们没有认真地研究过马克思主义的科学社会主义。我们党的一个弱点就是刘少奇同志答宋亮的信(1941年)中说的,思想上的准备、理论上的修养是不够的,我们长期反教条主义要把马列主义中国化,这是很好、很有必要的。但是也产生了偏向,即对理论注意少。过去我们常常以我们的社会科学是尖端、执牛耳而自豪自满,殊不知我们的理论修养是不够的,有很多观点都并不真正熟悉,这不是妄自菲薄而是要面对现实,急起直追。我们过去定过干部必读书,但实在说每一次都没有读完。我们的党校也没有认真系统学过理论,实际情况就是科学社会主义我们没有开过,没有把它当作一门科学研究对待。

1874年恩格斯写《德国农民战争》(第二版)序言的补充,其中提到"社会主义自从成为科学以来,就要求人们把它当作科学看待,就是说,要求人们去研究它"(《马克思恩格斯选集》第2卷,第636页)。当时德国工人正处于国际"无产阶级斗争的前列"的"光荣地位"。恩格斯希望德国无产阶级"很好地执行这个地位所加给他们的种种责任"(《马克思恩格斯全集》第18卷,第567页)要做到这一点就必须在斗争和鼓动的各个方面都加倍努力。特别是领袖们有责任越来越透彻地理解种种理论问题,越来越多地摆脱那些属于旧世界观的传统词句的影响。恩格斯接着要求领袖们以科学态度研究科学社会主义。

从恩格斯提出这些要求以来,由于人们特别是领袖没有透彻理解种种理论问题,没有摆脱旧世界观传统的影响,没有把科学社会主义当作科学看待,没有研究科学社会主义,给国际共运造成多次严重损失,我国30年来的经验教训再一次证实了恩格斯这个要求的深远意义。

我国革命胜利进入社会主义改造建设以来取得了很大成就,我们党也处在斗争前列的光荣地位,到1956年党的八大,总结了我们对社会主义正确认识,总结了我们社会主义改造和建设的成功经验,正确论证了社会主义改造基本完成后的阶级关系和党的主要任务,制定了正确的路线。

但从那以后我们有的领袖开始骄傲起来,不谨慎了,脱离群众,脱离实际,脱离党中央集体,把中共八大的正确路线抛在一边,对社会主义的一系列重大的理论问题、实践问题,如社会主义时期党的中心工作问题、发展经济、提高生产力问题、改变生产关系问题、阶级和阶级斗争问题、无产阶级专政问题,今天这样讲,明天那样讲,随心所欲,不把科学社会主义当作科学看待。同时我们国家封建社会历史很长,革命胜利前又是半封建半殖民地的社会,小农经济占优势,缺乏资本主义制度所推动的社会化的大生产,也缺乏资产阶级革命以后所实行的那套资产阶级民主的传统,这些旧世界观的传统影响,就很容易从小生产观点、眼界去理解科学社会主义,对社会主义看法在观点上容易受封建主义影响,在经济上往往把农业社会主义看成是科学社会主义,在政治上往往容易把封建专制主义的一些东西看成是科学社会主义的。

我们在干部教育中,没有系统宣传科学社会主义;相反,倒是灌输了许多空想的农民社会主义思想、封建传统思想、小资产阶级的平均主义、无政府主义、崇拜自发运动的思想。

由于我们从50年代后期起没有把社会主义当作科学看待,没有用科学态度研究它,所以在思想上形成"左"倾思想,政治上终于形成了左倾路线,其主要表现是建设社会主义不是依靠发展生产力,发展经济,而是依靠无休止的政治运动,用"大跃进"的办法,用神话般的高速度一年钢铁、粮食翻一番,15年超英赶美,共产主义会很快实现了。于是要求提高公有化程度,提出了"一大二公""工农商学兵"结合一起的形式,片面强调主观能动性,强调越穷越革命,结果生产大幅度下降,挫伤群众积极性,"一大二公"加深了"一穷二白"的程度,出现普遍贫困化的现象。

我们党毕竟是马克思主义的党,经过贯彻八字方针的几年努力出现了大好形势,但是又宣布要年年、月月、天天讲阶级斗争,阶级斗争一抓就灵。要打倒走资派,1966年提出了五七道路,一个人学文、工、农、军,还要批判资本主义的社会主义理想形式,终于导致了"文化大革命"这场浩劫。"文化大革命"中林彪、"四人帮"经济上推行普遍贫穷的假社会主义,在政治上推行封建法西斯社会主义,成为20世纪的封建的小资产阶级的反动的社会主义。他们批判所谓唯生产力论,用穷过渡办法提高公有化程度,批判所谓资产阶级法权,用平均主义办法代替按劳分配,这是和科学社会主义对着干的假社会主义。他们推行贫困的社会主义的结果,它的前途是什么呢?马克思和恩格斯在《德意志意识形态》里就已说过,生产力的巨大增长和高度发展"之所以是绝对必需的实际前提,还因为如果没有这种发展,那就只会有贫穷、极端贫困的普遍化;而在极端贫困的情况下,必须重新开始争取必需品的斗争,全部陈腐污浊的东西又要死灰复燃"(《马克思恩格斯选集》第1卷,第86页)。我们十年浩劫的结果是国民经济濒于崩溃的边缘,陈腐的东西死灰复燃,怎么会看得出优越性呢?怎么会不产生所谓信仰危机呢?

粉碎"四人帮"以后,"左"的影响流毒仍未肃清,它还阻挠党和人民顺利前进。在思想方法上"用死者压制活人的头脑";在政治观点上,把无产阶级专政下继续革命理论抱住不放;在经济工作中犯"洋冒进"错误;在组织问题上,反对老一辈无产阶级革命家重返工作岗位,反对平反冤假错案;在党风上还搞个人崇拜,到三中全会才确立了党的正确路线,也就是恢复和发展了八大确定的路线,转到科学社会主义轨道上来。

现在我们各项工作都已取得很大成绩,但回想一下,如果1956年以后我们始终坚持党的八大正确路线,奋斗20来年,现在我们国家已经是一个社会主义强国了。可见我们重新研究什么是科学社会主义,怎么样建设社会主义现代化强国,这是我们今天研究科学社会主义的总题目,这是时代的要求,是为实现四化建设社会主义强国所必需的。

4. 我们应该着重研究科学社会主义的一些什么问题呢?

首先,要建立科学的社会主义社会,在经济工作上就要按照社会主义基本经济规律办事,大力发展生产力,特别要明确进行社会主义建设的根本目的是要在发展生产的基础上提高人民的物质文化生活水平,人本身就是目的,人的尊严,人的需要的满足,就是社会主义的目的,不能把人只当成完成任务的工具或手段。恩格斯在《反杜林论》中就指明社会主义本质应该是"不仅可能保证一切社会成员有富足的和一天比一天充裕的物质生活,而且还可能保证他们的体力和智力获得充分的自由的发展和运用"(《马克思恩格斯选集》第3卷,第670页)。列宁在《关于维护党章草案》里也讲社会主义不仅要满足社会成员的需要,而且要充分保证社会全体成员的福利和自由的全面的发展。我们先生产,后生活,先治坡,后治窝等是不是科学社会主义呢?经济工作方面还有其他如价值规律、管理体制等,我们现在不是在搞经济调整,进行体制改革吗?改到科学社会主义上来,如商品经济、市场调节等。

其次,在政治方面,我们建立了人民民主专政,丰富了马列主义理论。怎样实行巩固和发展我们的人民民主专政即无产阶级专政制度,怎样才能保证无产阶级专政是阶级的专政而不是个人的或少数人的专政,怎样才能贯彻实施社会主义民主,如人民代表大会的组成、选举,怎样才能加强党的领导,改善党的领导。怎样才能坚持四项基本原则等。怎样建立一个不仅是高度物质文明同时又是高度精神文明的社会主义社会等。

5. 研究科学社会主义的方法

在讲义的这一目里强调发扬理论和实践相结合的学风,这是当然的,十分重要的,这是马克思主义学科的要求。这里只强调两点,一是要认真读书，二是要调查研究。读书问题也有经验教训，想搞科学社会主义就必须研究科学社会主义，要研究科学社会主义就必须阅读、学习必读的书，不读书是一种危险现象，共产党人"在理论方面，他们比其余的无产阶级群众优越的地方在于他们了解无产阶级运动的条件、进程和一般结果"(《马克思恩格斯全集》第21卷，第392页)。不认真读书，没有这个基本功就不能在理论上了解这些，从事政治理论工作的人就更要认真读书，读哪些书，包括经典著作、论证方面文章、反面的论著。

调查研究是基本功，是优良传统和作风。调查研究从理论上提出问题，要了解新情况，提出新问题。我们现在觉得问题很多，而能解决的很少，即准确回答的很少，这是困难，但也是动力，革命责任感要求我们努力。

(三) 探索适合中国特色的社会主义道路

1. 文化革命前的探索

社会主义制度建立后，党和毛泽东同志就提出了探索适合我国国情的社会主义建设道路问题。毛泽东同志在《论十大关系》《正处》以及《在扩大的中央工作会议上的讲话》等著作中，提出了从我国实际出发建设社会主义的一系列重要思想和原则：①指出我国已建立的社会主义制度是优越的。社会主义生产关系和生产力的发展是相适应的，但它又很不完善，这些不完善的方面和生产力的发展又是相矛盾的，经济基础与上层建筑也存在相适应又相矛盾的情况，须按具体情况解决这些矛盾。②指出在社会主义制度下人民的根本利益是一致的，但人民内部还存在着矛盾，要严格区分和正确处理两类不同性质的矛盾。③提出了调动一切积极因素，化消极因素为积极因素，以便团结各族人民建设社会主义强大国家的战略思想。

在经济建设方面：①毛泽东强调"不要机械搬用外国的经验，而要从中国是一个大农业国这种情况出发，以农业为基础，正确处理重工业国农业、轻工业的关系,走出一条适合我国国情的中国工业化道路"(《三中全会以来重要文献选编》下,第828页)。②提出要处理好经济建设和国防建设、大型企业与中小型企业、沿海和内地、中央和地方、积累和消费等各种关系。③提出了思想政治工作是经济工作和其他一切工作的生命线、统筹兼顾、全面安排、艰苦奋斗、勤俭建国等一系列正确方针。这些都是从我国实际出发,经过实践检验是正确的,这也是实事求是、群众路线、自力更生的毛泽东思想活的灵魂的基本方面在社会主义建设中的体现,是对科学社会主义理论的丰富和发展。其他老一辈无产阶级革命家在探索中国社会主义建设道路的过程中也都提出了许多极为宝贵的思想,作出自己的贡献。

从1956年改造基本完成,党领导全国各族人民开始转入全面大规模的社会主义建设,直到1966年这十年中我们虽然遭到过严重挫折,仍然取得很大成就。

十年中工业固定资产按原价计算增长3倍,主要工业产品的产量都有巨大的增长,建设了一批新兴工业部门,改善了工业布局,农业的基本建设和技术改造开始大规模开展并逐渐收到成效,文教科技都有明显突出的增长。总之,这十年建设了我们现在进行现代化建设的物质技术基础的大部分,培养了大量干部、骨干,积累了丰富经验,取得了新的认识。

2. 探索中的挫折

我国社会主义建设走过了不平坦的道路,在取得伟大成就的同时也出现过严重失误。"大跃进"和"文化大革命"使我国社会主义建设事业受到两次严重挫折,造成严重曲折的主要原因是指导思想上的"左"的错误,违背了实事求是的思想路线,它的主要表现:

①错误地估计了社会主义时期阶级斗争的地位和作用,用"以阶级斗争为纲"的所谓"继续革命理论"来推动社会主义事业的发展。这样就造成了一方面使党的工作重点长期没有能真正转移到经济建设方面

来,另一方面犯了阶级斗争扩大化的错误。

②在经济建设方面造成一方面急于变革生产资料所有制,"跑步进入共产主义""穷过渡""割尾巴",否定按劳分配和价值规律作用。另一方面提高指标高速度使经济建设超过国力可能,违背了自然规律和经济规律造成比例失调。这些错误说明忽视了生产力的革命性质,忽视了生产力的决定作用,似乎不是生产力决定生产关系,而是生产关系决定生产力,以为只要改变生产关系"克服右倾保守思想",生产力就可以成倍地成十几倍地增长。事实上离开生产力的发展水平对生产关系的变革就变成了人为的变革,就破坏了生产、分配、交换、流通本身运动的客观规律,不按经济规律办事就不能不受到惩罚。

"文化大革命"中林彪、江青、康生等人把广大干部群众积极要求发展社会生产力推进社会主义建设的愿望和行动,诬蔑为"修正主义"并且大批所谓"唯生产力论",造成了混乱和危害。什么叫"唯生产力论"呢?"唯"字在哲学用语中,不过是指本原的、决定的意思,"唯物论"就是确认物质是本原的,决定的东西,"唯心论"则是把精神当作本原的决定的东西。如果有所谓"唯生产力论",那么它不过是指把生产力作的本原的决定的意思也无非确认生产力对于生产关系,从而对上层建筑来说,是本原的最终起决定作用的东西,这也就是唯物史观的基本观点,确认这些观点并没有否认生产关系对生产力、上层建筑对经济基础的反作用。恩格斯说:"根据唯物史观,历史过程中的决定因素归根到底是现实生活的生产和再生产。无论马克思或我都从来没有肯定过比这更多的东西。如果有人在这里加以歪曲,说经济因素是唯一决定性的因素,那末他就是把这个命题变成毫无内容的、抽象的、荒诞无稽的空话。"(《马克思恩格斯全集》第37卷,第460页)如果认为"我们否认经济运动的政治等等的反映对这个运动本身的任何反作用,那他就简直是跟风车作斗争了"(《马克思恩格斯选集》第4卷,第704页)。

林彪、康生批的"唯生产力论"并不是恩格斯这里所批评的庸俗经济唯物主义。它是把马克思主义庸俗化的一个派别,"唯生产力论"则是林彪、康生反马克思主义的专门术语。虽然被称为"唯生产力论"的观点都是唯物史观的基本原理,但马克思主义者不应当也没有必要把这个术语接过来继续使用。

③建设有中国特色的社会主义的提出。由于毛泽东同志晚年违反了他历来提倡的实事求是的思想路线犯了错误,不仅使寻找适合我国国情的社会主义建设道路的新的探索受阻碍,而且把原来许多正确的东西也当作错误来批判,直到十一届三中全会开始全面拨乱反正,才实现了党的历史的伟大转折,重新确立了马克思主义路线,继续重新探索。

1979年邓小平同志就提出要走出一条中国式的现代化道路。他在十二大开幕词中又提出建设有中国特色的社会主义。从那时以来,为了走出一条适合我国情况的社会主义建设道路,我们党进行了大量的繁重的理论工作和实际工作,这里包括:

第一,重新确立实事求是的思想路线,这就为正确认识国情,建设有中国特色的社会主义创造了根本前提。在这里最根本的是要解决马克思列宁主义关于社会主义的基本原理和我国社会主义建设的具体实际相结合的问题。

人类社会的发展存在着共同规律,但是这种规律在不同国家和民族的实现形式有着不同的特点。我们任何时候都不能背离或抛弃马列主义的基本理论阵地,否则就会迷失方向走入歧途,但马列主义基本原则和社会主义社会的一般规律并没有解决各个国家建设社会主义的具体道路和形式,这只有通过实践,由千百万人的实践经验加以解决。我们应当以基本原理和一般规律作为指导,调查研究掌握国情,独立探讨本国社会主义建设实践中提出的理论的和政策的问题。

从实际出发,从本国具体实际出发并不排斥学习和借鉴外国的好经验。十月革命以来社会主义由理论变为现实,科学社会主义理论在实践中不断丰富和发展,现在对社会主义社会的认识已超过马克思、恩格斯的原则设想,也超过列宁、斯大林根据当时社会主义实践经验作出的论断。最近几十年来各社会主义国家在实践中进行各种探索,积累了丰富经验。列宁指出:"理论在变为实践,理论由实践赋予活力,由实践来修正,由实践来检验。""方式愈多愈好,共同的经验也就愈加丰富,社会主义的胜利也就愈加可靠,愈加迅速,而实践也就容易创造出——因为只有实践才能创造出——最好的斗争方式和手段。"(《怎样组织比赛》,《列宁选集》第3卷,第398—400页)

从国际共运的观点看,在探索过程中,社会主义建设道路呈现出多样化和各具特点。苏联是一种高度集中的模式,它是两种社会主义所有制形式,并认为全民所有制是高级形式,集体所有制是低级形式,低级要逐渐向高级过渡。苏联的经济结构是偏重于重工业发展的结构。斯大林认为资本主义优先发展轻工业,社会主义优先发展重工业,这种把是否优先发展重工业看成是划分两种不同性质的工业化道路的标志,这在理论上是不适当的、片面的,像德国就是优先发展重工业的,而且优先发展重工业也并不是适用于每一个社会主义国家,如经济落后的小国就不能这样,而发达的资本主义国家走上社会主义道路之后也不一定要重新搞社会主义工业化,强调优先发展重工业。苏联的实践也导致严重后果:妨碍了农业的发展,造成轻工业的严重落后,影响了人民生活的改善。

苏联的经济管理体制是高度集中的计划管理体制。国家不仅掌握全国主要经济命脉而且成为经济管理主体,它通过指令性计划对企业的生产、流通、分配等各个方面进行监督和控制,限制了企业的积极性;管理方法以行政手段为主,排斥市场机制对经济的调节作用。这种体制在一定历史时期起过积极作用,但战后随着国际环境的变化和苏联经济的发展,它的不足表现就很突出,这种计划管理体制产生的一个重要原因是没有经验,把马克思、恩格斯关于社会主义设想机械搬用了。马克思、恩格斯曾经设想过一旦社会占有了生产资料,商品生产及市场关系就将被消除；马克思也设想过新社会像一个大工厂那样由一个中心集中指挥，统一分配资金、劳动和物质资源，苏联在探索过程中忽视了具体特点。

南斯拉夫的社会主义自治制度是在1948年以后的探索过程中逐步形成的：①在所有制方面，采取以社会所有制为主导的多种所有制形式。南斯拉夫解放后在1946年、1948年两次颁布国有化法令，把生产资料的资本主义所有制改变为国家所有制形式的社会主义公有制。它把社会主义国家所有制看成是公有制的"最初级的和最不发达的形式"，认为国家所有制仍然存在矛盾，即生产者仍然与生产资料处于分离状态，没有获得对生产资料的直接管理权。结果直接生产者实际上是社会主义国家的雇佣劳动者，容易产生官僚主义。因此它把生产资料国有制改为社会所有制。1950年6月决定把工厂企业直接交给劳动者集体管理，开始实行工人自治，使劳动者与生产资料结合。从此社会所有制成为南斯拉夫社会经济制度的基础，他们认为这是比国有制更为高级的所有制形式。南斯拉夫这样搞是同他们对社会主义时期国家职能的理解密切相关的，他们认为国家消亡理论适用于社会主义阶段，国家的作用应当逐步消亡，而它的起点就是国家经济职能的消亡，在这种认识下建立了社会主义自治制度。南斯拉夫在以社会所有制为主导的同时也允许多种经济成分存在和发展。②南斯拉夫实行企业自治和以市场经济为主的经济管理体制。1950年前南斯拉夫基本上学苏联，经济管理体制相似。1950年南斯拉夫改变国家行政管理经济体制在全国工矿企业中普遍建立工人委员会，把企业交给工人自己管理实行工人自治，现行的是上述体制。他们的理论除对国家消亡的不同理解外，还认为社会主义经济是商品经济，应以市场调节为主同时加强计划协调作用。他们的特点：改变指令性计划为自治社会计划，国家只下达指导性计划；企业作为独立的商品生产者拥有较大权限；分配上实行劳动者自行决定劳动成果分配的原则。

南斯拉夫闯出自己的路子，开阔了人们的眼界，积累了不少经验，也进一步丰富了马克思主义，但也出现不少问题，主要是管理体制过于分散，忽视全国必要的集中统一造成的消极后果，同时计划调节差，造成经济生活的某些混乱和困难。

匈牙利的经济改革。1956年以后坚定灵活地根据自己的利益和意志进行卓有成效的改革。在所有制方面形成在公有制占优势条件下多种经济成分并存的局面；建立了比较合理的经济结构，实行计划调节与市场调节有机结合的经济管理体制等。匈牙利经济经过了20年来的经济改革，工农业生产大大发展人民生活改善，被称为东欧经济改革的标兵。近年来因受资本主义世界经济危机的影响，经济遭到一些困难，他们正努力克服。

不管哪个国家的经验都是同它的民族历史特点和具体情况结合的。由于经济发展阶段经济结构不同，历史特点、自然条件不同、国家大小、人口多少不同、科技文化发展程度不同，建设社会主义的具体道路、形式和方法必然各有差别，照搬别国经验是行不通的，对外国经验要采取科学分析态度。对资本主义国家的先进科学技术以及组织、管理社会化大生产知识和某些具体经验，也要学习借鉴但更不能照搬，对其腐朽丑恶的东西必须坚决抵制。

第二，明确肯定阶级斗争已不是主要矛盾。正确指出我国所要解决的主要矛盾，是人民日益增长的物质文化需要同落后的社会生产之间的矛盾，实现了党和国家工作重点的转移。

关于生产资料私有制社会主义改造基本完成以后，社会主要矛盾是什么？我们党的八大已经解决，党的八大指出国内的主要矛盾是"人民对于建立先进的工业国的要求同落后的农业国的现实之间的矛盾"，是"人民对于经济文化迅速发展的需要同当前经济文化不能满足人民需要的状况之间的矛盾"，并且指出，"这一矛盾的实质，在我国社会主义制度已经建立的情况下，也就是先进的社会主义制度同落后的社会生产力之间的矛盾"(《建国以来重要文献选编》第9册,第341页)。这三句话是我们党关于社会主义时期主要矛盾的最初表述。这个表述就其要表达的基本精神说是正确的,但文字表述有不够准确的地方,如第三句"先进……落后……"容易使人们误解为我国的社会主义制度整个地超越了生产力发展水平,或者我们在社会制度方面已不存在继续改进的问题和必要。至于"落后农业国的现实"的提法也不符合现在的实际。现在的提法:"人民群众日益增长的物质文化需要同落后的社会生产之间的矛盾"(《十三大以来重要文献选编》下,第1636页)是符合我国当前实际的。它充分吸取了八大的成果,又比八大的提法更准确,一方面直接揭示了推动社会主义社会生产力发展的根本动力,要求党和国家的各项工作坚定不移地服从和服务于经济建设这个中心,集中主要力量发展社会生产力,另一方面明白无误地说明了社会主义生产的目的不是别的,就是为了满足广大劳动者的需要,满足整个社会的需要,从而进一步体现了社会主义制度的优越性。主要矛盾变了,党和国家的主要任务也变了,要集中力量发展社会生产力,把工作重心转移到社会主义经济建设上来。

马克思主义认为革命和进行阶级斗争并不是共产党人的根本目的,革命是为了解放生产力。列宁在革命胜利后曾明确指出:"在任何社会主义革命中,当无产阶级夺取政权的任务解决以后,随着剥夺剥夺者及镇压他们反抗的任务大体上和基本上解决,必然要把创造高于资本主义社会的社会经济制度的根本任务,提到首要地位,这个根本任务就是提高劳动生产率。"(《列宁全集》第27卷,第235页)。我国社会主义改造取得伟大胜利后,毛泽东曾指出,"革命时期的大规模的急风暴雨式的群众阶级斗争已经结束","我们的根本任务已经由解放生产力变为在新的生产关系下面保护和发展生产力"(《毛泽东选集》第5卷,第375—377页),号召全党把工作中心转移到经济建设和技术革命方面来,但以后对主要矛盾的认识发生了错误,提出和坚持"以阶级斗争为纲"的指导思想，致使工作重点转移在"文化大革命"。我们过去所犯的错误从根本上说就是没有坚定不移地实现把工作重点转移到经济建设上来。

我们说十一届三中全会是新中国成立以来我党历史上具有深远意义的伟大转折。一个重要方面就表现在对阶级斗争、主要矛盾、工作重点这个问题的认识和处理上。1979年3月邓小平在理论务虚会上讲话进一步明确了对主要矛盾的认识。他说："我们的生产力发展水平很低，远远不能满足人民和国家的需要，这就是我们目前时期的主要矛盾，解决这个主要矛盾就是我们的中心任务。"(《邓小平文选》第2卷，第182页) 1979年6月中央政治局常委主持起草，经政治局讨论而后又经五届人大二次会议通过的政府工作报告，对主要矛盾的表述是"现在，我国的生产力发展水平还很低，远远不能满足人民和国家的需要。在21世纪内实现四个现代化，把我国目前很低的生产力水平迅速提高到现代化水平，为此而改革我国目前生产关系和上层建筑中那些妨碍实现四个现代化的部分，扫除一切不利于实现四个现代化的旧习惯势力，这就是我国现阶段所要解决的主要矛盾，也就是全国人民在现阶段的中心工作"(《三中全会以来重要文献选编》上，第159页)。《历史决议》对主要矛盾的概括同这些思想是一致的。

《历史决议》的表述是"落后的社会生产"而不是"落后的社会生产力"，这里是"社会生产"不是"社会生产力"。这是因为社会需要是相对于社会生产而言的，社会生产力是相对于生产关系而言的。为了发展社会生产不仅要大力提高和发展社会生产力，而且还要改革生产关系，以至改革和完善上层建筑，就是说要改革和完善社会主义的经济、政治和文化制度。只有这样才能提高整个社会生产的水平，使社会主义生产沿着正确的方向发展创造越来越多的物质财富，满足人民群众不断增长的物质文化需要。

第三，指出我国经济发展水平方面的主要特点是底子薄、人口多、耕地少，经济建设必须量力而行，积极奋斗有步骤、分阶段地实现四化目标。

第四，根据我国生产力水平和发展要求确定国有经济和集体经济是我国基本经济形式，一定范围的劳动者个体经济是公有制经济的必要补充，在公有制经济基础实行计划经济为主，同时发挥市场调节辅助作用等基本原则，并在实践中通过改革不断完善经济管理体制和分配制度的具体形式。

第五，提出一手坚持对外开放、对内搞活经济的政策，另一手坚决打击经济领域和政治文化领域中危害社会主义严重犯罪活动。

第六，加强社会主义民主和法制建设，改革党和国家的领导制度。

第七，提出社会主义精神文明是社会主义的重要特征，建设高度社会主义精神文明，坚持清除思想战线上的精神污染。

第八，提出坚持党的领导，改善党的领导，加强党的建设的一系列重要原则。

在党的十一届三中全会制定的路线、政策指引下，我国社会主义建设事业蓬勃发展，可以说我们已经开辟了一条适合我国情况的建设有中国特色的社会主义的正确道路，这是对毛泽东思想的坚持和发展。这标志着我们党对我国社会主义建设的规律的认识比过去任何时期都更成熟了。

我们党为建设有中国特色的社会主义而提出的方针政策得到全国人民的拥护赞扬，也得到世界上广泛关注和反响，友好国家的舆论和有见识的人士的普遍赞扬。但是也有人以"左"的或右的方面曲解或误解有中国特色的社会主义，把中国特色与社会主义对立起来，这是错误的。一种看法是从右的方面来的，为了"中国特色"，而不要社会主义的基本原则和基本制度。

大家知道十一届三中全会以来我们进行的经济、政治、文化方面的调整改革是为了克服"左"的错误，克服我国社会主义制度某些具体环节上的缺陷、弊端，进一步完善社会主义制度，以充分发挥社会主义优越性。这种调整改革是在坚持四项基本原则下进行的，不仅没有改变社会主义基本经济制度、政治制度，反而使之加强巩固，像多层次的所有制，即在坚持国有经济，社会主义公有制经济占绝对优势的条件下，发展其他经济形式包括一定范围的劳动者个体经济和中外合资经营的企业，这是适合我国当前生产力水平，对发展生产、满足需要是有益的，但有些人却说我国生产力落后，要搞"资本主义补课"。还有人认为生产资料的社会主义国家的所有制，对于劳动群众是一种异己力量，应当改变。如果取消社会主义公有制，取消国有经济主导地位，就是取消社会主义经济制度，还说得上什么中国特色的社会主义。有的人还认为我国没有实行计划经济的条件应当实行市场经济。这就是让国民经济完全受价值规律的自发调节，这样全民所有制就在实际上瓦解了，整个国民经济就会出现无政府状态，就没有社会主义了，也谈不到建设有中国特色的社会主义。另一种是从"左"的方面提出的问题，他们认为三中全会以来的方针政策离开了社会主义道路，甚至说是"资本主义复辟"。如有的人就把我国一定范围存在的个体经济，市场经济调节（为辅）因素当作资本主义因素或当作向资本主义发展，这是不符合事实的。我国的个体经济、小商品生产是在社会主义公有制经济领导下的，比重很小，社会主义国家有足够的力量，使它成为社会主义经济的必要的补充。我们国家的市场调节是在计划经济为主的条件下起辅助作用的调节形式，它同资本主义社会一切由价值规律自发调节完全不同不能混为一谈。社会主义所有制占主导和优势是不是社会主义呢？是不是只有整个社会达到"完全""纯粹"的社会主义生产关系，才能算是社会主义呢？

我们知道在奴隶社会、封建社会和资本主义社会除了奴隶主所有制，封建所有制和资本主义所有制构成各该社会的基本经济关系，决定该社会的性质外，都有其他一些经济形式存在，都不是"完全、纯粹"的。列宁说："在任何一个最发达的国家里也不能找到最纯粹的资本主义。"(《列宁全集》第29卷,第163页)但这些经济形式处于从属地位并不决定社会性质和社会发展方向。认为社会主义经济制度一旦确立,就应当是"完全""纯粹"的,如果有少量其他经济形式存在就认为方向可忧,这是天真想法,社会主义社会同其他社会一样不仅不可能一产生就是完全、纯粹,而且在相当长的发展过程中都不可能是完全、纯粹的。社会主义建立后要在一个长期发展过程,这个过程既是社会生产力发展的过程,也是生产关系、上层建筑不断完善和发展的过程。这个过程,也就是社会主义从较低阶段的不完全不纯粹向较高阶段的比较完全纯粹的过程发展,我们的社会主义还处在初级阶段,但它已是具有规定性的社会主义了。

应该区别清楚,这里的从不完全、不纯粹到较完全、纯粹的发展过程,不是"过渡时期",而是社会主义制度"在它自身基础上"的发展过程,这是两个性质不同的历史时期,弄混淆了就会导致以"阶级斗争为纲",就会把"过渡时期"的一些经济、政治范畴运用到社会主义社会而犯"左"的错误的。当然,如个体经济这种经济形式,本身的确不是社会主义经济,把现行政策允许存在的少量非社会主义经济成分说成是社会主义经济或带有某种程度的社会主义性质的经济成分,也是错误的,它并不决定我国的社会性质。

马克思在《〈政治经济学批判〉导言》中说:"在一切社会形式中都有一种一定的生产支配着其他一切生产的地位和影响,因而它的关系也支配着其他一切关系的地位和影响。这是一种普照的光,一切其他色彩都隐没其中,它使它们的特点变了样。"(《马克思恩格斯全集》第12卷,第757页)在我国,国有经济就是这种"普照的光"。在这种光的普照下,集体经济沿着社会主义方向前进,个体经济也只能作为公有制经济补充,为社会主义服务。没有这种"光的普照",集体经济和个体的发展就会迷失方向。

说到集体经济,顺便说说,有人怀疑承包到户,搞家庭经营,是否是走回头路即是否会走小农经济的老路,甚至恢复资本主义。绝不是这样,现在的承包到户是在土地等基本生产资料的公有制的基础上进行的,它可以利用家庭式经济的潜力,扬弃小私有者的狭隘性和无计划性,又为引用科学技术留下广阔的余地,它是社会主义经营的一种有效形式。它已不是土改后的个体经济,更不是旧中国的小农经济,当然更说不上是回到资本主义老路上了。新中国成立以后我国国民经济有了较大发展,但社会生产的经济效果比较差,经济建设效益很不理想,人民生活的改善同人民付出的劳动还不相适应。为改变这种状况,就要探索一条速度比较实在、经济效益比较好,人民可以得到更多实惠的新路子。

胡耀邦同志在十二大报告中说:"要把中国这样原来经济文化落后的国家建设成为现代化的社会主义强国,是人类历史上最伟大的创造性工程之一。这个事业的许多课题,是以前的马克思主义者没有也不可能提出和解决的。在这个事业中,我们队伍内部可能出现思想上、政治上和工作上这样那样的偏差,这是不足为怪的,也是难以完全避免的。"(《十二大以来重要文献选编》上,第60页)只要我们"在坚持四项原则,坚持社会主义基本制度的前提下,调整那些不适应生产力发展的生产关系的环节,调整那些不适应经济基础要求的上层建筑的环节,就一定能够成功地建设有中国特色的社会主义,亿万人民当中蕴藏着的无限丰富的创造力就一定能够更加充分地发挥出来,社会主义制度的优越性就一定能够更好地显示出来"(《十二大以来重要文献选编》上,第298页)。建设有中国特色的社会主义,是今后相当长历史时期我们党的基本方向和基本实践。

(四)把马克思主义的基本原理与中国革命和建设具体实践相结合

江泽民同志在七一讲话中指出,中国共产党的七十年是马克思主义在中国胜利的七十年。七十年的斗争经验集中到一点,就是把马克思主义的基本原理同中国革命和建设的具体实际相结合,走自己的道路(参见《十三大以来重要文献选编》下，第1627—1633页）。他指出实现这个结合的关键在于深刻认识和掌握马克思主义，深刻认识和掌握中国国情，并把两者正确地统一于革命和建设的实践之中，这是一个颠扑不破的伟大真理。

中国新民主主义革命的胜利是在马克思主义指导下取得的。从1927年到1949年的22年间，毛泽东和党的其他领导人一道，深刻认识和掌握马克思主义关于通过革命斗争夺取政权的基本原理，运用马列主义立场、观点和方法解剖中国社会，分析中国国情，逐步实现两者的正确结合，形成了伟大的毛泽东思想，找到了指引中国革命走向胜利的正确道路，不仅丰富和发展了马列主义，而且最终赢得了革命的伟大胜利。

中国社会主义制度的建立，是以毛泽东为首的中国共产党深刻认识和掌握马克思主义和中国国情，走出了适合中国特点的自己的道路。马克思、恩格斯宣告："共产党人可以把自己的理论用一句话表示出来：消灭私有制。"（《马克思恩格斯全集》第4卷，第480页）马克思主义认为，对于资本主义私有制，必须实行剥夺剥夺者，这种剥夺可以是没收，也可以是赎买，使之成为全民所有制财产；而对于个体所有制，特别是对广大农民，是不能剥夺的，只能通过合作化道路把它们改造为劳动群众集体所有制。我们党把这些基本原理同中国具体实际结合起来，根据民族资产阶级具有两面性的实际情况，采取赎买方式，通过多种形式的国家资本主义，对资本主义工商业进行社会主义改造；根据土改后中国农民有发展个体经济和互助合作的两个积极性的实际，不失时机地按照自愿和互利原则，引导农民比较顺利地走上合作化道路，从而在中国大地上建立了社会主义制度。

在社会主义制度建立后，我们面临的任务就是逐步实现社会主义工业化、现代化。马克思主义认为人类社会的发展是由物质力量即生产力的发展决定的。列宁指出："无产阶级取得国家政权以后，它的最主要最根本的需要就是增加产品数量,大大提高社会生产力。"(《列宁选集》第 4 卷,第 623 页)中国共产党以十一届三中全会为标志,把马列主义基本原理同中国国情结合起来,实现了工作重点的转移。我们党指出:我国人口多、底子薄、人均资源相对短缺,经济技术文化水平较低,社会主义制度虽已在中国大地上扎了根,并已初步显示出优越性,但还很不成熟,很不完善,还处在初级阶段。阶级斗争已不是社会的主要矛盾,但它还将在一定范围内长期存在,并在一定条件下还可能激化。社会的主要矛盾是人民群众日益增长的物质文化需要同落后的社会生产之间的矛盾,经济问题始终是同社会安定、国家命运相关的大问题,两种制度的较量最终要在经济发展中体现出来;我们的根本任务是发展生产力,把国民经济搞上去,确立了以经济建设为中心,坚持四项原则,坚持改革开放的基本路线,我们正在沿着这条路线不断前进。

在党的历史上曾有过不少失误,如 1927 年和 1934 年两次严重的失败,都源于既未能深刻认识和掌握马克思主义基本原理,又未能深刻认识和掌握中国国情,因而不能运用马克思主义的立场、观点、方法观察分析中国革命的实际问题,不能把两者正确地结合起来,致使革命遭受严重的挫折。又如指导十年"文化大革命"的主要论点,同样是既不符合马列主义、毛泽东思想,也不符合中国实际,因而使党、国家和人民遭到新中国成立以来最严重的挫折。

当代中国共产党人的庄严使命是沿着建设有中国特色社会主义的道路,自力更生,艰苦创业,把我国建设成为富强、民主、文明的社会主义现代化国家。我们必须继续把马克思主义基本理论同我国具体实际正确地结合起来。

马克思主义是科学,是我们认识世界和改造世界的强大的思想武器,是我们制定正确的路线、方针、政策的理论基础。坚持马克思主义指导是我们立党立国的根本。我们必须刻苦努力学习和掌握马克思主义基本原理，提高理论水平，坚持用马克思主义立场、观点、方法观察问题，分析实际。只有这样，才能更好地坚持实事求是的思想路线，避免犯"左"的或右的错误；才能把握社会发展的客观规律，认清世界变化的本质，不被历史发展中的逆流和假象所迷惑，不被暂时的风云变幻所吓倒，在复杂斗争中不迷失方向。

掌握马克思主义，必须把理论学习和理论批判有机结合起来。一些社会主义国家政局剧变，原因很多，关键一条是党内产生了严重的思想混乱，瓦解了党的战斗力，丧失了党的领导地位，社会主义政权被颠覆，提供了沉痛的历史教训，党内的思想混乱归根到底是理论混乱造成的。近年来，国内外反马克思主义，反社会主义人物，在理论上集中攻击马克思主义，说什么马克思主义"过时了"，"无用了"，他们意在从根本上抽掉社会主义的理论基石，毁掉我们立党立国的根本，推翻社会主义制度，我们必须要切实地有理有据地批判各种反马克思主义、反社会主义的反动思潮，在斗争中学习和掌握马克思主义，坚持和发展马克思主义。

掌握马克思主义，必须坚持理论联系实际的原则，加强调查研究，深入认识和把握中国国情，集中人民群众的实践经验和智慧，在马克思主义指导下，分析解决我们面临的改革开放，两个文明建设和反"和平演变"等问题，把握好结合的关键，走自己的路，沿着建设有中国特色社会主义道路胜利前进！

第二节　中国特色政治制度的新特点

在社会主义中国实行多党制，除了共产党外，还有八个民主党派。这些民主党派同中国共产党之间的关系是以中国共产党为领导核心的友党合作关系，各民主党派是我国爱国统一战线的重要组成部分。1979年10月19日，邓小平同志在全国政协、中央统战部举行的招待民主党派和工商联代表的会上讲话中指出:"在中国共产党的领导下,实行多党派合作,这是我国具体历史条件和现实条件所决定的,也是我国政治制度中的一个特点和优点。"(《邓小平文选》第2卷,第205页)

这八个民主党派是:中国国民党革命委员会,简称"民革"。民革经过了一个长期形成的过程。1927年蒋介石叛变革命后,坚持孙中山"三大政策"的国民党左派宋庆龄、何香凝等在政治上已同蒋实行公开的决裂。他们长期的革命活动起了促进国民党内爱国民主活动的先导作用,始终得到共产党的积极支持与赞助。抗日战争时期的1941年是国民党内的一部分革命知识分子和左派,先后建立过"中国民主革命同盟""三民主义同志联合会",1946年在广州城成立了"中国国民党民主促进会"。1947年底后两者和国民党内其他民主分子在香港举行国民党民主派第一次代表会议,于1948年元旦正式宣告成立民革。当时民革领导层主要包括:一部分坚持孙中山三大政策的国民党左派和革命知识分子;一部分受蒋帮打击、排挤的抗日将领、国民党元老和爱国志士;一部分趋向反蒋的地方实力派人物和一些由于解放战争胜利发展的影响由国民党转复过来的人。民革的成立标志着国民党左派、国民党反动派的公开决裂,使蒋介石集团进一步孤立,对正在胜利发展的人民解放战争起了积极配合的作用。

中国民主同盟,简称"民盟"。它是一个主要由革命知识分子组织的政治团体。

中国民主建国会,简称"民建",成立于1945年12月。这是以民族资本主义工商业者以及和他们有联系的知识分子为主的党派。

中国民主促进会,简称"民进"。1945年12月,主要由从事爱国民主运动的文教界知识分子所组成。

中国农工民主党,简称"农工党"。首创于1927年冬,1947年2月在上海改称中国农工民主党。

中国致公党。原为部分侨居国外的洪门致公党的人士组成。1947

年 5 月在香港重新登记党员。1947 年 5 月召开代表会议，发表宣言，制定党纲。

九三学社。1944 年一部分从事爱国民主运动的知识分子在重庆发起组织"民主科学社"，后为纪念 1945 年 9 月 3 日反法西斯战争的胜利，改称九三学社，主要为高级知识分子开展工作。

台湾民主自治同盟，简称台盟。1947 年 11 月由部分从事爱国民主运动的台湾省籍的人士发起组织的。

"我国各民主党派大多数是在中国共产党的统一战线政策感召下，在抗日和反对国民党反动派的斗争中先后成立的。它们的社会基础主要是民族资产阶级、城市小资产阶级和它们的知识分子，也有一批革命知识分子和共产党员参加。"（杨静仁：《新时期的统一战线》，见《红旗》1983 年第 7 期）各民主党派在民主革命时期的政治纲领主要是反帝爱国，要求民主，都带有新民主主义性质。民主党派的领导层和成员中有左、中、右三种政治力量。它们的左翼坚决接受中国共产党的领导，走共产党指引的道路，是民主党派中的骨干进步力量。有些左翼分子标榜旧民主主义，崇尚资产阶级民主，幻想在中国建立一个资产阶级共和国，主张中间路线，他们人数很少，没有形成主导地位。各民主党派在行动上是同共产党合作，所以我国的各民主党派无论就其社会基础、政治纲领和走过的道路，从来就不是单纯的资产阶级政党，而是具有或带有统一战线和阶级联盟性质。

1949 年 9 月各民主党派在中国共产党领导下，参加中国人民政治协商会议第一次会议，通过了《共同纲领》，选举了中央人民政府委员会，宣告了中华人民共和国成立。各民主党派在新中国成立以后，走上了新的历史道路，都接受中国共产党领导，宣告以《共同纲领》（以后就是以宪法）为自己的政治纲领，执行了为社会主义服务的政治路线，这是各民主党派在自己的发展历程中的一个根本转变。

党的八大指出："在社会主义改造完成以后，民族资产阶级和上层小资产阶级的成员将变成社会主义的劳动者的一部分。各民主党派就将变成这部分劳动者的政党。"(《建国以来重要文献选编》第9册，第85页）各民主党派"已经成为各自所联系的一部分社会主义劳动者和一部分拥护社会主义的爱国者的政治联盟，都是在中国共产党领导下为社会主义服务的政治力量"(《邓小平文选》第2卷，第186页）。

社会主义中国实行的多党制度，是同资本主义国家的多党制根本不同的。资本主义国家的多党制是资产阶级互相倾轧的竞争状态所决定的，它们谁也不代表广大劳动人民的利益。"我们国家也是多党，但是，中国的其他党，是在承认共产党领导这个前提下面，服务于社会主义事业的。"(《邓小平文选》第2卷，第267页）我们这是各民主党派都没有自己单独的政纲，其共产党同民主党派不是执政党和反对党的关系而是中国共产党领导下的多党政治合作，这是我们统一战线在社会主义时期新发展和新特色。

多党合作制度是毛泽东思想的一贯原则。1941年毛泽东就指出："国事是国家的公事，不是一党一派的私事。因此，共产党员只有对党外人士实行民主合作的义务，而无排斥别人、垄断一切的权利……共产党的这个同党外人士实行民主合作的原则，是固定不移的，是永远不变的。"(《毛泽东选集》第3卷，第809页）新中国成立之后，民主党派中曾有一些人士认为，民主党派的历史任务完成了，可以不搞政党了。毛泽东1950年访苏时听说九三学社要解散，立即指示有关领导同志传达他的意见，阐述了在新中国成立后民主党派的地位和作用，指出不能解散，还要继续发展。

社会主义改造基本完成后，毛泽东主席提出"究竟是一个党好？还是几个党好？现在看来，恐怕是几个党好。不但过去如此，而且将来也可以如此。"(《毛泽东文集》第7卷，第34页）并且提出了著名的"长期共存，互相监督"的方针(《毛泽东文集》第7卷，第34页）。

1982年，胡耀邦在全国统战工作会议上讲话指出："在新的历史时期中,我们一定要同党外朋友真正建立起'肝胆相照,荣辱与共'的关系。"此后党反复申明我们一定要坚持"长期共存,互相监督,肝胆相照,荣辱与共"的方针,加强同民主党派的合作。

各民主党派有爱国的革命的光荣历史,长期同中国共产党风雨同舟,并肩战斗。抗日战争时期,它们同共产党合作,共同为坚持抗战,反对投降,坚持团结,反对分裂,坚持进步,反对倒退而奋斗。抗战胜利后,它们同共产党一道反对国民党反动派的内战、独裁政策,为民主、和平而奋斗。解放战争时期,民主党派积极参加国民党统治区的民主运动,许多志士仁人不畏强暴,英勇奋斗,如民盟的李公朴、闻一多、杜斌丞等,惨遭国民党反动派杀害,为人民事业献出生命。新中国成立前夕,各民主党派为新中国的建立做了不少工作。

新中国成立初期各民主党派在反对内外敌人、巩固人民政权,恢复和发展国民经济的斗争中,继续发挥重要作用。随着社会主义革命和建设事业的发展,各民主党派在代表和反映他们所联系的群众的意见和要求的同时,也协助党和国家宣传贯彻各项方针政策调整关系,发挥了一个方面的对共产党的民主监督作用,并且组织自己的成员和所联系的群众通过学习政治理论、方针政策和工作实践,进行自我教育和自我改造。各民主党派的实践活动对巩固人民民主专政、加强人民大团结,壮大统一战线、促进社会主义事业的发展都起了重要作用。在实行对资本主义工商业的社会主义改造过程中,民建和1953年成立的工商业联合会曾做了大量的工作,做出了可贵的贡献。

1957年下半年以后,由于"左"倾错误的干扰,特别是"文化大革命"的十年动乱中,林彪、江青反革命集团诬蔑民主党派为"反动党派",摧残其组织,迫害其成员,各民主党派同全国人民一道经受了严峻考验,在这场考验中,各民主党坚持在党的领导下走社会主义道路,和党一道前进。在共产党的十一届三中全会以后,经过拨乱反正,增加在他们身上的一切诬蔑不实之词都已全部推倒。在新的历史时期,共产党将坚持并加强同各民主党派的友好合作，坚持"长期共存，互相监督，肝胆相照，荣辱与共"的方针，以开创我国社会主义现代化建设的新局面。共产党同民主党派，相互之间的长期共存、互相监督、肝胆相照，荣辱与共的友好合作是建立在新的共同的政治目标的基础上的，如前所述新的历史时期各民主党派社会基础发生了根本变化，成为为社会主义服务的政治力量。

在党的十二大以后，各民主党派至1983年陆续召开代表大会，有的制定了新的章程，有的作出会议决议，都提出了自己的中心任务，一致强调：坚持四项基本原则，把自己的工作同民族的前途、国家的命运，同社会主义事业的发展联系起来，都把中国共产党提出的80年代的三大任务和十二大制定的实现四化的宏伟纲领作为自己奋斗的目标。各民主党派同中国共产党的根本利益是一致的。"我们的命运是连在一起的，我们的目标是一致的！"（《毋忘团结奋斗　致力振兴中华——各民主党派和工商联全国代表大会文件选辑1983》，第177页）因此我们之间就能做到长期共存、互相监督、肝胆相照、荣辱与共。共产党和民主党派之间的友好合作关系也是社会主义建设事业的需要。各民主党派既有广泛的代表性，也有高度的政治性，是建设有中国特色社会主义的可靠的政治力量，各民主党派的成员和它所联系的人士大部分是知识分子，其中很多人是中高级知识分子，有较高的文化知识和科技水平，是有真才实学的专家，这是我们国家的一批宝贵财富，是我们社会主义建设事业中不可缺少的依靠力量。原工商业者中有不少人有较丰富的管理和经营企业以及做经济工作的经验，在现代化建设中将能发挥积极作用。原国民党军政人员及其他爱国人士在台胞、侨胞、港澳同胞中有广泛影响和联系，他们在完成三大任务中都可以做出重大贡献。

中国共产党是中国工人阶级的先锋队，是中国各族人民利益的忠实代表，党除了工人阶级和最广大人民群众的利益，没有自己的特殊利益，但是党不论现在或将来都仍然会有弱点、缺点，也不可能不犯错误。因此共产党就需要人民群众的监督、帮助，需要从各民主党派那里得到监督、批评和帮助。现在各民主党派都争相参加了各级人民政治协商会议，加入人民政权机关，民主协商、民主管理国家和地方的重大问题。民主协商是实行互相监督的重要形式，是发扬社会主义民主的一种重要形式。民主党派对共产党的批评、监督可以使党及时发现工作中可能存在的缺点和失误。中国共产党在召开自己的代表大会时，在制定党中央的重大政策决定，如关于经济体制改革的决定，在自己的整党工作中都邀请民主党派参加，听取他们的意见和建议。共产党当然也向民主党派提出自己对他们的意见、建议，推心置腹、互相帮助，共同地为社会主义事业而奋斗前进。

实行共产党领导下的多党合作，必须要尊重各民主党派在宪法范围内的政治自由、组织独立，切实尊重在法律上的平等地位，支持民主党派独立而自由地进行工作。"文化大革命"中出现的那种违背毛泽东思想、违背宪法、违反党的方针政策的完全否定民主党派的现象是决不容许再现的历史教训。吃一堑，长一智，现在党同各民主党派的友好合作是在更加自觉的思想政治基础上了，我们的事业必将因此更加扬帆奋进。

第三节　对社会主义发展进程的新认识

一、理论与实践：社会主义的历史进程

当前人类发展到一个历史的关节点，这就是 1985 年东欧剧变、苏联解体，社会主义遭受挫折，社会主义处于低潮，社会走向，事态发展成为举世关注思考，论争的重大的中心的问题。世界格局处于新旧交替的过程中，围绕建立世界新秩序斗争正在展开，小小环球出现了变幻莫测的新情况，引人注目的新事物，触目惊心的新变故，发人深思的新问

题，新旧交替的格局转换，使世界的主要矛盾变化了，但世界的基本矛盾没有变，两种制度较量的总的政治、经济形势变化多端，但社会主义取代资本主义的历史大趋势没有变。新科技革命日益深入，它渗透到社会各个领域。但时代由资本主义向社会主义过渡的本质特征没有变，和平和发展的主题没有变。

　　一个又一个的大变动，提出了一个又一个历史的新课题，引发了一个又一个的新挑战，人类向何处去？资本主义向何处去？社会主义向何处去？资本主义能重新构筑它的一统天下吗？社会主义红旗能够打多久？中国能逃出多米诺现象吗？台湾电台不是天天在叫嚣世界在变，中国也要变，中国人不能没有意见、态度、看法，其实这些喧嚣一时的问题，是历史上已经反复争论多次必须坚持马克思主义，当今发生的大问题，今天又从历史的高度上提出来，只有马克思主义这个科学真理才能回答，这些关系人类发展前景的大问题，才能在和平演变的攻势中、在社会主义大失败的叫嚣中，坚定社会主义信念，挺胸昂首走自己的路，经受起严峻的考验。马克思主义研究会就要承担这个时代赋予的任务。大家知道，我们在"一球两制"的时代被迫接受这种局面，帝国主义是不甘心的，总是要抓住一切时机扼杀、孤立以及和平演变社会主义，现在一部分社会主义国家出了问题，社会主义事业遭受挫折，帝国主义兴高采烈。我们要正视这个现实，不重视是不对的，必须防止两种倾向，一是由此认为社会主义道路走不通了，马克思主义不灵了，对社会主义失去信心，这不对，不符合实际，事实恰恰相反，问题出在这些国家的领导人、党背离了马克思主义，他们在革命和建设中没有遵循马克思主义的基本理论和原则，所以必须坚持马克思主义基本理论与本国实际相结合。另一种是认为苏联和东欧就是这样了，对那里发生的新情况、新问题、新形势及其后果的历史的具体的原因不进行深入的研究，而是简单化地作出结论，不下功夫用马克思主义基本原理作指导总结经验教训，得出规律性的认识，这也是有害的。苏联出现的情况不是偶然的，近几年苏联领导提出根本性错误的主张是更直接的原因,但还有更深层的原因,我们必须研究,作为马克思主义者必须深入研究,发展马克思主义。

邓小平讲话中说"世界上赞成马克思主义的人会多起来的,因为马克思主义是科学"(《邓小平文选》第3卷,第382页),他又指出在历史发展中从一定意义上说,某种暂时复辟也是难以完全避免的规律性现象。出现这种情况,社会主义好像被削弱了,但人民经受锻炼,从中吸取教训,将促使社会主义向着更加健康的方向发展,这样就坚持了马克思主义,也发展了马克思主义(参见《邓小平文选》第3卷,第191—383页)。

一个真正的马克思主义者是一个真正的革命者。真正的革命者按列宁的说法不是那种在革命到来时才变得革命的人,而是那种在反动势力极其猖獗,自由派和民族派极其动摇的时候起来捍卫革命原则和口号的人,革命者是那些教导群众以革命方式进行斗争的人。

二、苏东剧变后的中国与社会主义

1989年苏东剧变后,世界社会主义进入低谷。15个社会主义国家只剩下5个,屈指可数。共产党数量由180多个减少到130个,党员人数由9100多万减少到6000多万,减少了三分之一。尽管当前世界社会主义运动从总体上看是处于发展中的低潮,但在某些国家和地区却仍然高涨;尽管目前社会主义还是一片小树林,但却充满生机与活力。

继续高举着马克思主义旗帜的中国、越南、朝鲜、老挝、古巴五国,正坚定不移地坚持走社会主义道路,建设符合本国实际的社会主义。中国是目前世界上最大的社会主义国家,在中国,邓小平同志研究了国际形势和时代主题的变换,总结了我国社会主义胜利和挫折的历史经验并借鉴其他国家社会主义兴衰成败的历史经验,在我国改革开放和社会主义现代化建设的实践中,创立了马克思主义基本原理与当代中国实际和时代特征相结合的，建设有中国特色社会主义理论，指引着中国的改革开放和现代化建设取得了举世瞩目的伟大成就。中国的社会主义制度经受了严峻考验，显示出强大的生命力。

越南共产党自1986年确定全面革新的方向，1991年在七大会议上提出"四个坚持"，即坚持马列主义、坚持社会主义、坚持党的领导、坚持以经济建设为重心的革新路线以来，在革新开放的道路上取得了明显的进展。在农村推行了家庭联产承包制；在工业企业中实行经济核算制；在市场经济中实现由双轨制向单轨制的过渡，并坚持国家管理的、多种经济成分并存的市场经济。朝鲜在总结苏联东欧剧变的基础上顶住西方和平演变的压力，坚定不移地坚持共产党的领导，坚持自己的社会主义道路，在一定经济范围内，进行了有限的改革开放和建立自由贸易区。面对苏联东欧剧变的冲击，老挝共产党以经济建设为中心，坚持改革开放，实行坚持社会主义方向前提下的市场经济，使老挝的社会主义建设不断向前发展。苏东剧变和美国的全面经济封锁对古巴的冲击是巨大的，其经济政治形势十分严峻。古巴不仅妥善处理了国内政策问题，同时也开始了社会主义改革，其目标是建立"自己独创的市场社会主义"。总之，社会主义五国在强大的冲击下，不仅稳住了阵脚，而且社会主义事业的发展势头呈现欣欣向荣态势。

不仅如此，原苏联东欧国家的共产党人，在总结苏东剧变解体教训的基础上，摸索着在新的条件下复兴社会主义道路。俄罗斯近几年新建的左派政党中，有些党提出要以马列主义为指导，把政权重新转归劳动人民，反对资本主义复辟；有的则致力于打击极右势力，把他们拉下马来，以便为探索社会主义的复兴创造良好的政治气候和社会条件。这些党坚持社会主义道路，要求恢复苏维埃政权，反对私有化，他们不断进行争取恢复联盟和社会主义事业的斗争。这些政党都还面临着一时难以克服的困难和阻力，在理论、纲领、策略方针等方面都还处在探寻中，短时期内还难于左右俄罗斯局势，但任务已经提出，方向总体是明确的，反映了广大人民群众在巨大冲击之后，冷静下来，拨开迷雾，认识现实，重新恢复并增强了社会主义事业的信念。东欧各国原共产党人和社会主义政党，在艰难环境中，重新抬起头来进行斗争，取得了程度不同的进展。发达资本主义国家的共产党人在经历了苏东剧变的冲击波以后，也在进行各个方面的调整，努力克服在理论上照抄照搬的教条主义，在战略上策略上脱离本国实际和广大群众，以及在组织上党内民主不健全，排斥不同意见等失误和弊端，制定把马克思主义和本国实际相结合的战略和策略，在探索走向社会主义的道路上重新活跃起来。广大发展中国家的共产党人，在发展民族经济，提高人民生活的基础上，争取确定走社会主义道路的方向，有的党已在组织上发展壮大，有的党在政治上已执掌政权。可见，世界社会主义运动在从苏东剧变解体中经受锻炼、吸取教训以后，正力图从低谷中走出来，继续向前发展。

中国是一个有着十二亿人口的社会主义大国。中国的改革开放和社会主义现代化建设的成败对于世界社会主义的形势与前景有着举足轻重的影响。"只要中国社会主义不倒，社会主义在世界将始终站得住"（《邓小平文选第3卷，第346页》），世界社会主义运动的发展在一定程度上取决于中国社会主义的命运。中国共产党和人民应该充分认识到自己所处的地位，集中力量把自己的事情办好，以中国改革开放和现代化建设的成就为世界社会主义的复兴作出贡献。当今中国，所以能够作出历史贡献，最重要的是因为我们有建设有中国特色社会主义理论的武装。这个理论比较系统地初步回答了中国这样经济文化比较落后的国家如何建设社会主义，如何巩固和发展社会主义的一系列基本问题。这个理论使我们解放思想，实事求是，找到了在中国建设社会主义的正确道路。这个理论指导我们更好地把握社会主义本质，深化对科学社会主义的认识，使改革沿着正确的方向发展。在这个理论指导下，形成了我们的社会主义初级阶段的"一个中心，两个基本点"的基本路线，集中力量发展社会生产力，设计了分"三步走"的基本实现现代化的战略目标和战略步骤：明确了改革是社会主义社会发展的直接动力，而判断改革的成败得失只能以是否有利于发展社会主义社会的生产力，是否有利于增强社会主义国家的综合国力，是否有利于提高人民的生活水平为标准；确定了一手抓物质文明建设，一手抓精神文明建设的"两手都要硬"的方针。

17年来，中国的改革开放和现代化建设事业沿着社会主义方向，取得巨大成就。中国的经济建设上了一个台阶。人民生活上了一个大台阶，综合国力上了一个大台阶。据统计，中国的国民生产总值增长，由改革开放前年均增长6.1%，提高到改革开放以来年均增长8.6%。而且，改革开放以来的十多年是人们得到实惠最多的时期。城乡居民储蓄增多，衣食生活质量提高。综合国力是当今世界用来评估一个国家整体水平的标准，中国的综合国力已由1980年的世界第9位上升到了第6位。对于中国在第二个战略中取得的伟大成就，《亚洲周刊》认为："这是两个世纪以来中国第一次在正确的方向上稳步前进。"德国教授海纳·温克勤说："由于中国，世界经济面临划时代的力量消长变化"，"西方垄断的末日已可预见了"。意大利外长、经济学家安东尼奥·马蒂诺说，"中国经济的发展很可能是我们时代最激动人心的"，甚至"很可能是人类历史上最大的成功"。就连布热津斯基也指出世界失控混乱的同时，不得不承认"从总体来看，必须说中国取得的成绩极为令人钦佩的"，"假定社会基础结构和个人收入与经济增长速度同步改善，中国很可能会被许多发展中国家的人民，特别是被苏联各共和国的人民，看成是一个越来越有吸引力的替代选择模式，可以用它来代替已宣告失败的共产主义制度和西方式的建立在自由市场基础上的民主制度"。其他社会主义国家的人们和各国共产党人也把中国视为抵御帝国主义"和平演变"战略的坚强阵地，视为是推动世界社会主义运动走向复兴的中坚力量，看来是不无道理的。

中国幅员辽阔，人口众多，实行的又是社会主义制度，到21世纪中叶,一个富强、民主、文明的社会主义现代化国家将屹立于世界的民族之林。诚然,中国尚处于社会主义的初级阶段,生产力还不很发达。但是,我们相信,中国的社会主义将变得日益强大,更会为世界社会主义的复兴发挥越来越大的作用。对于中国和世界社会主义的未来,正如邓小平所说:"中国肯定要沿着自己选择的社会主义道路走到底,谁也压不垮我们。只要中国不垮,世界上就有五分之一的人口在坚持社会主义。我们对社会主义的前途充满信心。"(《邓小平文选》第3卷,第320—321页)尤其重要的是,"我们的改革不仅在中国,而且在国际范围内也是一种试验,我们相信会成功。如果成功了,可以对世界上的社会主义事业和不发达国家的发展提供某些经验"(《邓小平文选》第3卷,第135页)。同时,中国的成功将会更加证明科学社会主义的正确性。社会主义的希望在改革,改革的希望重在中国。中国的兴旺和发展,源于马克思主义与中国的具体实践相结合,源于解放思想,实事求是,进行了改革开放。这在社会主义历史上是空前的创举,是对科学社会主义的重要发展。由此可见,21世纪社会主义的复兴也不能离开这个大方向,就是说把马克思主义与各国的具体实践相结合,进而选择适合本国国情的革命和建设的道路,既不能再搞苏联模式,也不能照抄中国的做法。世界各国的事情,要靠各国党和人民自己去办。各国党和人民都应根据自己的实际,解决自己面临的革命和建设问题,为世界社会主义的复兴贡献力量。从这个意义上说,建设有中国特色社会主义理论的创立及其实践可以说是社会主义历史上第三次飞跃的开端和重要组成部分。第一次飞跃是社会主义从空想变成科学;第二次飞跃是社会主义从理论变成现实;第三次飞跃则是社会主义由僵化、统一的苏联模式转变为适合各国国情和具有鲜明时代特点的多种模式。社会主义的第三次飞跃与21世纪社会主义的复兴是密切联系在一起的。建设有中国特色的社会主义是20世纪社会主义的重大收获,也是21世纪社会主义的光辉起点。建设有中国特色的社会主义为21世纪的社会主义开拓了方向,

21世纪的社会主义前景灿烂如锦。

21世纪的社会主义必然会走出低谷,走向复兴,这是不以人们意志为转移的客观趋势。但是当代资本主义在经济、政治、军事和科技方面都还占有巨大的优势,它自身还有相当强的自我调节能力,还有可能发展。它还要阻挠和削弱社会主义的发展,直到力图演变和颠覆社会主义制度,而今它们就在实施"西化""分化"社会主义国家的策略。既然如此,如何看待与社会主义相抗衡的当代资本主义制度呢!应该看到,在资本主义经济发展的同时,那里的人民的生活水平也有较大改善和提高,但是无论如何资本主义是不能克服其自身固有基本矛盾,由于资本主义基本矛盾的存在,使资本主义社会在政治、经济、文化、社会等方面暴露出来的弊病越来越多,如生产力增长低下、工业缺乏竞争力、贸易赤字、债台高筑、失业队伍扩大、贫富差距拉大、犯罪与暴力活动频繁、民族矛盾日益激化、局部战争烽火连天等。这些症结是现代资本主义制度的产物,它本身已无法克服,只有比它更先进的社会制度才能解决。

随着资本主义经济的发展和现代科技的进步,资本主义社会的阶级结构发生了显著变化。蓝领工人减少,白领工人增加,知识分子队伍日益扩大。虽然资本主义社会中的工人阶级的物质和文化生活水平有所提高,但其受剥削、受压迫的地位并没有根本改变。工人阶级是现代工业的产物,与社会化大生产相联系,是新生产力的代表者,是社会财富的创造者,他们渴望着摆脱受剥削受压迫的地位,成为社会的主人,过上富裕、民主、平等的生活,社会主义制度对他们依然有着巨大的吸引力。完成这一历史使命的重担依然落在工人阶级的肩上,工人阶级在完成这一历史使命时,应该团结广大中间阶层,以取得革命的成功。资本主义在其发展过程中,一方面使资本主义的生产和技术得到不断发展,另一方面又使资本主义的生产关系更加接近它所不能容纳的日子,必然会被社会主义制度所代替。同时,现代资本主义还会在一个相当长的时期内，与社会主义和平共处、相互竞争。

社会主义与资本主义两种社会制度的斗争与较量，从1917年俄国十月革命的胜利一直到今天从未停止过。当代资本主义在经济、政治、思想文化等基本制度方面，其本质特征仍然是私有制、按资分配、资产阶级专政、剥削阶级思想在意识形态领域占统治地位；而社会主义基本制度的本质特征是公有制、按劳分配、无产阶级专政、马克思主义在意识形态领域占统治地位。当代资本主义发展生产的目的是追求个人私利和高额利润，最终必然造成两极分化；而社会主义发展生产的目的是满足人民群众日益增长的物质和文化生活需要，是消灭剥削，消除两极分化，最终达到共同富裕，正是在这种基本制度上的根本不同的质的规定性，决定着社会主义与资本主义的对抗和斗争。社会主义与资本主义的对立和斗争，并不排斥两种社会制度的和平共处，相互竞争。早在战争与革命时代，列宁就提出过和平共处的问题。邓小平继承和发展了这一思想，精辟地分析国际环境和时代特征，指出和平与发展是当代世界的两大问题，他说："现在世界上真正大的问题，带全球性的战略问题，一个是和平问题，一个是经济问题或者说发展问题。"（《邓小平文选》第3卷，第105页）当今时代的主题是和平与发展。苏东剧变后，世界战略格局变化很大，两极格局已经终结，世界正朝着多极化方向发展。新格局的形成将是长期的复杂的过程。在今后一个较长时期内，争取和平的国际环境是有可能的，同时也要看到国际形势仍然动荡不安，国际经济竞争日益激烈，许多发展中国家经济环境越来越恶化。"世界和平与发展的两个大问题，至今一个也没有解决。"霸权主义、强权政治的存在，始终是解决和平与发展问题的主要障碍。世界要和平，国家要发展，社会要进步，经济要繁荣，生活要提高，这是各国人民的普遍要求。社会主义中国反对霸权主义、强权政治，永远不称霸，否则，就不是社会主义了。中国是维护世界和平的坚定力量。在资本主义与社会主义两种社会制度的和平共处，相互竞争条件下，走向21世纪的社会主义还要面对现实，要适应已经变化了的国际环境，审时度势，重新制定战略和策略，在实行社会主义市场经济条件下同资本主义和平共处，相互竞争，求得自身的生存与发展，积蓄力量，不断壮大自己，充分发挥社会主义的应有价值和优越性，达成社会主义的复兴。

21世纪的社会主义在经过20世纪的社会主义成功与挫折的考验之后，将会以崭新的态势屹立于世界舞台，21世纪的社会主义将是全面发展、不断进步的社会主义。

21世纪的社会主义是具体多样的社会主义，在20世纪的世界社会主义发展史上，苏联模式曾被看作是社会主义的唯一样板，为社会主义各国普遍效仿。照搬照抄苏联模式，结果带来了很多问题。不仅极大地阻碍了社会主义社会生产力和经济建设的蓬勃发展，而且严重地妨碍了人民群众物质和文化生活水平的提高。在21世纪，各社会主义国家和各国共产党人将会牢记历史的教训，把马克思主义普遍真理同本国具体实践相结合，建设有各自特色的社会主义。也就是说，社会主义既有统一性，又有多样性；既有共性，又有个性，在21世纪的社会主义春园里，将百花争妍，硕果累累。

21世纪的社会主义是全面发展的社会主义。21世纪的社会主义，尽管模式多样，流派众多，指导思想各异，但21世纪的社会主义的本质特征和目标要求将是富裕、民主、文明的社会主义。贫穷不是社会主义，社会主义的根本任务是解放和发展生产力，只有把发展社会生产力放在首位，建立和完善社会主义市场经济体制，不断提高人民群众的物质和文化生活水平，才是经济落后国家建设社会主义的唯一正确道路。与此同时，21世纪的社会主义将建立更加完备的社会主义民主政治。没有民主，就没有社会主义。21世纪社会主义民主将更加体现人民当家作主的广度与深度，民主与法制互相协调，共同发展。21世纪的社会主义民主还将批判地吸收资本主义政治民主的有益东西，取得长足进步。高于资本主义民主的社会主义民主将出现在世界上，并为世人所关注和仰慕。经济、政治与文化是一个有机的统一整体，21世纪的社会主义文化建设将会以马克思主义为主导，努力发展社会主义科学文化教育事业，切实搞好社会主义物质文明和精神文明建设，使社会主义生机勃勃，魅力常驻。

21世纪的社会主义是不断进步的社会主义，当今世界，新的科技革命正突飞猛进地向前发展，新的科技革命必将进一步促进社会主义的不断进步。目前这种社会主义的创新已初具形态，21世纪的社会主义定会宏图大展。新的科技革命不仅给社会主义国家带来挑战，也带来了机遇。科技革命的成果是全人类智慧的结晶，既能给资本主义注入活力，更能促进社会主义社会生产力迅速发展。当代资本主义同社会主义的竞争主要不是依靠军事政治手段，而是以科技实力和经济发展水平为基础的综合国力较量，科学技术是第一生产力，哪个国家科技领先，哪个国家的生产力发展就快，其经济竞争力就强，在世界政治经济格局中也最有实力。因此，21世纪的社会主义将不再把自己的战略建立在资本主义很快灭亡的主观估计上，而是充分考虑其实际过程的长期性，抓住新的科技革命的机遇，扩大对外开放，广泛地吸收世界各国包括资本主义发达国家的一切反映现代社会化生产规律的先进经营方式和管理方法，推动社会主义现代化建设顺利发展，使社会主义永远立于不败之地。社会主义代表着人类历史的方向，未来属于社会主义和共产主义。

第四节　对社会主义建设的国内外环境的研究

一、社会主义建设的外部条件

社会主义建设的外部条件的问题是在中国特色的社会主义的理论组成部分之一。它包括我们的外交政策和对外开放方针，并突出了吸收利用世界各国包括资本主义发达国家所创造的一切先进文明成果来发展社会主义，这是一次新的理论创新。社会主义与资本主义是什么关系，长期以来由于"左"的影响存在着简单化片面化的严重倾向。

社会主义是在否定资本主义制度基础上建立起来的，高于资本主义的社会制度，按照马克思主义的观点，历史上依次交替的每一个世代都必须地必然地要利用以前各个世代遗留下来的生产力、材料和资金，因此每一代都是在完全改变了的条件下继续着先辈的活动，并且通过完全改变了的活动，改变旧的条件。

社会主义是高于资本主义的社会形态，它推翻了资本主义剥削制度，废弃其腐朽的意识形态，但同时又要继承资本主义社会全部物质文明和它所创造的全部有价值的精神文明成果。只有这样社会主义才能建立和巩固。

世界各国都是些什么国家呢？有社会主义国家，有发展中国家和发达的资本主义国家。对于学习利用前两类国家所创造的一切先进文明成果是不难接受的，将易于实践的，对于利用发达资本主义国家却长期存在认识上的简单化、行动上的疑虑与滞阻。继承资本主义所创造的全部生产力是顺理成章的事，人们并不觉得有多大的犹豫和疑虑，社会主义制度的建立需要有资本主义创造的一定的生产力为前提，但能不能说继承资本主义社会创造的一切有价值的文明成果就大为疑虑了。社会主义建设要巩固，要在两种制度竞赛和斗争中取得胜利。

生产社会化必然带来国际化。生产国际化迅速发展，各国间相互依存关系在深入发展，也实现着各种规模和形式的一体化，随着经济国际化的发展国际协调的作用范围也扩大了，但由于竞争的激烈，经济上的集团化和地区化趋势也在迅速发展，地区化实际是国际化的一种形式，国际化并非是平等互利共求发展，而是充满竞争，优胜劣汰，一个国家要不被淘汰，不是回避而是参与提高竞争能力。

对经济国际化潮流重视不够，未能及时勇敢地进入世界经济舞台，组织社会主义世界市场，长期来看是社会主义国家的一个重大失误。

二、社会主义建设的国际机遇

1. 苏欧剧变

（1）在中苏7000公里的边界上，100万大军对峙30年紧张局势消除，睦邻相处，边贸增长。（2）苏联解体，俄罗斯自己也要维护外部和平环境以渡过难关。独联体各国都可根据自己的利益，独立自主同我国发展关系，此势头正长足发展。（3）独联体各国在政治经济走向良性循环轨道的长期奋斗中都不能忽视甚至会借鉴我国改革开放经验。总之，独联体各国今后无论如何变化都将会重视同我国发展关系，会成为友好国家，而不再成敌对性国家。

苏欧剧变使世界社会主义运动处于低潮，使西方政治家对社会主义国家实行和平愿望得以实现，世界资本主义与社会主义两种社会制度两种思想体系之间的矛盾下降到更为次要的地位（实际上这种矛盾从未成为国际政治中的主要矛盾，两大军事集团对抗虽也含有这种矛盾，但主要是两个超级大国争霸，是两国间的政、经、军利益，而不是什么超国家利益的意识形态与社会制度）。这种矛盾下降淡化但并未消失，最后都转化为潜在的长期的谁战胜的问题，国际敌对势力还会对社会主义国家搞捣乱和演变。对此不能放松警惕但也不能夸大。我们承受着剧变引起的更大压力。但说苏欧剧变使我国处于国际阶级斗争的焦点是不符合实际的，西方搞和平演变的重点将是强化苏欧业已形成的局势，重点东移短期内看来难以做到。

2. 中美关系会如何

今后一个时期，美国在政治、经济、军事上仍是世界的超级大国，对世界事务有重大影响，处理好中美关系是我国外交工作的一个重点。美超大地位从80年代初已开始衰落，今后不论谁入主白宫，面临的主要问题，将是挽救超级大国的崩溃；拯救其危机四伏的"病态社会"；

振兴经济；对付资本主义大国之间的激烈竞争。

从战略上看它仍需借重中国这样一个大国，增加其斗争分量。今后中美双方会发生摩擦，美一些上层人物、议员也会喧闹，对此都需要冷静对待，高瞻远瞩，不因小失大。

中美关系不仅涉及两国且涉及中国同西方世界关系，双方从战略上考虑都不希望发生大破裂，从美国说中国是制约日、俄的重要砝码。中国稳定对维护美国在太平洋利益有好处。中国也是美国在亚洲的一个重要市场，1980年以来250亿美元的外资已流入中国，它不愿轻易放弃，不会忽视技术经济合作与制约苏联、日本威胁等方面有共同利益的中国的关系。

美国奉行霸权主义强权政治，苏联解体它认为是自己在冷战中的胜利、海湾战争轻易获胜春风得意。但美国实力有所削弱，更多方面集中在经济，国内债务已达到13万亿，外债也有7000亿，联邦财政赤字连年扩大，1991年为2822亿，1992年将增加到3500亿，外贸赤字不断扩大，多的1000亿，少的500亿。所以美国是个大国，但也是百病缠身的大国，不愿放弃霸权主义，却又力不从心。

从美国保护伞下出来的日本、德国利用抗苏凝聚力量，与美削弱的同时，日、德不断加强正形成三足鼎立局面，西欧各国都有一本难念的经。德国1989年多神气，两年已经从高峰跌落，目前科尔政府处境困难，经济形势严峻，公务员罢工，失业率高达40%，国债高达1.5万亿马克。意总统辞职，政局动荡，秩序混乱，右翼势力猖狂。英经济内外困难，失业率8.8%，保守党内部"撒切尔主义""梅特色"常撞车。欧共体、欧洲一体化困难重重。欧洲不会联合起来对付我们，相反将都不会忽视发展与我国的（幅员等同欧洲，人口多其三倍）关系。目前欧洲态势是"苏联要分，西欧要合，东欧西靠"的"一分、一合、一靠"。德国统一后人口近8000万，幅员近36万平方公里，GNP达14000亿马克，均居欧共体首位，拉大了与英、法、意的实际差距。提高了政治地位。现在人们已在谈论"马克专政"了,西欧大多数国家在用欧共体的机构约束德国,德国想的是利用欧共体发展和壮大自己,英国原工贸大臣尼科尔斯·里德利说的德国人要用不正当手段"顺手牵羊地接管欧洲"。日本崛起十分明显,其经济增长率一直高于美国在内的西方其他国家,80年代日本GNP年均增长率4%,美国只有2.8%,人均增加GNP赶上甚至超过美国,许多高科技产业和产品已超美,在世界市场上不断排挤美产品。德国是欧洲大国,统一后付出代价影响经济发展和外贸发展,但这是暂时的,从长远看德国经济力量将大增。今后西方世界矛盾还会发展下去,它们有协调合作一面,但这是有限度的,过去没有今后也不会有,通过协调合作根本解决它们间的矛盾。

西方自1982年走出危机之后,经过八年之久的增长时期,增速不高只近3%,但比较稳定,是战后增长期最长的一个周期,美国经济从1990年7月进入衰退,现在才稍见起色,由于衰退,1991年GNP下降0.5%,失业率达7.3%,与美国同时发生危机的其他国家还未走出低谷,1991年年中以后,其他欧陆西方国家也开始停滞和下降,1991年西方发达国家总共只增长1.1%。人们预计这两年过去后的90年代后半期它们的增速可能提高超过80及90年代前半期超过3%,这种情况为我扩大开放会提供较有利的条件。

3. 苏欧剧变。

一些第三世界国家蒙上一层失落感的迷雾,因之更加瞩目于中国,寄希望于中国,在许多国际重大问题上(和平与发展,世界新秩序,政治、经济、贸易平等,环保与发展,大小国一律平等以及富国对贫国责任问题)立场看法与中国几乎完全一致或相近,改革开放以来原来的单纯经济改成多渠道经贸合作关系。

我们同周边国家关系包括日、印的睦邻友好,经贸合作,保证了周边的安全和稳定,为社会主义建设展现一个大好时机。我周边的四小龙多年来相互补差,对我经济发展已收良好效益,今后如果"大中华经济圈"蓝图成功实施,将是我国独具的特殊的公有制基础和条件。

通过谈判,朝鲜南北方签订了和解与合作协议,日、美与朝鲜进行恢复关系的对话,我国与印尼、新加坡恢复和建立外交关系,与韩国建立外交关系,与越南改善了双边关系。

4. 世界经贸区形成及由此而产生的关税壁垒和集团竞争问题

对我有不利的一面,但不可一叶障目,需全面看待,今后世界经贸竞争必将代替军事竞争而成为世界政治的主导,世界形势的变化也必然围绕经贸为主轴的扭转而变化,相互依存,发展又竞争,越来越成为人类生活之必然趋势。任何贸易区保护自己绝非为了封锁自己,值得深思的是加强竞争意识,在竞争中搞发展。这种竞争的国际机制将是发奋图强的重要动力,是增强世界意识。未来意识的动力。中国的不利因素但不起主导作用:

①社会主义运动进入低潮了,西方对中国施压,把苏欧变化浊流引向中国,促使中国发生"颜色革命"。

②大三角不存在战略地降低但我是大国、联合国安理会常任理事国,经济迅速发展,实力在增强,市场潜力大,在世界事务中起着重要作用不能忽视,这些都未变。美国要与日本在亚太地区争权就不能忽视中国。

③西方贸易保护主义加强

苏欧变化和解体打破原有的国际力量结构,使社会主义运动受到严重挫折处于低潮。苏欧动向值得注意,独联体和东欧在推向市场经济过程中陷入严重深刻危机,生产降、物价涨、失业增、收入减、生活坏。苏联1991年下降13%,其中俄降14%,通胀率305%。解体后,旧体制被废除,新体制未形成,各共和国自行其是,原有经济联系被破坏增加了经济困难。东欧各国1991年下降10%～20%,各国不同,匈牙利、波兰、捷克斯洛伐克较好,保加利亚、罗马尼亚、阿尔巴尼亚很糟。南内战不已,联邦分裂,谈不上发展,靠救济为生。苏欧前景有不确定因素，难以预料。

值得注意的是俄罗斯，俄罗斯是一大国，继承了苏联国际地位及武装，基础设施发达，重工业实力雄厚，资源丰富，是最大的石油生产国，目前，无得力的政治领导，未建立正常秩序和运行机制，优势得不到发挥。

1991年12上旬，马斯特里赫特首脑会议通过并草签了包括《欧洲货币联盟条约》《政治联盟条约》在内的《欧洲联盟条约》勾画了2000年前欧共体建设的战略思路和目标，是它的又一历史性进展。

欧洲政治联盟是密特朗与科尔在1990年4月共同倡议的，经过激烈争论和反复磋商，在这次会议上终于签署了。其签署背景有：①苏联解体东欧动荡对西欧是威胁也是机会，它要通过深化联合以增强应对危机的能力，并在争夺欧洲主导权方面处于有利地位。②美国、日本正酝酿庞大区域性经济集团，西欧只有在一体化进程中取得进展，才能在"经济三角"争夺中处于有利地位。③世界政治新格局取得重要一席。④欧共体内的大国需要借它实现自己的战略目标，特别是德国只有以它为依托向东发展才能在整个欧陆中未来格局中占主导地位，法国地位因德统一而下降，它极需要以欧共体拉住德国以维持自己大国地位，又要以欧共体合力制约德国。英有英美特殊关系，但主要利益在欧洲要通过它抑制德国欧共体迄今止仍然是一个区域性贸易集团不是实体经济一体化。

美国及其盟国耗军力物力赢了海湾战争，未赢得和平也没有也不可能解决中东地区错综复杂矛盾。随着力量失衡欧洲一些历史遗产，领土争端，民族纠纷，宗教矛盾日趋突出引发了不同冲突甚至战争，巴尔干到中亚是新动荡中心。

冷战后东西南北矛盾仍在，东西缓和，南北矛盾突出，80年代以来除东西地区外，其他多数地区发展中国家，经济陷入空前困境，债务沉重，初级产品价值低，收入减少，资金外流，通胀发展，80年代发展中国家 GNP 增率低于西方国家，而人口增长率大大高于西方国家，所以，人均 GNP 增率更低，甚至是负增长，1980 年—1989 年发达国家，人均实际国内生产总值年均增 2%—3%，发展中国家只有 1.6%，而拉美和加勒比海地区为－0.4%，撒哈拉以南非洲为－1.2%，南北差距拉大，90 年代一些国家情况好转，但普遍认为南北差距扩大趋势难以扭转，过去美国苏联都拉拢小国家，企图扩充自己势力范围，苏解体撤退，美拟填补进入但西方大国都想扩充自己势力范围，民族主义情绪加强滋长，既有民族冲突地区也有加强联合趋向，如所谓伊斯兰集团等，总之它们争取生存和发展，反对外来干涉和控制的斗争必将有新的发展。

三、社会主义：在世纪的转折点上

今年是中国共产党十一届三中全会召开十周年。从十月革命算起，社会主义已经走过 70 年的历程，新中国已有 40 余年。现在我们带着新的希望和新的任务迎接 20 世纪的最后十年，走进 21 世纪。我们正处在两个世纪交汇的转折年代。在已经过去的时期里，人类社会在充满忧虑、冲突、战争和革命中取得了空前的进步。70 年代以来，由于许多新现象的出现，世界发生了很大变化，各类国家都进入一个改革、调整的历史大潮中。这是一个大变革的时期，社会主义将在这个大变动中进入新的境界。

（1）新技术革命的兴起与影响

在两个世纪交汇时期，对人类社会生活将发生重大影响的莫过于正在兴起的新技术革命，处于世纪交汇时期的社会主义也必将面临新技术革命这一难逢的机遇和严峻的挑战。

自 70 年代末以来，首先从美国紧接着是日本兴起了以信息技术、生物工程和新材料工程为中心的新技术革命。它以 40 年代的理论突破为起始，以宇航员登上月球为标志。与以前技术革命传播的缓慢速度不同,这次技术革命迅速扩展到其他发达国家,直到第三世界中一些科技相对发达的国家和地区,都相继着手大力发展与新技术革命相联系的高技术。具有历史上罕见的速度和规模是新技术革命的一个特点。

新技术革命是首先在军事目的推动下发展起的,并在军用领域得到迅速发展。军事技术革命是先导,是新技术革命的又一特点。因此各主要国家政府都极其重视和支持,为之制定发展规划,确定攻关项目,拨付研究资金,推行奖励、优惠、保护政策。大国之间的军备竞赛可以说是新技术的竞赛,新技术造成了一代又一代的新武器,使军备竞赛不断升级;80年代以来,不仅常规军备高技术化,而且以各类卫星、航天飞机、载人空间站等手段,争夺宇宙空间。当然与军备竞赛的同时也提出了军备控制问题。军备控制的主要内容也随着武器升级而改变,新技术有可能提供必要的核查手段,也就为军备控制提供了有利条件。

新技术革命的另一个特点在于它是以知识革命为基础的。这不仅表明现在需要众多的优秀的科学家、工程师实现理论突破、技术设计制造,而且需要劳动者掌握较高的文化科学知识。人们的知识、思维能力为适应科技革命的飞速发展,也经历了重大发展,产生了飞跃。目前在主要发达资本主义国家,创造社会财富的历程中,脑力劳动居于突出地位,起着重大作用,成为主要手段。十分明显的是尊重知识,培育人才,争夺人才是同推选新技术、发展经济实力,提高综合国力密不可分的。在未来的十年或稍长的时间里,哪个国家能控制和驾驭知识市场,它就能在新技术开发中走在前列,就能掌握、控制世界技术经济军事的主导权,难怪日本的官员说,今天技术开发中的优胜者,将成为即将到来的社公的领导者。所以人才竞争将是大国竞争中的重要内容之一,因此各主要国家都更加重视科学、教育事业的发展与投入。

新技术革命本质上是生产力的一次革命性飞跃。目前高技术还处在幼年时期,但已显示出强大的生命力,在世界政治经济中的影响日益突出。有关专家估计,一二十年后,在若干尖端科技领域内,会陆续出现新的突破。新技术革命的成果必将大规模地转化为新的生产力，使之达到新的空前水平。生产力的大发展，将使每个国家的经济结构发生深刻变革，使国际经济秩序发生根本性变化，将引起发展战略观念的转变，将改变人类生活的面貌。

新技术革命将使国际经济一体化和地区化的趋势进一步发展。从20世纪50年代起，通过跨国公司、资本输出等形式，促进了经济国际化趋势。一个国家的经济运行在一定程度上依赖于其他国家的行为与政策，形成国际经济中的相互依赖。各国经济相互依赖当然有自然资源基础，各国间自然资源的不平衡造成各国经济的外向型交换的发展，是简单明白的事实，即使是大国也不可能拥有它所需要的全部资源；当然也有由于各国的科学技术和经济发展的不平衡，造成的在科技上的相互引进和经济上的相互依存；但主要的还是生产力发展的要求。新技术革命，尤其是信息技术的发展，必将进一步把世界主要国家和国家集团的生产和经济联结起来，组成一个完整网络，促使各国经济进一步社会化、国际化，促使它们在世界范围内开拓优化的适宜环境。世界经济一体化和地区化的发展、国际经济相互依赖相互影响的趋势都是不可逆转的，它将培育和发展"全球意识"，并不断冲击和改变人们在民族疆界内形成的某些狭隘观念，如建立独立、完整的民族经济体系、生产纯粹的民族产品等。相互依赖和国际化并不取消和否定各种矛盾的存在，但这种矛盾的形式和解决的方法都将发生重大变化；也不否定各国经济发展的不平衡性、实际上同国际化发展的同时，各国经济发展不平衡也在发展并将显现其后果。

在新技术革命的推动和影响下，各个国家都意识到信息技术和其他高新技术以及把它们引进生产过程的速度和程度，将决定自己在下个世纪内在世界上的地位，因而都把它如实地看成一场严重的挑战和竞争。对美国来说是能否保持其世界头号强国，对日本、西欧来说是如何增强竞争能力，大大改善其所处地位，对苏联来说涉及是否将沦为二流国家,而对大多数发展中国家则是怎样不使与发达国家的差距进一步拉大,不使自己的状况再继续恶化。因此各国都在进行各方面的准备、调整,都把主要注意力放在国内,或者着眼于国内发展而进行地区和国家间的联合,并相继制定了着眼于 21 世纪的战略计划。为新的生产力创造条件,争取赢得这场挑战,在竞争中取得胜利。美国 1983 年 3 月宣布实行"星球大战"计划,里根明确指出美国搞"星球大战"计划的目的就在于从根本上"改变人类历史进程",预计总投资将达 8000 亿美元以上。日本从 70 年代末就开始酝酿"科技立国"方针,1983 年 7 月提出要增强日本的"政治大国"的分量,1986 年 3 月内阁制定以发展高新技术为主要内容的"科学技术政策大纲",其目标就是通过独创性和国际性的科学技术,使日本到下世纪由经济大国成为世界上的一个政治大国,现在日本已在一些领域如微电子技术跃居世界首位。追赶美日步伐的西欧国家带着严重的危机感,于 1985 年 4 月在密特朗的倡导下制定面向 21 世纪的"尤里卡计划",目的是加强西欧国家在尖端技术领域的合作,建立一个"欧洲技术共同体",以缩小同美日在高新技术方面的差距。这项计划不仅是民用的而且也是军事的计划,不仅是迎接新技术革命的挑战的计划而且也是应对可能的军事挑战的计划,预计 10 年间将投资 200 亿美元。苏联和经互会其他成员国随之在 1985 年 12 月召开非常会议,通过主要是发展技术的《科技进步综合纲要》,被称为"东方尤里卡"计划,以增强与西方国家的抗争能力;苏联还提出"加速发展战略",特别强调科技进步,视为发展经济的"超级钥匙"。这一切说明各主要国家和国家集团都相继把发展高新技术作为战略主攻方向,它们在追逐自己的战略目的方面,都希望于 21 世纪初期实现高技术及经济实力的发展。

新技术革命对发展中国家来说,既是一种机会,又是一种挑战,其中科技水平相对较高的国家,也都在慎重选择目标,集中力量,努力使本国科技跟上新技术发展。这一重大历史性变化,从国际战略环境方面，深刻地影响着两个世纪交汇时期的一两代人的历程，影响着社会主义国家，影响着社会主义中国的发展战略。

（2）多极化趋势的出现与发展

处于两个世纪交汇对期的社会主义面临的是一个多极化的国际社会环境。资本主义制度确立后，世界各国人民尤其是文明国家的人民就彼此紧密地联系起来，每一个国家的人民都受着别的国家的事变的影响。帝国主义出现后，人类社会整个经济、政治和精神生活就越来越国际化。国际社会中各主权国家和国家集团从自身的利益和战略意图出发，相互联系，相互制约，形成了一定时期内相对稳定的政治力量的结构形态，形成了世界政治的大格局。第二次世界大战结束了历史上形成的以欧洲列强为中心的政治格局。1945年的雅尔塔会议是美、英、苏三国按照各自战略意图划分势力范围，重新安排战后世界秩序的一次会议。这次会议建立的"雅尔塔体制"奠定战后美苏两极对峙的世界战略格局的基础。

二战结束后，美国处在权势力量的顶峰，趾高气扬，不可一世，当时的总统杜鲁门声言未来国际经济格局将取决于美国，美国必须领导世界，并按美国的面貌改造世界。美国为了争夺霸权，为了把共产主义势力限制在雅尔塔体制所限定的界限内，推行遏制苏联的"冷战"政策，从东西两线形成了在美国控制下的对社会主义国家的包围圈，形成以"北大西洋公约组织"为标志的西方阵营。苏联根据雅尔塔体制，把东欧人民民主国家视为自己的胜利果实，顶住美国压力，帮助这些国家恢复和建设。面对美国的冷战政策、遏制意图，苏联组织了欧洲九国共产党情报局，协调各党的行动，组织了"经济互助委员会"，并与朝、越建立友好关系，与中国签订《友好同盟互助条约》，这样就形成了各以美、苏为首的两大对立集团的全面对峙。两极对峙既反映了不同国家的利益与战略意图的对抗，也反映了两种不同社会制度和意识形态的对抗。

从50年代末起,世界形势发生了很大变化,两极体系受到很大冲击,世界政治力量重新组合。到60年代,社会主义阵营内部由于苏联的大党主义、霸权主义政策,公开分裂,社会主义阵营不复存在,社会主义国家已不再是一个统一的政治力量。中国人民在加速现代化事业的同时,更加主动地奉行独立自主的外交政策,对两个超级大国的争夺起了重要制约作用,在世界政治格局中的地位作用明显地提高,以致人们称美、苏、中为"大三角"关系。在60年代,西方阵营也出现种种裂痕。随着西欧经济的发展,实力的增长,独立自主反对美国控制的倾向日益发展。戴高乐宣布法国不当美国的卫星国,主张建立一个在经济上政治上军事上团结的欧洲同美国对抗。他宣布法国退出北大西洋公约军事一体化指挥部,1967年西欧共同体的建立表明西欧已独立于美国控制之外了。西德推行"新东方"政策。英国也修改战后初期英美的特殊关系,与美争取平等伙伴关系。在东方,日本要求修改"日美安全条约"。1971年美国总统尼克松承认美国的霸权地位已经丧失,世界已不仅有两个超级大国,而是有"五个力量中心",即美、苏、西欧、中国和日本。他认为这几个力量中心将决定20世纪最后30年的经济方面,从而也决定其他方面的前途。可见从60年起两极对峙的格局已开始被打破,出现世界多极化趋势。

世界多极化趋势今后仍将继续发展。发达资本主义国家的三大经济中心已具雏形,并必将随着地区一体化的加强而得到发展。5月的海牙欧洲大会就主张扩大目前的欧洲共同体,在外交上"以一个声音说话",以便在未来多极占有其应有地位和发挥作用,那时欧洲共同体委员会将作为欧洲的"谈判者"同美苏进行谈判、对话。第三世界的一些国家的迅速发展,引起了广泛的重视。多极化发展不仅将改变现时的国际经济秩序,而且在政治上也将产生重要而深远的影响。今后还将会有一些国家和国家集团崛起。

多极化趋势的发展,表明世界战略格局变化的根源在于力量对比的消长。这种力量对比，不仅仅是军事力量。如就军事力量衡量，即当前世界仍是两极，只有美苏保持着强大的军事力量。今后军事力量的竞争仍然存在，不过不会像过去那样突出了。这里的力量是指一个国家的综合力量，包括科学技术、经济政治、国防外交、文化教育、意识形态各个方面的要素，即综合国力，一国在整个大格局中的地位和作用，决定于它的综合国力的发展状况。美苏两个超级大国在 70 年代以来，或则相对衰落，或则停滞不前，原有的经济体制和结构，已不能适应新技术发展的要求，不能适应生产力发展的要求，它们在不同程度上丧失了活力和效益。照老样子它们都搞不下去了，所以它们都要进行调整、改革，发展其综合国力，以争取未来 21 世纪有利的战略地位。

多极化趋势的发展，不仅表明美苏在世界上影响的削弱，也表明各个主权国家或国家集团重新组合的根据是各自的民族的、国家的或集团的利益，而不是意识形态和社会制度。这就是民族国家还是国际生活的主体，在国际范围内民族利益高于阶级利益。这就大大弱化了国际关系中社会制度和意识形态的对立色彩，增强了各国独立自主的倾向，形成新的国家联合，世界也将变得更加复杂更加多样了，再不能以简单的两极视角来观察和对待社会主义的外部条件了。

（3）两种制度竞争共处

社会主义同资本主义同处在一个世界上，如何根据实际情况看待和处理两者间关系，是历史提出的一个重要问题。帝国主义不能容忍社会主义的诞生，就把它"扼杀在摇篮之中"：在武装干涉失败后，它还要推行封锁、孤立、遏制政策。社会主义则期待世界革命的到来，以通过阶级斗争埋葬资本主义。列宁曾认为世界已进入两个阶级决战阶段，世界革命在一小时一小时地成熟起来。后来，列宁提出了不同社会制度和平共处思想，但强调这是阶级斗争的一种特殊形式，说苏维埃共和国和帝国主义长期并存是不可思议的。第二次大战后，斯大林认为资本主义总危机在不断加深，帝国主义之间的战争是不可避免的。赫鲁晓夫也认为当今时代是帝国主义全面崩溃、社会主义和共产主义在全世界范围胜利的时代。可见过去两种制度处于全面对抗状态。战后美苏两个超级大国，争夺霸权，造成国际紧张局势，造成了局部战争、"代理人战争"和许多热点。当今随着新技术革命的蓬勃发展和世界格局的演变，世界进入一个转折时期，出现了缓和趋势。和平和发展成为当代世界的主题，这是由众多因素决定的。

首先是美苏两个超级大国的需要。它们两家是唯一有资格打世界战争的。它们长期投入大量财力，进行军备竞赛，使其经济处于危机边缘，面临困难。就美国说，联邦政府绩台高贫，财政赤字和外贸逆差连年递增。号称经济力量最强大的美国，从1985年起成为世界上最大的负债国，美元地位大大下降，美工业品在世界市场上竞争力大为削弱，人民要求削减军费的呼声十分强烈，里根政府不得不转向削减政府开支，调整经济的做法。

苏联多年来，虽在军事上取得同美国的战略平衡，但在综合国力上大不如美国，国民收入和工业劳动生产率约为美国的一半多一点，农业劳动生产率只相当于美国的20%～25%，科技水平在某些方面同美国差不多，但总的说要落后15～17年，近十多年经济社会发展处于停滞状态。苏共二十七大确定的基本国际战略就是要创造一个和平的国际环境，以便以主要力量搞国内的改革和建设。戈尔巴乔夫提出"新思维"，在国际关系中实行一系列观念更新，摒弃战争是达成政治目的的手段、帝国主义就意味着战争等观念，树立用政治手段解决国际纠纷和国家安全的观念，扩大了和平共处原则的范围和内容。

其次，美苏两国竞相发展核武器，到80年代中期两家拥有的各类核武器、运载工具，大致相当，都达到超杀伤地步，互相都可以在极短时间内毁灭对方许多次。双方都认识到核大战争将没有胜利者，只有"核冬天"。几次首脑会议得出结论是核战争不能打。所以有人说核武器的出现既有毁灭世界的危险，又有制止战争的可能。只要不出现力量倾斜到一方拥有绝对优势，它们就不敢轻易动用核武器，打世界战争。

此外，世界各国人民都不愿打仗，反对战争，要求和平，这对两个超级大国是个重要制约因素。两个超级大国近年来在控制盟友方面已力不从心了，它们的盟国日益独立自主。在以上这些因素影响下，美苏两大国现在实行对话以谋求缓和，实行和平共处以集中力量处理自己的内部事务。缓和主要是指两个超级大国都不敢打世界战争，但局部战争今后还是可能有的。它们两家的军备竞争也不会停止，不过已没有以前那样重要的地位了。它们之间的竞争重点则转移到经济和科技两个方面。在可以预见的未来，社会主义和资本主义两种制度之间将在经济的发展，科技的进步上进行激烈竞争，谋求在21世纪综合国力的优势。美苏两大国将在激烈竞争中维持缓和、在谋取缓和中进行竞争，形成竞争共处的格局。我们要利用这种机遇，加速实现现代化，到21世纪中叶，中国成为经济大国，和平就更有保障了。

（4）社会主义在改革中前进

在当代世界调整改革的大潮中，社会主义国家的改革是十分耀人眼目的。社会主义国家的改革不自今日始，中外学者都已指出这种改革经历过三次浪潮。从70年代末开始的第三次大浪潮是以全面改革体制为内容的更新社会主义的历史运动，是一种模式的转变。

苏联是第一个社会主义国家。斯大林在1936年宣布苏联建成社会主义。战后当一系列社会主义国家出现时，苏联把自己的经验绝对化，把它搞社会主义的一套原则、制度和方法视作标准范式，不许别人越雷池一步。1948年由于实行改革，南斯拉夫共产党被共产党情报局开除。1949年到1952年的政治审讯，把战后初期提出的改革主张，如"波兰道路""匈牙利道路"等都打了下去。以致社会主义国家都基本照搬苏联模式。我国除了部分沿用革命根据地经验以外，也基本上是"走俄国人的路"，套用苏联模式搞社会主义。

但是，苏联的模式是在社会主义在一国胜利的特定历史条件下形成的，即使它在历史上起了不可否认的重要作用，但随着实践的发展，证明它不适于充分发挥基层经济单位和人民群众的积极性，是有重大缺陷的模式。具有不同历史条件的其他社会主义国家不应照搬。照搬书本不行，照搬外国的也不行。照搬的结果，形成了僵化的思想观念、高度集中的经济体制和权力过分集中的政治体制，束缚了社会生产力的发展，限制了社会主义建设事业的进步和社会主义优越性的发挥，日益暴露出严重弊端，表明按固定模式的老路子已走不通了。

社会主义没有统一模式，各国必须从本国实际情况，根据自己在建设社会主义时所继承下来的生产力水平，把马克思主义同本国建设实践和时代结合、进行改革，走出新路。只有根据实际情况特别是生产力的实际情况，才能搞清楚社会主义处于什么样的历史发展阶段，面临什么样的根本任务，明确在落后基础上建设社会主义，哪些是可以逾越的，哪些又是不能逾越的。只有通过全面改革，使生产关系和上层建筑适合生产力状况，才能创建充满生机和活力的社会主义新体制，实现社会主义生产关系和上层建筑的自我完善和自我发展。只有这样社会主义才有出路，才有前途。改革是一场以改革旧体制建立新体制为内容的新型革命，是社会主义发展的重要动力。

社会主义国家改革的理论思维的中心是对社会主义的再认识。社会主义改革是非常深刻非常复杂的，是对旧体制的批判。它不仅涉及发展战略、方针政策、各项制度、国际关系，而且是权力和利益的调整，必然触及人们的物质利益、生活方式、价值观念、思维方式，直到社会心理、风俗习惯。因而它必然会同人们从书本上得来的个别结论，以及几十年社会主义实践中所形成的对社会主义的固定观念发生矛盾。所以在改革中就经常产生什么是社会主义，每项具体改革措施出台，总引起姓"社"姓"资"的困惑。也因此在改革实践中，就不仅有飞跃、有机遇，也会有困难，有挫折；既会涌现新事物、新思维，也会有僵化、有抵制，甚至沉渣泛起，故意歪曲。在这种形势下如果拘泥于书本上的个别结论，固守已经过时的经验和方法，就不可能回答和解释改革实践中提出的问题，就会影响改革的决心、目标、步骤和措施，不能保持主动地位，所以只有不断地在实践中根据经验重新认识社会主义，抛弃那些本来就不正确的理论框框，修正那些由于历史前进而过时的个别结论，剔除那些附加给科学社会主义的观点，恢复那些被遗弃和贬斥的本来是马克思主义的科学思想，研究新情况新经验新问题，提出新观念新思维，发展科学社会主义。既然社会主义优越性的充分发挥和吸引力的不断增强，归根到底，都取决于生产力的发展，所以一切有利于生产力发展的东西，都是符合人民根本利益的，因而是社会主义所要求的，或者是社会主义所允许的；一切不利于生产力发展的东西，都是违反科学社会主义的，是社会主义所不允许的。据此重新认识社会主义，经常困扰人们的姓"社"姓"资"的问题就可迎刃而解了。重新认识社会主义推动着改革大潮的发展，改革又推动着对社会主义的再认识达到新境界。

我国对社会主义的再认识的重大突破之一，是提出社会主义初级阶段论，明确我国正处在社会主义的初级阶段，这是我们实行改革进行一切工作的理论基础。另一个重大成果是明确社会主义经济是公有制基础上的有计划的商品经济，这为经济体制改革奠定了基本理论依据。我们要建立的社会主义有计划商品经济体制应该是计划与市场内在统一的体制。新的经济运行机制应是"国家调节市场，市场引导企业"这样的目标模式。经济体制改革是整体的配套的改革，其中心环节是企业改革，通过改革使企业具有自我生存、自我运动、自我发展的能力和机制，正确确定国家、企业、职工间的权责利关系，把企业搞活；围绕转变企业营运机制这个核心分阶段进行计划投资、物资、财政、金融、外贸等方面体制的配套改革，逐步建立有计划商品经济新体制的基本框架。

改革是全面的体制改革，不仅涉及经济领域，也涉及文化、科技、教育领域，更重要的还是涉及政治体制改革。经济体制改革的展开和深入，对政治体制改革提出了愈益紧迫的要求。所有改革最终能不能成功总要决定于政治体制改革,这是十分明显的,因为事情总要人来做。既然经济体制改革与政治体制改革互和依赖、互相配合,只搞经济体制改革不搞政治体制改革,经济体制改革也就搞不好,不可能取得最后成功。社会主义国家的改革实践已提供了这方面不容忽视的经验。政治改革的主题是建设社会主义民主政治。没有民主,社会主义是不可能存在的。我们唱"实行了民主好处多",这是乐观的革命精神的反映。民主革命时期,中国共产党领导人民起来反对封建主义,特别是对封建土地所有制和豪绅恶霸进行了最坚决的斗争;在这场斗争中培育了民主传统。但夺取政权后,"肃清政治思想方面的封建主义残余影响这个任务,因为我们对它的重要性认识不足,以后很快转入社会主义革命,所以没有能够完成"(《邓小平文选》,第335页)。实际上,由于我们缺少资产阶级民主传统,旧中国留下的封建专制传统比较多,民主法制传统很少,而且在那些不断进行政治运动的年月里,还有一些人,在批判资产阶级的旗号下,宣扬封建主义,"文化大革命"中此种做法达到极点,所以建立社会主义民主政治必须要求肃清封建主义残余影响。政治体制改革还有其他方面任务。只有通过坚定不移的政治体制改革,逐步健全社会主义民主,完善社会主义法制,使人民不仅在实质上,而且在形式上也享有民主,才能促进经济体制改革和对外开放健康发展。

改变闭关锁国状况实行对外开放是社会主义发展的必要条件。对外开放是资本主义经济关系的产物,是同社会历史的进步发展紧密联系的。社会化生产和商品经济发展把世界连成一片,促进了国际分工,开拓了世界市场,各国由此走出彼此孤立、相互隔绝的状态,进入彼此开放,互相联系的时代。当代世界是开放性世界,各国政治经济关系日益密切,互相渗透,互相制约。在这种情况下,任何国家都不可能在封闭状态下求得发展,不能孤立于世界性商品经济网络之外,只有在激烈竞争中求生存、求发展。这就必须发展对外经济技术的交流与合作,努力吸取世界文明的一切积极成果。中国过去长期处于停滞落后状态的一个重要原因就是闭关自守。经验表明关起门来建设是不会取得成功的，中国的建设离不开世界，所以我们把对外开放作为一项基本国策。

对外开放是世界性的开放，对资本主义国家开放，对社会主义国家开放，对第三世界国家也开放。因此也要对资本主义再认识，只有弄清各种不同制度的历史方位和竞争共存关系，才能正确贯彻对外开放的国策。各民族所创造的积极的文明成果，包括精神产品，是全人类的共同财富，不应视为一个民族一个国家所专有，凡是有利于社会主义发展的，我们都借鉴、吸取，为我所用，并在社会主义实践中检验发展，以实现现代化，生产力的普遍发展和与所有关的世界交往的普遍发展为前提的是社会主义的前提，这是马克思主义的命题。

我国十年改革是在世界改革调整的大潮流中走过来的。两个世纪交汇的时期的具体历史环境对我们的社会主义改革是一个机遇。十年来我们的改革取得巨大的成就，为国民经济注入了强大的活力，促进了经济和社会的发展，提高了人民的生活水平。没有改革就没有社会主义十年发展。改革也有风险，有困难。在困难和风险面前，倒退是没有出路的。必须紧密团结，总结经验，更加深刻地认识世界，认识自己，艰苦奋斗，继续前进，夺取改革开放的新胜利。

第五节　社会主义经济建设

一、社会主义的根本任务是发展生产力

第一，社会主义必须有强大的物质基础，必须有高度发达的社会化的生产力。

①什么是社会主义的物质基础？社会主义是大机器工业的产物。

②高度发达的生产力和比资本主义更高的劳动生产率是社会主义发展的必然要求和最终结果。

③对社会主义的物质基础不能局限于一般原理必须根据具体历史条件而具体化。

④社会主义首先在经济不发达国家胜利,经济建设就面临更繁重的任务。

"中国先于发达资本主义国家进入社会主义社会,这是中国所处的特殊的历史条件、我们党的正确领导和全国人民艰苦奋斗的结果,是科学社会主义的发展,是我们党和中国人民的光荣。但这同时又使我们的社会主义事业,不可避免地要遇到一列由于经济文化落后而产生的困难,要经历更加艰苦和更加长久的奋斗。"(《三中全会以来重要文献选编》下,第875页)

⑤"社会主义的最根本任务就是发展生产力","贫穷不是社会主义","穷的共产主义对马克思主义来说是不存在的"。

第二,夺取政权后,党和国家的工作必须以经济建设为中心。

①夺取政权建立社会主义制度后工作重点转移到马列主义的一个基本原则,这在《宣言》《苏维埃政权的当前任务》《论合作制》《正处》都明确指出过。

②我们党在1956年八大分析了国内主要矛盾提出今后全国人民的主要任务是发展生产力,毛泽东几次提出我们的根本任务是发展生产力为在新的生产关系下保护发展生产力,把工作重心转移到经济建设和技术革命上来。

③"近三十年来,经过几次波折,始终没有把我们的工作重点转移到社会主义建设这方面来,所以,社会主义优越性发挥得太少、社会生产力的发展不快、不稳、不协调,人民的生活没有得到多大的改善。十年的文化大革命,更使我们吃了很大的苦头,造成很大的灾难。"(邓小平:《目前形势和文明的任务》,《邓小平文选》,第249页)

④党的十一届三中全会以来,我们作出了把的党和国家的改造重点转移到经济建设为中心的社会主义现代化建设上来。

第三，实现四个现代化是文过新的历史时期社会主义经济建设的目标。提出了四个现代化的目标，结合我国底子薄、人口多的现实情形来制定我们的政策。由于物质基础薄弱，只能是初级社会主义，它还处在初级阶段，所以我们必须进行现代化建设，以经济建设为中心进行被现代化建设。

十一届三中全会以来，党重新提出实现四个现代化。四中全会通过的三十周年大会叶剑英讲话中指出我们所说的四个现代化"是实现现代化的四个主要方面，并不是说现代化事业只以这四个方面为限"（《改革开放三十年重要文献选编》上，第71页），并明确指出要改革和完善社会主义政治制度，建设精神文明社会主义，这都是社会主义现代化的重要目标，也是实现四化的必要条件。根据这个思想，《历史决议》32条指出："我们党在新的历史时期的奋斗目标，就是要把我们的国家，逐步建设成为具有现代农业、现代工业、现代国防和现代科学技术的，具有高度民主和高度文明的社会主义强国。"（《改革开放三十年重要文献选编》上，第211页）这是对新时期总任务的较全面表述，这里与过去比增加了"高度民主和高度文明"的内容，这个提法是对过去关于新时期总任务提法的一个总结。

十二大的政治报告和十二大通过的新党章对《决议》的提法作了调整，指出："中国共产党在新的历史时期的总任务是：团结全国各族人民，自力更生，艰苦奋斗，逐步实现工业、农业、国防和科学技术现代化，把我国建设成为高度文明、高度民主的社会主义国家。"（《改革开放三十年重要文献选编》上，第266页）这里有两处变动：一是把工业放在农业之前；二是总概括中用"高度文明、高度民主"代替原来的"现代化的高度民主、高度文明"。

把工业现代化放前头符合"四化"客观发展的实际情况，农业靠工业装备才能现代化，这也恢复了我党原来关于四化提法的顺序。这提法有个过程：1952年过渡时期总路线提出社会主义工业化，1953年《总路线宣传提纲》在解释社会主义工业化时，提出了"促进农业和交通运输业的现代化"，"建立和巩固现代化的国防"（《中共中央文件选集一九四九年十月～一九六六年五月》第 14 册，第 502 页）。这里是四个方面，但没有联系在一起，是因果关系。1954 年 9 月第一次全国人大开幕式词毛泽东提出："将我们现在这样一个经济上文化上落后的国家，建设成为一个工业化的具有高度现代文化程度的伟大的国家。"（《毛泽东年谱（一九四九——一九七六）》第 2 卷，第 283 页）周恩来在《政府工作报告》中发挥了中央和毛泽东的这些思想，明确提出："如果我们不建设起强大的现代化的工业、现代化的农业、现代化的交通运输业和现代化国防，我们就不能摆脱落后和贫困，我们的革命就不能达到目的。"（《建国以来重要文献选编》第 15 册，第 584 页）这可视为四个现代化最早的提法。1956 年以后才强调科学文化现代化，1957 年 6 月《正处》和 1958 年八大二次会议都提出了把我国建成一个具有现代工业、现代农业和现代科学文化的社会主义国家的问题。

1959 年底 1960 年初毛泽东在读《政治经济学教科书》社会主义部分时说建设社会主义原来要求是工业现代化、农业现代化、科学文化现代化，现在要加上国防现代化。60 年代初提出"农业是基础工业是主导"以后，四个现代化提法就把农业现代化放在前面了。1963 年 1 月周恩来在上海科技工作会议上说的四个现代化时的表述是："我们要实现农业现代化、工业现代化、国防现代化和科学技术现代化。"（《周恩来年谱（一九四九——一九七六）》中卷，第 528 页）此后，1964 年底1965 年初三届人大，1957 年四届人大到十二大以前都是这样提的。至于"高度文明、高度民主"作为总概括，是因为考虑高度社会主义文明包括物质文明精神文明两个方面包含现代化内容，因而不再把现代化与高度文明并提。决议提法与十二大提法精神文明是一致的，这个改动不是把农业作为国民经济的基础的重要性降低，也不是把高度民主的重要性降低，只是表明党对总任务的表达更准确了。

可见不论是马克思、恩格斯还是列宁,都强调在无产阶级成为社会的主人以后必须把发展生产力搞好经济建设摆在一切工作的首位。社会主义必须有高度发展的社会化生产力必须有强大的物质基础。这是因为:①只有迅速发展生产力,增强社会主义的物质基础,才能巩固和发展社会主义制度。为什么?第一,社会主义社会刚从旧社会诞生出来,必然带有它脱胎的那个旧社会的痕迹(在我国它就带有半殖民地半封建社会的痕迹)这些痕迹就会发生影响,影响人们的思想,也影响到社会主义政治、经济、文化的组织形式和管理制度中,消除这些痕迹才能巩固社会主义制度,消除这些痕迹,归根到底要靠高度发展的生产力。第二,资本主义所以能战胜封建主义,就是因为它创造了封建制度下所没有的劳动生产率,社会主义要彻底战胜资本主义必须要造成新的更多的劳动生产率。"劳动生产率归根到底是使新社会制度胜利的最重要最主要的东西。"(见《列宁选集》第4卷,第16页)社会主义生产关系的不断改革和完善都是生产力发展的结果,社会主义制度的巩固和发展必须建立在生产力的不断发展上 。马克思、恩格斯谈到生产力对社会发展的重大意义时说:"还因为如果没有这种发展,那就只会有贫穷、极端贫困的普遍化,而在极端贫困的情况下,必须重新开始争取必需品的斗争,全都陈腐的东西又要死灰复燃。"(《马克思恩格斯选集》第1卷,第86页)②只有发展生产力增强社会主义物质基础,才能实现社会主义生产的目的。这个目的就是最大限度地满足整个社会日益增长的物质和文化需要,不断提高人民群众的物质文化生活水平,实现此目的的手段,就要把社会主义生产建立在高度技术基础上,不断提高社会主义现代化水平。生产的目的制约着生产和消费的关系,所以是和生产的动力紧相联系的。在社会主义条件下,社会生产和社会需要是辩证统一,它们有一致的一面,因为生产是为改善劳动者的生活服务的,所以生产发展了,社会产品增加了,劳动人民的生活也会得到较多的满足,同时随着生活水平的提高,需要扩大了又会推动生产的发展。可见社会生产和社会需要是互为条件，互相促进的，因此生产目的即满足社会需要就成为推动生产发展的强大动力。但社会生产与社会需要也有矛盾的一面，这就是后者是不断提高而生产的发展在一定时期内却有一定的限度，生产和需要就存在着矛盾，要解决这个矛盾就必须厉行节约，增加生产、采用新技术，提高劳动生产率。③只有建立强大的物质基础，才能防御帝国主义的侵略颠覆，才能应付一切事变。④只有建立强大的物质基础，即在生产力高度发展的基础上，才能真正消灭一切阶级差别，消灭三大差别。造就社会全面发展的人，恩格斯说："只有在社会生产力发展到一定程度，发展到甚至对我们现代条件来说也是很高的程度，才有可能把生产提高到这样的水平，以致使得阶级差别的消除成为真正的进步，使得这种消可以持续下去，并且不致在社会的生产方式中引起停滞甚至衰落。"（《马克思恩格斯选集》第3卷，第323页）

列宁曾说过："要消灭城乡之间、体力劳动和脑力劳动者之间的差别。这是很长时间才能实现的事业。要完成这一事业，必须大大发展生产力。"（《列宁选集》第4卷，第11页）

二、社会主义必须有高度发达的社会化的生产力

第一个问题：社会主义建设必须以经济建设为中心。《决议》第35条说："在社会主义改造基本完成以后，我国所要解决的主要矛盾，是人民日益增长的物质文化需要用落后的社会生产之间的矛盾。党和国家工作的重点必须转移到以经济建设为中心的社会主义现代化建设上来，大大发展社会生产力，并在这个基础上逐步改善人民的物质文化生活。"（《改革开放三十年重要文献选编》上，第212页）

胡耀邦同志在十二大报告第二部分"促进社会主义经济的全面高涨"中开宗明义地说："在全面开创新局面的各项任务中，首要的任务量是把社会主义现代化经济建设继续推向前进。"（《改革开放三十年重要文献选编》上，第266页）

一个中心一个首要任务说明了它的地位，为什么呢？唯物史观告诉我们物质资料的生产是整个社会生活的基础，人们必须有衣、食、住等，消费资料才能生存，才能生活从事政治、艺术……要想使这些消费资料能够不断得到满足，就必须发展生产进行经济建设，唯物史观是告诉我们人类社会的发展归根到底是由生产力的发展决定的。生产力的发展不仅决定了生产关系的性质（手推磨产生的是封建主为首的社会，蒸汽磨产生的是工业资本家为首的社会）也决定生产关系的变革。生产力的发展造成了变革生产关系的物质条件，也造就了完成这种变革的社会力量。

人类社会发展是一个由生产力和生产关系的矛盾所推动的自然历史过程。五种社会经济制度及它的变革的链条和顺序代表了人类社会由低级到高级发展前进的必然规律。推动这种发展前进的就是生产关系一定要适合生产力性质和水平的规律。所以，一种社会经济制度代替另一种是社会内部生产力与生产关系以及与其联系的其他社会矛盾，特别是社会阶级矛盾运动的结果，而不是人们主观意志决定的。马克思说："无论哪一个社会形态，在它所能容纳的全部生产力发挥出来以前，是决不会灭亡的；而新的更高的生产关系，在它存在的物质条件在旧社会的胎胞里成熟以前，是决不会出现的。"（《马克思恩格斯选集》第 2 卷，第 33 页）

每次社会经济制度的变革，都是人类社会的一大进步，都给社会生产力以巨大的推动。这些原理告诉人们革命系社会经济制度的变革，是不能随意制造的，也是不能随意阻挠得了的。

革命的根源在于生产力的发展，革命的作用也就在于解放生产力。我们看一个阶级，一个政党是不是进步的，是革命的还是反动的归根结底要看它的社会实践对社会生产力是起促进作用，还是起阻碍作用。这就是马克思主义的观察问题的基本观点。

那么社会主义革命是怎样发生的呢？它需要什么样的生产力的发展

程度呢？马克思、恩格斯在《共产党宣言》中说："随着大工业的发展，资产阶级赖以生存和占有产品的基础本身也就从它的脚下被挖掉了。它首先生产的是它自身的掘墓人。资产阶级的灭亡和无产阶级的胜利是同样不可避免的。"（《马克思恩格斯选集》第1卷，第284页）

马克思、恩格斯创立的科社理论所以是科学的，从根本上说就在于它不是像空想社会主义那样，从理性和平等观念出发，从欲望和道德理想出发，引出社会主义的结论。把社会主义看成是人类理性，美好愿望和平等观念的实现，看成是脱离物质生产力发展状况的平等王国，恰相反，它是从考察物质生产力发展规律出发，找到了社会主义必然实现的历史根据。

科学社会主义认为，在资本主义商品经济关系下，历史地发展起来的社会化的社会大生产，是同资本主义私有制根本不相容的。社会化生产力与私有制矛盾发展的结果，就是通过无产阶级革命建立起与社会化生产力相适应的社会主义公有制取代私有制，社会主义诞生了确立了，人类历史由此上升到一个崭新的发展阶段。社会化生产是社会主义产生的基石，是实现社会主义的前提和物质基础。一切离开对社会化生产力考察的社会主义学说都是空想的。超越生产力发展的历史阶段是建不成真正的社会主义社会的。我们通常讲科学社会主义与空想的区别在于：是否以考察社会化生产力作为理论和实践的出发点，才是科学社会主义与空想最后的根本的分界线。

那么什么是社会化的生产力呢？马克思、恩格斯认为社会化大生产就是生产资料、生产过程和生产成品的社会化，也就是生产资料是由大批人共同使用的生产资料，生产过程是由成百成千人分工、协作进行，生产成品是他们的共同产物。

那么社会化生产力要达到什么程度，才能实现社会主义革命呢？马克思、恩格斯没有具体回答，当然也不可能做出回答，但是他们曾经认为他们生活的那个时代资本主义丧钟就要敲响了，社会主义取代资本主义的历史条件趋于成熟了也就是说从历史发展趋势讲逐渐成熟了。

马克思、恩格斯那个时候认为社会主义革命将在西欧那些高度发达了的资本主义国家同时发生取得胜利。他们没有论述过不够发达的比较落后的国家的社会主义革命的物质前提和社会主义革命胜利后经济建设问题,当然他们在《共产党宣言》中说过无产阶级上升为统治阶级并剥夺剥夺者以后,必须"尽可能快的增加生产力的总量"(《马克思恩格斯选集》第1卷,第293页)。

后来一些强调只有在高度发达的社会生产力的情况下才能进行社会主义革命的人们,都是援引马克思、恩格斯关于西欧资本主义国家社会主义革命一些论断作为根据,他们不了解或不愿意了解马克思恩格斯在他们的许多著作特别是后期著作中,《给"祖国纪事"杂志编辑部的信》《"人民国家报"国际问题论文集(1871—1875年)序》《法德农民问题》也并不认为世界各国都无一例外地必须经历西欧资本主义发展那样的全过程,并不认为只要没有高度发展的生产力,无产阶级不占人口多数,不管什么国家什么历史条件都不能进行革命。

因为在空想社会主义理论上,社会化生产是社会主义社会的前提和物质基础。但这绝不意味着它把生产力的发展水平看作社会主义革命发生和胜利的唯一因素,马克思主义认为:任何一种新的社会形态取代旧的社会形态,都是在生产力运动的基础上,各种社会历史因素共同作用的结果,并非单独是生产力运动的一个因素的产物。资本主义社会取代封建主义社会的变革是这样,以科学社会主义理论作指导的工人阶级自觉创立社会主义制度的社会革命更是如此。必备的社会化的生产力是实现社会主义的最终决定因素,但不是唯一因素;是建立社会主义社会的必要条件,但不是充分条件。社会主义革命在哪个国家发生、发展取得胜利,是经济的和政治的、思想的和文化的、现实的和历史的、国内的和国际的、客观的和主观的等诸多条件共同作用的结果。也就是说,社会主义革命是在经济力量的基础上各种社会力量综合而成的"合力"中向前运动的,决不能把这种革命过程设想成为一种纯粹的经济过程。而促使革命发生发展和胜利的种种条件,在一个国家成熟的程度,并不与同这个国家的生产力发展水平相对应,因此世界历史发展呈现出不平衡的状态。

历史的发展造成第一个社会主义革命胜利的国家不是先进的反而是经济文化比较落后的国家,由于历史的理论的政治的原因,由于一战造成的特殊形势,在列宁领导下,夺取了政权取得胜利。革命胜利后的俄国面临着尖锐的矛盾和巨大的困难。针对这种特况,列宁在俄国工人阶级面前提出了要创造强大的社会主义物质基础的任务。他说:"社会主义的唯一的物质基础,就是同时也能改造农业的大机器工业。但是不能局限于这个一般的原理。必须把这一原理具体化。适合最新技术水平并能改造农业的大工业就是全国电气化。"(《列宁选集》第4卷,第549页)这就是说要创造包括农业生产在内的电气化大机器生产,才能创造高于资本主义的劳动生产率,保证社会主义的最后胜利。

但是俄国的普列汉诺夫以及第二国际的"英雄们"不懂得马克思主义革命辩证法,借口俄国生产力落后,否认十月社会主义革命。列宁在《论我国革命》中驳斥了这种谬论,他指出社会主义革命需要有一定的物质基础,俄国经济文化落后也是事实,但是可以先夺取政权再利用政权这个条件大大发展生产力,创造社会主义所需要的物质基础。

列宁指出这并不违反历史发展规律,这只是改变了历史个别环节的发展顺序,这是历史发展的一般规律所容许的是它所要求的。在具体历史条件下应该做而不做这种改变就违背了科学社会主义。

列宁的贡献就在于:①区别进行社会主义革命和建设的物资条件和最终实现社会主义的物质基础。他认为在工业有了一定程度发展,无产阶级取得了对农民的领导权的条件下,就可以利用有利的革命形势夺取政权进行社会主义建设。②指出历史发展顺序在一定条件下是可以改变的。他驳斥第二国际的首领们说:"你们说,为了建设社会主义就需要文明。好极了。那么，我们为什么不能首先在我国创造这种文明的前提如驱逐地主，驱逐俄国资本家，然后开始走向社会主义呢？你们究竟在哪些书上看到，说通常的历史顺序是不容有或不可能有这类变化的呢？"（《列宁选集》第4卷，第692页）列宁以无产阶级革命家的巨大勇气破除了那种认为只有在生产力最发达的资本主义国家，才能进行社会主义革命的机械观点，同时以马克思主义者的清醒头脑，强调取得社会主义革命胜利的生产力不够发达的国家必须大力发展生产力，建设社会主义应具有的物质技术基础。③强调指出大力发展生产力，是胜利的俄国工人阶级更加紧迫、更加艰巨的任务，他把发展生产力提到社会主义特征的高度。他说："共产主义就是利用先进技术的、自愿自觉的、联合起来的工人所创造出来的较资本主义更高的劳动生产率。"（《列宁选集》第4卷，第16页）"共产主义就是苏维埃政权加全国电气化。"（《列宁选集》第4卷，第364页）④列宁还区别了现代大生产的社会本性同它在资本主义条件下的资本主义属性；区别了生产力高度社会性的要求的社会化组织管理形式，同它所承担的榨取剩余价值的职能，从而明确指出经济文化落后的国家的无产阶级在走上社会主义道路硬化，要认真学会别的民族在资本主义制度下学会的一切，为社会所需要的东西。他提出："苏维埃政权＋普鲁士的铁路管理制度＋美国的技术和托拉斯组织＋美国的国民教育等等等等＋＋＝总和＝社会主义。"

社会主义国家问题：（1）经济上，都还未创造出比资本主义更高的劳动生产率，苏联自己1983年公布数字这一年落苏工业劳动生产率是美国的55％多一点。农业上1966—1983年苏联平均农业劳动生产率只相当于美国的20％～35％。（2）政治上，都出现民主和法制受到严重破坏的情况，社会主义民主和法制还不完善。（3）对外政策上，社会主义的苏联在对外关系上搞霸权主义。

三、我国社会主义制度的建立是否具备必要的物质基础呢？

我国是在资本主义没有充分发展、经济文化落后的状况下进入社会主义社会的,这给我们带来许多困难。胡耀邦同志在纪念建党六十周年大会上讲话中说:"中国先于发达的资本主义国家进入社会主义社会,这是中国所处的特殊历史条件,我们党的正确领导和全国人民艰苦奋斗的结果,是科学社会主义的发展,是我们党和中国人民的光荣。但是这同时又使我们党的事业,不可避免地要遇到一系列由于经济文化落后而产生的困难,要经历更加长久的奋斗。"(《三中全会以来重要文献选编》下,第875页)

中国进入社会主义社会后,由于经济文化落后,而产生的困难面前一些人就又提出了经济文化落后国家不能建设社会主义这个老调了。在俄国发生过的情况,在这里也有了一些人认为中国社会主义是"早产的"社会主义社会,是"不合标准"的社会主义社会,是"非科学社会主义"的社会主义社会。他们主张要发展社会生产力,最好还是让资本主义经济自由发展,有的甚至主张退回到新民主主义社会,还有的以为我们现在不是"完全""纯粹"的社会主义生产关系,不是社会主义社会,这些都是错误的。

我国在社会主义改造时期,和从改造基本完成到现在这两个时期的社会生产力,总的来说都是一种发展不平衡。先进和落后的社会生产力并存的状况,但是在这种不平衡的发展中,社会化的生产力已经达到了一定的水平。

在社会主义改造时期我国社会化生产力的状况如何?①新中国成立之后,由于没收了全部官僚资本的企业,经过三年经济恢复,发展生产到1952年底,即提出过渡时期总路线,全面社会主义改造即将开始时,国民经济超过了战前水平:钢135万吨(1870年英、美、法、德在内全世界只52万);电72亿6 000万度;工业产值在工农业总产值中占41.5%,现代工业产值占全部工业总产值的64.2%,职工人数1600万。②我们采取改造与建设同时并举方针,社会主义改造速度发展很快,同时社会化生产力发展也比较快。1953—1956年全国工业总产值年均递增 19.6%。③我们拥有的社会化生产力的主要部分是高度集中的，它控制着全国经济命脉，而且掌握在人民民主专政国家手中，成为社会主义性质的经济。人民民主专政即无产阶级专政和社会主义经济这两件事实具有决定的意义。新生的社会主义经济和尚存的私有制经济的矛盾构成新民主主义社会的主要矛盾，这个矛盾的展开与解决把我国从新民主主义社会推进到社会主义社会。

现阶段，即从1957年到80年代我国社会化生产力的状况如何呢？从1957—1980年：①工业企业由17万个到37.7万个。②拥有锻压设备58万台，其中万吨以上3台，国外总共21台.4吨以上水压机35台（与欧洲共同体拥有数相等）。③拥有金属切割机床近252万台（占世界第三位，仅次美、苏）。④钢产量由535万吨～3752万吨；⑤工业总产值在工农业总产值中比重由56%～75%；⑥电子计算机、自动控制、原子弹、激光尖端科技已运用于一些部门。⑦机器、电力、化肥已广泛使用于农业。1980年农用机械总动力2亿多马力，用电320亿度，化肥施用1200多万吨；⑧职工总数从3000多万到1亿。

一个以社会化生产力为主导的独立的、比较完整的国民经济体系已经初步形成。可见我国确实已具有相当规模的社会化生产力，在这样的生产力社会化的基础为什么不能建立社会主义呢？因之我们的社会主义是科学社会主义意义上的社会主义，不是什么农业社会主义、空想社会主义，因而它有战胜严重挫折和困难的强大生命力和非凡稳固性。

和俄国当年一样我国以毛泽东为代表的中国共产党人在领导中国革命过程中，继承和发展了列宁的思想在具备夺取政权条件下首先夺取政权，然后恢复和发展经济，创造性地开辟适合国情的社会主义改造道路，使中国先于世界一些社会化生产力更发达的国家进入社会主义社会。

说我国确实具有建立社会主义生产关系的社会化的生产力，这并不意味着我国整个生产力状况都已达到社会化水平。从整体上看我国生产力水平比世界上发达国家相比还是较低的。发展水平也不平衡,从简单的手工工具到现代化大机器和自动控制机器系统同时并存。

第六节　社会主义精神文明建设

一、文明和文明时代

"文明"一词同"文化"一词一样,在我国来源已久,在古文献中最早见于《周易》,它们没有确切的科学含义,文和化联起来所指的是诗书礼乐,道德风俗,最多包括政治制度,是属于上层建筑的范畴。"文明"一词含义则更广泛,首先它具有与文化相同的意义。其次文明与"始生万物"相联系,它首先在于物质内容而不仅限于精神方面,所以古籍中,有时将文明与文物通用。《易·乾·文言》中的"见龙在田,天下文明",《易·大全》中的"其德刚健而文明"。《疏》中的"经天纬地曰文,照临四方曰明"。《书·舜典》中的"睿哲文明,温恭永寨"。称颂文明昌盛。就是说凡人类社会在实践过程中所创造的一切物质财富和精神财富都包括在文明之中。到了近代清朝戏曲理论家、作家李渔(1611—1679年),在他的主要著作《闲情偶寄》里已经说"辟草昧而致文明","文明是草昧、野蛮之否定了"。文明一词在五四运动后便大量使用了。

纪元前的欧洲,文化一词首先见于拉丁文,逐步延伸以示礼貌、教育、修养和文化程度。之后在法语、意大利语等西语沿用,7世纪后传入印欧语系的日耳曼语族及斯拉夫语族。文明一词 Civilization 在外国用法也很多,含义也不明确,据西方《百科全书》考证,这个词最早是18世纪启蒙学者空想社会主义者首先用起来的。其中一种说法1756年,米拉波侯爵所写的《人类之友》一书中提出来的,这时,狄德罗主编的《百科全书》问世,1835年第一次被收入法兰西学院词典。日本是明治维新以后,开始使用这一词。西方的文献中一般认为文化的概念较文明更广泛,文明只是文化的一种特殊类型或一个方面,也有视为同义词的,和我们所用的不同。

不管怎么说,文明和文化是相近的。我国现在在理论上,一种认为文化是只指精神生活领域,一种则认为与物质生产有联系,也包括物质的方面,两者之不同仅仅在于文化可以不表现成果,而文明则必须表现为成果。

中国共产党第十二大报告引用了马克思对文明的表述,其意思就是人类在改造世界的过程中生产者既改造客观自然界也改造了自身,造成出新的品质、新的力量、新的观念、新的需要和新的语言。

报告还引了毛泽东对文明的表述,即无产阶级和革命人民改造世界,包括改造客观世界和改造主观世界两个方面的任务。自有人类以来人的实践活动就包括这两个方面。这样来解释文明,文明就是人类改造世界的实践活动的积极成果,也就是人类创造的一切物质的精神的成果之总和,这里的"成果"是过去发展所达到的和今后发展所借以起步的一个机体,一个生生不已的过程。

人类的实践活动最基本的就是生产活动的实践。因为人为生存或生活需要衣食住以及其他的东西,因此第一个历史活动就是生产满足这些需要的资料即生产物质生活本身。这种活动是"一切历史的基本条件",没有它人类就要走向灭亡,遑论其他。它使自然成为"人化的自然",那里凝聚着人的智力和体力,表现着人的意志和心理,也服务于人的需要和目的。像《资本论》中说的人在改变自然时,"也就同时改变他自身的自然"(《马克思恩格斯选集》第1卷,第177页)。使人不再是自然的人,不再是作为动物的人,而是作为人的人。"人化了的人","人离开狭义的动物愈远,就愈是有意识地自己创造自己的历史"(《自然辩证法》,见《马克思恩格斯全集》第20卷,第374页)。马克思在《1844年经济学—哲学手稿》里说"而人的类特性恰恰就是自由的自觉的活动"(《马克思恩格斯全集》第42卷,第96页)。这种"自由的自觉的活动"的最基本的形式就是物质生产劳动。因此,马克思、恩格斯在别的地方也说人和动物的区别在于劳动。毛泽东说人区别于动物的特点是"自觉的能动性"和马克思的"自由和自觉的活动"是一致的。

某些动物也劳动,如蜘蛛和蜜蜂,但它们是本能式的劳动,不是自觉的劳动。马克思在《资本论》中说"最蹩脚的建筑师从一开始就比最灵巧的蜜蜂高明的地方,是他在用蜂蜡建筑蜂房以前,已经在自己的头脑中把它建成了……他不仅使自然物发生形式变化,同时他还在自然物中实现自己的目的"(《马克思恩格斯选集》第2卷,第178页)。这种情况就是毛泽东说的"精神变物质"。马克思的语言是"主体的物化"或"劳动的对象化",他说人克服障碍来实现自己的目的,这就是"自我实现,主体的物化,也就是实在的自由,——而这种自由见之于活动恰恰就是劳动(《马克思恩格斯全集》第46卷,第112页)"。

人(社会的人,人化了的人)使用生产工具进行改造自然,生产出物质生活资料满足人的需要,这种活动世世代代继续着。这个过程中人对自然的改造的深度和广度越来越扩大和提高,自然界的面貌改变了,社会也改变了,人类自身也改变了,早已不是蛮荒时代,而是一片文明景象了。

所以说人从动物界分离出来,进行有意识有目的的活动,就开始有了文明,有了人类的"历史",所以文明是个历史范畴,是随着历史的发展变化而发展变化的,是与野蛮落后相对立的,指的是进步的发展的美好的力量和现象。归根结底它是反映人类与自然界分离的程度,人类的发展和解放的程度,文明是社会进步的标志。

马克思、恩格斯说的"有意识地创造""有预见的作用""预先确定的目的""自由的自觉的活动",这些都是人的精神世界的功能。精神世界狭义的动物是没有的,只有人,因其具有创造性的思维,才有完整意义的精神世界。

人和动物的本质区别在哪里，马克思、恩格斯特别强调的是人具有创造性思维，由于人类具有创造性思维，所以能够使用语言，用语言进行思维活动，能够创造文字使用文字，能够进行精神生产，开拓出广阔的精神世界。获得进行物质生产的能力，创造出文明来。所以，有了人类就有了人的精神世界。由于创造性思维而形成的精神世界，这是人和动物的区别的重要标志。这个精神世界的特征就是人"能把对环境、对象的感受、观察和思考联系起来，并形成认识，进而把认识和对对象、环境的改造联系起来。这个特征就是常说的人能认识世界和改造世界"。

人和动物都要依赖自然界，但不同，人对自然界的依赖是有意识的（如保护生态环境）、能动的，积极地不断认识它、掌握它、开发它、改造它，同时，不断地积累经验，加深认识，改造认识能力，并一代代传下来，所以人的劳动是创造性的、智慧的。动物对自然界的依赖基本上是被动的、消极地适应自然，适者生存。

人的精神世界的系列是：人的创造性思维—精神生产—精神文明。精神文明是人类精神世界发展的标志。人离开动物界越远，人的精神世界也就越开阔，广大深邃，内容也更丰富多彩，它对社会发展，历史发展的推动作用也愈大，离开人的精神世界就没有人类社会的三大生产：物质生产、精神生产、人类自身生产。斯大林否定人类自身生产和再生产，他仅仅把这看作"种的繁衍"，人的生育活动，其实人类本身生产再生产既是生物范畴又是社会范畴，是人的有意识的活动，与动物的本能不同。它是在一定的社会意识指导下活动，在社会条件下活动。从原始的近亲繁殖到近代的优生学发展，说明人类愈来愈自觉地控制自身的生产。没有人的精神世界就没有人的社会，就没有人类精神世界的发展，就没有社会的发展。

这是不是夸大了精神世界的作用，违背历史唯物主义呢？不会的。唯物史观揭示社会存在决定社会意识的关系。它指明一定的社会的人们的认识方式和认识的内容是由社会生产方式，特别是社会生产关系所决定的。至于人有大脑，有精神系统，具有创造性思维能力，能开拓一个精神世界这本身就是客观存在。

也正因此说精神文明同物质文明的关系，与意识和存在、精神和物质的关系，虽有一定的联系但绝不能画等号，它们是不同的范畴。自然界物质可以先于人们的意识而存在，可是精神文明物质文明则不能互相脱离，谁也离不开谁，而且物质文明和精神文明都必须是物质生产和精神生产的积极成果。由此我们对文明的整个渊源、来龙去脉清楚明了。

党的十二大报告明确地为我们解剖了物质文明和精神文明及其发展进程。"改造自然界的物质成果就是物质文明，它表现为人们物质生产的进步和物质生活的改善"物质文明是人们改造自然界积累起来的物质成果。也就是马克思说的"人化了的自然"。物质生产发展了，物质财富增长了，物质生活也发展改善了，这表现为物质文明。

物质文明也不能视为是生产力和生产关系的总和。生产关系是通过人对物的关系体现人和人之间的关系，它本身并不是物质，不是改造自然界的物质成果，所以，物质文明不包括它，把生产关系纳入物质文明范围内就不好解释或者抹杀了我们的先进的社会制度和较落后的生产力的实际和提出的建设高度物质文明的任务，以解决人民日益增长的物质文化需要同落后的社会生产之间的矛盾。

许多人也认为物质文明等同于生产力，应该说物质文明水平与生产力发展水平是一致的，物质文明发展的高度也可以成为生产力发展高度的标志。所以物质文明以及生产力的发展水平同生产关系的性质是同一序列的问题、同一性质的问题。但是不能理解为物质文明和生产力是同一概念，因为生产力的要素中的劳动者是创造物质文明的主体，而不是物质文明的组成部分，生产力是造就物质文明的综合力量，不是物质文明本身。

党的十二大报告指出"在改造客观世界的同时，人们的主观世界也得到改造，社会的精神生产和精神生活得到发展。这方面的成果就是精神文明。它表现为教育、科学、文化知识的发达和人们思想、政治、道德水平的提高"(《十二大以来重要文献选编》上，第26页)。改造自然界，人的认识也提高了，这是认识成果，属于精神文明，是在实践中改造主观世界积累的认识成果。

马克思、毛泽东都讲过在改造客观世界的同时，人们的主观世界也得到改造，社会的精神生产和精神生活也得到发展。给精神文明下这样的定义、做这样的解释展现了精神文明的广阔领域。精神文明是随着人类改造自然界物质成果的发展而发展，随着人类改造社会、改造自己主观世界的程度的提高而提高。它是人们在改造自然、改造社会、改造自身过程中长期积累起来的智慧的结晶，是"有机物的最高产物"，是物质运动变化中产生出来的"最美的花朵"(参见《马克思恩格斯全集》第30卷，第539—540页)。

过去我们说主观世界的改造，往往以为只是改造思想意识，改造世界观，其实不然，不能理解为只是思想意识的改造。还有人的整个认识的发展和改造。例如，人对天体的认识，对人的起源与发展的认识，都是不断发展、不断改造的过程。就是说，人的认识的内容、能力、方法，都在不断发展改造，科学发展的过程也是一个不断改造的过程。

不仅是认识，就是心理学上的知（理性认识）、情（情操、情感）、意（意志）、伦理学上的真、善、美等伦理观念，审美观念也是随着对客观世界的改造而不断发展和改造。所以，人的主观世界的改造也包含着范围广泛的领域，并不是单指的改造思想意识。

根据这个定义，精神文明可以包括两个方面，即知识和文化方面，思想、道德、政治水平方面。当然这两个方面也不是绝对的，而是互相渗透，互相促进的。而且这两方面只能说是"大体上"，还不能包揽无余。它又包括个人方面（文化的、科学的、政治的、道德的、审美的修养、精神境界）和社会方面（精神生产、精神生活、风俗习惯、社会关系）。

既然文明是从改造世界的成果的角度来看待的，那么一个社会的文明除了物质文明和精神文明外，还有生产关系和社会政治制度的改造成果和历史的进步。因此理论界有同志提出是不是可以提经济制度的文明和政治文明的问题，马克思就讲过政治文明，恩格斯也说过"国家是文明的概括"这样著名的命题。看来可以承认改造世界的成果可以划分三个部分，即物质成果、精神成果以及生产关系和政治制度成果。这三者间的关系党的十二大报告中有所论述，从学术研究角度看，还需要深入研究论证探讨。高度的社会主义民主也可以理解为政治文明。

二、文明时代

（一）文明时代的内涵

文明的提法最明显的是大家常常引用恩格斯的《家族私有制和国家的起源》上的说法。美国杰出的民族学家、考古学家、原始社会史学家摩尔根，是首先从科学上来认识文明的学者，他经过40年的努力积累材料、分析研究，把几百万年的人类历史分为蒙昧时代、野蛮时代和文明时代，并且对这三个时代的划分和演进，直接联系生产的发展给以论证。马克思、恩格斯对他作了高度评价，恩格斯在《家族、私有制和国家的起源·序言》里说：摩尔根"以他自己的方式，重新发现了四十年前马克思所发现的唯物史观，并且以此为指导，在把野蛮时代和文明时代加以对比的时候，在主要点上得出了与马克思相同的结果"（《马克思恩格斯全集》第21卷，第29页）。

恩格斯把摩尔根的分期概括为："蒙昧时代是以采集现成的天然产物为主的时期，人类的制造品主要是用作这种采集的辅助工具。野蛮时代是学会经营畜牧业和农业的时期，是学会靠人类活动来增加天然产物生产的方法的时期。文明时代是学会对天然产物进一步加工的时期，是真正的工业和艺术产生的时期。"（《马克思恩格斯全集》第21卷，第38页）

在马克思、恩格恩、列宁、斯大林著作中对文明的概念也常在不同意义上使用。不过从 19 世纪以来马克思主义著作和许多人的历史研究中，文明概念已包括了野蛮时代结束以来的社会发展。摩尔根在《古代社会》一书中把文明的标志归结为：(1) 一夫一妻制的出现。(2) 氏族制度被政治制度所取代。(3) 社会分裂为对立的阶级。他把人类史前史划分为蒙昧、野蛮两个时代六个时期而后进入文明时代。恩格斯在《家族私有制和国家的起源》中对文明时代的本质的特征是这样表述的："文明时代乃是社会发展的一个阶段，在这个阶段上，分工，由分工而产生的个人之间的交换，以及把这两个过程结合起来的商品生产，得到了充分的发展，完全改变了先前的整个社会。"(《马克思恩格斯全集》第 21 卷，第 198 页)

文明是个历史概念，是和蒙昧、野蛮相对而言的。蒙昧时代是以采集现成的天然产物为主的时期，人们采集天然产物作为生活资料，也有采集时的辅助工具，制造和使用工具的劳动使人和动物分开，这是萌芽状态的文明，或文明的萌芽。这时人的意识还只是"一种纯粹动物式的意识"。"他的意识代替了本能，或者说他的本能是被意识到的本能"，因为那时的自然界还是"作为一种完全异己的、有无限威力的和不可制服的力量与人们对立……人们就像牲畜一样服从它的权力"(《德意志意识形态》，《马克思恩格斯全集》第 3 卷，第 35 页)。这个时代人们对世界的改造微乎其微，人类改造世界的能力很低，所以叫蒙昧时代。

野蛮时代是学会经营畜牧业和农业的时期，是学会靠人类的活动来增加天然产物生产的方法的时期。畜牧业、农业本身还是人通过自己的活动促进自然生长过程，人对客观世界的改造前进了一步。尽管水平十分低下，仍然标志着一种质的飞跃。

人已不再仅仅是被动地适应自然，等待自然恩赐的动物，而是开始向自然索取的作为人的人，不再仅仅是被动的自然产物、自然的奴隶，而是开始改造自然了，开始有了自由和自觉。这就是野蛮时代。

文明时代是学会对天然产物进一步加工的时期。是真正的工业和艺术产生的时期。工业是把自然的物质资料经过人的加工改造得到产品来供应人的生活。艺术是思想的加工，人的生产实践活动以加工过程为主就是文明时代。文明时代的决定性条件是生产力的发展，手工业的出现。

文明时代开始于原始公社制的瓦解，"剩余产品"的出现，由于这个出现：

（1）人们从此对自己的行动有了一定的选择余地，因而也从根本的意义上挣脱自然的束缚，开始取得对自然和自身的自由；

（2）人类从此有了真实的分工，即物质劳动与精神劳动的分工；

（3）人的意识主要不是用"想象某种真实的东西"，而是用来"真实地想象某种东西"（参见《马克思恩格斯选集》第1卷，第82页）。不只是按照现实中的存在去想象实践的行为，而是要按照想象中的存在去改变现实，这是真正的自觉，这是大规模的文明的创造。

（二）文明时代开始的标志

第一，在生产力方面人类学会对天然物的加工，甚至武器。"弓箭对于蒙昧时代，正如铁剑对于野蛮时代和火器对于文明时代一样，乃是决定性的武器。"（《马克思恩格斯选集》第4卷，第19页）

第二，在生产关系方面。分工、交换和商品生产的发展，使人的社会关系发生了完全的改变。原始社会也有几次大分工，虽有商品交换，但在很长时期内并没有引起社会关系的根本改变，只有在商品生产得到充分发展有了四大经济特征。

第三，在政治上产生了国家的和一定的法权制度。"国家是文明社会的概括"（《马克思恩格斯选集》第4卷，第176页）。

第四，在精神生产上是文字的发明和使用。这是文明时代的根本标志，从铁矿的冶炼开始，并由文字的发明及其应用于文献记录而过渡到文明时代。马克思在《古代社会》一书的摘要里也指出"文明时代是从发明表音字母和建立古代文献开始"。

可见他们这样划分的思想线索也还是从人改造世界的实践活动这个角度，马克思、恩格斯讲文明时代一般都是从奴隶制开始。

这和前面讲的文明是随着历史而来的，是不矛盾的。文明和不文明是一种相对的划分，是人们认识和改造世界的能力的发展程度的一种相对的划分，把标准定高，那就可以把发展程度较低的叫作不文明的时代，这种不文明时代也不能说没有改造世界的能力，也就是说有个程度较低的文明。

从奴隶时代开始进入文明时代。这是从有工业和艺术来定的。如恩格斯也用大工业作为划分更高的标准。这样马恩列经常讲资本主义社会就是文明社会。但当马克思、恩格斯批判资本主义社会时指出：资本主义制度使文明必然伴随着野蛮现象，文明伴随着野蛮，这不是真正的文明。这样他们往往讲，只有到社会主义、共产主义时代，人类才开始真正地进入文明时代。可见，文明从最根本意义上讲，同人类历史一同开始。如进一步划分，那么从奴隶社会开始文明时代，如以大工业作标志，则资本主义才开始文明时代。从更高的真正为全体人民享受的文明的角度讲，只能从社会主义、共产主义才开始文明时代。像马克思认为的那样，资本主义结束前的历史是"人类社会的史前时期"（《马克思恩格斯选集》第2卷，第33页）。从人类改造客观世界的角度来说文明和野蛮是对立的统一，是相比较而存在，文明的发展程度当然是相对的。中国共产党第十二大把这两种理解统一起来了（一是文明与人类俱来。一是奴隶社会开始文明时代）。

资产阶级的哲学、社会学、人种学、人类学的著作、刊物和会议讨论中，不同流派的社会学者，特别是马克思主义者和非马克思主义者中间的讨论，主要是围绕着文明的定义、文明的本质、文明的决定因素、文明同生产方式以及与社会政治制度的关系等。资产阶级学者中对文明概念给予种种不同的含义，但他们的共同的特点是回避资产阶级文明中的阶级对立和剥削的存在。所以研究了解这个概念是必要的。

在马克思、恩格斯著作中文明概念还有其他含义和使用上的差别,有时用于分析生产关系的历史类型的具体特点,如说古代文明、资产阶级文明等。有时用于描述时间上和空间上是有一定局限的社会组织、西方文明、东方文明、欧洲文明、基督教文明。也常常用于说明人类在物质文明和精神文化上的一切成果。列宁在《论我国革命》中说文明的前提是驱逐地主、资本家。

随着时间推移,历史的发展,文明概念使用的广度和内容都大大推进扩展了。如人们开始用以阐述资产阶级民主的政治制度用来反映高度文化水平、社会的总财富等,话剧开始被称为文明戏。放脚开始被称为文明脚。

三、社会制度与文明

十二大报告除对上述问题高度概括,明确回答外,还对社会制度与文明关系做了深刻的说明。

(一)实践是文明的源泉,人生产社会,社会对文明的发展起着决定作用

物质文明和精神文明两者都是精神和物质、主观和客观互相作用的结果都产生于实践,实践创造文明,是文明的源泉。文明的发展受实践广度和深度的制约,反过来它也制约着实践的广度和深度。所以人们的社会实践的具体内容和方式也就是人们的生产方式和生活方式,是人们达到文明的何种程度的确切说明。

人们通过实践创造物质文明和精神文明,而后者作为环境也创造着人。人是创造文明的实践的主体,也是实践创造文明的产物,马克思"人创造环境,环境也创造人"(《马克思恩格斯选集》第1卷,第92页)。

所谓环境,换句话说也就是社会。"社会是人同自然界的完成了的

本质的统一"(《马克思恩格斯全集》第42卷，第122页）。人是社会的人，自然是社会化了的自然，如从大宇宙看，社会在自然之中，社会的形成和发展不能不受自然规律的影响。如果从社会化了的自然看，自然又在社会之中，自然的发展变化服从于、取决于社会的需要与性质（旧中国修不成葛洲坝等），从社会形成的历史看，社会是人的社会，是人的产品和现实。从社会发展的历史看，社会有自己不以人的意志为转移的运动规律，人是社会的人，是社会的产品和现实。"正像社会本身生产作为人的人一样，人也生产社会。"(《马克思恩格斯全集》第42卷，第121页）这种关系使我们认识到人类创造的文明不仅在社会中得到统一，即统一于社会之中，而且社会对于文明的发展起着决定的作用，社会与文明同时诞生同步运动，社会的历史就是文明的历史，社会的特征概括着文明的特征。因此，十二大报告中说"社会的改造，社会制度的进步，最终都将表现为物质文明和精神文明的发展"。由此可以得出明显的结论是文明的性质是由社会制度决定的。马克思说："从物质生产的一定形式产生：第一，一定的社会结构；第二，人对自然的一定关系，人们的国家制度和人们的精神方式由这两者决定，因而人们的精神生产的性质也由这两者决定。"(《马克思恩格斯全集》第26卷，第296页）适应于社会制度的发展，文明也经历了同样的发展过程，奴隶制度下的文明、封建制度下的文明、资本主义制度的文明。恩格斯称为文明的三大时期，这三个社会是形态完备的奴役制社会，但它们的文明都依次达到新的水平，对自己的时代放出灿烂的光辉。但这三个奴役制社会的文明具有共同的局限性。

（二）阶级对抗社会的文明及其局限性

奴隶、封建、资本主义这三个社会是人类历史上的三个阶级对抗的社会，是三个形态完备的奴役制社会。在这个社会形态中，自然界的威力为之减色，再也不能威胁人类社会的生存。"人是万物的尺度"和许多发明创造创立的数学、天文学、哲学、伦理学、宗教。奴隶社会的知识分子通过哲学的思考和艺术的创造,热烈歌颂人类的创造能力。封建社会里农业生产特别是手工业技术得到了相当大的发展。资本主义社会,《共产党宣言》里说过,在一百多年里它所造成的生产力比过去世世代代的总和还要大、还要多。

在十二大报告中再次回顾了中国是世界公认的世界上最大的文明古国,中华民族是具有古老文明传统的伟大民族。中国从夏朝算起,已有五千多年的文明史,毛泽东说:"在中华民族的开化史上,有素称发达的农业和手工业,有许多伟大的思想家、科学家、发明家、政治家、军事家、文学家和艺术家,有丰富的文化典籍。在很早的时候,中国就有了指南针的发明。还在一千八百年前,已经发明了造纸法。在一千三百年前,已经发明了刻版印刷。在八百年前,更发明了活字印刷,火药的应用,也在欧洲人之前。所以,中国是世界文明发达最早的国家之一。"《毛泽东选集》第2卷,第622—623页)中华民族素以勤劳勇敢,艰苦奋斗,重礼仪,讲道德,有卓越的聪明才智和创造能力,闻名于世,在一个很长的时期是中国的物质文明和精神文明居于世界的前列,对东方、对世界产生了不同程度的影响,对人类做出了应有的贡献。只是在近代由于资本主义、帝国主义的侵略才逐渐落后了。但是,这三种社会形态是奴役制社会,它的文明有极大的局限性,这是光明与黑暗、文明与罪恶始终在同一轨道上行进。奴隶社会里,被统治的奴隶,如列宁所说"不算是人"(《列宁选集》第4卷,第50页)。马克思说,他们只是任人驱使的"会说话的工具"(《马克思恩格斯全集》第31卷,第247页),斯大林说任主人"买卖屠杀"的"牲畜"(《列宁主义问题》,第650页)。封建社会照马克思说法是"人类历史上的动物时期"(《马克思恩格斯全集》第1卷,第346页)。资本主义社会,马克思说,它"把工人只当作劳动的动物,当作仅仅有最必要的肉体需要的牲畜"(《马克思恩格斯全集》第42卷,第57页)。恩格斯在《自然辩证法》里也指出资产阶级把自由竞争、生存斗争,当作历史的最高成就来宣扬。其实那是"动物界的正常状态"(《马克思恩格斯全集》第20卷,第375页)。所以,在阶级对抗社会里,文明有很大局限性,都重复着历史上的悲剧。发明了工具的劳动者自己变成了工具。创造了文明的劳动者成为被文明压迫的奴隶。由于劳动者变成了工具,工具(机器)就成为竞争者,与劳动者对抗。由于劳动者成为被主人奴役的牲畜,主人的牲畜反而能够获得不劳而获的待遇。作为整体的人类的行为越来越自觉自由,作为个体的被压迫者的行为全无自由,日益盲目。对每一个具体的生产过程来说,劳动者的自由越来越高,表现了文明的进步。但对每一类的整体性的生产来说,劳动者的自由自觉程度越来越低,表现为文明的倒退。

被压迫阶级的每一个创造和创造的每一个成果,都在加强着压迫阶级的势力和权力,都在消耗和榨干着自己,使自己成为文明祭坛上的祭品。"资本来到世间,从头到脚,每个毛孔都滴着血和肮脏的东西。"(《马克思恩格斯选集》第2卷,第266页)马克思在《1844年经济学哲学手稿》一书里对资本主义社会的这种景象作了深刻的揭露,他说:"工人生产得越多,他能够消费的越少;他创造价值越多,他自己越没有价值、越低贱;工人的产品越完美,工人自己越畸形;工人创造的对象越文明,工人自己越野蛮;劳动越有力量,工人越无力;劳动越机巧,工人越愚钝,越成为自然界的奴隶。"(《马克思恩格斯全集》第42卷,第92—93页)所以,文明的进步只会增大支配劳动的客观权力(《马克思恩格斯全集》第46卷,第268页)。

(三)社会主义文明必然要替代资本主义文明,是文明发展的规律

在资本主义社会"这些矛盾和对抗不是从机器本身产生的,而是从机器的资本主义应用产生的"(《马克思恩格斯全集》第23卷,第483页),在劳动者的血肉和白骨上建立的文明日新月异,而劳动者自己却日甚一日地丧失文明的特征,这不是文明本身产生的,是文明的资本主义应用产生的。要消灭这些矛盾荒唐的现象就必须有更高的文明。要想使文明不再伴随着苦难和血污,就"必须推翻那些使人成为被侮辱、被奴役、被遗弃和被蔑视的东西的一切关系"(《马克思恩格斯选集》第1卷,第10页)。推翻资本主义的以及一切阶级剥削的关系。"只有在这种社会里""人在一定意义上才最终地脱离了动物界,从动物的生存条件进入真正人的生存条件"(《马克思恩格斯选集》第3卷,第633页),这样的社会就是社会主义、共产主义社会。只有在这样的社会主义制度下才能"使资产阶级的科学技术成果,几千年来文明发展的成果,不被一小撮人用来升官发财,而为全体劳动者所享用"(《列宁全集》第29卷,第52页),这样的文明就是社会主义文明。这就是"全人类都自觉地改造自己和改造世界"(《毛泽东选集》第1卷,第296页)的时代,这时人才不仅成为自然的主人,而且成为自身的主人,成为自由的人。社会主义文明,社会主义的物质生产和精神生产的根本目的是最大限度地满足人们日益增长的物质和文化需要。由生产方式在社会主义制度下第一次实现了精神文明同最广大的人民群众的最普遍的结合。人民创造的财富越多,他们的精神生活就越文明。社会主义精神文明是人类精神文明的高度发展,是新的更高类型的精神文明。

十二大也指明了我国社会还处在社会主义初级阶段,物质文明还不发达,但在建立了社会主义制度后我们就能够在建设物质文明的同时,建立起高度的社会主义精神文明。社会主义社会必须是高度的社会主义精神文明,必须要有高度的社会主义精神文明,只有社会主义才能而且要求继承以往文明发展的全部成果。也只有社会主义才能和必须创造更高的文明,在公有制基础上的文明。列宁就明确指出:只有社会主义国家才能实现"高度的文明"(《列宁选集》第3卷,第530页)。

文明有其规律性。列宁讲过,"规律是本质的现象""规律就是关系……本质之间的关系"(《列宁全集》第38卷,第159—161页)。据此研究社会主义精神文明建设的规律,就是研究它与各方面的关系及其自身的关系。这些规律即关系大致有两个方面,一方面是社会主义精神文明建设与它的外在的相关的条件的关系；另一方面是社会主义精神文明建设内部布局、结构的协调关系。诸如社会主义精神文明建设与物质文明建设协调发展的规律；改革、开放与社会主义建设的相互促进的规律；思想道德建设与教育科学文化建设协调发展的规律；社会主义道德建设的层次性的规律；党的建设与社会主义精神文明建设相辅相成的规律；对优秀文化遗产的批判继承的规律等。

我们现在主要说明文明与不文明的相互斗争的规律。1847年马克思在《哲学的贫困》中说"没有对抗就没有进步。这是文明直到今天所遵循的规律"（《马克思恩格斯全集》第4卷，第104页）。马克思这个观点对社会主义精神文明建设适用不适用，如果我们承认社会主义精神文明最早萌发于资本主义社会，那么它就是在与资本主义精神文明斗争中形成发展起来的，的确，正是在对抗和斗争中才诞生发展了马克思主义理论，产生了无产阶级的理想、道德和纪律，从这个意义上讲这个没有对抗就没有进步的规律对社会主义精神文明的产生发展是适用的。

但在社会主义社会消灭了剥削，消灭了剥削阶级，这就使这个规律起作用的条件和它的表现形式都发生了根本变化，在广大人民范围内它已失去效力，只是在一小部分敌我矛盾的范围内它还起作用。不承认这个规律在一定条件、一定范围内还起作用这是不对的，但对社会主义社会与资本主义社会不加区分，对两类不同性质的矛盾不加区分，随意套用这条规律，随意扩大对抗的范围那也是不对的。

（四）关于文明的阶级性问题

在中共十二大的报告中，虽然多次提到社会主义物质文明和精神文明，但在精神文明这一节里的提法则是物质文明建设和社会主义精神文明建设。在物质文明建设并未冠以社会主义字样，这反映了党中央对文明建设的性质的看法。

我们讲各个社会形态都有自己的文明，也讲社会主义的物质文明，这是不是说物质文明内容的本身有不同的阶级性质呢？不是的，物质文明内容本身是没有资本主义的、封建主义的阶级属性的区别的。我们说社会主义的物质文明只是指的物质文明的成果在社会主义制度下为人民所享有，为人民服务，为社会主义服务，是仅仅在这个意义上说的。

说社会主义精神文明，是从社会主义制度下精神文明的总体的阶级属性说的。但是在谈论精神文明的阶级属性时，还要具体分析。有一类精神文明即属于自然科技知识、语言文字、医药卫生、体育运动等方面的精神文明，同物质文明一样，都是人类认识和改造自然界的共同成果，它们本身并不具有阶级性，一般不受社会制度的制约，任何社会都要发展它所需要的这一方面的精神文明，以促进社会生产力的发展。但它们在指导思想上和为谁服务上；在不同社会制度下，就在一定程度上具有阶级性。我们说这一部分精神文明是社会主义精神文明，是说它是为巩固和发展社会主义制度服务的，是为人民所享有，为广大人民利益服务的。反过来说这一部分是资本主义精神文明，那就是因为它是为资本家所享有和垄断，为资本家掠夺巨额利润，为维持资本主义制度服务的。这种阶级性质并不是这一类精神文明本身固有的，而是不同社会制度、不同的统治阶级所间接赋予的。例如：科学技术。马克思说"生产力里面也包括科学在内"(《政治经济学批判大纲》第 3 分册，第 350 页)。当自然科学这种知识形态应用到生产中去时，就会转化为直接的生产力。科技的发展水平及其在生产中应用的程度，在人类历史发展的不同阶段是不同的。18 世纪蒸汽机的发明和应用推动了产业革命，19 世纪电力的发明和应用使社会生产力进入了一个新的迅速发展时期，20 世纪 50 年代以来现代科技正经历一场新的伟大革命，几乎使各门科技领域都发生深刻变化，出现了一系列新技术新的工业部门如高分子合成、原子能、电子计算机、半导体、宇航、激光灯，创造了新工具、新技术装备，提供了新材料，使劳动对象的范围明显扩大。新技术、新工艺、新材料大大加快了生产力的发展，大大密切了生产和科学的关系，证明马克思在《资本论》中作的论断"劳动生产力是随着科学和技术的不断进步而不断发展的"(《马克思恩格斯选集》第2卷,第271页)是十分正确的。虽然在资本主义制度和社会主义制度下都在发展,但发展速度和后果是不一样的。

在资本主义社会里"科学获得的使命是:成为生产财富的手段,成为致富的手段"(《马克思恩格斯全集》第47卷,第570页)。这就是说资本家利用最新技术成就,是为了加强对工人的剥削,是直接为增值剩余价值的目的服务的,当然竞争也迫使资本家为了企业的生存和发展,在利用科技成就,归根到底资本家对科技关心的程度是以能否带来高额利润为转移的。

在社会主义制度下,消除了资本主义制度对利用科技成就的限制,为科技的迅速发展和它转化为生产力开辟了广阔前景。

走上社会主义发展道路的一些国家,其生产力发展水平起点都是比较低的,科技水平同发达的资本主义国家相比差距都很大。但由于社会主义国家科技发展都比较快,因而这个差距都大大缩小了。例如俄国,1913年工业产值和国民收入都相当于美国的12.5%,但到了1950年苏联的工业产值和国民收入则分别相当于美国的30%左右和31%。

我国的发展也是这样,我国自力更生地在1964年爆发第一颗原子弹,再过2年爆发氢弹,接着发射人造地球卫星,1980年完成从陆地发射运载火箭的实验,1982年又获得用潜艇从水下向预定海域发射运载火箭的巨大胜利。我国在尖端技术上的成就引起巨大反响,得到世界公认。

另一类精神文明即社会政治思想和伦理道德方面情况完全不同了,它们虽然也有某些继承性和连续性,如道德情操方面的勇于进取、艰苦奋斗、助人为乐、见义勇为、谦虚礼让、尊师敬老、讲究卫生、待人礼貌等本身并不一定有什么阶级性,其中如卫生、礼节习惯,甚至是不同时代、不同阶级、不同国家所共同遵守的良好习惯,也是一个国家、一个民族具有相当文化水平的表现。但这种继承性和连续性不能抹杀这类精神文明具有的明确的阶级性，它们在不同的社会制度下有着不同的性质和内容。

各个时代的政治思想和伦理道德都是生产关系和社会关系的反映，它们由一定的政治、经济制度性质所决定，又与之相辅相成地构成统一的社会形态。在任何社会形态里，统治阶级的思想是占统治地位的思想。"一个阶级是社会上占统治地位的物质力量，同时也是社会上占统治地位的精神力量。支配着物质生产资料的阶级，同时也支配着精神生产资料，因此，那些没有精神生产资料的人的思想，一般地是隶属于这个阶级的。占统治地位的思想不过是占统治地位的物质关系在观念上的表现，不过是以思想的形式表现出来的占统治地位的物质关系。"（《马克思恩格斯选集》第1卷，第98页）统治阶级为了维护和发展本阶级的利益，总是把自己的思想体系作为社会的统治思想，极力向群众进行宣扬灌输以调整和巩固有利于自己的生产关系和政治制度，推动和保证生产和物质生活按照自己的愿望和要求发展。

随着资本主义的没落，资产阶级的精神文明生活更加腐朽，尼克松在1970年的总统就职演说里说："我们发觉在物质方面很富裕，但在精神方面却很贫乏：非常精确地到达了月球，但在地球上却陷入了一片可怕的混乱中……我们四分五裂缺乏一致性。我们看到周围都是空虚的生活，缺乏充实的内容。"他直称之为"精神方面的危机"。物质文明一样，是就它为人民掌握，为人民服务，为社会主义服务而言的。是就它同社会主义制度相联系而言的，并不是说它的内容本身有社会主义的或资本主义的区别。从思想精神来说，那么它所包括的内容整个说来是有鲜明的阶级性的，社会主义精神文明以马克思主义思想为指导，有理想是共产主义理想、有道德也是共产主义道德、守纪律也是无产阶级的纪律，但即使如此也还要做具体分析，因为其中有一些道德和行为准则是一切社会为了维护正常社会秩序所必须具备的。例如一定的礼貌、一定的交通规则等，认清这些就不会犯"左"的错误，像"文化大革命"

中，把一切知识都区分阶级性质，于是"知识越多越反动""反动学术权威""右派靠右走"，甚至认为红是革命的，所以不应该是红灯停止、绿灯前进，而应该是红灯前进、绿灯停止等幼稚笑话。

（五）文明发展的继承性

文明发展有它的继承性。任何一种特定的文明，都为人类进步的历史过程做出了自己的独立的贡献，同时又都同以前的文明有联系，有渊源上的联系。新文明否定旧文明，但又是以旧文明所达到的物质成果和精神成果作为自己直接发展的基础，过去历史时代积累下来的一切对未来有意义的遗产，是产生新事物的前提。

各种文明相互交往、影响、补充是自古以来就有的历史上常见的现象，丝绸之路、哥伦布发现新大陆、马可·波罗游记等是历史的奇迹，又是历史的常规。资本主义的发展开拓了世界市场，过去那种地方的和民族的自给自足的闭关自守状态，已经被各民族的各方面的互相往来所代替，一切国家的生产和消费都已经成为世界性的了。当代生产力和科技发展更迅速，尽管国际关系错综复杂，矛盾重重，但是总的说国际性经济技术联系仍很密切，闭关自守不可能实现现代化。

文明的发展有它的继承性，社会主义的文明要在社会主义生产关系基础上，继承和吸取人类文明的全部有价值的物质成果和精神成果，使之为劳动人民享有，并在此基础上创造、发展人类历史上最新最高的文明。

马克思、恩格斯精心研究了资本主义社会的基本矛盾，从这个矛盾运动规律中得出了资本主义必然走向社会主义的结论，生产社会化和生产资料私人占有的矛盾的解决，不是变大生产为小生产，使社会倒退，而是解除社会化生产力发展的桎梏，变生产资料的资本主义私人占有为社会占有。没有生产资料的社会占有和生产的社会化，就没有社会主义。对于资本主义条件下，单个企业生产的有组织与整个社会中生产的无政府状态的矛盾，马克思指出的解决办法，是在实现生产资料社会占有的条件下，使整个社会生产有计划地发展，当然也就包括保存和发展单个企业的有组织性。总之，对资本主义社会矛盾的革命解决是保存和发展人类文明的成果的基础上进行的。

在《反杜林轮》中，恩格斯一方面讲了资本主义生产方式的辩证运动必然导致向社会主义和共产主义，同时又讲了人类文明和文化的历史发展，为现代化社会主义准备了前提。在这种意义上，恩格斯甚至说："没有古代的奴隶制，就没有现代的社会主义"（《马克思恩格斯选集》第3卷，第524页）。这就是说社会主义是整个文明时代三大时期发展的结果，它不仅要继承资本主义文明的成果，而且要继承整个人类文明时代的成果。

十月革命后，围绕无产阶级文化问题，列宁同无产阶级文化派有过一场争论。当时，以波格丹诺夫为代表的无产阶级文化派，是一种在精神文化上的历史虚无主义的观点，受到列宁的严肃批判、坚决的斗争。在苏联由无产阶级文化派，由"拉普"（俄罗斯无产阶级作家联合会）挑起一场又一场的斗争，长达十年。他们在理论上的错误就是反对批判继承人类历史上一切优秀文化遗产，排斥和敌视知识分子。

我国"文化大革命"中，林彪、江青反革命集团把"左"的错误推向极端，他们对人类文化遗产统统贴上"封、资、修"的标签，干脆"彻底扫荡"叫作"横扫一切"，"打倒反动学术权威"，把除他们御用以外的知识分子当成专政对象，这是对人类文明的破坏，造成了灾难性的后果。十二大报告中指出："过去由于'左'倾思想和小生产观念的束缚，在我们党内相当普遍、相当长期地存在着轻视教育科学文化和歧视知识分子的错误观念。它严重地妨碍我国物质文明和精神文明的建设。"（《十二大以来重要文献选编》，第29页）

精神文明的发展既有变革性也有继承性，任何社会的精神文明同以往的精神文明都有一定的继承关系，社会主义精神文明也是这样。列宁曾经说："只有确切地了解人类全部发展过程所创造的文化，只有对这种文化加以改造，才能建设无产阶级的文化"（《列宁选集》第 4 卷，第 285 页）。无产阶级文化"并没有抛弃资本主义时代最宝贵的成就，相反地却吸收和改造了两千多年来人类思想和文化发展中一切有价值的东西"（《列宁全集》第 31 卷，第 283 页）。继承不是简单的继续而是批判地继承其中优秀的部分，加以革命改造，剔除糟粕，吸取精华，为我所用。

四、党关于社会主义精神文明构想的形成及重要特征

（一）中国共产党集体形成社会主义精神文明建设的构想，大大扩大了我们的眼界，指导我们社会主义建设奋进的前程

社会主义精神文明是一个关于社会主义建设的重大理论问题和实践问题，是一个重大决策。

最早明确提出社会主义精神文明建设的构想是中国共产党把工作重点转移到经济建设以后，1979 年 9 月十一届四中全会，叶剑英在国庆 30 周年代表党和国家讲话中说，我们实现四个现代化要在改革和完善经济制度的同时，改革和完善社会主义政治制度，发展高度的社会主义民主和完备社会主义法制。我们要在建设高度物质文明同时，提高全民族教育科学文化水平，树立崇高的革命理想和革命道德风尚，发展高尚的、丰富多彩的文化生活，建设高度的社会主义精神文明，这些都是我们社会主义现代化的重要目标，也是实现四个现代化的必要条件。这就明确把高度民主、高度文明作为目标和条件。这是党对我国社会主义现代化建设的目标第一次提出的总体构想，也是最早提出建设高度社会主义精神文明的构想，指导全党、全国人民的实际行动。

党的十一届四中全会以后，党的文件、党的领导讲话，形成了第二步关于建设两个文明的构想，对建设社会主义精神文明的重要内容前进了一大步。一个物质文明，一个精神文明，两个文明互相联系、互相促进。1980 年 2 月党中央工作会议，把建设社会主义精神文明作为重要

议题进行了讨论、研究。邓小平作了《贯彻调整方针，保证安定团结》的讲话，又一次比较集中地论述精神文明建设。论证了精神文明建设的重要性，概述了精神文明的重要内容，强调了党员和党的高级干部的责任，指出了必须继续批判和反对封建主义的种种残余影响、资产阶级自由化倾向、资产阶级损人利己的腐朽思想、无政府主义、极端个人主义。党在指导实践中不断提高认识，提高理论水平。

1981年6月，十一届六中全会《关于建国以来党的若干历史问题的决议》及思想战线问题座谈会和1981年11月30日—12月1日五届人大四次会议上的政府工作报告。把建设社会主义精神文明的构想提到关系社会主义兴衰成败的高度。形成了党和国家建设社会主义精神文明第三步的构想。根据上述认识确认"社会主义必须有高度的精神文明"。并把党在新时期的奋斗目标概括为"建设现代化的、高度民主的、高度文明的社会主义强国"。此次会议还就精神文明建设的基本内容提出原则要求。这都是对精神文明建设问题进一步阐明。在政府工作报告中还概述了精神文明建设的主要内容，包括两个方面：一方面是教育、科学、文化、艺术、卫生、体育事业的发展规模和发展水平，这是一个社会文明与否和文明程度的标志，任何社会都要发展它所需要的这方面的精神文明。另一方面是社会政治思想和伦理的发展方向和发展水平。这是由社会制度的性质所决定，并且强烈的反作用于社会制度性质的。还指出"发展这种思想方面的精神文明是我们的社会主义区别于资本主义社会和以往任何剥削社会的重大标志等"。党的各次会议和决策都使全党全国人民在遵照执行中对于精神文明建设的认识和行动又有了提高。

社会主义精神文明建设构想 1982年4月，邓小平在中央政治局讨论《关于打击经济领域中的严重犯罪活动的决定》的会议上讲话，总结实践经验基础上，从理论上又上一个台阶开始和十二大至十二届六中全会《关于社会主义精神文明建设指导方针的决议》（以下简称《决议》）构想较完整形成。1982年4月，邓小平讲话，第一次提出建设社会主义精神文明是坚持社会主义道路的"四项必要保证"之一。以后他在军委座谈会上讲话和十二大开幕词又都强调了包括精神文明建设在内的四项工作是坚持社会主义道路和进行现代化建设的重要保证。

1982年9月党的第十二大报告把建设社会主义精神文明的问题提到战略方针的高度。对十一届三中全会以来,我们党在这个问题上的论述做了系统的总结和全面展开,进一步丰富了新的见解、新的内容和思想。如关于社会主义社会特征的概括,创造性提出了社会主义精神文明是社会主义的重要特征,这是马克思主义发展史上和社会主义建设史上一个崭新的论断,为精神文明建设奠定了坚实的理论基础,也反映了我们党深刻探索了科学社会主义理论。

1985年9月全国党代会议,又强调要进一步重视和加强精神文明建设以适应我国建设、改革和开放发展的要求,以求全面发挥社会主义优越性和保证社会主义事业发展的正确方向。党代会后,1986年1月中央机关召开干部大会,贯彻会议精神。

在党中央领导下经历了实践、总结,再实践再总结,水到渠成,形成了十二届六中全会《关于社会主义精神文明建设指导方针的决议》,这个决议是从我国的具体实际出发,对马克思主义基本原理的运用和发展。该决议根据十二大和1985年党的全国代表会议精神,总结了这几年的经验,并按照全面改革发展的要求,系统地说明了社会主义精神文明建设的根本问题,《决议》从社会主义现代化建设的高度,进一步确定了社会主义精神文明建设的战略地位,指明了社会主义精神文明的基本指导方针和根本任务,深刻论证了在社会主义精神文明建设中马克思主义的指导作用。这是个纲领性文件,充分体现了坚持四项基本原则,促进改革开放的正确方向。这个《决议》是继承和发展了十二大精神,在理论上创造性地发展了马克思主义,对指导和推进社会主义精神文明建设必将产生深远影响。它必将随着社会主义建设伟大复兴更为完善、丰富和发展。

（二）报告和《决议》最完整地概括了以马克思主义为指导的社会主义精神文明是社会主义社会的重要特征，使我们对马克思主义关于社会主义有了新的认识

过去在讲到社会主义特征的时候，人们往往强调剥削制度的消灭和生产资料的公有，按劳分配，国民经济有计划、按比例的发展，以及工人阶级和劳动人民的政权。这些无疑都是正确的，但是还不足以完全包括社会主义特征，十二大提出，"社会主义精神文明是社会主义的重要特征，是社会主义制度优越性的重要表现""社会主义还必须有一个特征，就是以共产主义思想为核心的社会主义精神文明"（《十二大以来重要文献选编》上，第26—27页）。《决议》的提法有了新的发展，一是用以马克思主义为指导代替了以共产主义思想为核心。二是用社会主义社会取代了社会主义，加了社会两个字。至今十二大报告和《决议》是马克思主义文献中对社会主义特征的最完整概括。这也是十二大和《决议》把建设高度社会主义精神文明作为实现现代化建设的一项战略任务的立论根据，没有它就没有社会主义，这是对科学社会主义的新贡献。解决了过去理论与实践中未解决的问题。

所谓社会，就是以共同的物质生产活动为基础而相互联系的人类共同体，是人们相互交往作用的产物。物质资料的生产是社会存在的最基本的条件。马克思指出"人们在自己生活的社会生产中发生""即同他们的物质生产力的一定发展阶段相适合的生产关系。这些生产关系的总和构成社会的经济结构，即有法律的和政治的上层建筑立其上并有一定的社会意识形式与之相适应的现实基础。物质生活的生产方式制约着整个社会生活、政治生活和精神生活的过程"（《政治经济学批判·序言》，见《马克思恩格斯选集》第2卷，第32页）。这就告诉我们认识一个社会的基本特征就要考察这些方面。恩格斯在《社会主义从空想到科学的发展》这本被马克思称为"科学社会主义入门"书中讲社会主义社会特征时，着重指出：无产阶级将取得社会权力，把生产资料变为公共财产，用按照预定计划进行的生产，取代整个社会生产无政府状态。公有制、计划经济，这个叙述只限于社会主义特征的经济方面，因为当时需要突出经济方面。马克思、恩格斯的论敌们否认和忽视的还是经济的决定作用的原理，所以恩格斯这样做是完全正确的。同时，他自己也指出，他在这本书中对社会主义特征的叙述是一个"无论是政治的还是非经济的社会问题都根本未触及的不全面的概述"（《马克思恩格斯全集》第36卷，第420页）。马克思在《哥达纲领批判》中发表了从资本主义社会到共产主义社会的过渡时期要实行无产阶级专政思想，在论及问题的政治方面；又提出了在共产主义第一阶段实行按劳分配的思想，这进一步揭示了社会主义社会的经济方面的特征。

这些仍然没有构成对社会主义社会特征的全面概括，当时无此需要，马克思也未为自己规定这样的任务。马克思、恩格斯没有集中论述过关于未来社会的精神生活。不过他们的关于社会主义要改变由旧的生产关系和社会关系产生出来的一切观念，要使教育、科学、艺术，得到最充分发展，这类原则性的提示当然是意义重大的。

苏维埃政权建立后，就面临着组织人民为建设社会主义而斗争的现实任务，把全面概括社会主义特征的问题提到日程上、提到劳动者面前。列宁在论述社会主义特征时，除了反复阐明马克思、恩格斯的上述观点外，列宁根据实践经验强调发展大工业生产和提高劳动生产率，特别强调共产主义就是苏维埃政权加全国电气化。他说"共产主义就是利用先进技术的、自愿自觉的、联合起来的工人所创造出来的较资本主义更高的劳动生产率"（《列宁选集》第4卷，第16页）。列宁以无产阶级革命家的巨大勇气破除了那种认为只有在生产率最发达的资本主义国家才能进行社会主义革命的机械观点，同时，以马克思主义者的清醒头脑，强调取得社会主义革命胜利的生产力不够发达的国家，必须用最大努力发展生产力，为社会主义社会建设它应当具有的物质技术基础。列宁这些思想是完全正确的，有重大意义的。

但是必须注意到列宁从来没有把发展生产力当作社会主义建设的唯一任务。正是列宁反复阐明了共产主义教育、道德、纪律、共产主义劳动态度的重要意义。他说"建立新的劳动纪律、建立人与人之间社会联系的新形式，创立吸引人们参加劳动的新方式和新方法——这是需要作许多年甚至几十年才能完成的工作"（《列宁选集》第4卷，第131页）。又说"战胜自身的保守、涣散和小资产阶级的利己主义""这是比推翻资产阶级更困难、更重大、更深刻、更有决定意义的变革的开端"（《列宁选集》第4卷，第1页）。正是列宁指出社会主义的政治变革和社会变革之后，要重视思想文化建设，要倡导文化革命，实现文化变革，即普遍提高文化知识和发展物质生产，才能成为完全的社会主义国家。指出必须用全部科学、技术、知识和艺术，来为社会主义建设服务。列宁提出了我们现在称为社会主义精神文明建设的许多方面的任务，虽然那时他还没有形成这样一个集中的概念。斯大林对精神、思想方面有了更具体的强调。

毛泽东根据中国革命在长期的艰苦奋斗中依靠正确的思想指导，依靠广大干部和人民群众思想觉悟和献身精神而取得胜利的传统，根据我党我军思想政治建设的独创丰富经验，非常重视加强思想政治工作和发扬革命精神在建设社会主义中的重要作用，在这方面提出过许多重要的深刻的正确的思想。如"政治工作是一切经济工作的生命线"，"思想工作和政治工作是完成经济工作和技术工作的保证"（《建国以来重要文献选编》第11册，第47、67页），"要保持过去革命战争时期的那么一种劲，那么一股革命热情，那么一种拼命精神，把革命工作做到底"（《建国以来重要文献选编》第10册，第136—137页）。但都没有概括出社会主义精神文明概念，把它提到社会主义特征的高度。现在我们继承了列宁、毛泽东在这方面的正确思想，又总结了我们在这方面过去所犯过的错误的教训（主要是重点转移，长期轻视教科文，思想政治工作中存在着由于把阶级斗争扩大化、绝对化，而弄得是非混淆，范围狭窄，方法简单粗暴等现象，在经济建设中夸大主观意志，和革命精神的作用而违背客观规律，忽视人民群众物质利益等错误）。研究了近几年工作重点转移后、在这方面遇到的新问题新情况取得的新经验，在十二大上提出了在进行物质文明建设的同时努力进行社会主义精神文明建设的基本任务，从而确立了我们全面建设社会主义的纲领，形成了我们全面概括社会主义社会特征的理论，把社会主义精神文明作为社会主义社会的重要特征，并把它提到关系社会主义兴衰成败的战略高度，这是因为：

（1）社会主义精神文明是社会主义社会的有机的组成部分，是社会主义社会区别于其他社会形态的一个标志。

任何社会都是由经济基础、上层建筑、意识形态三个方面的统一构成，要完全概括一个社会的面貌和发展过程就必须同时揭示这三个方面的特征及其相互作用，经济、政治、思想文化三者形成社会的统一体，经济是基础，政治是经济的集中表现和根本保证，思想文化是经济政治的反映，又反作用于政治经济。社会主义社会也是这三个方面的统一体，社会主义的思想文化即社会主义的精神文明，是这个统一体的不能缺少的一部分。十二大提出的全面开创社会主义现代化建设就包括这三个方面的建设。缺少一个方面都是不完全不全面的。社会主义精神文明主要是社会主义的意识形态，是社会主义区别于其他社会的一个标志。

（2）是社会主义社会本身存在和发展的客观要求。

社会主义精神文明不仅是社会主义自身不可或缺的部分，而且是社会主义的其他特征的共同要求。比如生产资料公有制是基本特征，这个特征就要求人们树立公有观念，同传统的私有观念决裂。公有制为公有观念的产生发展确立创造了条件，但不能保证公有观念在全社会成员中普遍树立，就要求建设社会主义精神文明。社会主义公有制要求扫除以私有制为基础的、以极端利己主义为核心的精神文明，建立马克思主义为指导的社会主义精神文明。社会主义国家政权的政治制度要求扫除以压迫剥削为特征的奴役形式的精神文明,建立高度民主的社会主义精神文明,社会主义社会生产力大发展,劳动生产力大提高,这就要求有必不可少的思想文化条件。共产主义大目标需要人们不断提高觉悟,需要高度的精神文明。社会主义是向着共产主义发展的历史运动,它反映了社会主义制度本身存在和发展的客观要求,是不可或缺的一个方面。社会主义各特征对社会主义精神文明都有需要,可以说,没有社会主义精神文明就不能建设社会主义。

(3)是社会主义制度优越性的重要表现,是社会主义本质的重要体现。是与资本主义制度相区别的重要标志。首先,资本主义创立过去历史上最进步的精神文明,显示了人类巨大的进步,是人类文明史上的一个重要阶段,但它建立在私有制基础上,服务于剥削需要,维护和巩固私有制度,它以极端资产阶级利己主义为核心代替中世纪宗教幻想和地主阶级伪善说教,把人的价值、尊严、良心、爱情都当成现金交易,如列宁说的:"资产阶级的文明带来了它的美好的果实。"可见"资本主义的野蛮超过一切的文明"(《列宁全集》第19卷,第389页)。社会主义精神文明建设基于公有制,以马克思主义为指导,摆脱资本主义社会精神文明的对抗性质,反映全体劳动人民的根本利益,符合社会发展的必然规律,它不仅极大地提高人民群众的精神境界,而且为在全社会建立和发展团结一致、友爱互助、共同奋斗、共同前进的新型的社会关系、人际关系提供了思想前提,随着这种精神文明的发展,整个社会就更协调、更迅速地发展,创造出社会主义新人,没有这种新型的社会关系、新的人,也就建设不成社会主义。再者,在资本主义社会从本质上说,他们把劳动人民创造的文化成果变成剥削压迫人民的手段,以维护和巩固资本主义制度。相反,在社会主义社会中一切文化成果属于全体劳动人民,为人民所享用。

其次,是社会主义制度的本质要求。没有社会主义精神文明就不能建设社会主义,社会主义不是自发产生的,社会主义是靠有觉悟的人建设起来的。恩格斯说过社会主义社会人们自觉地创造自己的历史,从这时开始人们进入从必然王国进入自由王国的时代,这并不是说在社会主义制度下人们的每一个活动都达到自由了,不是的。相反在许多问题的认识,特别是对社会规律的认识,要达到从必然到自由那还是一个很长的历史过程,但从整个时代说,确立了社会主义的经济制度和政治制度,有了马克思主义指导思想,从根本上正确认识了社会发展的客观规律,工人阶级和劳动人民成为社会的主人,自觉创造历史,因此社会主义社会建立和一切旧社会不同,是工人阶级和劳动群众在马克思主义政党领导下,按照对社会发展的客观规律的认识,自觉建立起来的。因此社会主义的成员就应该是有社会主义觉悟的人,是用马克思主义作指导以共产主义思想作为精神武装的人,没有这样的人的自觉努力,社会主义是建设不起来的,社会主义建设的全局是不可能建立的。

认识规律、掌握规律、运用规律并不是一件容易的事,这要求主观与客观逐步高度一致,要求不断改造主观世界,适应客观规律的需要,要求认真刻苦地学习马克思主义理论,努力加强理论建设。我们都从事科学社会主义理论学习和研究的,科学社会主义在创造时期仅仅是一种理论预想,现在已经变成现实,有了丰富的经验,现在社会主义在实践中国际共产主义运动在曲折中发展,随着实践的发展科学社会主义理论也将要有一个大的发展。马克思写了《资本论》,列宁写了《帝国主义论》,我们将来会要写出经济建设、精神文明建设的新的理论来。

(4)社会主义精神文明是使社会主义制度沿着正确方向发展的重要保证。社会主义制度的巩固和发展离不开物质文明的发展,但仅仅靠物质财富增长社会主义还是不能巩固和发展起来的,还要依靠有觉悟、有文化的人。从我国几十年经验、其他社会主义国家经验看,如果不抓精神文明建设、不进行共产主义教育、把社会主义只看成是财富积累、生产条件、生活条件的改善提高,那么,对社会主义的理解就会陷入片面,使人们的注意力仅仅限于物质文明建设,仅仅限于物质利益的追求,这样社会主义就会失去理想和目标,甚至走向畸形和变质。

总之,社会主义精神文明是社会主义的重要特征,是我党根据科学社会主义基本原理总结了新的历史经验得出的重要新结论。它不仅反映了社会主义社会的本质要求,而且展示了社会主义精神文明在社会主义建设中的战略地位。它对物质文明建设起了巨大的推动作用,它是反对封建主义残余、反对资本主义腐朽思想重要的精神武器,是区别于资本主义制度的重要标志。

现在全世界只有中国共产党和人民政府制定了社会主义精神文明和物质文明建设重大纲领性的决定,提出根本性的指导方针,给中国人民指明奋斗目标和根本任务,我们只有遵循、坚持、努力奋进。

(三)社会主义精神文明是关系到社会主义兴衰成败的战略地位、战略蓝图问题。深入学习思想境界更高,才能踏实迈步走在建设社会主义四化的道路上

精神文明是现代化建设总体布局中不可缺少的重要组成部分,它不仅因为社会主义精神文明是社会主义社会的特征,没有它就没有社会主义,还因为它是关系社会主义全局问题,不建设它就不能建设社会主义,社会主义精神文明建设是经济体制改革、政治体觉活动的成果。它不是线性发展,不是在单一轨道运动前进的,是系统工程。在社会领域内,发展制改革顺利进行的重要条件。改革就是要对不适应生产力发展要求的经济基础、上层建筑中哪些方面、环节进行调整和变革,是一场深刻的革命,它除触及体制的弊端、缺陷、调整、改变各种具体体制制度,也必然会触及人们的思想、观念、伦理道德、思维方式、生活方式等等。改革要深入发展还需要有相应的文化背景和条件。

精神文明建设可以帮助人们逐步树立起马克思主义世界观,改变因循守旧、墨守成规的社会心理和多种陈旧观念,树立新思想、新观念,提高人的素质,正如《决议》说的"形成有利于社会主义现代化建设和全面改革的舆论力量、价值观念、文化条件和社会环境,有力地抵制资本主义和封建主义的腐朽思想"(《十二大以来重要文献选编》下,第1175页)。没有精神文明建设,改革就很难顺利进行,一些改革内容还有可能被扭曲。由此,要切记社会主义精神文明具有社会主义兴衰成败的战略地位,理由如下:

(1) 从文明发展进程的规律看

文明进程是作为一个整体而发展的。文明是人类有意识地自觉活动的、改造自然界的物质成果和社会的精神生产和精神生活的成果。改造社会的成果即新的生产关系和社会政治制度,是个全面的、整体的概念。

如果在社会实践中整体遭到破坏,或者是残缺不全或者是方向紊乱,反向运行,那么发展就受到破坏,文明进程就中断、停滞甚至灭绝。历史上有这种现象。我们现在从考古发掘的资料上看到一些曾经存在过的某些民族地区的文明。现在世界上有各种不同民族、各种类型国家,它们的文明的发展存在着很大的差异,显现出了不同层次、不同水平,有的甚至生活在原始文明时代,我国封建社会延续几千年,西方国家进入资本主义已经有几百年,这都是这种文明本身的不和谐,整体性受到破坏造成的。金观涛、刘青峰写的《兴盛与危机——论中国封建社会的超稳定结构》,是用系统论、控制论的概念论证中国传统社会不可能过渡到资本主义社会,提出了"超稳定结构"的概念。它把中国封建社会当作一个相对稳定的"系统"研究。从系统内部的子系统(经济结构、政治结构、意识形态结构等)之间互相调整,相互适应动态角度考察系统的稳定性。这个动态调整过程可导致两种前途:一是旧结构破坏,丧失了恢复原系统能力;一是旧结构的崩溃反而消除了各"子系统"互不适应的因素,结果回复到旧结构形态中去,控制论把后一种情况称之为"超稳定系统"。他们用这个东西来说明中国几千年来历史发展的情形。不管怎么说,一种"超稳定结构"的文明、停滞的文明,总是一种有缺陷的文明,整体发展受到破坏的文明。一种文明的发展停滞了、中断了,甚至灭绝了,必然是文明整体发展中出现了缺损、缺陷。

文明进程的每一发展都是人的有意识自觉活动的结果。但在很长历史时期里,人类对作为整体发展的文明进程缺乏自觉认识的,因而在创造文明的时候,往往没有整体观念,以致造成灾难性的后果。只是到现代随着科技发展,人们才逐渐认识到文明的结构必须合理,必须系统化,发展不能是单方面的,而应该是整体的。除了GNP还应有政治、文化、道德的进步,应有生活质量的提高、改善。

(2) 从巩固和完善社会主义制度看

只有建设社会主义精神文明才能巩固和完善社会主义制度,建设高度的社会主义精神文明是社会主义制度本身存在和发展的客观要求。社会主义首先是一种经济制度,在社会主义社会里工人阶级和劳动人民掌握和占有了生产资料,建立了生产资料的社会主义公有制。

社会主义的分配制度是按劳分配,实行这个原则就要求人们树立主人翁的劳动态度,尽其所能地劳动和工作,要具有社会主义公有制观念。

社会主义也是一种政治制度,它的根本政治特征是领导人民当家作主。它的完善和发展不仅要受经济发展水平的影响更受科学文化水平和群众思想觉悟水平的影响。社会主义民主是高度民主,人民是主人,但列宁说,由于人民群众文化水平低,苏维埃虽然在纲领上是通过劳动群众来实行管理的机关,而实际上却是通过极先进阶层来为劳动群众实行管理的机关,而不是通过劳动群众实行管理的机关。社会主义的历史和现实情况都说明,劳动人民只有不断提高思想、政治水平和不断丰富自己的科学文化知识,才能更加有效地管理国家,充分行使民主权利。在文盲充斥,文化落后的国家是很难建立高度民主的社会主义政治制度的。

(3) 从现代化这个文明目标看

什么叫现代化?在国际上现代化长期来被理解为单纯由GNP(国民生产总值)来计算经济的增长,这个计算概念是1930年代由S. S.

Katnets 和 C. ClaXk 提出的，1945 年罗斯福向国会提交预算咨文中首次提出来，西方学术界对此也有不同看法，认为只是 GNP 一项不是衡量一个国家现代化的全面指标。按人均计算的 GNP 掩盖了贫富悬殊等一系列社会问题，西德 1968—1974 年的发展合作部长 ErhardEppler 在《国际发展新路基金会》杂志（1985 年 11—12 月号）撰文说"发达国家""不发达国家"概念并不科学。DECD（经济合作与发展组织，西方七国）国家中至少有 3000 万人并不是生活在"富社会"，在极力追求经济增长中，这些国家都面临生态环境严重破坏、失业、社会福利难以为继，这是资本主义制度无法解决的。还有西方通称的"文明病"（空虚、麻醉）。所以，人们都要考虑，我们走什么样的现代化道路？要什么样的现代化？这就不能只看 GNP、只看经济增长、只看物质生活的现代化。我们的现代化是社会主义现代化，更不应该只是经济建设物质生活的现代化。而应该还是以高度民主为标志的政治现代化，以人的现代化为标志的精神文明的现代化。这几方面现代化实现了，才是现代文明的总体。事情明白清楚，社会主义精神文明的建设是社会主义现代化建设这个总体事业决不可缺少的重要部分。社会主义精神文明是精神文明迄今的最高层次的文明，它应该拥有高度发达的教育科学文化事业，社会成员有高度科学文化水平，能享受丰富多彩健康的精神文化生活，有高尚的道德情操和人与人之间新型的社会主义人际关系。

（四）从两个文明的相互关系来领会

社会主义精神文明和社会主义物质文明之间的关系，中共十二大报告说"我们就能够在建设物质文明的同时，建立起高度的社会主义精神文明。物质文明的建设是社会主义精神文明的建设不可缺少的基础，社会主义精神文明对物质文明的建设不但起巨大的推动作用，而且保证它的正确的发展方向。两种文明的建设，互为条件，又互为目的"（《十二大以来重要文献选编》上，第 26 页）。《决议》在这个基础上指出"在社会主义时期，物质文明为精神文明的发展提供物质条件和实践经验，精神文明又为物质文明的发展提供精神动力和智力支持,为它的正确发展方向提供有力的思想保证。社会主义精神文明的建设,是关系社会主义兴衰成败的大事"(《十二大以来重要文献选编》下,第 1174 页)。

文明是人们改造世界的社会实践的积极成果,这种实践本身既包含精神方面的内容又包含物质方面的内容。实践的这个特性使物质文明中包含有精神的内容,精神文明需要有物质的外壳,物质文明中凝聚着精神文明,精神文明中反映包含着物质文明。

这就说明两者之间是不可分割的。

①物质文明建设是社会主义精神文明建设的不可缺少的基础。这个基础的作用表现在什么地方呢?在物质生产是精神生产的物质前提和保证,经济的发展为教育、科学的发展提供了物质条件,物质文明的发展推动着人们思想道德的进步,如果物质生产不丰富经济贸易繁荣起来,教、科、文事业的发展就要受到限制,人的精神面貌和道德风尚也容易受到经济落后状况的困扰。精神生产归根到底是随着生产的发展而发展,高度的社会主义精神文明的建立,最终还得依赖高度的物质文明。列宁指出:"要成为文明国家,就必须有相当发达的物质生产资料的生产,必须有相当的物质基础。"(《列宁选集》第 4 卷,第 688 页)

②社会主义精神文明建设又推动着物质文明建设的发展。推动作用表现在——甲:科学文化知识是一种潜在的生产力被运用于生产过程后,可以转化为现实的、直接的生产力;乙:革命的理想信念能激发人们的生产热情和劳动积极性,使精神文明力量化为巨大的物质力量;丙:共产主义道德而言调整人与人的关系,为物质文明建设创造安定团结的社会环境;以马克思主义为指导的精神文明将指引物质文明沿着社会主义方向发展。建设高度社会主义精神文明也是向共产主义过渡的基本条件。

过去在"左"的思想影响及林彪、江青反革命阴谋下,曾有个阶段离开经济讲政治,离开物质讲精神。一个是把发展生产力当修正主义的所谓唯生产力论批,一个是把关心群众生活当作所谓福利主义批,造成了破坏精神文明赖以建立和发展的物质基础,广大人民群众生活长期得不到关心和改善,反过来又影响破坏了精神文明建设。十一届三中全会以来两手抓两个情况好了。社会主义精神文明对物质文明的建设起着保证发展方面的作用。搞社会主义物质文明建设,不仅要提高劳动生产率把国民经济搞上去,而且要使之在目的、途径、方法等方面都体现出社会主义的特点、性质,只有这样才能使社会主义不断发展,才能使现代化建设向着社会主义、共产主义目标前进。这只有在建设物质文明的同时建设高度的社会主义精神文明,同时进行两个文明建设这样才能清除旧的遗产抵制各种腐化因素的影响,使社会主义事业永葆革命的青春和活力。

这里明确了两者互为条件互为目的,所以,必须两个文明一起抓,两个任务一起下。明确了精神文明在文明的整体结构中的地位和作用。但实际工作中,由于对这种地位作用认识不足,对精神文明建设没有什么紧迫感,视为软任务,不敢花力气,不愿多投资。还有的认为资本主义国家走向现代文明的过程也没有见他们提出什么抓精神文明建设,经济建设都取得重大成功,可见抓不抓都一样,这是误解,其实资本主义国家对智力投资抓教育科学文化是很下本钱的,资本主义国家人民也有自己的理想、社会责任感、遵守纪律,不这样文明进程就会受破坏,它也达不到"超稳定结构"的。

对物质文明建设来说精神文明建设是极为重要的。《决议》指明了三大作用即精神文明为物质文明提供精神动力和智力支持。为它的正确发展方向提供了有力的思想保证,《决议》对物质文明建设来说精神文明建设是极为重要的。《决议》指明了三支持大作用即精神文明为物质文明提供"精神动力""智力支持"和"正确方向"。理由如下:

(1)科学技术在精神文明中的地位与作用。人类历史实践证明科学技术与人类文明是共生共荣的,科学技术包括自然科学与社会科学技术,是物质文明与精神文明交叉,其知识形态属于精神文明,物质形态属于物质文明。科学技术成就是推动生产力发展的重要因素和作用力量,是现代生产力发展和经济增长的第一要素,大量历史证明科技是第一生产力,推动生产发展和社会变革。科学技术促进精神文明建设,它作为一种巨大的精神力量,科技知识和他们的理论体系是精神文明的重要组成部分,精神文明实质上是指人的自身建设,精神文明的理想目标是自由为最高层次的,包含科学技术的有机联系以及有序影响的整体,科学技术以其特殊的社会功能促进精神文明的发展,科学知识的普及,科学思想,科学方法进行辩证唯物主义教育,提高全民族科学文化素质,用科学战胜迷信、愚昧和贫穷,使精神文明向前发展,使事业兴旺,民族强盛。科学技术还协调人与自然的关系,使人与自然关系处于最佳状态。

(2)物质文明从一定意义上说,它是科学技术及人力知识、智力的"物化"和结晶,没有科学技术的迅猛发展,没有人的智力知识的参与,物质文明的建设是不可能进行的。现在是科学技术革命兴起,突飞猛进的时代,在各项建设中能不能利用这个机会,利用科技成果,成为我们经济现代化的关键。要利用这些成果,在建设中充分考虑已达到的科技发展水平,就要有同现代化经济和现代社会生活相适应的先进的科技信息和很高的管理水平,这就要提高全民族的科学文化水平。这就在客观上对整个社会的科学文化水平和全民族每个劳动者的科学文化素养提出了更高要求,在微观上需要千千万万各种专门人才,科技智力群体,否则经济现代化就不可能。其实所有的穷困边远地区经济落后根源不在资源不足,甚至也不在资金,而在教育文化落后,在人才奇缺,穷在精神文明上。所以,物质文明建设离开精神文明建设的支持,很难达到预期的目的。这是现代化建设的一个普遍规律。

(3)精神文明建设为物质文明提供强大的精神动力。精神文明实际上就是发挥人的主体性、创造性的程度,社会主义精神文明是一个丰富内涵的多层次结构，它与物质文明、制度文明有区别又有交叉，精神文明主要包括对待人的态度，对待世界的态度，尊重人的权力是精神文明的核心，它使人们具有科学的、正确的思想观念、有意识、有明确的追求目标，良好的道德风尚，严明的工作纪律等方面的支持，充分调动人们的积极性和创造性。没有这些，全国人民就不能团结一致聚精会神地搞建设。

现代化建设首先要人的现代化即"四有"新人，人的现代化首先是人的思想观念的现代化，个体的人是人的素质，包括身体、思想、智力素质，群体的人最重要的是同心同德团结一致。就我们国家现实说人的现代化还要走一段路程，封建主义传统、三十年的被传统模式至今仍然束缚人们思想观念，包括价值观念、伦理道德观念，这正是精神文明建设的重要内容，正在热烈讨论的文化传统和现代化问题反映了这种矛盾。另外资本主义腐朽思想和生活方式也起着有害的影响，不利于新人健康成长，抓文明建设是不可或缺的。

（4）培养"四有"新人，文化建设起着基础和保证作用。在现代社会一个人没有科学文化知识，要树立科学的人生观、世界观是不行的。一个文盲总是会被排斥在许多政治生活之外。在精神文明建设中，思想建设揭示人们应该具备什么样的理想，向什么方向发展。文化建设则为人们实现自己的理想、方向，提供必要的有力的武器和工具，没有科学知识作基础就是空想。

（五）从精神文明建设与经济体制、政治体制改革的联系看

我们的社会主义现代化建设以经济建设为中心，这个问题是在中共中央十一届三中全会总结了我们的历史经验确定的。吃了多少苦头，走了多少弯路，付出巨大代价，作出的正确抉择。经济建设是文明的基础，没有现代化的经济建设及其成果，就没有其他领域牢固的现代化，甚至是不可能的。还哪里有什么高度文明。经济建设搞好了，就能体现社会主义制度的优越性，所以，经济建设是中心。

为了实现经济建设这个中心，使经济振兴成为现实就需要整体的配合和各方面的促进。《决议》根据我们新中国成立以来和改革开放以来的实践经验，以及其他社会主义国家社会主义事业发展提供的历史教训，逐步认清经济建设这个中心同经济体制、政治体制改革、精神文明建设三者间的关系，这后三者是为中心服务，保证经济建设这个中心顺利进行，中心和三者一起就是我国现代化建设的总体布局，它们双方是互相配合，互相促进的。后三者相互之间也是互相配合，互相促进的。精神文明建设在这个总体布局中是一个重要方面，处于全局性、战略性的地位。

五、社会主义精神文明的内涵

（一）社会主义精神文明的内涵是什么呢

十二大报告中提出："社会主义精神文明的建设大体可以分为文化建设和思想建设两个方面，这两方面又是互相渗透和互相促进的。"（《十二大以来重要文献选编》上，第29页）

文化建设指的也有两个方面：①各项文化事业的发展和人民群众知识水平的提高，这是建设物质文明的重要条件，也是提高人民群众思想觉悟和道德水平的重要条件。②健康、愉快、生动活泼、丰富多彩的群众性娱乐活动，使人民在紧张劳动后的休息中，得到有高尚趣味的精神上的享受。很明显文化建设具有两个因素，即知识文化和它们的物质形式，前者是人们改造世界的智慧的结晶，但它必须有一定的物质形式，设备才能进行。这两个因素决定文化和知识的特点：①直接受到社会生产力发展水平、受到物质文明发展状况的制约。由于这个特点决定了在一定时期内社会主义国家在教科文等事业的发展上还赶不上发达的资本主义国家的事实，不能否认这种事实，社会主义根本任务就是发展生产力，从而建设高度物质文明促进教科文。②知识文化具有历史继承性。③知识文化对物质文明建设起直接推动作用。

(二) 文化建设是很重要的

特别是当取得政权建立了社会主义制度之后，它的重要性就更突出。十一届六中全会通过的决议和十二大报告都很痛心地指出，在我们党内相当普遍并相当长期地存在着轻视教育、科学、文化和歧视知识分子的错误观念。《中国共产党中央委员会关于建国以来党的若干历史问题的决议》要求："坚决扫除长期间存在而在'文化大革命'期间登峰造极的那种轻视教育科学文化和歧视知识分子的完全错误的观念。"报告说："这种观念"过去由于"左"倾思想和小生产观念的束缚，在我们党内，相当普遍，相当长期地存在着，"严重地妨碍我国物质文明和精神文明的建设"。党中央还说过我们从上到下都存在这种轻视文化建设的错误观念。

这个现象的根源是：①我国的历史背景。②我们过去革命历史中的一些情况。③毛泽东在这方面的一些不正确的思想有关。这是我们三十几年社会主义建设虽然取得伟大成就，但又受到重大挫折的原因之一。

要实现四个现代化没有现代科学文化教育的普及是根本不可能的，四个现代化关键是科学技术现代化。十二大特别把发展教育和科学列为经济社会建设发展的三大战略重点之一，决心改变文化同经济发展不相适应的情况。并郑重重申中央关于全国要在1990年以前基本实现普及中等教育这个早年就该完成的任务。

一个社会主义国家搞了三十多年，还在提普及初等教育是不好交代，你连初等教育都不能普及还说什么现代化呢？这个任务并不容易，我们一定要实现这个最起码的任务。报告指出这个任务在农村还是比较艰巨的，然而为了农业和农村的发展又是必须完成的。没有一定的文化教育基础你农业不能现代化，也不能有高度的社会主义民主也不能真正当家作主。

现定的五年计划叫经济和社会发展计划，这就把普及教育，除灾灭病这样的任务，把科学事业发展任务都提出来，除灾灭病任务毛主席早就提出来，很重视。余江县消灭血吸虫就浮想联翩，夜不能寐，欣然命笔，写出举世传颂的诗篇。但是"文化大革命"以来经济生活混乱，政治生活混乱，我们在50年代花了力量已经消灭的一些流行病在这个地方那个地方又复发流行了，像霍乱、性病都是基本消灭了的，现在有些地方又发现，又有了发展，这都是工作中的缺点疏忽和放松。

社会主义精神文明在马克思主义指导下形成的，但马克思主义理论是在总结人类历史的全部优秀文化成果基础上，形成的科学的理论体系，含有很丰富的知识内容。光靠朴素的感情和简单的常识，没有相当文化，掌握它是很困难的。这不是说文化水平文化素养是思想觉悟高低的决定因素，但文化水平、文化素养确实是提高思想觉悟的一个重要条件。

作为共产主义者成长尤其是这样。共产主义思想不能自发产生，必须灌输就要学习就要读书认字。更重要的是一个共产主义者必须具有批判旧事物，把共产主义思想化为生动的实践的能力。这种能力只有在具备足够的知识基础上才能产生，这就如列宁说的"只有用人类创造的全部知识财富来丰富自己的头脑，才能成为共产主义者"（《列宁选集》第4卷，第348页）。他说："我们不需要死记硬背，但是我们需要用基本事实的知识来发展和增进每个学习者的思考力，因为不把学到的全部知识融会贯通，共产主义就会变成空中楼阁，就会成为一块空招牌，共产主义者也只会是一些吹牛家……如果一个共产主义者不用一番极认真极艰苦而浩繁的工夫，不理解他必须用批判的态度来对待的事物，便想根据自己学到的共产主义的现成结论来炫耀一番，这样的共产主义者是很可怜的。"（《列宁选集》第4卷，第348页）所以对一个共产主义者的文化知识要求不是比一般人低而应该比一般人高，对一个社会说也是如此，要想建设完全的发达的社会主义并向共产主义过渡，没有全民族文化科学水平的提高也是不行的，所以必须普及教育办好教育。

在两个文明建设中知识分子的作用应当受到充分重视。过去有一种流行的论点，认为马克思主义思想同劳动人民即体力劳动者的工人、贫下中农是有天然联系的。这就是说靠朴素的阶级感情，靠对在马克思主义指导下建立的美好生活的信仰、向往就可以提高觉悟，但这是不够的，甚至是不可能的。只有掌握了文化科学知识，才能提高认识，使美好理想、信念成为一种科学的结论。才能在复杂的条件下不迷失方向不动摇。

所以文化建设和思想建设这两者是互相渗透和互相促进的。党要求干部是革命化、知识化、专业化（年轻化不是对个人是对干部队伍说的，一个人是年老没有办法再年轻化）对人民要求成为"三有一守"的劳动者都是强调首先是觉悟和文化知识的统一。

（三）思想建设决定着我们的精神文明的社会主义性质。

它的主要内容十二大报告做了系统的全面的阐述：①工人阶级的马克思主义的世界观和科学理论。②崇高的理想、信念和道德。③同社会主义公有制相适应的主人翁思想和集体主义思想。④同社会主义政治制度相适应的权利义务观念和组织纪律观念。⑤为人民服务的献身精神和社会主义的劳动态度。⑥社会主义的爱国主义和国际主义等。概括起来说最重要的就是革命的理想、道德和纪律，思想建设和文化建设这两个方面应强调统一，高度重视两方面的建设。

社会主义精神文明在全社会成员身上所表现的就是他是一个有理想、有道德、有文化、守纪律的劳动者。社会主义精神文明在全社会来说就是要建立和发展体现社会主义精神文明的社会关系。

思想建设可以分为两方面一是具有观点和理论形式的思想意识。二是以作风、风格、习惯等形式存在的社会心理状态思想意识。

思想方面的特点是：

①思想政治道德与文化知识不同，它不受生产力和物质文明的直接制约，而是直接受经济基础和上层建筑的制约。生产力，物质文明对思想、政治、道德方面的制约关系是通过经济制度和政治制度发生作用

的，因此只有政治、经济制度才能决定思想建设的社会属性和发展水平。这就是为什么说在建立了社会主义制度之后，我们就能够在建设物质文明同时建立起高度的精神文明。先进的社会制度总是要保护和促进精神文明建设的发展，落后的社会制度总是要维护支持腐朽野蛮的社会意识。这就是为什么发达的资本主义国家物质文明水平很高，精神文明很低，道德沦丧，生活空虚的原因。相反社会主义制度下物质文明虽差但近四五年精神文明却高。

②政治思想道德有强烈阶级性，因此建立高度精神文明是一个艰巨任务。

社会主义制度建立了，旧社会遗留的资产阶级的封建的意识不会很快自行消灭。社会主义社会是有计划的商品经济的社会，社会主义社会还会长期存在着多种经济成分，同外部世界的经济技术文化交流、政治交往等，社会主义意识形态是非马克思主义、反马克思主义的思想的存在和起作用是不可避免的，这一切必须正确处理，进行抵制，促进社会主义精神文明发展。

③思想方面：对生产力和物质文明的促进作用有直接的方面，即通过人对物质生产起作用。人的实践是受思想意识支配的，劳动者生产的好坏，同思想指导作用分不开，思想建设好，人的实践活动中的积极性、主动性、创造性就易于发挥，直接起作用。间接作用即维护和发展社会主义生产关系起作用。文化建设和思想建设是互相促进互相渗透的，对思想的渗透、促进在于：首先，科学文化知识是人类认识掌握客观事物发展规律的程度的标志，是克服愚昧、落后、迷信的有力武器，有助于人们形成科学世界观，培养人们道德品质，文明行为。其次，科学文化是人们接受和树立马克思列宁主义的理论的重要条件。"没有文化，马克思主义理想和信念就学不进去，学好了文化，随时都可学习马克思列宁主义"（《毛泽东选集》第3卷，第818页）。当然，不是说有了文化就有了觉悟，它是这个条件，不是唯一条件，有文化不实践还是不能形成崇高理想。

思想对文化有渗透、促进作用，思想决定文化的性质和方向，思想激励人们努力掌握科学文化知识，创造更美更好的文化。认为思想可以离开文化，认为没有文化知识也可以成为有理想、有道德、守纪律的现代化的合格建设者的看法是片面的。

社会主义精神文明建设无论是文化建设还是思想建设都离不开马克思主义思想指导。就文化建设事业说，教育、科学、文学艺术、新闻出版、广播电视、卫生体育等，虽然各有其不同的内容和特点，但都必须要有马克思主义思想指导，都要在马克思主义指导下，确立自己的方针，展开自己的活动，只有这样各项文化事业才能健康发展。

例如说科学，就自然科学说它虽然没有阶级性质的不同，但是我们的自然科学必须为社会主义现代化事业服务，必须以马克思主义世界观作指导，而社会科学就不同了，它具有强烈的阶级性，它必须以马克思主义为指导，它所表达的政治观点和思想倾向，必须符合四项基本原则，为巩固和发展社会主义制度服务。至于教育、文化、艺术同社会科学一样也要为社会主义服务，用马克思主义作指导，把建设新的思想意识，新的精神面貌，新的社会工作是什么？就是用革命思想和革命精神，也就是用马克思主义的基本理论，用毛泽东思想教育干部，教育广大群众，教育整个工人阶级，教育全体人民，萌发他们的革命自觉性，使人们确立正确的主场、观点，掌握正确的思想方法和工作方法。并通过反复地实践提高人们认识和改造世界的能力。

六、努力把握"推进、促进、坚持"六字指导方针，这是一把钥匙，实现培养、锻炼"四有"新人的根本任务

（一）学习把控社会主义精神文明建设的基本指导方针

《决议》的第一个问题就提出："必须是推动社会主义现代化建设的精神文明建设，必须是促进全面改革和实行对外开放的精神文明建设，必须是坚持四项基本原则的精神文明建设。这就是社会主义精神文明建

设的基本指导方针。"(《十二大以来重要文献选编》下，第1175页）这个方针言简意赅，内容完整，三个必须非常鲜明，推动、促进、坚持"六个字"集中概括了社会主义精神文明建设的性质、目的和发展方向，阐明了精神文明风尚作为自己的重要任务，我们的体育卫生事业也是必须以马克思主义世界观为指导。所以我国这些文化事业同资本主义国家发展这些事业是有本质区别的。

至于思想建设方面表现以各成员思想为核心那就更是不言而喻了。思想建设内容很多但概括起来说，最重要的就是革命的理想、道德、纪律。我们现在处在共产主义的初级阶段即社会主义阶段。共产主义新事物的幼芽到处出现，两个文明建设的每一个胜利和成就也都是朝着共产主义目标前进的里程上新进展。中国共产党领导的中国人民革命运动就是马克思主义思想指导下的运动。共产主义的伟大理想一定能够实现，这是客观规律。但这个道路是曲折的艰难的，我们必须加强思想政治工作。我们的革命事业取得伟大的胜利，我们的建设事业有重大的发展，这些历史提供的经验说明这些胜利和发展是建立在党的领导正确和广大群众自觉的基础上的。

广大群众的革命自觉性是党进行的思想政治工作得来的。所以思想政治工作是我们党区别于其他政党的一个重要特点，是取得革命和建设胜利的一个极其重要的条件。

思想政治文明建设同现代化建设、同改革、开放，同四项基本原则的关系。深刻理解是学习决议精神的一把钥匙。指导方针问题，在十二届六中全会以前没有完全解决，这个《决议》在这个问题的第三段回顾几年来精神文明建设成就和面临的问题时明确指出来的，而《决议》的任务之一就是"进一步明确社会主义精神文明建设的指导方针"（序言），可以说《决议》已经解决了，以后就是深入理解贯彻执行的问题。没有解决表现在什么地方？可以认为，至今，我们有的同志对于精神文明建设同整个社会主义现代化建设的关系；对于坚持四项基本原则同坚持改革、开放的关系;对于精神文明建设同坚持四项基本原则、坚持改革开放的关系,往往没有正确的统一的理解,在思想认识上表现出不同程度的摇摆性和片面性。因而在实际工作中就出现两种偏向:一种是不能贯彻两个文明一起抓的方针,不能协调配合地往一个方向使劲。另一种是不能正确的执行现行政策,常常出现由于一个时期中心工作有所不同而来回摆动的情况。《决议》关于基本指导方针中的论述和规定,为澄清各种片面认识,统一全党和全国人民的思想和行动,提供了依据。使人们懂得它必须是推动社会主义现代化建设的。这是我们的中心任务,是共同目标。坚持四项基本原则、坚持改革开放是建设事业的正确轨道,各项工作包括精神文明建设都不能离开这六个字,不能离开这个中心和两个坚持。

社会主义精神文明建设同现代化建设、同改革开放、同四项基本原则的关系就是为这一个中心两个坚持服务。推动、促进、坚持这六个字就体现了服务。它的战略地位在很大程度上还是要通过服务体现出来。服务越好,精神文明建设成就越大。现代化建设,改革开放精神文明建设又都以坚持四项原则为目的,只讲改革开放不讲四项基本原则,那就不是我们要的改革开放,那就会走上邪路,只讲坚持四项基本原则,对改革开放持怀疑态度,那就至少会回到五六十年代的老路上去。就同"只要社会主义的草,不要资本主义的苗""宁要穷社会主义,不要富资本主义"分不清界限了,也不能实现社会主义现代化建设,加强社会主义精神文明建设与坚持四项基本原则是互相促进的。

只有紧紧围绕经济建设这个中心,推动社会主义现代化事业前进发展,精神文明建设才有广阔天地。我们过去以阶级斗争为纲,轻视教育、科学、文化,极端夸大意识形态领域的阶级斗争,直到导致"文化大革命"那场内乱,这些失误既贻误了经济建设,又破坏了精神文明建设,这从反面证明了把社会主义精神文明集中到"推动"上来的极端重要性。社会主义精神文明的战略地位决定了它必须是推动社会主义现代化建设的精神文明建设。

（二）培养"四有"新人，提高人的素质实现社会主义精神文明建设的根本任务

《决议》规定"根本任务是适应社会主义现代化建设的需要，培养有理想、有道德、有文化、有纪律的社会主义公民，提高整个中华民族的思想道德素质和科学文化素质"。培育"四有"人才。早在1980年邓小平在中央工作会议上就提出要使青少年成为"有理想、有道德、有知识、有纪律"的人。在军队他又提出军队要有"四有""三讲""两不怕"。即有理想、有道德、有知识、有纪律。讲军容、礼貌、纪律。以后邓小平和党中央多次讲到这个问题。到十二届六中全会形成完整的决议，集中说明了培养人的素质的重要。

（三）《决议》指出"人的素质是历史的产物，又给历史以巨大的影响"指明摆脱精神奴役的出路，实现人的进一步解放，涌现出更多的建设人才，使人从必然王国向自由王国的飞跃

人是社会一切活动的主体。社会活动的成效大小，成败如何，除了要受到社会环境、历史条件等客观因素制约外，主要的是取决于人在其中所起的作用。人在社会活动中所起作用又取决于人的素质。人的素质是怎样造就、形成的呢？《决议》作了精辟的概括。即"人的素质是历史的产物，又给历史以巨大影响"。这并不是随心所欲地创造的，每一代人都继承着前一代人传下的生产力，物质财富和社会关系，这个不是由他们自由选择的，但这个环境也事先制约了他们。这是环境创造人，但人可以改变这个环境，人是在改造环境中实现自己和发展自己的。人通过改造环境的社会实践活动，人的潜能得到越来越高度和越来越多方面的发展，人就锻炼出了新的品质和新的力量，形成新的观念和新的语言、新的需要。马克思说"整个所谓世界历史不外是人通过人的劳动而诞生的过程"（《马克思恩格斯全集》，第42卷，第131页）。所以说人既是历史的前提,也是人类历史的产物和结果。原始的自然环境只能产生野人,当人逐步为自己创造一个文明的现代化的世界时,人也就逐步变成文明的人,现代化的人。造就形成现代化的人,需要有现代化的环境,即适合人的发展的历史条件,这个环境只能由人自己创造出来。人的素质是在特定的时代,社会环境形成的,一经形成它在人与世界的关系中就起作用。

同样条件下,由于人的素质的差异,可以得出完全不同的结果、效益。农村实行联产承包责任制,取得了很大的成功。如温州地区每个农业人口只有0.55亩耕地,189万农业劳动人口中剩余劳动力80万—100万,实行承包制以来情况大变,其苍南县金乡镇成为一个小商品产销基地(经营铅制标牌、塑片产品、红模证卡等),全镇人均耕地0.36亩,1979年,全镇5600人无事干,发展上述产品以来,15—45岁的人中从事三类商品产销的占90.8%,1982年产值1500万元,比1979年增长5倍,等于农业总产值近30倍。人均年收入达380元,60%以上居民盖了新楼房,个人存款余额比1978年增加25倍。苍南县的宜山区是再生腈纶纺织品和塑料编织袋产销基地,当地有纺织传统,7.2万个劳动力,农业仅需要2万个,十一届三中全会后搞这种纺织品,到1982年劳力的92.6%投入纺织,这一年生产毛衣1.5亿件,四年中生产4.6亿件,平均几乎每两个中国人有他们织的一件毛衣。几年时间这里楼房平地而起,这都是小商品生产销售收入,都是来自几元几角几分几厘钱一件的小商品上,没有国家投资,没有国家规划设计。是生产责任制解放了千万农民家庭,是改革、思想解放的结果。

同样是改革、思想解放,贵州1979年推行了大面积家庭联产承包责任制,极大地调动了农民生产积极性,缓解了温饱问题。但是,他们却采用毁林开荒的办法,三年毁坏了一百多万亩山林。温州与贵州的农民在同一政策下,焕发了两种不同的积极性,一个是发展了商品生产,一个发展自然经济,这种双向积极性,使人们看到了国民收入产值等一系列数字背后更深层次的问题，那些落后地区的经济指标是通过自然经济开发手段完成的，也就是说实际上是以自然经济的开发手段扫除自然经济发展的障碍，同时也是对商品经济资源的破坏，用这种手段造成的产值越高，速度越快，它就更落后。这两种的效果这样不同，问题在什么地方呢？在人的素质差异。举例说，西藏木犁撒播种子，分工分业，能工巧匠，但他们被认为是下等人、贱民、黑骨头。生产、生活遇到困难，求神拜佛、做法事，遇虫害不灭虫，遇旱不抗旱。昌都一个万元户修了一个经堂，之后另一个万元户修的经堂又大又漂亮，头一个不服气，下决心继续致富，修更大更漂亮的经堂。

云南放火烧山的行为证明，做生意做买卖不光彩、不道德。孟腊县义武区一个哈尼族大队队长下命令叫群众都去赶集，走到半路自己却回去了，怕丢人。贵州的手工工人都是外地的，本地人不愿干。紫云县宗地公社中洞生产队有15户63人，祖祖辈辈住在一个山洞里不洗衣服，不洗澡，吃洞里的水。民委知道后，拿出三万元盖了房子，用交通车组织他们去贵阳参观，使其了解、接受新的生活方式，但他们认为一定是洞里有宝，所以国家费这大劲要他们搬走，他们决定不搬了。落后的根本原因，是人的素质差。在史无前例的那个年代，温州、贵州农民的生活，从经济指标看没有根本意义上的差别。一松绑就不一样了，但是温州的历史积累产生了发展商品经济的历史冲动，而贵州则保存了自然经济的惯性。

我们常说50年代的我们与日本经济发展水平从一系列指标看是差不多的。资源的优势则是日本望尘莫及的。结果他们起飞了，我们落后了，落后至今还有10%的农村人口没有解决温饱问题，除了一些客观因素外，这只能从社会历史发展所决定的人的因素来解释。我国运动员汪嘉伟到日本上体育大学，每天下午下课后到一所大学任教练，精打细算每一分钟。对日本人来说，是司空见惯的。他发现日本人节奏快、效率高，一年学业半年完成。

人的素质是一个抽象的模糊概念，可以从很多不同的角度加以区别和评价。人的素质也具有多方面的表现意义。相应于不同的需要有各种不同的素质要求。人的素质差异，表现出对现在以及对未来态度的明显差异。如进取性的差异（八类指标：改变取向、新经验、公共事务参与、效率感、见识、创业冲动、风险、计划性）在实际经济活动中会越来越大，所谓一步撑不上，步步撑不上，即所谓"马太效应"。《马太福音》说"让富有的更富有，让没有的更没有"，这句话被控制理论称为"马太效应"，即原因与结果之间的正比例越来越起循环作用，如作家名气大—发文章容易—发文章就多—名气越大—发文章更容易。人的素质越差，越不思进取，越没有进取，反之素质越好，越思进取，当然，也就有可能实现进取。人的素质差，造成目前落后地区的落后结果。也还可能是造成将来落后地区更落后的原因。各行各业必须把着眼点放在提高人的素质上，培育一代"四有"新人。这既是精神文明建设根本任务和主要目的，又是两个文明建设的最好的结合点。

人的素质包括人的思想道德素质和科学文化素质，这两方面相辅相成，缺一不可。《决议》指出人的素质有思想道德方面和科学文化两个方面。思想道德素质体现了人的精神支柱。人是要有点精神，古代志士仁人都很讲究做人要有气节品格，现在搞社会主义现代化，当然应该有比古人更崇高的理想、更广博的知识才能胜任。科学文化素质的培育是当前要重视和加强的。因为：

第一，它是整个精神文明建设和提高人的素质的基础和前提。

（1）在现代社会里一个文盲往往被排斥在政治生活之外，长期以来，是把生活方式同资产阶级连在一起的，一说就是"资产阶级生活方式"他就绝不可能有很高思想道德和政治方面的素质，他也不可能理解马克思主义理论。文化素质为人们实现自己的理想、方向，提供武器和工具，没有这个武器和工具，人们就无力实现自己的理想、方向。现在我国文盲占总人口的25％，在未列入文盲人口中还有许多"法盲""科盲",这对现代化建设带来许多障碍。

(2)一个科学文化知识缺乏的干部,很难正确领会党的方针政策,正确的贯彻执行政策,把它化为群众的实际行动,群众中常常抱怨"中央政策到下面就走样",走样变形与干部的素质有极大的关系,缺少文化的群众,也就缺乏维护自己正当权益的能力。愚昧无知不仅是许多党员干部不能正确领会贯彻政策的原因,也是党员干部违法乱纪败坏党风的行为能够在基层横行无忌的原因。所以野心家、阴谋家总是要利用人们的愚昧、迷信,"文革"中提倡的"早请示""晚汇报",宣传的什么不理解的也执行,推行愚民政策,就是实例。

(3)文化素质是整个精神文明的基础,人的仪表风度、文明礼貌、环境卫生、服务态度等都是精神文明外部表现形式,一个地区、单位以至一个人的文化素质就是精神文明的内容和精髓。具有较高文化素质的人,会相应地具有较强的自制力、融合力与接受能力,这样就会比较灵敏地接受客观外界对自身行动的反馈。比较灵活地调整和适应客观外界的要求,造成一种舒适和谐的环境气氛。舒适环境、风度等等人类精神生活中的美好的东西总是同较高的文化素养相联系,野蛮粗鄙总是同愚昧无知相伴随。

第二,它是现代社会发展的需要。

当代科学技术突飞猛进地发展,在社会发展中的巨大作用越来越明显,引起了物质生产精神生产一系列关系的变化,出现了文化教育、科学技术和生产相结合的趋势。人们之间横向的多层次的社会关系不断扩展,人的价值观念有了新的发展和变化,民主、自由、平等、人道主义、发展个性,已成为人们普遍关心的问题。现在单位之间、地区之间、国家之间竞争的一个重要内容就是教育、科学、文化的竞争。在这种环境下,一个跟上时代的人就是充满创造精神的人。这一切现代人的品质,都需要科学文化这个基础。

第三,这也是我们的历史所造成的实际。

近代中国承袭两千年封建遗产，一些保守人士总是不重视教育、科学、文化，先进的人们有教育救国、实业救国等，也是空想，所谓"中学为体，西学为用"，西学中主要指科技文化，恐不能归结为苏联模式，新中国成立几十年来，我们并没有真正重视教育。而在精神文明建设中，又是批判多，建树少，所以有的同志一说精神文明建设就是思想政治工作，影响了我们的健全发展。

因此，我们必须要重视提高全民族的科学文化水平，文化素质。为了克服愚昧，实现现代化就要花大力气把当代世界各国包括资本主义发达国家先进的科学技术，具有普遍适用性的经济行政管理经验和其他有益文化学到手，并在实践中检验和发展。对外开放也适用于精神文明建设，这样才能实现中国的复兴。

（四）掌握社会主义精神文明建设的要领至关重要是历史最高类型的文明

《决议》第二节第四段指出：加强精神文明建设要牢记历史教训，坚持一切着眼于建设，这是精神文明建设的要领，也是精神文明建设的一个重要指导思想。这个要领这个思想是总结党长期以来历史经验得出来的。我们党在社会主义改造基本完成以后的相当长的时期内，在经济工作中主体的错误是"左"，其一，仍然坚持"一切以阶级斗争为纲"，没有把工作重点转移到经济建设上来。其二，不顾生产力发展水平、人们的觉悟水平、基本的社会历史条件，搞纯而又纯的社会主义。在思想文化领域的重大失误也是"左"，其突出表现是：①极端夸大意识形态领域的阶级斗争，压抑了人民群众的积极性和创造精神。②忽视和排斥人民群众许多正当的文化需要和精神需要，造成精神生产和精神生活单调贫乏的局面。③未能正确处理好"立"与"破"的关系。对思想性质的问题采取简单粗暴的压服办法，不仅不能提高人的素质，反而把人们的思想搞乱，影响社会安定。

总起来说，坚持"以阶级斗争为纲"导致了我们长期以来把思想文化建设重点放在批判、禁止、纠偏、堵漏洞上,搞的是"斗争哲学",而不是放在对新思想、新文化、新道德、新风尚的建设上。结果,有些人首先想到的是抵制和批判资产阶级思想意识和生活方式,或者只要一强调精神文明就认为是改革开放出了毛病,把精神文明建设同改革开放对立起来,这是错误的。

把精神文明建设的着眼点单纯地放在批判和禁止上。在对外关系上就容易造成一种封闭、排斥的情绪,形成一种狭隘心理。这就不利于继承我国的民族的优秀文化传统,广泛吸取世界各国一切有利于我国建设的优秀科技成果和思想文化成果,树立新观念,培育"四有"新人。把眼光总盯在对旧东西的批判上,是很难在精神文明建设中作出新贡献的。就容易犯故步自封、闭关自守的毛病,对新事物就容易横加指责、挑剔尤其难以接受外来的东西。社会主义精神文明是最新的、高层次的精神文明。它理应是一种开放的、崭新的现代文明。只有从建设的目标和愿望出发,克服封建主义的残余,抵制资产阶级思想,才是积极的、有效的,不是破字当头,只有把新的思想、道德、文化建设起来,旧的一套才能从人们的头脑里消失,文明才能代替野蛮,高尚的才能取代低级庸俗的。建设这才是有效的抵制。立和破就是有立有破,有破有立。

把精神文明着眼点单纯放在批判和禁止上,在对内关系上也会导致出现伤害同志,破坏团结,动辄批判斗争,抓辫子、戴帽子、打棍子,造成人人自危的紧张局面。这是有目共睹的惨痛的历史教训,这几年党中央为了解除心里余悸费了不少口舌,今天还不能说完全解决了。着眼于建设就有利于消除这种紧张气氛,有利于创造民主和谐气氛和环境,有利于建立一种积极的工作态度,使从事文学艺术、学术研究、理论探讨,新闻宣传等工作的同志大胆创新,开拓进取,充分调动知识分子的积极性和创造力,作出大贡献,完成促进、推动、坚持的任务。否则,仍然"大破""大批",在精神生活中随意设"卡""放炮"必定会在精神世界里出现草木皆兵,冷冷清清,科学文化停滞萎缩,必定会造成精神文明建设和物质文明建设互相牵制、互相对立的不正常状况。抓住着眼于建设这个要领在农村中搞改革建设，事实上一方面要抵制破除神权、族权、小生产观念的这个最大的障碍。人们在车间、田头、实验室奋发苦干，发展商品经济。可是在"左"的影响下有可能仍然采取了"一是割尾巴、一平二调"等强制办法。又批判"暴发户"，把发展商品经济视为洪水猛兽列为禁区，结果人们思想更加禁锢在自然经济观念中，甚至一走进大大小小的会场就是"批判斗争"。现在一方面教育人们克服小生产观念，克服保守落后心理，在物质生产领域中艰苦创业。另一方面树立与发展商品经济相适应的新观念，一靠教育，二靠法制，经过正面教育、示范、帮助，效果就好得多了。

一切着眼于建设，就是要牢记上述历史教训，明确现阶段我国社会的主要矛盾是人民日益增长的物质文化需要同落后的社会生产之间的矛盾，阶级斗争在一定范围内仍将长期存在，但已经不是主要矛盾。我国社会存在的矛盾大多数不具有阶级斗争性质，加强精神文明建设就要正确处理社会主义社会的各种矛盾，对思想性质的问题采取讨论的方法，批评的方法，教育和疏导的方法。

建设社会主义精神文明会遇到许多新问题，要想得出正确的答案，多讨论少批评是一种正确的方法。在社会主义精神文明建设中有许多新问题需要探讨研究，对于共同关心的重要问题，可以摆出各自的观点，各抒己见，畅所欲言，进行探讨，互相启发，发现真理，发展真理。在宪法和法律允许的范围内，共同研究作出正确的决定，大家执行。对于社会主义精神文明建设是有益的，必定会绽放出社会主义文明绚丽之花。

一切着眼于建设，也可以说是一切着眼于人的素质的提高。人的素质的提高是一个复杂的多样的长期的积累和渐进的过程。不但需要尊重人的自身的发展的一般规律和公民的不同的特殊要求，而且还有赖于精神文明的物质条件的逐步完善。就是要把注意力集中到团结人民，充分发挥人民的社会主义积极性和创造精神上来，集中到满足人民的文化和精神需要上来，集中到加强思想道德建设和教育科学文化建设上来，归根到底，集中到促进社会生产力的发展上来。这里特别要强调创造精神，着眼于建设就要鼓劲和保护这种创造精神。要实行大团结，正如《决议》所总结的"一切有利于建设四化、振兴中华、统一祖国的积极思想和精神，一切有利于民族团结、社会进步、人民幸福的积极思想和精神，一切用诚实劳动争取美好生活的积极思想和精神，都应当加以尊重、保护和发扬。这样，才能在团结一切可能团结的力量来建设社会主义的问题上，真正克服长期造成严重危害的狭隘观点"（《十二大以来重要文献选编》下，第1178—1179页）。这是总结历史经验的规律性认识。

七、透彻明了社会主义精神文明建设的重要内容

《决议》对这个问题回答清楚不过的了，《决议》指出文明的、健康的、科学的生活方式是社会主义精神文明建设的重要内容。只有清除各种障碍，振奋革命精神，变革观念，迎接新的挑战。

（一）生活方式是哲学社会科学中的一个有普遍意义的范畴

这个范畴我们过去重视不够，研究更不够，但它是很重要的问题。有同志指出：在经济学中不研究生活方式就无法说透消费结构问题，在政治学中不研究它，对有一些社会政治现象也说不清楚，如裙带关系、家天下等，在社会学中不搞清楚它也难于透彻说明家庭、婚姻、青少年犯罪等问题。现在《决议》已明确指出了，我们应该研究它。

1. 我们过去对生活方式重视和研究都不够是有历史原因的

影响人们的生活方式的首先是经济上的原因：一是我们的底子薄，过去中国的基础很落后，我们从旧中国接受下来的工业几乎等于零，粮食也不够吃，我们要解决吃饭问题、就业问题。那时在干部和职工中叫三个人的饭五个人吃，还要对付帝国主义，还要打仗，我们穷。二是社

会主义制度建立以后,我们的社会主义制度的优越性没有能充分发挥出来,人民生活没有得到应有的改善。这里的原因既有体制问题也有政策问题。从体制上看,我们的经济体制形成了一种同社会生产力发展要求不相适应的僵化模式,严重束缚了企业和劳动者的积极性、创造性、主动性。使社会主义经济在很大程度上失去活力,障碍了社会财富的积累和涌流,人民生活改善实际上得不到解决。从政策上看,由于我们政治上的"左"倾错误把发展社会生产力这个社会主义阶段的根本任务挤得偏离了它应该占据的中心位置,在"大跃进"的挫折刚刚恢复又来了十年内乱,造成生产停滞,物质匮乏。我们许多生活必需品方面相当长的时期实行计划定量供应制。有的理论家还宣传"票证万岁",这样人民的生活得不到改善,社会主义制度的优越性得不到发挥。我们的人民相当多的数量处于贫困状态,就是到现在我国还有大约10%左右的农民还没有解决温饱问题,何况过去!在这样的条件下,形成适应生产力高度发展的现代的文明的生活方式问题也就提不上日程。谈起它来也是于事无补。其次是思想和观念方面的原因。长期以来生活方式问题实际上是一个"禁区",由于我们对什么是社会主义?什么是马克思主义的认识不是完全清醒的,好像只有"资产阶级生活方式",其实任何国家、任何民族、任何阶级、任何家庭以至每个历史时期,每个社会形态和每个人一样,都有一定的生活方式。这种情况不仅同我国经济发展水平有关,而且也同我们的社会历史情况有关。在几千年小农经济和封建宗法思想的深厚基础上,在人们还没有完全摆脱用自然经济的眼光看待社会主义经济,用小生产的平均主义思想来理解社会主义分配原则的情况下把同,现代文明同社会化的大生产相适应的现代生活方式,看作异己的东西,横加干涉,大肆挞伐也就没有什么奇怪了。因此,在涉及社会主义的众多概念里没有生活方式的地位,对它研究得很少。

2. 什么是生活方式

生活方式是表现人的生命活动的最重要、最典型的形式。它指的是人们享用物质的劳务的消费品和使用由他个人支配的自由时间的方式，这个范围包括个人生活、家庭生活和业余生活。人的社会生活不仅是生产活动，而且还有消费、享受物质资料和精神产品，还有互相交往等使用自由时间的方式，这就构成人们一定的生活方式。个人生活中的自由时间，粗略说它是相对于劳动、工作时间。较详细地说，看它是除了劳动工作、上下班、路上往返、家庭劳务和满足生理需要即睡眠、吃饭等以外的剩余时间，这是个人可以用来完全自由处理的时间。这个时间怎么度过是精神文明，是生活方式的一个重大方面。

在马克思看来，自由时间是社会的最大财富，是人的全面发展的源泉。他说："自由时间——不论是闲暇时间还是从事较高级活动的时间——自然要把占有它的人变为另一主体。"（《马克思恩格斯全集》第46卷，第225—226页）这个时间应当是"个人受教育的时间，发展智力的时间，履行社会职能的时间，进行社交活动的时间，自由运用体力和智力的时间"（《马克思恩格斯全集》第23卷，第294页）。

但是自由时间为个人发展提供"广阔天地"，这只是一种潜在的可能性。因为，它是可以用不同方式消耗利用的。也就是他可以成为人的精神发展的重要因素和刺激。它也可以成为造就"无知""庸俗"的手段，使人们同文明疏远的手段。

因素是复杂多样的，每个国家和民族，由于地理环境、历史传统、风俗习惯、宗教信仰等方面的不同，他们的生活方式呈现出很大的差别。生活方式最终是由生产方式决定的和制约的。并且随着生产方式的演变而演变。生活方式不仅受生产方式的决定和制约，而且受全部社会条件（物质文明、政治文明、精神文明）和全部自然条件（地理位置、气象、资源、作物结构等）的制约。因此，生活方式从总体上反映了社会的、物质的、经济的、政治的、思想的各种要素的综合作用的结果。研究生活方式，就可以生动地认识社会的物质的、经济的、政治的、文化的发展程度。也可以掌握生活方式又怎样影响社会面貌，影响自然条件。

在阶级社会里,生活方式是有阶级性的,这就是说,对立的阶级虽然处于同一历史发展阶段,但由于他们生产关系中所处的地位不同,没有统一的日常生活。一部分人富裕同另一部分人贫困同时存在,少数人寄生现象同多数人从事繁重劳动同时存在。按列宁的说法:在这样的社会里每一个社会阶层都有自己的生活方式和自己的爱好。正如《红楼梦》中的林妹妹和焦大的生活方式是不同的。

3. 什么是资产阶级的生活方式

过去在"左"的思想影响下,人们往往把讲究吃饭、穿衣,讲究文化、娱乐一律斥之为"吃、喝、玩、乐",并认为是资产阶级生活方式,这样,自然就把无产阶级所追求的生活目的搞成但求温饱,免于冻饿,安贫守穷,以至造成穷则革命,富则修的荒谬"准则"。

资产阶级生活方式的本质特征有两个方面:一是它的寄生性。资产阶级及其家庭的豪华奢侈、贪得无厌的生活。动辄万金,他们满足自己贪婪的所有消费都是不劳而获,是靠剥削得来的,是他们剥夺无产者的剩余价值的一部分。二是腐朽性。资产阶级及其家庭穷奢极欲,挥霍无度,而他们又根本没有劳动人民珍惜社会财富的精神状态,必然造成对社会财富和资源的极大浪费和破坏。同时,他们精神空虚,道德堕落,追求色情、赌博、毒品、暴力等方面的刺激,毒害社会。资产阶级生活方式是资本主义剥削制度的派生物,是少数剥削者贪得无厌,纵情享乐腐朽生活方式,归结为一句话,最根本的就是"把少数人的幸福建筑在大多数人受痛苦的基础上"。

在我们的社会条件下,判断是否是资产阶级的生活方式,不完全在于或完全不在于所享用的消费资料的数量多寡、质量高低,也就是说不在于贫富差别,一部分人先富起来了,享用多一些,好一些,并不就是资产阶级生活方式,贫富差别只有在剥削制度下才有阶级对立的意义。判断生活方式的阶级性质主要应该看经济来源如何,是劳动收入还是剥削收入，看消费方式是否合理，即是否符合人民的利益，符合社会发展的要求，也就是是否符合人的全面发展和社会进步的要求。

4. 什么是社会主义的生活方式

社会主义生活方式是迄今为止人类社会最高类型的生活方式。它是建立在先进的科学技术和社会化大生产物质基础上，建立在以生产资料社会主义公有制经济基础上，以马克思主义科学为指导思想、以热爱劳动和人与人之间互助合作为行为准则。

贫穷不是社会主义，更不是共产主义，把"安贫守穷、君子固穷"的低标准、低消费，安贫守穷，安于现状，穷凑合，穷对付，作为今天社会主义现代生活方式，资产阶级生活方式就是奢华贪欲，挥霍无度，这是小生产习惯和心理的反映。在旧社会，工人阶级和劳动群众处于被剥削被压迫的地位，从早到晚拼命劳动所能获得的消费资料基本上只能满足劳动力的再生产的需要，谈不上有多少闲暇时间，自由时间从事各种发展自己的有益活动。无产阶级领导人民进行革命斗争，建立社会主义制度，当家做主，就是要大大发展生产力，就是要在这个前提下，不断改善人民的生活条件，结束无产阶级和劳动人民在旧社会那种不合理的苦难的生活方式，尽可能地美化自己的生活，这是劳动群众的权利，也是社会主义生产的目的。因此，我们必须明确社会主义生活方式是逐步地最大限度地满足社会成员日益增长的物质文化生活的需要。在马克思主义科学理论指导下，可以平等地按劳分配地享用生活资料，它的行为准则是集体主义，热爱劳动，在人与人之间是互助合作的。

（二）生活方式是不断变化发展的

《中共中央关于经济体制改革的决定》指出"经济体制的改革，不仅会引起人们经济生活的重大变化，而且会引起人们生活方式和精神状态的重大变化"（《十二大以来重要文献选编》中，第586页）。生活方式是不断发生变化的。

社会的发展，生产方式的演变，最先是生产工具的改变，而后是生产关系和社会关系的改变，也就引起了生活方式的改变。列宁曾经指出"过日子，经营事业，生儿育女，生产物品，交换产品等等。这些事实形成事件的客观的必然链条，发展的链条"（《列宁选集》第 2 卷，第 332 页）。生活方式的改变是社会发展中一个不可缺少的重要环节，是历史发展链条中的重要一环。因此，生活方式的变化对于社会的发展是有重大意义的。

在一个社会大变革，社会大起飞的过程中，要有敢于变革的思想，要敢于冲破一切不适应的规章制度，也要重视生活方式的变革。历史告诉我们一个大的社会变革往往是和生活方式的变革联系在一起的。孙中山领导辛亥革命时提倡穿中山装，不穿长袍马褂，解放了手脚，辛亥革命前后，男人剪辫子，妇女不缠足，五四运动前后女青年留短发等，都是生活方式的变革。

历史上的许多现象说明，人们接受社会革命或重大变革，往往从自己身边或周围的现实生活开始的。人们常常是凭借生活中某些具体变化，去观察理解那范围更广大得多的影响、深远得多的历史事件的意义。所以生活方式的变革并不是无足轻重的小事。

现在随着我国经济体制的深入改革，在生产发展的基础上，人们的生活方式也必然要出现变革。我们的现代生活方式将发生怎样的变化呢？

我们现代生活方式将是有中国特色的社会主义生活方式。《中共中央关于经济体制改革的决定》指出"在创立充满生机和活力的社会主义经济体制的同时，要努力在全社会形成适应现代生产力发展和社会进步要求的、文明的、健康的、科学的生活方式，摒弃那些落后的、愚昧的、腐朽的东西"（《十二大以来重要文献选编》中，第 586 页）。

文明、健康、科学这六个字概括了我们的社会主义生活方式的基本特征，也指明了变革生活方式的基本方向。文明、健康、科学这是一种境界，一种情状，它可以有不同的水平，所以，它是有条件的，这个条件就是适应现代生产力发展和社会进步。

文明是和愚昧对立的，文明的生活方式所要求的就不仅是不断增长的物质生活需要能得到合理的相适应的满足，而且追求情操方面合理的正当的满足。文化生活是丰富多彩富足而又高尚，是在必要的科学文化知识的基础上建立的生活方式。

健康而不是落后的生活方式，就社会成员说，是要有健康的身体，健康的生活，是摆脱了庸俗的低级趣味身心状态。就社会说，要有健康的环境，风气上生动活泼，心情舒畅不是窒息压抑的能够使人们在社会生活的公共秩序的规范下，充分发挥创造才华。

科学的而不是腐朽的生活方式，就是要通过自己的辛勤劳动创造足够必要的物质条件，来改善、丰富、美化生活，讲究科学的审美观念、消费的合理性、经济实惠、勤俭节约、以最少的劳动创造最大的效益，绝不脱离现实条件的可能和自己的需要去追求虚荣和豪华。文明、健康、科学的生活方式就是有理想、有道德、有文化、守纪律的社会主义新人的生活方式，它是社会主义精神文明建设的重要内容。文明、健康、科学的生活方式是一个多层次的、有序性的形成和发展的过程，它不可能一蹴而就。

恩格斯有句名言，他讲人的生活是一要生存，二要享受，三要发展。生存就要有充分的生活资料，生活得健康。在这个基础上人们就会提出比生存需要多一点的需求即享受，而后人们就将要求发展各自的才能特性，与此相适应，人们在消费资料的需求上就包括三个层次，即生存资料、享受资料和发展资料。

从我国情况看，几年来，我国劳动者特别是农村劳动者，由于温饱问题得到解决，大家已经走出了为寻求最低限度的生存资料而奔走的困境，逐步改善了衣、食、用等消费品的质量，社会上流行的"吃讲营养，穿讲漂亮，用讲高档"的说法，正预示着人们正在向着获取更高层次的消费资料发展的势头。

近两三年来，我们的经济生活已发生了很大变化，特别在沿海地区，开放城市和广大范围的农村，应该在现有经济条件下，尽可能地使生活过得更加美好、健康和幸福。这是一个不容忽视的大问题。随着城市体制改革进展，越来越成为现实问题，所以要研究、要指导人们用科学态度美化生活，丰富生活，发展个性和才能。

生活是一个大范畴，它有许多层次，最低的层次是个人的生活，凡属个人的生活，就不要横加干涉，就由个人去决策好了。同时，通过适当渠道给以科学指导。我认为只有一个界限，前提就是只要个人付出了劳动，为四化作了贡献，对国家、对社会尽了义务，他就可以享受社会给予的一份作为劳动报酬的生活资料，就有充分的自由按照自己的愿望、爱好、条件去安排了自己的生活，取得应有的满足物质生活、文化生活和精神生活的、充实的、需要的条件，把日子过得美满、丰富、充实。生活方式的变革，文明、健康、科学的生活方式的形成是一个提高物质文明和精神文明水平的过程，是现代文明普及的结果。也必须看到离开生产的发展去追求生活的改善，以为讲究生活方式就是能花钱、能拼命吃、喝、玩、乐，那是片面的、浅薄的、错误的。资产阶级思想、资产阶级腐朽的生活方式在我们社会里也有过。现在我们的生活中也确实存在着某些追求资产阶级生活方式的倾向，还会发生影响起作用，有些人不想好好劳动而追求舒适享受、追求虚荣讲排场、从利己主义出发处理各种物资利益关系，极少数人为了满足自己贪婪的物质欲望，不择手段，道德败坏，直至走上经济犯罪、刑事犯罪的道路。历史反复证明人们的某些失误和失足，常常是从生活开始的。因此，必须要给以科学指导，建立现代的文明的生活方式，绝不能背离全心全意为人民服务的宗旨。背离社会主义精神文明的崇高原则，要保证生活方式的变革，在文明、健康、科学的轨道上前进。

（三）振奋革命精神，清除旧的遗产，克服习惯势力

首先，没有高度的社会主义精神文明就不能清除旧的遗产。社会主

义社会是刚从几千年的私有制社会脱胎而来的，因此在社会主义社会是必然有残留的在私有制基础上产生的种种与私有制相联系的思想、意识、观念、心理、习惯和传统。这些东西可以归结为个人主义和私有心理，这个东西会从各方面阻碍社会主义制度的巩固和发展，妨害社会主义的主人翁的自觉责任感的形成和发展。如大家都反对社会上的不正之风，可是有这样一种论调是：我反对，但我还要这样干，否则吃亏了或办不成事了。这同党的十二大提出的两个合格（做合格的党员和合格的干部）、四个做起（从我、家庭、本单位、现在做起）要求是不符合的。又比如党的十二大提出几个保证之一是机构改革，老同志退居第二线，我们的老同志都是党和人民的宝贵财富，为人民立下过汗马功劳，但有的同志就有那么点不愿缩小指挥权的心理状态。

我们耳闻目睹在精神领域里残留下来的这些东西是很多的，只有自觉地、不断地进行思想教育，抓紧建设社会主义精神文明，才能逐步缩小和克服这种心理状态以及它在社会生活各方面的反映与表现巩固发展社会主义制度。

其次，《中共中央关于经济体制改革的决定》要求我们"要努力在全社会振奋起积极的、向上的、进取的精神，克服那些安于现状、思想懒惰、惧怕变革、墨守陈规的习惯势力"的精神状态，指出这种精神状态同样是"社会主义精神文明建设的重要内容，是推动经济体制改革和物质文明建设的巨大力量"（《十二大以来重要文献选编》中，第586页）。

关于精神的反作用问题，这是大家都极为熟悉的基本原理。多年来我们都知道物质变精神，精神变物质的伟大原理，但像《中共中央关于经济体制改革的决定》这样在党的文件里阐述生活方式和精神状态同经济改革、同物质文明建设的关系还是很少的。

改革是革命，"我们改革经济体制，是在坚持社会主义制度的前提下，改革生产关系和上层建筑中不适应生产力发展的一系列相互联系的环节和方面"(《十二大以来重要文献选编》中,第583页)。因此,改革绝不会是一帆风顺的,同历史上的改革一样,遭遇阻力是不可避免的。在这些阻力中习惯势力是一种重要的阻力。所以,改革必须振奋起积极向上、进取的革命精神,克服习惯势力。习惯势力按其实质说是巨大的历史惰力,它的基本特征就是《中共中央关于经济体制改革的决定》指出的"安于现状、思想懒惰、惧怕变革、墨守成规"。作为社会历史的惰力,它与改革的方向是相反的。当社会运动比较急剧的时候,特别是社会大步前进部分质变的时候,它就更容易感到它存在。改革是朝着历史发展前进的方向。我们当前的改革是为了建立充满生机的社会主义经济体制,是为了发展社会生产力,这样改革将改变人们已经习惯了、适应了的某些制度、体制、关系、秩序、观念、原则等,并将建立一些新的人们所不熟悉的东西。或者被视为特殊"异端"的东西,也就是说改革将改变千百万人的许多习惯以及这些习惯赖以形成和存续的环境、条件。于是这些习惯都依各自方式作为一种力量,尽力企图维持各自的旧貌,同时,由于改革所改变的环境条件的变化,就形成一种习惯势力,起着守旧阻新的社会效应。因此,习惯势力就其本质来说是对于改革的反动。

习惯势力可以表现为各种情况,或者说在结构上,它有不同层次,从我们当前的改革看,首先,第一个层次是由于改革的政策而引起习惯势力。改革公开说明反对什么、赞成什么、应兴应革的东西:是旗帜鲜明地宣布一些政策、措施、办法、法规。这些往往直接冲击一些人的思想方式,生活方式和工作方式。例如实行厂长经理负责制,这就使那些习惯于"书记说了算"的同志感到极为别扭,于是就有"书记陪斩""书记当差"等议论。又例如过去长期以来,对待不合心意的政策一些习惯办法是用"研究研究""结合实际具体化"来对付。或者制定一个"土文件"以对峙,闹得下面不知哪个文件算数,要克服这种习惯势力,就要奋起革命精神,发文件、定政策,是必要的、重要的,但还不够,还得改革不合理的体制和观念。

再次，即第二个层次就是由改革体制所触发的习惯势力。体制是人们进行社会生活的基本背景，它对人的行为模式和思维模式起着重要作用。体制的变革会使人们已经适应了的社会具体环境发生质变或部分质变。这就要求人们建立新的适应方式，摒弃原有的适应方式，这就同样激发起习惯势力的阻挠，它留恋旧的，害怕变革，如精简机构，如秘书代替领导思考、起草报告，什么事情离不开各种秘书。又如简政放权，政企分开，他们就把招牌换成某某公司以抵制。这种思想跟不上形势的情况，必定要在改革实践中逐步提高认识。农村改革五年许多人转变了认识，没有分改革派、保守派、大批判，这是宝贵经验。

最后，也就是第三个层次是意识形态领域里习惯势力的表现。观念、理论上新旧之争。改革的实践活动只有借助于思想与理论，才可能阐明历史发展的客观要求，才能宣传、教育、组织，武装群众去进行伟大的改革，而改革的实践也将创造新的经验，制定理论和策略，提炼出新的是非准则和价值观念。指导和处理改革中的各种问题。

在实际生活中某种观念和理论被社会合法的确定为正宗以后，它便被以各种方式灌输到每一个社会成员的头脑中去，成为社会的精神支柱、行为的准则。它成为社会的稳定的特征，维护着社会现存的制度、体制、政策等。在它受到改革的理论和观念的冲击时，它就成为一种习惯势力。它为维护本身的地位，就会斥责改革的理论、观念是异端邪说、离经叛道。它就成为反对改革或抵制改革，或消极怠工的指导思想和理论根据，成为一些人集结到改革行列的思想障碍。克服习惯势力，振奋革命精神、变革观念是非常必要的。

（四）跟随时代进步与观念变革

时代的进步，社会的进步，要求人们改变陈旧的过时的观念。经济的发展，改革的推进，已经而且必然要继续带来观念的新陈代谢。要改掉陈言套语，克服意识形态方面的习惯势力和陈旧观念，讲新活，办新事。

在当前要克服习惯势力振奋革命精神，就要注意观念方面的变革。《中共中央关于经济体制改革的决定》提出了一些观念变革问题，例如体制改革的必要性和迫切性；我们的经济体制是一种不适应生产力发展要求的僵化模式；各级领导机关的任务就是把自己的全部工作切实转移到服务方面来。为基层为企业服务，为发展生产服务，为国家强盛和人民富强服务；突破把计划经济同商品经济对立起来的传统观念；社会主义企业之间是互相协作，互相支援的关系，但并不排斥竞争。竞争不是资本主义特有的现象，共同富裕不等于也不是平均和同步富裕等。我们这里说几个与生活方式和精神状态有关的观念问题。

1. 生产发展与消费增长

生产和消费究竟是个什么关系？怎样住、怎样吃、怎样穿、怎样消费，就是一个问题。马克思是把生产、分配、交换、消费，看作一个经济总体的几个环节，他说"没有生产就没有消费，但是，没有消费也就没有生产。因为，如果这样，生产就没有目的"。

按照马克思主义的基本原理，生产是整个经济活动的起点和居于支配地位的要素，生产决定消费。消费增长的源泉在于生产的发展，没有生产发展所提供的消费资料，消费就是一句空话。所以，你要关心消费的不断增长，你就必须首先致力于发展生产。

马克思主义还认为消费的增长又是产生新的社会需求、开拓广阔的市场、促进生产更大发展的强大推动力，在这个意义上，消费又决定生产。消费就是需要，需要就是生产的动力和目的。

我们过去商品匮乏，市场紧张，因而长期采取抑制消费、计划供应的办法。在宣传上笼统讲低物价、低消费的优越性，讲节衣缩食的美德，这是适合过去的生产水平和生活水平的观念和做法。现在我们市场情况发生了大的变化，消费品生产和人民购买力都有很大增长，忽视这个事实，在消费观念上仍按旧章，不去积极地鼓励消费和指导消费，就会脱离实际，脱离群众，同经济发展的客观要求不协调。

近年来我国农业发展很快，但是，农民大部消费水平很低，像吃饭，现在不再是瓜菜代了，也很少吃杂粮了，多吃肉、蛋，但讲究科学、讲究营养的却很少，农民吃肉过去一般就是一年几节或客人来往之时，由于消费水平低，结果，粮食刚一增产就出现了"卖粮难"，消费显现出虚假的"饱和"，于是有人就主张"限产"，他们不懂得生产与消费之间的正确关系，不知道指导消费，正当地提高消费水平，却习惯地用限制生产来平衡供需，如果真的这样做，就不会是经济繁荣，而会是经济萎缩。

消费刺激生产，农业是这样，工业也是这样。纺织工业来的信息由于"西装热"一直积压在仓库里的大批服装面料都找到了出路，一些纺织企业原来发愁产品积压，资金周转不灵，现在都充满生机了。而且这推动了服装行业、商业、洗衣业的发展，也对"卖棉难"的问题的解决起了促进作用。所以消费对经济的反作用是一个多层次的立体结构，它有利于农业、工业，也可以使我国目前还很薄弱的第三产业兴旺发达起来。

农民就是要抛弃适应于小生产经济的传统观念，"安贫守穷"衣食住行不靠别人，就是小生产经济在消费上的行为中的准则和思维模式。小生产创造的财富很少，它不安贫就可能把有限的积累用光，无法维持再生产，现在，生产发展了，为消费创造了广阔的领域，这种观念就会给社会化大生产带来消极的影响。

我国经济长期落后，商品经济很不发达，在经济开始上升时，传统观念还有较大惰性和市场，不少人对消费横挑鼻子竖挑眼，对旧观念还颇多赞誉与留恋，是值得注意的。不要把消费和浪费画等号，资本主义社会的高浪费是一种危机的表现，如果把提倡消费、指导消费看成是浪费，那就要人们当"苦行僧"，生产就不能发展。

河北武邑县团委在1984年8月，发起和组织青年消费引导协会，他们做的是对的，当时这个县三千多青年勤劳致富，不少人手里有钱，不敢花，不会花，也有些乱花钱的。他们对青年指导、教育、帮助青年树立生产为了消费，消费促进生产的观点。克服不敢花钱、不会花钱、乱花钱的现象。提倡青年衣着整洁、漂亮，带头穿得好一点，发动青年讲究清洁、卫生，注意院落布局，绿化、美化庭院。在这种引导下，以往把消费看成资产阶级生活方式，现在人们把它看作两个文明建设的内容。穿凑合、穷光荣的调子吃不开了。

越来越多的事实，不光是广东，不光是沿海，商品经济发达的地方，就是内地比较贫穷落后的地方也有了很多事实说明消费增加了，就为商品增加销路，开辟市场，促进商品生产的发展，只讲生产，不讲消费，只求生产东西多，不打开商品的销路，实际上是束缚自己的手脚。突破了这方面的传统观念，习惯势力，在吃穿住用行各个方面，提倡正当消费，提倡勤劳致富，这才能适应我们四化建设，利国利民。

所以《中共中央关于经济体制改革的决定》指出"不顾生产发展的可能提出过高的消费要求，是不对的；在生产发展允许的限度内不去适当增加消费，而一味限制消费，也是不对的"（《十二大以来重要文献选编》中，第579页）。

2. 时间、金钱、效率

在改革中"时间就是金钱，效率就是生命"的口号，现在已为大家接受了。这个口号本来是资本家在资本主义生产中惯用的、强调的口号，是资产阶级市场竞争的西方谚语。我们使用这个口号与资产阶级使用这个口号是根本不同的，他们利用这个口号加强对工人阶级的剥削，我们使用这个口号是要用最少的时间创造最多的财富，提高劳动生产率。但是，这个口号里提出了时间、金钱、效率等观念的新的含义。就时间而论，我们办事拖拉，缺乏严格的时间观念，生活和工作的节奏缓慢，这也是我们的传统，突出的典型太多了，过去总是"安步当车""一看二慢三通过""日出而作，日没而息"，这些都是自然经济基础上的产物。一个手工业木工拿起工具，端起木料，左端祥、右斟酌、边设计、边施工，他们没有发达的商品经济条件下要求人们养成的紧迫之感、生活工作节奏快速。

在商品经济条件下，商品的价值是凝结在商品中的人类的劳动，商品的价值量是由生产商品时所消耗的社会必要劳动时间决定的。在同类商品中，个别劳动时间如果低于社会必要劳动时间，个别生产者（企业）就可以比社会一般生产者（企业）多得到金钱。所以，马克思把一切节约归结为劳动时间的节约，一切浪费归结为劳动时间的浪费。时间就是金钱，反映了一切商品经济的上述共同特点。社会主义的商品经济也是要讲究时效的。不过，在资本主义条件下，这个口号又渗进资产阶级的人生观，他们把这些变成指导个人同个人、同集体、同社会的交往关系的最高原则。都当成金钱关系，这是我们所不取的。

金钱，在社会发展中占什么地位？应该怎样看待钱，许多思想家都骂过"钱"，有的人避而不谈钱字，恐怕污染了他的高尚精神，把钱叫作"阿堵物"，空想社会主义者莫尔和康帕内拉等人都是否定商品货币，鄙视金银的莫尔的乌托邦里金银用作马桶、镣铐，而太阳城稍微客气一点，用来做家具和装饰。许多人都说过"金钱是万恶之源"，这种观念是封建的生产关系和商品经济不发达的反映。鄙视金钱在"文化大革命"发展到了极端。钱就是货币，货币在不同的经济关系中的本质和职能是不同的。社会主义条件下的货币同资本主义条件下的货币是不同的，这是清楚明白的。社会主义如何利用商品价值规律，如何发挥钱的经济杠杆的作用，搞活经济，这不改变对钱的传统观念是不行的，骂是骂不倒的。

"一切向钱看"的口号当然不对，怎样看待钱，过去是"左"革命，穷光荣。一提钱好像就是资产阶级，就是腐化堕落，钱是劳动汗水的结晶，为什么不能提钱呢？离了钱国家能建设吗，人民能富裕吗？低头向钱看是指扎扎实实地抓经济工作，这是为了实现党的奋斗目标。

"一切向钱看"不对，社会生活中不能以钱作标准，把一切变成冷冰冰的金钱关系，那是资产阶级的本色。但是，经济工作不向钱看，不讲经济效益,那是不行的。企业不赚钱就要垮台的,对国家、对人民都没有好处。

"效率就是生命"是马克思主义经济学中关于劳动生产率与商品的使用价值量成正比,与商品的价值量成反比,这一基本原理的体现。这一口号不但无可非议,而且值得各行各业效法。说我们不讲效率这是不准确的,因而是不对的,我们常讲多快好省,这就包括效率的要求。现在讲效率就是生命,就是我们要以最少的时间创造最多的财富,提高劳动生产率。列宁说过提高生产率这是新社会战胜旧制度的决定性的东西,所以,这口号在本质上反映了人民的根本利益。但我们过去实际上在许多方面是不注重效率的。

例如我们过去"艰苦朴素,勤俭节约"这个口号当然要坚持,是革命传统。它的含义、它的内容总是同当时的生产力发展水平、同当时的财经状况相适应。在革命战争年代,同现在它的实际意义是完全不同的。那时候他意味着大生产、纺线、穿草鞋,那是革命精神的表现,是高尚的美德。今天如果还要每个工作者自己去纺线线就是愚蠢不堪了。我们过去实际上在相当长时间内,把这个口号理解为花一些不必要的力量,亲自动手,搞笨办法,不讲效率。实际上是"费力最大的原则"这是促退,这样就不能发展商品经济,这个观念也要改变才能适应今天的现实。今天应该把这个口号理解为用最少的劳动,创造最大的劳动成果,如果一个人能以尽可能少的劳动为社会做出最大的贡献,一个企业能最充分地调动工人、工程技术人员的积极性,那就应该是坚持了艰苦朴素、勤俭建国的革命传统。从价值标准看,这就是最善最美的,反之,一个人特别是领导者自己辛辛苦苦抓不到点子上,效益很差,人的作用不能充分发挥,他就不是真正的"勤俭节约"。

八、运用好社会主义精神文明建设与各方面的链条作用

社会主义精神文明建设与各方面都是互为相连的重要关系,谁也离不开谁的链条作用。

(一) 物质文明和精神文明之间是你中有我，我中有你，不可分割，必须一起抓

社会主义精神文明建设同物质文明建设的关系是两者互为条件，互为目的。所谓互为条件是指：精神文明的建设与发展，必须有能够满足这个建设和发展的要求的物质文明作为必要的条件，同样，物质文明的建设和发展，也必须有能够满足它的建设要求的精神文明作为必要条件。这就是一方搞不好，另一方也是搞不好的。

所谓互为目的是指精神文明的建设和发展以物质文明的建设和发展为目的，同样，物质文明建设与发展也以精神文明的建设与发展为目的。也就是说精神文明建设不仅是为了教育、科学、文化的发展和人们思想道德水平提高，也是为物质文明建设服务的，而物质文明的建设也不仅为了发展物质生产和改善物质生活，同时，也是为精神文明建设创造更多更好的条件。双方互为目的、互为条件的关系，决定了在社会主义经济建设中不能忽略任何一方，必须两个文明一起抓，两者同步相应的发展。

在《决议》中对两者关系又有了进一步论述发挥，说明在社会主义时期物质文明为精神文明的发展提供物质条件和实践经验，物质条件是清楚的，实践经验呢？怎么理解，邓小平在顾问委员会讲话中说明：十二届三中全会决议的讲话中说"这次的文件好，就是解释了什么是社会主义，有些是我们老祖宗没有说过的话，有些新话。我看讲清楚了。过去我们不可能写出这样的文件，没有前几年的实践不可能写出这样的文件。写出来，也很不容易通过。我们用自己的实践回答了新情况下出现的一些问题"（《十二大以来重要文献选编》中，第599页）。

精神文明为物质文明建设的发展提供了精神动力和智力支持。有了精神动力才能充分调动和发挥人的积极性创造性，才能建设高度的物质文明。人区别于动物在于他有思想、有意识、有精神追求、在同样条件下，人的思想觉悟、道德风貌、追求的目标不同，表现出来的力量，达到的效果也是很不相同的。所以，要想加快物质文明建设就必须坚持两个文明一起抓，使每个人都成为"四有"的社会主义的公民，发挥出持久的积极性和无穷的创造力，推动物质文明的发展。

智力支持，没有科学技术、人的智力知识的参与物质文明的建设是不可能的。在当今科技革命条件下就更加重要。这就对整个社会的科学文化水准，和每个劳动者的文化素养、智力水平都提出更高要求，这只有加强精神文明建设使之提供智力支持。普及和促进全社会教科文事业的发展，提高每个劳动者知识素养和智力水平，造就建设较高文化素养和科技水平的建设大军。

两个文明之间你中有我，我中有你，互相连接，互相渗透。两个文明一起抓不是说绝对均衡使用力量。物质文明具有基础性质，必然要处于中心地位，无论怎样工作重心是经济建设，这样精神文明相对地说处于第二位的任务。正因为如此，在工作中就更应该重视它的精神。因为它容易被忽视，容易引起"自发论"。这样精神文明建设为物质文明的发展提供了精神动力和智力支持，为它的正确发展方向提供了有力的思想保证。两个文明一起抓是党坚定不移的方针。

（二）社会主义精神文明建设与改革开放互为促进，互为条件

1. *社会主义在改革中前进——改革的必要性*

社会主义、共产主义是人类历史的伟大变革，其实现必须要研究新事物，要寻求社会主义条件下实现这种变革的条件。这种变革，马克思说"在没有阶级和阶级对抗的情况下，社会进化将不再是政治革命"（《马克思恩格斯全集》第4卷，第198页）。

列宁在纪念十月革命四周年时写《论黄金在目前的社会主义完全胜利后的作用》一文，其中对夺权后，实现革命任务的新的形式以及社会主义条件改革（中文本译为改良）的性质作用问题，从理论上作了进一步论述：在革命胜利前，革命主要采取阶级斗争形式，即以推翻旧政权为中心的政治革命，改革是革命的副产品，胜利后革命同改革的关系虽在原则上与过去一样，但在形式上已发生变化，改革是"缓慢地、审慎地、逐渐地前进，而不是倒退"（《列宁选集》第 4 卷，第 613 页）。四年经验说明在经济建设的根本问题上，必须采取改革的办法，这也是新事物。列宁指出"今后在发展生产力和文化方面，我们每前进和提高一步，都必定同时改善和改造我们的苏维埃制度；而我们在经济和文化方面，水平还很低。有待于改造的东西还很多，如果因此而'惶惑'起来，那就荒谬绝顶了，（甚至比荒谬更坏）"（《列宁选集》第 4 卷，第 577 页）。列宁说这些对我们是有启迪作用的。

一般来说，改革既可能只具有个别改善的性质或一般完善的性质，也可能带有根本性改造的性质，我们现在的体制改革是在坚持社会主义制度下，改革生产关系、上层建筑中不适应于生产力发展一系列相互联系的方面和环节。这样改革会引起人们经济生活、政治生活的重大变化，还会促使人们的生活方式和精神状态的重大变化。这确是一场带根本性质的变革。在这个意义上说它是一次革命，是党统一领导下，有计划、有步骤地进行的具体体制的破旧创新，不是一个阶级推翻一个阶级的革命。

社会主义社会的矛盾不是对抗性的矛盾，它可以经过社会主义制度本身不断地得到解决，社会主义制度本身有能力完善自己，也有能力变革。改革正是解决社会主义社会矛盾，实现自我完善自我变革的形式。恩格斯说："社会主义是经常变化和改革的社会。"

改革是生产力发展的要求、是客观要求，也就是社会主义本身发展的要求，是社会主义社会的一种普遍的、发展中的必然现象，也是社会主义所以能生机勃勃的活力所在，离开改革社会主义就不能前进，所以，改革只能前进，倒退是没有出路的。

2. 改革就只能是渐进的

改革要经历一个新旧体制并存即双重体制阶段，实行新体制必然能动反映旧体制的原有经济利益关系，要有新的调整，新体制也在总体上不够完善，新的合理的利益关系也不能一下子实现，所以，各种利害关系的摩擦和矛盾，各种机会的不均等现象是不可避免的。问题的艰巨性、复杂性就在这里。

要把改革顺利地继续进行下去，就需要在实践中不断对社会主义进行再认识。从历史发展的客观要求上说，改革体现了社会主义需要按照其本身的规律不断地自我完善，自我变革。从主观要求上说，改革也体现了共产党人和广大人民群众对于社会主义的再认识过程。全世界社会主义发展到今天，非常重要的一条经验就是在马克思主义指导下，在实践中，不断地认识和建设社会主义。

列宁在十月革命后不久说过，对俄国说根据书本争论社会主义纲领的时代已经过去了，今天只能根据经验来谈论社会主义。所谓根据经验，就是要人们在实践中对社会主义进行再认识。实践说明对社会主义的科学的符合实际的理解，也是通过不断实践不断认识得来的。对社会主义进行再认识就是要把马克思主义的普遍真理运用于中国社会主义建设实际，在这个实践中不断修正我们头脑中以往对社会主义的不完全、不科学的认识，通过实践建立、发展、完善关于建设有中国特色的社会主义理论。

现在在人们中对精神文明建设有两种误解：一种认为强调精神文明建设是因为改革开放出了毛病，要用精神文明来纠正。一种认为强调精神文明建设会束缚、限制改革和开放。这两种看法都是把精神文明建设与改革开放对立起来，这都是错误的。

新时期精神文明建设出现了"文化热"，"文化热"的实质是社会主义革命和建设进入新时期后，人们对社会主义的一次再认识。改革的实践表明，社会主义的建设需要人们既坚持社会主义的基本原则，又不断进行再认识，把坚定性与灵活性、道路与形式结合起来，走向共产主义的探索和实验过程，就是社会主义社会的改革过程。改革只能前进，倒退是没有出路的。

3. 精神文明建设与改革开放

改革开放带来社会主义事业的强大活力,促进精神文明建设。

第一,改革开放促进了生产力的发展,加快了经济建设,为精神文明建设创造了更多更好的物质条件。改革就是针对旧的体制、束缚、限制甚至改变封闭、半封闭、僵化半僵化、自给半自给自然经济,在公有制的基础上有计划地发展商品经济,搞活经济,使经济生活、社会生活、工作方式、精神状态发生很大变化,为精神文明建设提供了物质条件。

第二,改革开放逐步把人们从小生产的狭隘眼界和"左"的思想禁锢中解放出来,逐步树立与现代化建设相适应的观念。在改革中破除、传统落后的观念,诸如封建社会遗留的封建思想残余和愚昧迷信;长期在中国经济中占优势的自然经济,小生产观念;二三十年来僵化体制(高度集中统一,条块分割,大锅饭)所形成的固定观念;以阶级斗争为纲和"左"的指导思想影响形成的错误观念等。树立有利于生产力的发展、有利于与现代化建设相适应的新观念,总之有利于建设有中国特色社会主义的新的观念。如价值观念、开放思想、劳动致富,科学、时间、效率和效益、市场信息、民主法治等。

第三,改革开放提高了人们对知识、人才等在现代化建设中的地位和作用的认识,从而加速了教育、科学、文化的发展。如农民懂得科学技术、经营商品生产、管理、投资、投标等就能达到致富的目的。

第四,改革开放,一改过去那种闭关锁国的落后观念和状态,加强了同国外的各种交流,有利于学习、吸取、借鉴、继承人类精神文明的优秀成果。

改革也产生了消极现象,这些消极现象正是改革要改掉的东西,看不到改掉这些旧东西对精神文明建设所起的促进作用是不对的,总之认为改革开放后经济搞活了,思想搞乱了,生产上去了,精神文明却下去了。这些看法是不对的,正确的应是实事求是正视问题,以恰当办法解决，几年实践经验说明精神文明与改革开放双方互相需要、互相促进。即在改革开放过程中进一步推进精神文明建设。

为改革开放深入发展形成舆论力量、价值观念、文化条件、社会环境、有力地抵制资本主义、封建主义的腐朽思想，防止种种迷失方向的危险，振奋人民的热情和精神。这是对精神文明建设提出的更高要求，也是精神文明建设的根本动力。

坚持四项基本原则是精神文明建设应有之义，是精神文明建设健康发展的根本保证。弄清关系才能防止各执一端，协调发展。

（三）经济体制变革与社会主义精神文明建设同样重要，经济繁荣发展与精神文明建设相互促进，相互推动

中国共产党第十二届三中全会通过了《中共中央关于经济体制改革的决定》（以下简称《决定》），这个《决定》是按照马克思主义普遍原理同我国社会主义建设的具体实际结合起来的原则，根据建设有中国特色社会主义的总要求，坚持进一步贯彻对内搞活经济对外实行开放的方针制定的、全面改革的纲领和蓝图。《决定》将大大促进改革步伐，推动以城市为重点的整个经济体制的改革，更好地开创社会主义现代化建设的新局面，促进生产力发展，国家的兴旺发达，人民的幸福富裕，这是具有伟大历史意义的，也是具有世界意义的。国外的人们有见识者都认为真能贯彻这个蓝图，那么在未来 20 年内，在发展速度方面就是中日之间争夺金牌的问题了。

经济体制改革必将带动上层建筑方面的一系列改革，可以预见到与这个改革过程相伴随的是政治制度上的进一步改革，意识形态上的一系列改革。《决定》说"经济体制的改革，不仅会引起人们经济生活的重大变化，而且会引起人们生活方式和精神状态的重大变化"（《十二大以来重要文献选编》中，第 586 页）。在经济体制改革中物质文明建设和精神文明建设一起抓，改革的根本任务是理论与实际相结合，正确对待外国经验，进一步解放思想，走自己的路，建立有中国特色的充满生机和活力的社会主义经济体制，促进生产力的发展。

改革对于物质文明建设起着重大的作用，对于精神文明建设的作用也将是深远而巨大的。

（1）改革将促使生产力有很大的、持续的发展（这是检验改革得失成败的唯一标准）。经济体制改革是发展经济的决定力量。发展有计划的商品经济，提高了人们的劳动热情，增强了劳动致富的信心和对社会主义的责任感。比如农民要致富他就要发展经营商品，思想观念变革了，就要了解行情、掌握信息、摸清市场情况、学会经营管理、投资核算等，就要掌握科学技术知识，掌握生产、加工、储存、运输、销售等。这些从经济方面看，是经济活动的必然要求。从哲学角度看，这会使人知道自己可以改造环境，改善自己的命运。而要做到这一点，就要学会观察世界，包括自然规律、社会规律。

通过商品生产，从听天由命到乐天知命到自己改变自己的命运，这是一场变革，是当前社会思想方面有意义的进步。这就加强了精神文明建设的物质条件和基础，社会主义精神文明建设的文章就好做了。例如说，前几年社会风气不好，有一大批待业青年是个社会不稳定的因素，随着现在经济发展安排工作，这种现象好多了。如分房中不正之风，也是依托于物质财富的丰盛，加强道德修养思想教育，也有制度、纪律、法制的问题的逐步建立，像这一类的不文明现象根除了不少。

我们是在十年内乱社会主义信誉被践踏，现在又打开窗子看世界的情况下，建设精神文明，不发展生产力，不提高生活水平，如果没有物质基础"认为我们可以长期地在经济不发达，贫穷落后的情况下，使人们坚信社会主义制度的优越性"，这是做不到的。文化教育的发达，人民健康水平的提高，文化生活的丰富都必须有物质条件。

（2）改革将理顺我们的经济关系。这样一方面分配关系交换关系等理顺了，等价交换、按劳分配真正贯彻了，平均主义、大锅饭也就逐渐为人们所不齿。另一方面，这还会迫使人们创造性地运用马克思主义，实行扩权放权，建立责任制，开展竞争，这都改变了一个头脑代替千百个头脑思维的情况，迫使人们特别是领导者改变过去的光凭文件、凭上级指示办事的方式，一切从实际出发，学习运用掌握社会主义建设的理论和政策。同时，改革提出的许多新课题促使理论的发展。它必将进一步打破、清除僵化的思想方式，汇成一股具有进取精神的潮流，商品经济的发展也促进培养有创造力的新人。

（3）改革将大大促进教育科学文化建设的发展。经济体制改革促进全民族文化科学水平的提高，提高科学文化水平的基础是教育的普及。我们新中国成立之后真正重视教育不够的原因可能是：①我国历史上长期是小农经济，小农经济的特点就是不重视文化知识和科学技术。②我国民主革命时期以农村为根据地，这个历史背景也有关系。所以，提高全民族科学文化知识极为重要。

发展商品经济，企业为了提高竞争力，就必须把科技引进生产，必须实行科学管理，只有这样才能提高产品质量和生产效率，降低成本，占领市场。这样就必须重视知识和知识分子，重视开发智力，这将促进招工、人事、干部、工资等制度的改革，现在的电大、职大、函大各级各类学校的发展，离开改革无法解释。不惜重金请人才，自筹资金搞讲座。几年以前没有谁想到，以土为本的农民这样与科技结合。

恩格斯说"社会一旦有技术上的需要，这种需要就会比十所大学更能把科学向前推进"（《马克思恩格斯选集》第 4 卷，第 648 页）。这个道理适用于科学发展，也适用于科学文化事业在改革中潜能的充分发挥。

科学研究、教育、文化、宣传等部门是知识密集的智力库，这些部门体制合理智力将得到很好发挥，不合理则压抑人才，浪费智力。这方面只有通过改革，我们从战争年代的基础上，又吸取了苏联的一套做法建立起来的"左"的统治的僵化体制中解放出来，才能解放生产力。

中学教育模式单一化，教师的社会地位、工作条件以及整个科学文化部门等单位的人事权、责任制、职称评定、人才流动、升学考试、分配制度、思想教育工作等一系列涉及体制改革的问题都通过改革突破了，教育、科学、文化潜力将大大发挥出来，所以，经济体制改革必将促进精神文明建设。

（4）经济发展与道德水平的提高

现在对体制改革的经济价值经过五年多农村改革的伟大成就，经过城市改革的试验结果原来抱怀疑态度的同志也表示赞赏了，但对改革的道德价值，却还有怀疑，还不完全信服。他们认为"经济上来了，道德下去了"，并且举出改革中出现的一些消极现象作为佐证。

这些问题自古以来就有争论，春秋时代思想家管子说过："仓廪实则知礼节，衣食足而后知荣辱。"但也有一些思想家们如老庄学派则认为随着技术发展，人们物质生活水平提高，道德社会沦丧，从而主张"见素抱朴"反对技术进步的。这些争论有个共同的错误就是认为经济发展、生产的发展可以直接决定道德水平的高低。按照历史唯物主义观点生产力的发展和物质生活水平的提高对道德状况、对社会精神面貌是确有影响，但这不是直接影响而是间接的影响，是通过所有制、分配关系、社会制度而起作用的。总是从他们进行生产和交换的经济关系中，吸取自己的道德观念的。道德是一种意识形态，它是被经济基础决定的，并为经济基础服务的，所以判断一定社会的道德水平的高低只能依据它所服务的生产关系的性质。同样是"衣食足"如果是依靠劳动得来，就会知礼节，如果是靠剥削得来的就不同了。离开道德与经济基础、社会制度的关系，是难于衡量道德水平高低的。对于能够有利于新的经济关系的形成和发展，有利于生产的发展，有利于人生活的改善的道德规范，就必须承认它的先进性、革命性。"经济上去了，道德下来了"的说法不符合道德的发展规律，在人类历史长河中，总的说两个文明的进程是大体同步的，而且总趋势是不断前进的。恩格斯说历史上"每一次革命的胜利都带来道德上和精神上的巨大跃进。"（《马克思恩格斯选集》第3卷第527—528页）我们的改革的实际生活说明了这一点。我们的社会主义制度通过改革更趋完善了，人们的思想也得到解放，总的说道德水平是在提高而不是"下降"。在我国广大农村，实行生产责任制后，农民中蕴藏已久的极大的社会主义积极性得到发挥。在许多人勤劳致富，许多先富起来的农民发扬了集体主义精神"人富不忘本，家富不忘国"，爱国家、爱集体、支援乡邻、助人为乐，举办文化事业，推行科学技术，尊老爱幼，家睦人和。今天农民已大大不同于往昔了。生产责任制进城后，体制改革试验中，许多单位的职工精神大振，劳动态度改善了，生产效率提高了，积极性和创造精神发挥了。实际生活给予证明的不是"下来了"。其实有些同志认为道德水平下降了，他们心目中的下降实际上指的是以往封建社会的道德残余被冲击了，其实这是巨大进步。

当然也有说经济上去了道德也就自然上去了，这种说法也是片面的。《决议》指出即使是社会主义竞争，"竞争中可能出现某些消极现象和违法行为"（《十二大以来重要文献选编》中，第590页）。出现了为谋取小公及个人利益而损害国家利益的不正当手段，就是消极现象，对这些不必大惊小怪，所以说道德自然上去了这是不符合实际生活的。但必须注意管理教育，不然就会败坏党风和社会风气，违法乱纪的一定要处理。要管理教育，教育就要加强思想政治工作，加强道德品质的教育，加强集体主义教育，就要同时抓社会主义精神文明建设。

社会主义是人民群众在马克思主义指导下，无产阶级政党的领导自觉地按照社会发展规律建设起来的，社会主义的精神文明、人们的革命精神、道德观念也要自觉地培养、锻炼，否则会受到腐朽的错误的思想影响和腐蚀，所以就必须大大加强马克思主义思想教育。我们的精神文明是社会主义的精神文明，是以马克思主义思想为指导的，所谓指导作用，决定事物的性质和发展方向的意义上说的。没有马克思主义思想做指导，也就是说没有马克思主义的世界观和科学理论作指导，就很难保证精神文明建设的社会主义方向。

我们现在进行的是社会主义精神文明建设，是处于社会主义发展阶段，我们的提法是社会主义精神文明不是共产主义精神文明。这是同我们当前生产力发展水平，同与这种经济发展水平相适应的人民大多数的思想觉悟水平相适应的。我们根据大多数人的实际情况决定政策确定方针，但我们用共产主义思想和劳动态度要求先进分子，要求共产党员则是应该的、必要的。

有人说现阶段从严格意义上说，没有一个人能够坚持共产主义劳动态度即劳动不计报酬自觉为社会劳动，只同意提社会主义劳动态度，即激励人们通过创造性劳动取得应有报酬，这样就失之偏颇了。不能用共产主义劳动态度要求现实社会的每一个成员，但不能说现在没有一个人能坚持共产主义劳动态度，共产主义劳动是不计报酬，不是不要报酬，不要报酬即取消人们的物质生活，那的确是没有一个人能做到的。但是在我们现实社会生活中，用全心全意为人民服务的精神、共产主义劳动态度对待生活和工作的人并不是绝无仅有，而是英才辈出，何况党章明文规定共产党员必须全心全意为人民服务，不惜牺牲个人一切为实现共产主义奋斗终生。

但是我们不应该用共产主义道德来规范所有人们的行为和实际生活，尽管现实生活有不少共产主义因素。我们只能提倡以马克思主义思想为指导的社会主义道德来规范人们行为，各尽所能按劳取酬，正确处理国家、集体和个人的利益。

我们对各种社会现象和人们行为的道德评价和历史评价应该统一起来，道德评价应该从属于历史评价。

（5）经济体制改革也要贯彻对外开放的方针，这对思想文化的交流和经济发展有很大的意义。

一部人类精神文明史在一定意义上说就是思想文化交流史，中国四大发明引向欧洲使欧洲文化起了革命性变化，俄国十月革命一声炮响，使中国面目为之一新。现在的世界是开放的世界，但现在世界上有些地区仍处在原始状态，原因就在于与世界文化绝缘。交流是发展的必要条件。思想文化本身就有自由流动的倾向，这种流动必须有合适的渠道、有条件，其中关键的因素是政策。

科学社会主义创立就是开放性的，《共产党宣言》《资本论》《帝国主义论》，这都是放眼看世界的结果。今天，20世纪80年代，科学社会主义面临着挑战，它必须发展，我们对这种发展要求负有特殊使命，如果闭目塞听，不研究资本主义世界经济、经济体制、政治、文化，或者关门研究陈旧资料，就无法完成这个使命。

我们宣传的说服力不强，这同我们对资本主义世界知道得很少，是直接有关的。必须充分利用现代资本主义的材料，把理论研究建立在对经济社会实际的缜密研究分析的基础上，我们的社会主义理论就会以科学的和逻辑的力量去掌握亿万群众。这是思想建设中的一个重大的基本工程。开放也提供了我们正确对待外国的经验的基本条件，正确对待外国的经济及其体制状态，利于我们吸取。

开放也必将使人民得到新的视野和刺激，改变长期遗留下来的封闭、保守性格，在新的基础上激发爱国主义，振奋民族的开拓精神。也要在对内交往中实行开放，使各单位、地区、部门扩大交流，把各自传统、优势、科学知识、思想方法，汇聚一起，通过新的组合产生杂交优势，克服地方主义、门户宗派观念、人身依附观念等封建残余思想。

（四）对外开放与社会主义精神文明建设的关系，对外开放是社会主义精神文明建设的必要条件，精神文明建设也为对外开放增强吸取外界经验，增强有力的活力

对外开放对经济建设和精神文明建设同样能起积极的促进作用。《决议》指出"近代世界和中国的历史都表明，拒绝接受外国的先进科学文化，任何国家任何民族要发展进步都是不可能的"（《十二大以来重要文献选编》下，第 1177 页)。已经为开放政策实践所证实。

(1) 对外开放，打开眼界，解放思想，带来思想观念精神状态的变化，使人们思想产生新的飞跃。对外开放面对世界范围的新技术革命，面对资本主义世界的新的发展和新的问题，面对社会主义国家的全面改革的新形势，面对发展社会主义商品经济的新形势，一切因循守旧、安于现状、故步自封的习惯势力和传统观念都受到无情冲击，必须革新，树立勇于探索、敢于创新、开拓前进的拼搏精神。

对外开放可放眼世界，面向未来。在对比中看到自己的长处与优势，又可找到问题和差距。这就可激起奋发图强，急起直追，立志赶超的雄心壮志，确立如时间效率、效益观念，竞争向上，争优创优观念，信息知识价值观念，技术进步、智力投资、人才开发等概念。

对外开放，放眼世界，会确立新的坐标系，看到自己的不足，就会在世界范围的激烈竞争中产生改变落后面貌的紧迫感。在对外开放中可以更多地了解资本主义制度，从两种制度对比中认清社会主义制度的必然性和优越性，更加坚定社会主义方向和共产主义信念。

(2) 对外开放有利于吸收资本主义社会中思想道德方面某些进步的东西。资本主义社会里的思想道德观念不等于就是资产阶级思想道德观念。在资本主义社会占统治地位的是资产阶级的道德，但是，也存在着人民的道德，劳动人民在自己的阶级地位中形成的勤劳勇敢，忠诚老实，友爱团结，互相帮助的品德，是值得吸取和借鉴的。

每个社会中都有为维护正常社会生活次序所需要的、全体居民都应遵守的简单的行为准则，也就是社会公德。马克思称为"私人关系间应该遵循的那种简单的道德和正义的准则"(《马克思恩格斯选集》第 2 卷，第 607 页)。这些包括遵守秩序、注重文明礼貌、讲究公共卫生等。这种社会公德与一个国家文明发展程度和民族传统有直接的关系，并不带有阶级的烙印，资本主义社会在这方面有不少东西值得我们学习。

(3) 资产阶级道德也要做具体分析。它从根本上说是与无产阶级和其他劳动人民的道德根本对立的,但其中某些行为规范和道德思想也有某些进步因素,就拿资产阶级人道主义来说,也要区别它们的不同的政治和社会倾向,采取不同的态度和政策。有些真诚的人道主义者,反对霸权主义战争威胁,反对法西斯主义和恐怖主义,是有进步作用的。资产阶级人道主义中的尊重人,追求自由,要求平等等内容,也有进步因素,值得我们借鉴、吸取。《决议》指出"社会主义道德作为人类文明中道德发展的新境界,它必然要批判地继承人类历史上一切优良道德传统,并要同各种腐朽思想道德作斗争"(《十二大以来重要文献选编》下,第1182页)。这样对外来的东西就必须在马克思主义指导下,有目的地选择,而不是消极被动地全盘接受,这里取舍的原则是要有利于巩固和发展社会主义制度,有利于按社会主义需要改造人的心灵。

目前,我们社会上的一些阴暗落后的东西中,有的是从资本主义国家传进来的,但大量的还是残留的封建阶级、资产阶级腐朽思想的产物,即使外国传来的,也是因为有寄生基地,才得以蔓延,不能都算在对外开放的账上。

(4) 对外开放,西方各种思潮学说也传进来,这种传播是对马克思主义的一种挑战。但马克思主义从来是在斗争中发展的,它一定能经受这种挑战而使自身变得更强大,马克思主义是对人类所创造的优秀文化遗产的继承和发展,在新的历史条件下,马克思主义也需要吸收当今世界科学技术发展的最新成果来充实丰富自己,而当代自然科学和社会科学的发展也为它提供了科学基础,马克思主义是从非马克思主义的思想材料中诞生的,恩格斯曾经说过现代社会主义的最初理论表现形式是法国十八世纪启蒙思想家各种原则的进一步发展。当代西方的哲学、经济学总体上为资本主义辩护,但也不能把它说成胡言乱语,瞎说一气,其中也包括对社会某些新情况、新问题的有益探索,盲目崇拜某些学说是错误的,但看不见这些也不完全,对外开放和发达国家、第三世界、社会主义国家实现思想理论文化交流,可以对比两种制度、可以了解社主义运动情况，更坚定改革的决心和信心。通过改革进一步完善我国社会主义制度。还可以了解正在世界范围内兴起的新技术革命，对发达资本主义国家产生的社会后果，工人阶级结构发生的变化，工人阶级采取的斗争方式等，学习外国经验，对新技术革命提出应变措施。

外来思想文化中，有不少是糟粕、精华共存的，应以马克思主义立场观点方法做一番艰苦细致的分析研究工作。

九、社会主义精神文明建设中坚持马克思主义

（一）社会主义精神文明建设中必须坚持马克思主义

（1）马克思主义对社会主义精神文明建设起着重大指导作用

马克思主义是社会主义意识形态的最重要的组成部分，是社会主义事业和党的领导的理论基础。以马克思主义作指导是我国社会主义现代化建设的根本，也是社会主义精神文明建设的根本，对整个精神文明建设起着重大指导作用。理解这一点不难，因为《决议》通篇都是运用马克思主义的立场、观点、方法、总结了实践经验，运用马克思主义原理论证解决精神文明建设的问题，很有说服力地分析了社会主义精神文明建设在现代化事业的总体布局中的作用功能，从而说明了它的战略地位和建设的基本指导方针。阐明了精神文明建设和物质文明建设的互为条件、互相促进的关系。明确提出了根本任务，正确地解决共同理想和最高理想、社会主义道德和共产主义道德之间的关系，将有力地纠正离开现实斗争的"左"倾空谈。再次明确民主和法制纪律不可分，在法律面前人人平等，高度民主是社会主义的伟大目标之一，是社会主义新时期在国家和社会生活中的重要体现。重申了搞资产阶级自由化即否定社会主义制度、主张资本主义制度，是违背人民利益和历史潮流，为广大人民坚决反对的。

《决议》精辟地阐明，科学越来越成为推动历史进步的革命力量，是一个民族文明水平的重要标志。实事求是地教育科学文化是物质文明

建设的重要条件，也是提高人民群众思想道德觉悟水平的重要条件。充分强调科学精神，实事求是地指出尊重人才、尊重知识，在各方面实际工作中仍是有待进一步解决的重大课题。《决议》关于精神文明建设的这些论证都是在马克思主义指导下，把马克思主义的普遍原理同我国建设具体实践相结合的，总结了实践经验又将有力地指导实践。

（2）坚持马克思主义、发展马克思主义

关于"坚持"与"发展"的关系，讨论过很多，《决议》对这个问题解决得很好。它说："只有从实际出发，以实践作为检验真理的唯一标准，勇于突破那些已被实践证明是不正确的或不适合变化了的情况的判断和结论，而不是用僵化观念来裁判生活，马克思主义才能随着生活前进并指导生活前进。这既是坚持马克思主义，又是发展马克思主义，两者统一在革命和建设的实践之中。离开实践的观点，发展的观点，创造的观点，就谈不上坚持马克思主义。把马克思主义当作僵死的教条，是错误的；否定马克思主义的基本原则，认为马克思主义过时而盲目崇拜资产阶级某些哲学和社会学说，也是错误的。"（《十二大以来重要文献选编》下，第1187页）正确的观点是建立在"马克思主义是在历史和科学的前进中不断丰富和发展的科学(《十二大以来重要文献选编》下，第1186—1187页）"的认识基础上的。

实践的观点就是要从实际出发，根据实践是检验真理的唯一标准，大胆突破那些已被实践证明是不正确的或者不适合变化了的情况的判断和结论，同时把经过实践反复检验过的重要原理具体化、系统化起来。如关于马克思主义，关于社会主义的经济政治制度，关于社会主义中的改革问题，关于社会主义生产、消费、分配、交换，关于劳动纪律、民主法制等方面的实践经验，使之成为指导实践的理论。

离开实践的观点就不行。每当社会处于急剧变动的时期，理论和实践关系、知与行的关系，就成为重要的问题，这时旧观念与新事物的矛盾往往异常尖锐。列宁称这样的时刻为历史关头。1917年12月列宁说

"现在一切都在于实践,现在已经到了这样一个历史关头:理论在变为实践,理论由实践赋予活力,由实践来修正,由实践来检验"(《列宁选集》第3卷,第398页)。我们现在就在这样的关头,发展的观点,就是十分重视研究新情况,结合实践中提出的新问题改正原有认识和理论中的片面性和错误的成分、过时了的成分,形成全面的新的认识。如农村社会主义改造过程中,采取"统一经营、集中劳动"的经济体制,当时认为是农村集体经济的最好形式,具有很大优越性,形成了一整套理论,但不久就发现它同我国农业生产的特点和农村生产力的发展水平存在着矛盾,不少同志试行"责任田""包产到户"作补充,但被斥为"复辟资本主义"。十一届三中全会后,我国政府突破"左"的框框,在实践中形成了新办法新体制,形成了农业生产必须统分结合双层经营的新理论,推动农村体制改革。离开发展的观点怎能纠正同实践不相适应的旧理论、旧观点,怎能坚持发展呢?

胡耀邦同志在《关于理论工作问题》讲话中说:我国改革和现代化建设取得很大成功,形象好,吸引力大大增强,这是马克思主义理论与我国具体实际结合得好取得的新胜利。并总结两点历史经验:一是真正坚强的马克思主义者往往是在低潮和逆流中成长起来的,列宁、毛泽东最大特点是坚持马克思主义基本原理否定个别原理,不冲破不行,不坚持不行,坚持的是马克思主义"一般的重大原理""立场、观点、方法"发展马克思主义。二是在高潮中往往容易出现冒牌的马克思主义者,在低潮中则容易出现动摇、怀疑、曲解马克思主义。现在有一部分青年、一部分知识分子对马克思主义怀疑、非难,不奇怪。我们理论工作的根本方向就是理论联系实际,即用马克思主义立场、观点、方法研究中国问题、世界问题,不遵循这个原则就搞不成马克思主义。马克思主义没有过时,必须坚持捍卫马克思主义基本原理,但历史在发展,不符合实际生活的个别原理就是要冲破,不然就停滞(1985年12月5日,在中央书记处247次会议上的发言)。只有按实践的要求检验,大胆进行理论探索开掘马克思主义理论宝库。创造的观点：就是要敢于创新提出有价值的新见解、新观点、新理论。卢森堡说："那种为了在思想上'保持马克思主义的立场'而小心翼翼唯恐偏离马克思思想方法的态度……是同样有害的。"（《卢森堡文选》上卷，第 472 页）这个批评是正确的，只有努力进行理论探索开掘马克思主义理论，才能真正坚持马克思主义。如我们形成的"商品经济是人类社会不可逾越的阶段"的新的基本原理正是坚持了马克思的自然经济—商品经济—产品经济的发展阶段，又如以多种经济形式经营方式发展社会主义经济、"一国两制"构想等均是。坚持马克思主义、发展马克思主义还包括总结各国的经验，包括自然科学发展。

（3）马克思主义是在历史和科学的前进中不断丰富和发展的科学

1986 年 6 月，胡耀邦访问西欧四国。在到达英国的第二天晚上，撒切尔夫人举行盛宴欢迎他。首先撒切尔夫人致词中建议胡耀邦去 Adam Smith 出生地克尔考察访问，她说到"马克思经常抱怨他本人并不是马克思主义者，同样地在 Adam Smith 分析经济行为的著作中也被马克思认为是经典之作——《国富论》中也没有直接提到资本主义"。她的意思很明确——少讲些主义。她还离开讲稿说，燕妮常常抱怨她的丈夫写了不少有关资本的著作，但却没有为自己赚点资本。

胡耀邦在答词中也加了一段精彩论述："英古典经济学同德国的古典哲学和法国社会主义学说一起成为马克思主义的重要思想来源。中共认为马克思主义要发展，仍然应当不断地吸收和概括当代人类文明发展的最新成果，任何先进的哲学思想都不应当成为教条，而应是激励人们不断进行探索和创造的精神动力，应当随着实际的发展而发展。"（《编译参考》1986 年 9 月，第 4 页）

马克思主义理论是由非马克思主义材料"铸造"出来的。马克思在创造自己的学说时收集的都是非马克思主义的。

现在与马克思那时的情况不一样了，我们有了马克思主义经典作家从全世界久远的思想文化遗产当中,从非马克思主义中"铸造"出来的马克思主义,已经有这个严密完整的体系。那么我们如何对待人类思想文化遗产呢?一种态度是在已有的马克思主义框架内部自我循环,即自我封闭,就在这个体系里过日子,因为马克思已经办好了,已经把优秀的精彩的部分拿过来了。另一种态度是应当以马克思主义的立场、观点、方法作为认识世界的武器,对一百多年来,特别是列宁逝世后60多年来世界新的发展作出马克思主义的分析评价,就应当紧跟时代和实践的足迹,听从现实生活的召唤,善于从新的实践中汲取思想营养,使这一科学理论体系永葆生机和活力。所以对世界上哲学社会科学、文学艺术的发展、自然科学的发展、技术科学的发展、经济政治的发展、社会生活的变迁,对社会、历史和人的思维本身的认识的深化,由此所萌生、所形成起来的种种新的学说、新的思想、新的理论、新的观念,并进一步激起的新的探索等等,也要善于分析,如果其中有闪光的东西就要拿来为我所用。

马克思主义者在对待非马克思主义的学术成果,对现实生活中新的发展、新的问题,采取什么态度,这是马克思主义理论在其自身发展进程中提出的基本的课题。

(二)关于理想建设

1. 什么是理想

社会主义精神文明建设的两个方面落实到人的素质上、人的现代化上就是培养"四有"。过去在"左"的指导思想下"四人帮"说的"红"并不是我们讲的理想、道德、纪律,而是"现代愚昧"。着重提高人的素质,这才是红与专的统一。

理想是指人们对美好未来的追求。就个人来说它是一个人的政治立场和世界观在生活目的和奋斗目标上的集中体现。我们讲的理想分析起来有以下的特色特点:①不是动物式的本能,而是人们自觉活动的产物。具有对未来生活的向往、追求,这是人类区别于动物的一个重要标准。随着人类社会的产生而产生,只要是正常的人都会有所向往有所追求。人的活动和动物的活动的根本区别就是动物只是适应世界所谓适者生存的原则,而人类活动则不只是适应而是有意识地改造世界,有自己的动机和目的,为更高的目标奋斗,有对美好目标的追求。②不是虚幻的空想,而是有可能实现的目标。在现实社会中,人们自觉活动的追求目标是各种各样的,并不是所有这些追求都可以称为理想。如有的人成为拜金狂,日夜希望自己偶然发横财成富豪,如有的人向往天国生活,以求得到精神上的安慰,像《渔夫与金鱼》的故事中那些愿望等,这些都是虚幻空想;像空想社会主义者希望皇帝、总理、将军、富者等拿出财产过共有、共享的生活,这也是不可能实现的,是空虚幻想、梦想。它们既没有科学基础,也没有切实可行的道路方法。理想则不同,它要求这种愿望是可能实现的愿望与可能的统一。愿望是人们的精神活动,属精神范畴。人的愿望符合社会发展的需要,反映历史前进的要求才能实现,反之就没有实现的可能性,就不成其为理想。同时还应该注意到愿望即使反映了社会发展的需要、历史前进的要求,但人们还没有认识到实现这种愿望的内在必然性和外部条件,即还处于盲目状态,仍然找不到实现这种愿望的道路方法,这样在实践中仍会遭到挫折失败;经过挫折失败找到了规律性,找到了道路方法,这种愿望就有了实现的可能,这种奋斗目标、追求就成了可能实现的理想。理想它是可能实现的,是愿望与可能的统一。共产主义社会不是现在的事,但共产主义是无产阶级的伟大理想。这是因为它是建立在对人类社会发展规律的科学认识的基础上,是必然会胜利的。③理想来自现实,高于现实。理想是通过对历史经验和现实条件的科学分析推导出来的结论,所以它是从现实条件出发得出的确定的未来的奋斗目标。离开现实条件就是海市蜃楼。所以列宁说:"理想只能是所谓现实的某种反映。"(《列宁全集》第1卷,第393页)理想又高于现实,是个追求的目标,如果它和现实同等同步也无所谓理想了。理想是比现实更高的追求目标,它是只有通过变革现实、发展现实才能达到的，可以说理想是现实的未来，是未来的现实，是现实的升华、发展。

理想是愿望和可能的统一，所以无论政党、国家、社会在确定共同理想时，还是在个人确定自己的理想的时候，都必须从主观的实际情况出发，又考虑到周围外部的客观条件。就个人而言，必须根据自己面对的社会、历史条件、工作、生活环境以及自己的历史、现状、专长、志趣、能力、爱好等要素，把两者结合起来，确定自己的理想和奋斗目标。理想既来源于现实又高于现实，所以就要正确处理好理想与现实的关系，就要清醒地看待从现实到理想的现实是一个斗争的发展的过程。必须有阶段、层次的明确概念，而且要善于在发展的各个阶段上，坚持追求的最高目标，为最近的目标利益而斗争，同时在斗争中坚持这个过程的未来。这就是说在完成当前任务时不忘远大目标；要实现远大目标就要立足于现实奋斗，对未来目标认识越明确，理想信念就越坚定，对现实工作认识越深刻，积极性就越高。我们常说共产主义者必然是彻底的民主主义者和出色的社会主义建设者其根据正在于此。

2. 理想的层次性

①共同理想与个人理想

理想是有社会性阶级性的，不同的社会、不同的阶级就有不同理想。在剥削制度下，人民群众与统治阶级处于你死我活尖锐对立的社会地位，他们之间没有共同的理想。即使在剥削统治阶级内部，私有制度也会使他们在追求人生目的和利益时处于势不两立、尔虞我诈的境地。在那里，个人理想、目标的实现往往以损害他人，使他人的理想不能实现为前提，在私有制下不可能不是这样。这当然不排斥在特定剥削阶级处于革命阶级的历史地位时，它的先进分子也具有伟大、高尚的与人民利益一致的理想，但这只是革命时代与先进群体。马克思说："不管资产阶级社会怎样缺少英雄气概，它的诞生却是需要英雄行为，需要自我牺牲、恐怖、内战和民族间战斗的。"（《马克思恩格斯选集》第1卷，

第670页)

在社会主义制度下,消灭了剥削阶级和阶级对立,建立了社会主义经济制度公有制,广大人民群众的根本利益是一致的,除极少数反抗社会主义的敌对分子外,绝大多数社会成员在利益一致基础上,有共同的理想。这就为个人理想同社会的国家的民族的共同理想的统一奠定了基础。《决议》指出,建设有中国特色社会主义,把我国建设成为高度文明、高度民主的社会主义现代化国家,这就是现阶段我国各族人民的共同理想。

个人理想中首先是个人的社会理想即指个人所追求的美好的社会制度。它还包括个人的职业理想,即根据自己的实际情况,决定在什么战线上贡献自己的力量,劳动、生活、工作、保卫国家和人民。个人的职业理想即对职业的选择和所达到的成就的追求、道德理想、向往和追求做人的道德标准,荣辱观、苦乐观、得失观、生死观等。生活理想是指人们向往的物质生活和精神生活的标准和方式。

社会主义条件下共同理想与个人理想两者是有联系、有区别的,共同理想制约着个人理想,但又不等于个人理想。社会的共同理想提出和确定了党和国家的奋斗目标和任务,并依靠广大党员和人民群众的共同努力逐步实现。但每个人的情况是千差万别的,必须根据自己的实际情况确定自己的理想和奋斗目标,确定自己在现代化建设中和为共产主义事业奋斗中作出何等何样贡献。个人理想的体系中社会理想与党和国家的奋斗目标是一致的,即与共同理想是一致的。但并不是说可以不管不要个人社会理想。个人的社会理想还包括自己如何为实现共同目标而努力,解决了这个问题才能把共同理想同个人理想衔接起来,使共同理想落到实处,使个人为共同理想奋斗的积极性充分调动起来。

个人理想这个有机体系中,社会理想处于核心地位,并且制约其他各种具体理想。当一个人牢固树立了共产主义世界观时,他的人生观是决心为共产主义奋斗终身时,他的人生观道德观,荣辱、苦乐、幸福观都不同了,都会按共产主义事业的长远目标和现实任务来确立。我们说一个人的理想是一个人政治立场和世界观在生活目标和奋斗目标上的集中反映，这并不是说一个人除了社会理想之外其他的如职业理想、生活理想都是无关紧要的可有可无的。应该防止两种偏向，一种是只讲社会理想不讲个人理想，把个人理想视同个人主义，把个人理想的追求斥为个人奋斗。在这里个人主义与个人理想的界限是清楚的，正当的个人理想与社会的共同理想是一致的，是有利于共同理想的实现的。而个人主义则是脱离、违背党和国家的利益的，不符合人民利益、集体利益的，甚至往往是通过损人利己、损公肥私才能实现的。思想工作者，领导者的任务是帮助人们树立正当的理想，不把个人理想当作个人主义来反对、批判，历史教训是深刻的。另一种偏向是只讲个人理想，不讲共同理想、不讲社会理想，这就必然会迷失方向，走偏道路。

这里的个人主义是指只顾个人私利的伦理道德观念，是我国通用的习惯的说法，其实较起真来资产阶级个人主义，首先是一种政治观，一种政治哲学，它主要是讲个人与国家的关系以及国家职能的范围。是法国大革命时资产阶级为了反对封建主义君主专制，证明革命是正义的、正当的理论而提出的。始于自然法学派的天赋人权，自然权利学说，其基本含义是尊重强调个人的价值，国家职能应尽可能少。美国《独立宣言》、法国《人权宣言》都体现了这个理论，20世纪出了所谓集体主义与个人主义抗衡。

②党的最高理想是建立共产主义社会

《决议》明确指出："我们党的最高理想是建立各尽所能、按需分配的共产主义社会。无论过去、现在和将来，这个最高理想都是我们共产党人和先进分子的力量源泉和精神支柱。"（《十二大以来重要文献选编》下，第1199页）共产主义理想是建立在马克思主义科学理论的基础上的，建立在对人类社会发展规律的科学认识的基础上，它是科学的。科学共产主义理论为无产阶级和人类解放指明了道路，论证了资本主义必然灭亡社会主义必然胜利。毛泽东在《新民主主义论》中讲要用共产主义理论、立场、观点、方法去观察处理问题，对这个理论的领会越深刻，对这个规律的认识越深刻，为共产主义奋斗的信念就越坚定，目标越明确，对未来就会充满信心、希望，无论身处逆境、顺境都能坚定不移，克服困难，不怕艰难挫折，不怕牺牲，改革创新，开拓前进。如斯大林说的"伟大的力量产生于伟大的目的"。如高尔基说的"一个人追求的目标越高，他的才力就发展得越快，对社会就越有益"（《论文学》，人民文学出版社，第340页）。

"为什么我们过去能在非常困难的情况下奋斗出来，战胜千辛万苦使革命胜利了呢？就是因为我们有理想，有马克思主义信念，有共产主义信念。""砍头不要紧"，砍了头就没有办法恢复了，何以不要紧？"只要主义真"，主义真就是共产主义理想，就是马克思主义理念、世界观，"真"就是真正树立了信念，成为灵魂，成为行动指南。李大钊同19位战友走上绞刑架时做了最好的演说，最重要的一句是"共产主义在中国终将胜利"，这就是理想信念的力量。但这是最高理想，不能用这个来要求人民大众，但是共产党员及先进分子则必须要树立这种理想，这就是理想的层次性。那些认为"共产主义渺茫"除了认识上观念糊涂外，还缺乏真的共产主义思想指导革命理想，或者是在一些挫折面前放弃了理想。

从现实走向最高理想这要经过不同的阶段，当前我们处在共产主义社会的初级阶段，我们的目标和任务是建设有中国特色的社会主义，这是走向最高理想的必经阶段。这就是理想的阶段性，共产党人和先进分子必须像《共产党宣言》所说的那样，"在无产阶级和资产阶级的斗争所经历的各个发展阶段上，共产党人始终代表整个运动的利益"（《马克思恩格斯选集》第1卷，第285页）。"共产党人为工人阶级的最近的目的和利益而斗争，但是他们在当前的运动中同时代表运动的未来。"（《马克思恩格斯选集》第1卷，第306页）人们在现实当前任务时，不要忘记远大目标，为共产主义奋斗，要立足于完成现实任务对眼前的现实的任务的斗争中,"不忠诚、不热情,那就是有意无意地背离党的最高理想,就不是一个自觉的共产主义者。因此,共产党员、共青团员和先进分子都要同广大工人、农民、知识分子一道,把共同理想同各行各业、各个地方、各个集体的发展目标和建设任务结合起来,同各自的岗位职责和人生追求结合起来,立志建设,立志改革,艰苦奋斗,勤俭建国,脚踏实地干事业。在我们时代,荣誉属于为建设祖国、保卫祖国而坚韧不拔,压倒一切困难,做出卓越贡献和光辉榜样的人们"(《十二大以来重要文献选编》下,第1179页)。

3. 理想教育与理想建设

①理想不能自发形成。伟大的科学的理想不能在人们头脑里自发产生,是在认识规律的基础上形成的。所以要使理想建立在认识规律的基础上,就必须要掌握认识规律的武器即马克思主义理论,要树立马克思主义世界观,要通晓社会发展的规律。

②理想的形成与理想的实现。科学的理想反映了主观客观两个方面的要求。生活的现实、历史的发展提出的客观要求,这是理想的基础和实际内容。例如实现"四化"就是中国的客观现实提出的要求,对这种要求的认识以及在这种认识的基础上形成的理论,就对人们的行动、生活起指导作用,这就是建设有中国特色社会主义,在这个要求的基础上形成了追求的目标的信念,并为这个信念的实现而奋斗,这样才能使主观见之于客观,使理想达到现实。

所以理想的形成必须主观客观两方面统一,主观上有意向。因此,不仅必须掌握武器学习理论,而且不能简单地把理论和理想等同起来。西方世界许多人研究马克思,也研究马克思主义,但他们不相信马克思主义,也不能有共产主义信念。理想的实现必须有奋斗,信念所带来的决心和行动是理想范畴这个题目中应有之义。

4. 把理想建立在科学基础上

理想教育和理想建设的中心要求就是要把理想建立在科学基础上。

《决议》提出了两个方面：一是要运用我们建设改革的现实成就，和群众的切身经验进行理想教育，去坚定对共同理想的信念。二是要用理论历史武装群众，提高民族的自尊、自信、自豪，这种教育就是四个理解。这样就可以把个人与国家、民族的命运与社会主义事业的前途联系在一起，使理想真正发挥精神武器的作用，推动社会进步，历史发展的推动力量，成为开拓进取锐意改革的精神支柱。理想、共产主义理想与物质利益（实惠）问题。马克思、恩格斯阐述共产主义时是很重视人们的物质利益的。他们不仅揭示人类社会生存的第一个前提是衣食住行等生活资料的物质生产，而且还进一步指出："人们奋斗所争取的一切，都同他们的利益有关。"（《马克思恩格斯全集》第1卷，第82页）可以说共产主义理想中最基本的内容就是要使劳动者的物质文化生活不断改善，充分享受人类物质文明和精神文明发展带来的实际利益，主要是指全体劳动者的物质利益。但这个全体劳动者的物质利益，包括劳动者个人的物质利益。"社会主义是不能撇开个人利益的。只有社会主义社会才能给这种个人利益以最充分的满足。"（《斯大林选集》下卷，第355页）

（三）关于道德建设

①道德是经济基础的反映，不是脱离历史发展的抽象观念。

道德是社会意识形态的一种形式。道德是调整人们之间以及个人和社会之间关系的行为规范的总和，它包括伦理思想和在伦理思想指导下人的行为体现的情绪、风格、情操等。道德和法不同，不是强制的，它是一种依靠社会舆论和人们的信念、习惯、传统、教育来起作用的精神力量。所谓"杀身成仁，舍生取义"等行为就是道德观念起作用的表现。

社会意识是社会存在的反映，道德是经济基础的反映，它同经济基础的联系比较密切，而且它比较直接地反映和作用于社会经济基础，比较直接地反映着人们在生产和社会生活中的相互关系，而且使这种关系更全面、细致地体现在人们行为中。道德服务的经济基础变化了，它就或迟或早总要发生变化，历史上没有永恒不变的道德。

在阶级社会里没有统一的道德观，剥削者与被剥削者有着不同的道德观念并且各不同阶级都以自己的道德观念评价别人的行为。所以道德不是脱离历史发展的抽象观念。马克思主义认为：道德是有客观标准的，这个标准就是，只有人们的行为有利于历史的进步、社会的发展时，才是合乎道德的。历史上处于上升阶段的剥削阶级，其道德观念中也包括有部分反映社会发展要求和人民大众利益的积极内容，在历史上曾起过积极作用。这些内容为其以后的先进阶级所继承和发扬，历代劳动人民的优秀道德品质是在生产劳动和革命斗争实践中培育出来的，是人类的宝贵财富，因此说，道德是经济基础的反映，不是脱离历史发展的抽象观念。

②道德建设的基本要求。

既然道德具有如此性格，那么研究我们当前的道德建设就必须要研究当前的经济基础。我国当前的经济基础《决议》做了明确分析："我国还处在社会主义的初级阶段，不但必须实行按劳分配，发展社会主义的商品经济和竞争，而且在相当长历史时期内，还要在公有制为主体的前提下发展多种经济成分。"（《十二大以来重要文献选编》下，第1180页）在这样的历史条件下，我们的道德就应反映这种经济基础，为它服务。凡是巩固、发展这种经济基础的行为就是道德的，反之，就是不道德的。《决议》明确提出社会主义道德的基本要求和当前社会主义道德建设中要坚持什么和反对什么，为道德建设指出了明确的方向。

具体要求爱祖国、爱人民、爱劳动、爱科学、爱社会主义。要使"五爱"在社会生活的各个方面体现出来，在全国各民族之间、工人农民知识分子之间、军民之间、干部群众之间、家庭内部和邻里之间，以至人民内部的一切相互关系上建立和发展平等、团结、友爱互助的社会主义新型关系。未来实现这些基本要求在当前这样的历史条件下，全民范围的道德建设就应当肯定：①由贯彻按劳分配和发展社会主义商品经济的竞争而来，人们经济收入的合理利益允许富裕程度的不同。②鼓励人们发扬社会主义集体主义精神，把国家、集体、个人三方面的利益结合起来，发扬顾全大局、诚实守信、互助友爱、扶贫济困的精神。要反对把平均主义作为我们社会的道德准则，反对否定按劳分配和发展商品经济的言行。这种观念是农民小生产的狭隘观念，把分配上的差异看成不合理、不道德的。把发展商品经济引起的变化，对精神文明建设的促进作用熟视无睹。

《决议》总结提出了，在道德建设上道德建设和理想建设一样，必须要注意客观存在的层次区别。人们在社会活动中由于所受教育教养的不同，生活情况的不同，思想觉悟、文化素养、道德素质就有不同，因而他们的道德理想的追求也是不相同的。共产党员、社会的先进分子，为了人民的利益和幸福，为了共产主义理想，站在时代潮流前面，应当认真提倡共产主义理想，身体力行。

③更不能有损人利己、金钱至上、损公肥私。大力发扬先进性和广泛性两者中，先进性起着特别重要的作用。社会主义是向共产主义高级阶段前进的历史运动。在这个运动中必须要在全社会认真提倡高层次的共产主义道德。提倡共产主义道德就是坚持先进性，就是要求共产党员首先是党的领导干部在道德上应表现出共产党人的先进性，在理想上表现出伟大共产主义理想的先进性。共产党员不应混同于一般老百姓，不能把自己的人生观道德观同按劳分配原则完全等同起来，不应有损公肥私、以权谋私的思想和行为。每个共产党员领导干部都能坚定不移身体力行共产主义道德，那么社会主义道德建设就有了中坚力量。在这样的风气带领下，各行各业职业道德就会大大加强，社会主义道德的要求就能在社会生活各方面体现出来。先进性虽然处于道德建设的重要地位，但道德建设必须实事求是，注意广泛性，不能一刀切地用先进性要求不同层次、不同觉悟的人，不能脱离我们的现实的经济基础。必须分清楚

要求于人的和期望于人的界限，更不能用强制的权力去搞道德建设，不能用权力去消灭一切看不惯的事情。把先进性与广泛性结合起来，既照顾多数又鼓励先进，这就能引导和联结不同觉悟程度的人一起向上，就能形成凝聚亿万人民群众强大的精神力量。

（四）社会主义的人道主义

《决议》专门有一段讲在社会公共生活中要大力发扬社会主义人道主义。人道主义长期来是一个禁区。人道主义的实质内容古已有之。在封建社会末期，随着资本主义生产关系的产生和发展，资产阶级在思想战线上首先提出人文主义，后来发展成为一个完整的人道主义思想体系。这个人道主义对战胜神权、教权封建主义具有非常强的革命性，这是资产阶级对人类的一个贡献。其解释有多种，总归一句，人的价值，在西方经过两次世界大战，特别是法西斯暴行的惨痛经验以后，人道主义又获得了新的活力。共产主义运动中出现了问题，许多知识分子也在马克思著作中寻找人道主义。新中国成立以后，对人道主义作过多次批判，认为它是资产阶级意识形态，讲的是抽象的人早已被马克思主义批判过和抛弃了，它现时的社会作用只是资产阶级的罪恶的一种掩饰品等，是和马克思主义对立的。经过十年浩劫，理论界开始注意人、人道主义。

从 1980 年到 1983 年春三年中共有 400 多篇讨论有关人道主义的文章题目是"马克思主义与人道主义"，1983 年纪念马克思逝世一百周年大会上周扬发表《关于马克思主义的几个理论问题的探讨》，阐述了人道主义和异化的观点，引起了人们的重视。从那以后特别是 1983 年 10 月以后（即清除精神污染）到 1984 年 2 月又发了 200 多篇文章批评"抽象的人道主义"。1984 年 1 月胡乔木在中央党校作报告，后来报告做了修改补充公开发表，即《关于人道主义和异化问题》。胡乔木的文章其中有一节谈道："为什么要宣传和实行社会主义人道主义？"（《胡乔木文集》第 2 卷，第 635 页）这个文章教育部曾通知高校干部教师、研究生、大学生、中专的干部教师组织学习,并同整党和清除精神污染结合起来。对胡乔木的一些观点在学术理论界至今仍有一些不同的观点,这些观点逐渐会通过讨论明确起来的。

在西方人的问题是同人道主义思潮联系在一起的。在国际共产主义运动中出现了斯大林问题,许多知识分子也在马克思的著作中寻找人道主义的东西,我国经过十年浩劫理论界又开始注意人的问题人道主义的问题。

胡乔木的文章肯定了社会主义人道主义但不同意马克思主义的人道主义的提法。他认为如果把人道主义作为社会主义伦理道德原则,使用这个提法并无不可,但是这必须加以必要的说明,否则会使人把马克思主义世界观、历史观同人道主义世界观、历史观互相混淆并引起混乱。也可以说有保留地肯定了"马克思主义的人道主义"。胡乔木文章里阐明了:为什么要肯定社会主义人道主义,社会主义人道主义与革命人道主义的关系,社会主义人道主义的形成以及今天宣传和实行社会主义人道主义的迫切的现实的意义等,这些都是值得参考的。

《决议》关于大力发扬社会主义人道主义精神,要尊重人、关心人是很有意义也很有针对性的。我们建国30多年来,虽然别的社会主义国家已经流行社会主义人道主义的口号,可我们却从没有提过"社会主义人道主义"的口号,"文革"结束后还有人说,"人道主义"口号本身就是欺骗,如果加上社会主义就是双重欺骗,反对人们提社会主义人道主义。胡乔木的文章算权威性的肯定,现在又以中央决议形式肯定了它,这是肃清"左"的流毒的一个胜利。但《决议》是把人道主义作为伦理道德观的,对胡乔木文章中的一些重要观点还有些同志有不同意见,最近三联书店出版的王若水的《为任重道远辩护》一书是一个代表。

(五)社会主义精神文明建设的途径和方法千万条,关键在身体力行

自从中央发出建设高度的社会主义精神文明的号召以来,文明风尚吹遍城乡，祖国大地兴起热潮，新形式应运而生，新措施层出不穷，到处是一片生机勃勃的景象。

（1）加强学习马克思主义和中国特色社会主义理论、党的方针政策，坚持实事求是的原则，健全学习组织，加强思想政治工作，建立一支政治素质好，适应我国建设需要的理论大军，包括党内的、党外的、各个战线的干部和知识分子、青年，为伟大祖国复兴发挥重大作用。

邓小平在党代会讲"当前的精神文明建设，首先着眼于党风和社会风气的根本好转"（《邓小平文选》第3卷，第144页），"端正党风，是端正社会风气的关键"（《邓小平文选》第3卷，第144页），所以，在抓经济工作的重大方针政策的同时，要把更多精力放在加强思想政治工作和抓好党风社会风气的根本好转上。党中央要求真抓实干，负责精神产品生产和传播的部门和单位要端正指导思想，加强改善党的领导，为两个文明建设多做贡献。文化建设与思想建设互相渗透互相促进，文化建设为思想建设提供重要条件，思想建设决定文化建设的性质和方向，双向必须同步发展；如果互相脱节或失调，就不能建设社会主义精神文明，就只会成为它的讽刺画或者违背社会主义方向，延缓发展速度直至变质蜕化，或者偏离科学轨道陷于人为强制实行，造成僵化，甚至宗教奴化。

当然两者有区别。与思想建设相比较，文化建设带有实体性质，是基础建设重要方面，是国家战略重点之一。要加快智力投资，培养人才尊重人才，同时要加强思想政治工作，进行政治思想教育。

（2）两个文明一起抓，正确处理物质文明、精神文明的关系（此问题前面已述，在此不再赘述）。

（3）文化建设与思想建设两项内容同步上，正确搞好文化建设与思想建设的关系（此问题前面已有论述，在此不再赘述）。

两项内容互相渗透互相促进，文化建设为思想建设提供重要条件，思想建设决定文化建设的性质和方向，所以双方必须同步发展。如果互相脱节或失调，就不能建设社会主义精神文明，政治民主建设有机结合是极好例子。人民群众在党组织领导下，经过民主讨论针对本地实际解决具体问题的乡规民约，既是直接参加社会生活民主管理，实现群众自治的一种有效形式，也是他们实行自我教育和管理，塑造社会主义新人以及新型的社会关系的极好途径，是文明与民主建设都能兼顾的有益尝试。

（4）精神文明建设与民主政治建设相结合。精神文明建设要靠民主政治建设来保证和支持。充分发扬民主，才能充分调动积极性，社会主义事业是亿万群众自己的事业。没有群众的自觉的劳动热情，首创精神，没有各地各单位的积极奋斗，社会主义建设事业是不可能蓬勃发展的。如果人民群众不能充分行使他们的民主权利，积极性就必然受到挫折，文明的建设即将受到挫折。反过来精神文明也是社会主义民主政治建设的重要条件，劳动群众没有较高的文化科学知识，没有较高的思想觉悟，很难直接参加国家事务的管理，官僚主义就无法克服。

近年来在我国城乡掀起的乡规民约、文明公约等是适应新时期经济、政治和精神生活的需要所诞生的一项新事物，也是社会主义精神文明建设的贡献。

（5）有破有立精神文明建设与反对和抵制精神污染相结合。我们现在实行对外开放对内搞活经济的政策同时也出现了一些问题。十二届三中全会决定说，越是搞活经济，就越要注意抵制资本主义思想的侵蚀，越要注意克服那种利用职权谋取私利的腐蚀现象……在创立充满生机和活力的社会主义经济体制的同时，要努力在全社会形成适应现代生产力发展和社会进步要求的、文明的、健康的、科学的生活方式，摒弃那些愚昧落后腐朽的东西；要努力在全社会振奋起积极的向上的进取精神，克服那些安于现状、思想懒惰惧怕变革墨守成规的习惯势力，这样的生活方式和精神状态是社会主义精神文明建设的重要内容，是推进经济体制改革和物质文明建设的巨大力量。

(6)自建、共建携手并进。在精神文明建设中，全社会的精神文明既是各部门各单位精神文明建设的目的。又是它的指导，各部门各单位的精神文明建设，既是全社会精神文明的要求，又是它的基础。必须着眼局部照顾全局，点面结合，全面生花才行。兼顾往往是通过本单位与外单位（地区）关系表现出来，各部门各单位根据自己实际在自身范围内通过自己努力达到精神文明既定的一定目标是"自建"，是自己解决自己的问题。如服务行业的职业道德，军内的四有三讲两不怕。五讲四美三热爱，等皆属自建形式。单位之间部门之间联系挂钩，发挥各自优势，协同作战，综合治理，互相促进共同提高，这是"共建"也已出现许多形式，军与民、军与厂、军与校、厂与校这些都是好形式，都来自群众实践，深受社会欢迎收到明显效果，当然"共建"与"自建"相比不能不处于辅助的地位。

第七节 社会主义国家的对外关系

正确认识和处理社会主义国家同其他国家的关系，是社会主义国家巩固无产阶级专政，发展社会主义事业的重大课题，是无产阶级解放的重要条件。社会主义国家处理对外关系是以马克思主义科学理论为指导的，是以本国人民和世界人民的根本利益为出发点的。社会主义国家奉行独立自主的和平外交政策，它坚持爱国主义和国际主义相结合的原则，坚持独立自主的原则，坚持和平共处五项原则，为反对帝国主义、霸权主义、殖民主义，维护世界和平，促进人类进步事业而奋斗！

一、社会主义国家处理对外关系的性质和原则

（一）奉行和平外交政策

1917年，第一个社会主义国家诞生后，在现代国际关系中就出现了社会主义国家的对外关系问题。社会主义国家处理对外关系的政策是

和对外交政策。列宁在苏维埃国家诞生后,签署的第一个对外政策文件就是《和平法合》,它谴责帝国主义战争,提出了实现"不割地""不赔款""不兼并"的和平要求。1949年中国人民政治协商会议通过的《共同纲领》,明确提出维护国际的持久和平和各国人民的友好合作是中华人民共和国外交政策的一个原则。我国宪法规定,中国坚持独立自主的对外政策,为维护世界和平和促进人类进步事业而努力。我国外交政策的主要目标是维护世界和平。

社会主义国家外交政策的和平性质是由社会主义国家和社会主义社会的性质决定的。社会主义消灭了剥削阶级和剥削制度,这就既消灭了屈从外国侵略的社会根源,也消灭了实行对外侵略的社会根源。社会主义国家是人民的政权,它维护人民的利益。社会主义国家的人民热爱和平,反对战争,希望有一个安宁的国际环境,以保障社会主义事业的顺利发展,同时也和世界各国人民一样,都不愿意看到再发生新的世界战争的浩劫。所以社会主义国家把维护和平作为自己的神圣职责。

三十五年来,尽管国际形势风云变幻,中国始终坚持奉行独立自主的和平外交政策。我们捍卫了国家的独立和主权,顶住了一切外来的压力和威胁,在世界上树立了一个站起来了的伟大民族的严形象,为我国社会主义建设赢得了一个和平的国际环境。人们可以看到,屹立在世界东方的新中国一直是亚洲安全和世界和平的重要力量。

随着国际形势的发展变化,我们对某些具体政策和具体做法也作了一定的调整。但是,独立自主的和平外交政策的总方针和根本原则并没有改变。调整的目的,只是为了适应形势的变化,更好地体现我国外交的总方针和根本原则。以党的十一届三中全会以来,我国外交政策已经变得更趋成熟和更臻完善,整个对外工作提高到了一个新水平,在对外关系上开创了一个新局面。

当前国际政治形势紧张动荡,经济状况也不稳定,特别是广大第三世界国家的经济依然十分困难。世界正面临着两大突出问题:一是维护世界和平，二是促进第三世界国家的发展，也就是通常所讲的南北对话和南南合作问题。在和平稳定的国际环境中发展各国经济，实现共同的繁荣，这是各国人民的迫切要求。中国人民和中国政府将继续努力推动两大问题逐步朝着有利于世界人民的方向走向解决。

新中国成立以来，我国外交上取得的重大成就是：

（1）取消了帝国主义列强在华特权，保卫了革命胜利成果和社会主义建设；

（2）提出了一系列处理同各国关系的根本原则，特别是和平共处五项原则。

十一届三中全会以来，我国在调整对外政策方面的成就是：

（1）对维护世界和平提出了积极的主张，采取了很多具体行动，如反对霸权主义、停止军备竞赛、制止地区霸权主义等；

（2）围绕四化建设提出对外开放政策，外事活动就是根据这一政策进行的，不仅对苏联和东欧及第三世界开放，也对西方开放；

（3）加强了对第三世界的支持，为维护第三世界利益而斗争；

（4）近几年强调和平共处五项原则。

（二）坚持爱国主义与国际主义相结合的原则

什么是国际主义？国际主义是全世界无产阶级为了实现共同的利益，反对共同的敌人，达到最终消灭一切剥削和压迫，实现共产主义的共同目标而实行联合的思想。是无产阶级世界观在民族关系和国家关系上的表现，是无产阶级处理民族之间，国家之间的关系的指导原则。

无产阶级国际主义是由无产阶级斗争的国际性质决定的。无产阶级解放斗争的国际性则是由资本统治的国际性质决定的。随着资本主义的发展，资本从国内伸展到国外，奔走于世界各地，到处落户，到处创业，到处建立联系，开拓了世界市场，从而使一切国家的生产和消费都成为世界性的，打破了过去那种地方的和民族的自给自足和闭关自守状态，出现了各民族的各方面互相往来和互相依赖的局面。资本的统治和压迫就成为一种国际的势力。各国资产阶级之间虽然存在着矛盾和斗争,但是他们又总是勾结起来剥削和压迫各国无产阶级。正像马克思所说:"一个国家中个别资产者之间虽然存在着竞争和冲突,但资产阶级却总是联合起来反对本国的无产阶级;同样,各国的资产阶级虽然在世界市场上互相冲突和竞争,但总是联合起来反对各国的无产阶级。"(《马克思恩格斯全集》第4卷,第409页)和这种资本统治的国际性相联系,无产阶级的阶级地位也成为国际性的。"现代的工业劳动,现代的资本压迫,无论在英国或法国,无论在美国或德国,都是一样的,都使无产者失去了任何民族性。"(《马克思恩格斯选集》第1卷,第283页)各国无产阶级有着共同的敌人,共同的利益,共同的要求和共同的目标,无产阶级的国际联合就成为无产阶级解放的重要条件。无产阶级国际主义有两个方面的内容:一是无产阶级只有联合起来进行共同的斗争,才能最终战胜资本主义,实现自己的解放;无产阶级只有彻底消灭剥削和压迫,解放全人类,才能最终解放自己,所以无产阶级的民族利益的充分实现,不能离开全人类的总体利益。二是在联合斗争中,各国无产阶级必须坚持独立自主原则。马克思主义认为:"国际联合只能存在于国家之间,因而这些国家的存在、它们在内部事务上的自主和独立也就包括在国际主义这一概念本身之中。"(《马克思恩格斯全集》第39卷,第84页)一个国家的无产阶级不能捍卫自己的民族尊严和民族利益,不能走自己的路,把自己的事情办好,就会损害国际无产阶级利益,就没有实现自己的国际主义的责任。在资本主义时代,马克思、恩格斯提出的"全世界无产者,联合起来"的伟大战略口号,表达了无产阶级国际主义思想,反映了无产阶级的利益和要求。到了帝国主义阶段,帝国主义列强不断加剧压迫其他民族,整个世界划分为压迫民族和被压迫民族,被压迫民族掀起的民族解放斗争的革命风暴是直接打击帝国主义的,无产阶级的革命斗争和殖民地半殖民地的民族解放斗争就密切联系起来了。列宁根据新的历史条件,提出了"全世界无产者和被压迫民族联合起来"的战斗口号,进一步丰富和发展了关于无产阶级国际团结的伟大战略原则,指明了无产阶级和占世界绝大多数人口的被压迫民族,必须在国际主义旗帜下联合起来,进行共同的斗争,才能取得解放斗争的胜利。

什么是爱国主义?爱国主义就是世代相传的热爱祖国锦绣河山,热爱民族灿烂文化和优秀传统,热爱勤劳勇敢的人民的感情。中外历史上有许许多多爱国志士,许许多多伟大的政治家、军事家、思想家、科学家、文学家为自己祖国的自由独立和繁荣富强而英勇斗争,直至贡献出自己的生命。马克思主义者在争取和保卫祖国独立、民族尊严和人民幸福的斗争中,坚定地站在斗争的最前列。在社会主义国家里,爱国主义的重要特征是把对祖国对人民的热爱同对社会主义制度的热爱紧紧地融合在一起。

中华民族有伟大的爱国主义传统。中国共产党成立以来,领导中国人民推翻了帝国主义、封建主义和官僚资本主义,建立了中华人民共和国,消灭了延续几千年的剥削制度,建立了社会主义制度,发展了社会主义的经济、政治和文化,使中国人民的命运发生了根本变化。历史证明,中国共产党人是最坚定、最忠诚的爱国主义者。

爱国主义是一个阶级的、历史的概念,不同阶级有不同的要求,不同的历史条件下有不同的内容。资产阶级也讲爱国主义,资产阶级的爱国主义在历史上也曾起过进步作用,但它是同资产阶级民族主义相联系的,它的目的在于追求本民族的实际上是资产阶级的私利,是维护资本主义私有制。随着资本主义的发展,资产阶级的爱国主义的本质和历史局限性日益暴露出来。到了帝国主义阶段,资产阶级的爱国主义就变成沙文主义和霸权主义,实行侵略扩张、奴役和压榨其他民族。当人民群众的革命力量危及资产阶级的统治时,资产阶级就会勾结外国反动势力,镇压革命,向民族敌人屈膝投降,这时资产阶级的爱国主义就变成卖国主义了。

无产阶级的爱国主义与资产阶级的爱国主义的根本区别在于，无产阶级爱国主义是人类历史上最高类型的爱国主义，是与国际主义相结合的爱国主义。离开了爱国主义就没有真正的国际主义。每个国家的无产阶级都是在自己祖国范围内生存和发展的，他们进行革命斗争的直接舞台是在本国，首先要为解放自己的民族和人民而斗争。而每一个国家革命斗争的胜利，都是对国际资产阶级的沉重打击，是对国际无产阶级的有力支援和配合，是履行了自己的国际主义义务的表现。离开了国际主义，也没有无产阶级的爱国主义。任何国家和人民的前途，都是和世界人民的前途息息相关的。各国无产阶级的革命斗争是世界无产阶级解放事业的组成部分，各国无产阶级的联合行动是夺取革命胜利，实现无产阶级解放的首要条件。忽视无产阶级的国际团结，就会使分散的努力遭到共同的失败。没有无产阶级的国际联合和互相支持，不仅革命的胜利是不可能的，就是胜利了，也是很难巩固的。至于一国的社会主义获得最终胜利，则必须有国际无产阶级的共同胜利才有保证。所以背离了无产阶级国际主义团结，也就损害了本国人民和民族的利益，损害了无产阶级爱国主义的历史任务。

把爱国主义和国际主义结合起来，从来是中国共产党和中国政府处理对外关系的根本出发点。我们是爱国主义者，一贯为实现祖国的统一，维护祖国的独立，建设现代化的繁荣富强的社会主义祖国而斗争，决不容忍我国的民族尊严和民族利益受到任何侵犯。我们是国际主义者，我们深深懂得，中国民族利益的充分实现不能离开全人类的总体利益，历来把国内的事业同世界人民的正义斗争紧密联系在一起。三十多年来，我们坚决支持各国人民的正义斗争，同时，努力把自己的事情办好，发展社会主义事业，增强自己支援各国人民正义斗争的能力。

（三）坚持和平共处五项原则

和平共处是列宁在十月革命胜利后，首先提出来的社会主义国家对外关系方面的政策原则。在第一次世界大战期间，列宁根据帝国主义阶段资本主义经济、政治发展不平衡规律的作用，指出社会主义不能同时在多数资本主义国家获得胜利，而是首先冲破帝国主义链条上的薄弱环节，在一个或几个国家内获得胜利。这样就面临着社会主义国家与资本主义国家同时并存的局面，就发生了社会主义国家处理同不同社会制度国家的关系问题。

社会主义国家和不同社会制度的国家实行和平共处是一个复杂激烈的斗争过程。社会主义国家坚信社会主义又必将在全世界胜利，并为此而斗争，但同时坚信革命是各国人民自己的事情，革命不能输出。所以，和平共处的障碍不是来自社会主义国家。帝国主义国家本性是不愿意同社会主义国家和平共处的，它总是力图扼杀，消灭社会主义国家。所以列宁在1919年3月举行的俄共（布）第八次代表大会上指出："苏维埃共和国和帝国主义国家长期并存是不可思议的。其结局不是这个胜利就是那个胜利。"（《列宁全集》第29卷，第128页）帝国主义武装干涉的失败，使它们消灭社会主义国家于摇篮之中的迷梦破灭；社会主义国家在各国人民的支援下，日趋巩固；特别是如列宁所指出的"有一种力量胜过任何一个跟我们敌对的政府或阶级的愿望、意志和决心，这种力量就是迫使他们走上同我们往来的道路的全世界的共同经济关系"（《列宁全集》第33卷，第128页）。正是在这些条件下，帝国主义不得不被迫同社会主义国家和平共处。

中华人民共和国成立后坚持奉行独立自主的和平外交政策。早在新中国成立前夕，毛泽东就在《新政治协商会议上的讲话》中郑重宣布，我们愿意同不敌视我国人民的任何外国政府，在平等、互利和互相尊重领土主权的原则的基础之上，谈判建立外交关系的问题（参见《毛泽东选集》第4卷，第1466页）。1953年12月31日，周恩来总理在接见印度政府代表团的谈话中，首先提出了五项原则的设想，它包括"互相尊重主权和领土完整、互不侵犯、互不干涉内政、平等互利、和平共处"等内容。（《周恩来外交文选》，第91页）这次谈话在印度引起了良好的反应。1954年4月29日,中印两国签订的《关于中国西藏地方和印度之间的通商和交通协定》中,正式提到了这些原则。同年6月,周总理访问印度,在同印度总理尼赫鲁发表的联合声明中重申了这些原则。紧接着,周恩来总理访问缅甸,在同吴努总理发表的联合声明中也把这五项原则作为指导双方关系的准则。

和平共处五项原则在世界上产生了巨大影响,日益深入人心。1955年在成为亚非团结象征的万隆会议上,和平共处五项原则得到普遍的支持,只是由于有的代表觉得这是中国和印度两国首先提出来的,不便原封不动地写进联合公报。于是,周恩来总理主动提出了把五项原则设为十项原则。因此,万隆会议公报中提出的十项原则,实际上也体现了和平共处五项原则的基本精神。以后,和平共处五项原则,在国际上得到广泛的响应,在许多国家的双边条约和协定中,在许多国际文件和政策宣言中,都以相同的或不同的措辞表达了这五项原则的精种。当前,在国际关系中,它已被公认为维护世界和平、处理国与国之间关系的基本准则。这是对列宁关于和平共处思想的丰富和发展。

和平共处五项原则是时代的要求和产物。第二次世界大战后,国际形势发生了巨大而深刻的变化,亚非拉美人民展开了空前广泛的争取民族独立和解放的斗争。广大亚非拉国家摆脱了殖民统治的枷锁,实现了民族独立和解放,成为国际政治舞台上一支新生的力量,但它们仍受到旧的国际秩序的束缚、排斥和反对,因此,维护和巩固已经取得的政治独立的成果,是这些国家面临的首要的紧迫的任务,正是在这个历史背景下产生了和平共处五项原则。它成为处理新兴独立国家同帝国主义国家、前殖民国家间之间的关系的根本手段,也是处理新兴国家之间的相互关系的基本原则。

随着战后历史的发展,老牌帝国主义衰落了,新的超级大国走上了国际政治舞台,开始形成新的两极对峙。两个超级大国,运用一切强权政治的手段,包括经济施压、军事威胁、政治讹诈,甚至直接入侵,以达到它们争夺世界霸权的目的,世界上几乎所有其他国家都深受其害。在这种情况下,和平共处五项原则进一步成为反对一切霸权主义行径的有力武器,是维护和平和一切国家之间平等关系的基本原则。

和平共处五项原则是作为一个互相联系不可分割的统一整体,一个指导当代国际关系的原则体系提到世界面前的。互相尊重主权和领土完整,是五项原则的主要内容。所谓主权,就是任何国家都有权按照自己的意志,独立自主地处理其内部或对外的一切事务而不受他国干涉的权利。任何一国在主权受到侵犯时,有权采取一切措施保卫自己的主权和独立。主权独立和领土完整是一切国家生存和发展的前提。互不侵犯的实质是制止侵略,禁止使用武力或武力威胁去侵犯其他国家的主权独立和领土完整,禁止使用战争手段作为解决国际争端的手段。互不侵犯是实现互相尊重主权和领土完整的一条根本保证。互不干涉内政也是这样的根本保证之一。所谓不干涉,就是不以任何借口干涉他国的内外政策,不以任何手段强迫他国接受本国的意志,接受本国的社会政治制度、生活方式和意识形态。平等互利是充分发展各国间的经济政治文化联系所必须遵守的原则,是各国在正常关系中进行交流合作所必不可少的条件。平等和互利是互相联系的两个方面。平等就是不分国家的大小强弱,在相互关系和交往中都必须以主权国家平等对待,不允许以大欺小,以强凌弱,以富压贫。互利就是各国在交往中,应该从双方的权益出发,不能损人利己,更不能欺诈掠夺。各国在平等的交往中实现互利,在互利的交往中体现平等。和平共处是实现上述四项原则的目标,是它的结果。和平共处五项原则的实质是反对帝国主义、霸权主义的侵略扩张,尊重各国人民自己掌握自己的命运,独立自主地选择适合本民族特点的前进道路。

和平共处五项原则是处理一切国家之间的关系的普遍原则。历史已经并将继续证明:不同意识形态和社会制度的国家如果能遵循和平共处五项原则,完全可以建立起相互信任和友好关系;如果违反和平共处五项原则，侵犯他国的领土和主权，干涉他国内政，损人利己，那么，即使意识形态和社会制度相同的国家，也可能引起尖锐对抗。

和平共处五项原则适应时代要求，符合人民利益和愿望，拥有巨大的道义力量，迫使世界上那些不愿执行和反对和平共处原则的势力不得不在口头上承认这些原则，但在实际行动中却往往违反和破坏这些原则，特别是超级大国还在侵犯别国的主权，霸占别国的领土，损害别国的权益。这种霸权主义的行径是对和平共处原则的践踏，导致在不少地区还出现"热点"，造成国际紧张局势，危及世界的稳定与和平，必须对这种行径进行必要的斗争，不然，就不能坚持五项原则，国与国之间的和平共处就难以真正实现。

中国是和平共处五项原则的倡导者，也是它的积极维护者和坚定的贯彻者。和平共处五项原则已正式写入我国宪法，是我们的基本国策，是我国外交政策不可动摇的基石。在五项原则指导下，我们同大多数邻国解决了历史上遗留下来的复杂的边界问题，与世界上绝大多数国家建立和发展了平等互利、友好合作的外交关系。

我们国家有一百多年被压迫被侵略的苦难经历，我们不愿再回到过去那样的屈辱地位，也绝不会把任何其他民族置于我们过去那样的屈辱地位。我国始终坚持和平共处五项原则。我们没有在任何外国留驻一兵一卒，没有侵略任何外国一寸领土，没有侵犯任何外国的主权，没有以不平等关系强加于任何外国。在任何情况下，我们永远不称霸。

独立自主是指国家的主权是独立的，不屈服于任何外来压力，不受任何外来的干涉和指挥，根据本国的实际情况，自己作主处理自己的一切对内对外事务。独立自主是马克思主义的基本原则。马克思、恩格斯在《共产党宣言》中指出："工人阶级的解放只能是工人阶级本身的事业。"（《马克思恩格斯选集》第4卷，第417页）他们在指导国际无产阶级革命斗争实践中和制定科学社会主义理论时，反复论述过独立自主的原则。

马克思、恩格斯指出，工人阶级政党在革命斗争中，同其他工人阶级政党和无产阶级政治派别实行联合行动时，要坚持在政治上、思想上、组织上的独立性，既不能拿原则做交易，也不能放弃对这些政党和派别采取批判态度的权利。这就是说，无产阶级政党在同其他政治结成统一战线中要坚持独立自主原则。

马克思、恩格斯又指出，无产阶级政党必须坚持无产阶级的国际联合。但是，国际合作只有在平等者之间才有可能。所以，独立自主与国际主义联合是一致的。

马克思、恩格斯还指出，第一国际在确定自己的任务时，强调各国工人阶级应当根据本国的条件，自己选择自己的达到共同目标的具体方式，第一国际不会就此下达什么命令，甚至也不会提出什么建议、当然更没有规定政治运动的固定形式。这就是说，各国无产阶级和共产党人必须独立自主地选择适合本国特点的革命道路。

列宁领导和创建第一个社会主义国家的实践，大大丰富了马克思主义的独立自主原则。他领导布尔什维克党顶住了第二国际，特别德国党的巨大压力；他探索并提出了适合俄国实际情况的革命道路，他领导俄国工农取了十月革命的胜利，粉碎了外围武装干涉，在国际无产阶级支援下保卫了苏维埃国家的主权和独立。

我国从1840年以后的一百零九年的历史，是遭受殖民主义、帝国主义侵略，沦为殖民地的痛苦历史。殖民主义、帝国主义列强以武力践踏我国主权，瓜分我国领土，掠夺我国财富，强迫反动腐朽的清朝皇帝、北洋军阀、国民党政府签订不平等条约。这些反动派也不惜出卖国家主权和民族利益，换取外国主子的承认和支持，共同压迫剥削中国人民。半殖民地半封建社会的中国的对外关系是一部丧权辱国的历史，因此它是不可能有独立自主的外交政策的。中国共产党在领导中国人民进行革命斗争的过程中，一贯坚持独立自主的原则。早在中华人民共和国成立前夕，毛泽东同志就严正指出："中国必须独立，中国必须解放，中国的事情必须由中国人民自己作主张，自己来处理，不容许任何帝国主义国家再有一丝一毫的干涉。"(《毛泽东选集》第 4 卷，第 1465 页)周恩来同志明确申明："我们对外交问题有一个基本的立场，即中华民族独立的立场，独立自主、自力更生的立场。"(《周恩来选集》上卷，第 321 页)新中国成立后，我们争得了民族独立和国家主权，彻底结束了旧中国丧权辱国的历史，在对外关系中坚持独立自主的原则。我们以实际行动向全世界表明：中国决不依附于任何大国或者国家集团，决不屈服于任何大国的压力。邓小平同志在中国共产党第十二次代表大会的开幕词中庄严宣告："中国的事情要按照中国的情况来办，要依靠中国人自己的力量来办。独立自主，自力更生，无论过去、现在和将来，都是我们的立足点。中国人民珍惜同其他国家和人民的友谊和合作，更加珍惜自己经过长期奋斗而来的独立自主权利。任何外国不要指望中国做他们的附庸，不要指望中国会吞下损害我国利益的苦果。"

中国奉行独立自主的对外政策。这种对外政策的实质是什么呢？1984 年 5 月，胡耀邦在欢迎南共联盟代表团的宴会上的讲话中指出，概括地说，独立自主是中国不依附于任何大国或国家集团，不屈服于任何大国的压力，也不同任何大国结盟。对我们来说，同大国结盟有两个不好：第一，中国主张在和平共处五项原则的基础上同世界各国交往，而同大国结盟可能妨碍或者至少影响我们广交朋友；第二，它会妨碍我们抵制对方可能有的越轨行动，甚至还有可能给对方利用去反对另一些友好国家。这是我们总结过去几十年经验得出的结论，是受到全国人民支持的长期政策。

同样，中国在不断加强与第三世界和其他友好国家团结合作，信守自己承诺的国际义务的同时，也不谋求同任何一个国家，包括第三世界国家结盟。尤其是考虑到中国是一个幅员广大，人口众多的第三世界国家，我们特别注意要像珍视自己的独立一样，充分尊重别国的独立自主权利。因此，我们决不干预别的国家根据自己的情况选择自己的对外方针。我们相信，这对各有关国家利用各自特有条件充分地、自主地进行维护世界和平和国家独立的斗争，更为有利。

我们奉行的独立自主的对外政策是积极的政策。这个政策强调实事求是，一切以中国人民和世界人民的根本利益出发，根据事物本身的是非曲直决定自己的态度，坚持正义，主持公道，以谋求缓和国际紧张局势，维护世界和平。这个政策是以马克思主义为理论基础的，是有长远的战略依据的，决不迁就一时事变，不被任何外部压力所左右，不受任何人的唆使和挑动，表现出可贵的连续性和坚定的原则性，同时，我们根据形势的发展变化，对一些具体政策和措施，进行及时的调整、充实和发展，使之更加切合实际，更好地体现我国对外政策的基本原则和总方针，把坚定的原则和灵活的措施结合起来。

在独立自主的原则下对外开放，是我国已经实行并将坚持实行的政策。邓小平在1984年6月30日会见中日民间人士日方委员会代表团时说，现在的世界是开放的世界。中国历史上落后就是因为闭关自守，闭关自守带来鸦片战争，一个半世纪受屈辱、受侵略、受欺侮。新中国成立之后某种程度上还是闭关自守……带来了困难……二十几年的经验，关起门来搞建设不可能，发展不起来。第一是不发展生产力，第二是关起门来生产力也发展不起来。我们将根据平等互利的原则继续扩大同世界各国的经济、技术和文化交流。这个政策长期不变。因为中国是社会主义国家，坚持社会主义道路，发展社会主义经济。搞开放政策，会不会冲击我们的社会主义呢？冲击不了我们社会主义的基础，我们以社会主义经济为主体，我们的社会主义经济基础很大……会带来一些问题，但毕竟带来的消极因素比我们加速发展的积极效果小得多，危险有一点，不大。所以，吸收外资，合资经营，不可能损害社会主义中国的主权，只会有助于发展社会主义经济。

二、社会主义国家对外关系的政策和任务

（一）反对霸权主义维护世界和平

和平是当代各国人民的普遍的、迫切的要求。各国人民的安全利益是息息相关的，世界和平是不可分割的，维护世界和平是人心所向。中国人民热爱和平，反对战争，把维护世界和不作为自己的神圣职责，中国政府把维护和平作为外交政策的主要目标。我们迫切希望国际环境保持长期安宁，这是中国人民和世界人民的根本利所在。

中国正在致力于现代化建设，几年来我们取得了鼓舞人心的成就，但我们清醒地看到翻两番的目的实现以后，还需要经过三十年到五十年的努力，才能接近或赶上发达国家现在已经达到的水平。对于任何进行和不建设的国家来说，和平的国际环境都是不可缺少的必要条件；对于中国这样一个拥有十亿人口的发展中的社会主义国家来说，和平的国际环境更加不可缺少。

中国人民为维护世界和平而斗争，并不是只看到自己国家的需要，也不是只看到眼前这一代人；我们同世界各国人民一样，都不愿意看到再发生一次新的世界战争的浩劫。我们不仅在今天需要维护和平，就是在社会主义现代化事业实现以后，同样需要和平，我们绝不愿意让自己经过千辛万苦取得的建设成果遭到战争破坏，绝不愿意让自己同胞在战争中蒙受生命财产的巨大损失，也不希望看到人类再一次蒙受世界战争的浩劫。

当今威胁世界各国和本共处的主要力量是帝国主义、霸权主义和殖民主义。诚然，旧的殖民主义体系是已经由于近百个殖民地、半殖民地国家先后取得独立而瓦解了，但是它的残余还远远没有扫除干净。实行霸权主义的超级大国，又构成了对世界人民的新的威胁。超级大国出于独霸全球的目的，以远远超过其他任何国家的军事实力，在世界范围内

展开争夺，造成世界不安和动乱的主要根源，成为国际紧张局势的根本原因。

两个超级大国的出现以及它们之间不断加剧的军备竞赛和激烈争夺，是第二次世界大战后国际关系和人类历史上的一个重大特点和新的现象，第二次世界大战的结果，德、意、日法西斯被击溃、被粉碎了，英国、法国这两个欧洲大国被严重削弱了。过去的传统的欧洲均势消失了，欧洲中心的时代结束了。在这种形势下，首先是美国成为超级大国，后来苏联也成为超级大国，形成战后苏美两个超级大国，推行霸权主义、争夺世界霸权的局面。什么叫超级大国？它指的是依靠远比其他任何国家强大得多的经济力量和军事力量，进行世界范围的经济剥削、政治控制和军事干涉，疯狂地扩军备战，推行独霸世界的全球战略的国家。

看一个国家是否推行霸权主义，是否威胁和平，不能只看它发表的声明或它自称是什么性质的国家，必须看它是否推行对外侵略扩张的霸权主义政策。对当代世界和平和各国独立与安全的最大威胁，是来自两个超级大国对世界霸权的争夺。它们在欧洲武装对峙；核军备竞赛不断升级；它们在世界许多地区侵犯别国主权，干涉别国内政，占领别国的领土，屠杀别国的人民；它们扶植、支持以至唆使一些地区霸权主义国家破坏地区的和平与稳定。它们的争夺，不仅正在破坏世界的和平、稳定，而且可能导致新的世界战争。因此反对霸权主义和维护世界和平是互相联系，不可分割的，要维护世界和平，就必须反对各种形式的霸权主义，特别是反对超级大国对世界霸权的争夺。

中华人民共和国自诞生之日起，就一直进行反对霸权主义的斗争。我们不仅反对霸权主义对我国独立主权和民族利益的损害，也反对霸权主义对所有国家的干涉和侵略，反对它们之间的军备竞赛和在全世界的争夺。中国不谋求霸权，也绝不屈服于任何霸权主义的压力。不管是谁在什么地方搞什么样的霸权主义，我们都坚决反对。我们的这一立场是永远不会改变的。当前，世界和平受到的威胁是严重的，但是世界各国人民不是无能为力、无所作为的。世界战争的危险依然存在，但维护世界和平的力量也在不断壮大。我们坚信，只要各国人民加强团结和斗争，不断地挫败超级大国推行的侵略政策和战争政策，新的世界战争是有可能防止的，世界和平是有可能维护的。

（二）加强同第三世界的团结合作，支持各国人民的正义斗争

由于超级大国的激烈争夺，不少第三世界国家的独立和安全受到严重威胁，它们面临着反对外来侵略，维护民族独立的迫切任务。我们坚决支持第三世界国家反对帝国主义、霸权主义、殖民主义、扩张主义和种族歧视的斗争。

第三世界的崛起，从根本上改变了世界的力量对比。现在世界上77％的独立国家属于第三世界，它们占世界总人口的三分之二，占世界陆地总面积也是三分之二。这样众多的人口在如此广阔的土地上联合起来，是任何帝国主义、超级大国都不能与之较量的。以前作为帝国主义"最可靠的"后方和"取之不尽"的后备力量的第三世界国家，成为反对侵略、压迫、剥削和掠夺的团结战斗的前线和强大力量，这是一个改变世界历史进程的、意义难以估量的伟大变化。

第三世界的崛起，使世界上出现了新的国际关系。第三世界国家都有过相同的被压迫被奴役的历史，都有维护独立、发展民族经济和文化的共同愿望。它们之间有许多共同语言，在许多问题上可以求同存异，坦率协商。第三世界率先倡导的和平共处五项原则，已经成为公认的国际关系准则。坚持这种新型国际关系的共同要求，把第三世界国家紧紧联结在一起，在联合国中，第三世界国家占据了78％的多数，任何重大的国际问题没有第三世界的渗透，都很难解决。一两个超级大国操纵联合国的局面已成过去，而帝国主义、霸权主义、扩张主义经常在这里受到正义的谴责。

第三世界的崛起，动摇了旧的国际经济秩序。广大第三世界国家在

反压迫、反剥削、反掠夺的长期斗争中，充分认识到必须保护民族资源，发展民族经济，以经济独立巩固政治独立。第三世界各国有富饶的资源，辽阔的土地，但是缺乏雄厚的资金、现代的技术和丰富的经验。它们迫切需要打破发达国家对资金、技术的垄断以及对它们的资源和市场的掠夺。所有发展中国家为建立国际经济新秩序而进行的斗争，是对旧国际经济秩序的强有力的挑战。近年来，第三世界国家积极加强"南南合作"，努力促进"南北对话"，对打破现存的不平等的国际经济关系，建立公平合理的国际经济新秩序，起了巨大的推动作用。

中国同大多数第三世界国家具有相似的苦难经历，面临着共同的问题和任务。共同的战历、共同的斗争、共同的利益，把中国同第三世界紧紧地联系在一起，共同为反对帝国主义、霸权主义、殖民主义而斗争。中国人民全力支持朝鲜人民和印度支那三国人民进行抗美战争，直到最后胜利。中国人民还通过各种形式支援亚洲、非洲、拉丁美洲其他许多国家反抗帝国主义侵略、争取和维护民族独立的斗争，履行自己的国际主义义务。中国代表在联合国的各种会议上，一贯同广大第三世界国家团结一致，为维护第三世界正当权益而斗争。现在的联合国秘书长佩雷斯·德奎利亚尔就说过，中国在联合国安全理事会的席位是第三世界的席位；中国在安理会行动表明，它能捍卫第三世界的利益。

新中国成立三十多年来，我国坚持对第三世界给予力所能及的援助，不附带任何政治、经济条件，不谋求任何特权。近几年来，在发展经济技术合作方面迈出了新的步子。今后，我们将继续本着"平等互利、讲求实效、形式多样、共同发展"的原则，为促进这种合作的不断发展作出更大的努力。中国人民向来鄙视那种嫌贫爱富、欺软怕硬的意识和行为，我们对待第三世界国家的友谊是真诚的。

第三世界国家是我们患难与共的朋友，我们要经常对人民群众进行国际主义和民族平等教育，使人人都尊重第三世界国家和人民，维护我们之间的宝贵友谊。第三世界国家的历史情况，社会制度、地位处境、发展程度不尽相同,在执行对内、对外政策方面总会有所差异。但是,他们在反对帝国主义、霸权主义、殖民主义和谋求发展这样的根本问题上是一致的。这是第三世界国家的共同点。第三世界国家选择什么样的社会制度,是这些国家的人民自己的事情,我们决不干涉它们的内部事务。我们赞成它们同所有国家建立和发展正常关系,有的国家根据自己的情况,同这个或那个超级大国关系比较密切,接受这个或那个超级大国的帮助,这并不影响我们同它们发展友好关系。我们这种以诚相待的态度,有利于我国同第三世界各国的合作,有利于整个第三世界的团结。

加强团结是第三世界国家面临的一个重要问题。由于历史上遗留下来的边界、领土等问题和民族、宗教等原因,一些第三世界国家之间存在着矛盾和纷争,甚至发生武装冲突。超级大国又往往挑拨和利用这些矛盾和纷争,从中渔利。我国历来认为,第三世界国家没有根本的利害冲突,它们之间的分歧和争执,应当本着互谅互让精神,排除外来干涉,通过协商求得公平合理的解决;即使一时得不到解决,有关各方也应当以大局为重,采取克制态度,防止事态扩大。我们的态度是决不介入第三世界国家间的纷争,也反对任何外来势力插手。总之,我们是讲是非,不插手,有利于第三世界团结的事,就努力去做,不利于第三世界团结的事,我们就坚决不做。

(三) 积极发展同世界各国往来

社会主义国家对外政策的根本任务之一,就是在和平共处五项原则基础上积极发展同世界各国关系和经济文化往来,这是社会主义国家人民的根本利益的需要,也是同世界各国人民的根本利益一致的。三十多年来,我们在和平共处五项原则的基础上同世界上一百二十多个国家建立了外交关系,同一百七十多个国家和地区发展了经济贸易和文化往来。我国一向关心并特别重视同邻近国家保持和发展睦邻关系,因为这不仅关系到我国的安全和发展,而且影响到整个亚洲和太平洋地区的和平与稳定。今天，这个地区的战略地位和经济地位变得越来越重要，它既存在着迅速发展的关系，又存在着使人忧虑的多种危机。在这种情况下，我国和邻近国家建立和保持稳定的良好关系，发展积极的友好合作，有更加重大的现实意义。对于同我国和睦相处的国家，我们努力巩固和发展同它们的友好合作关系。对于同我国还存在着这样那样分歧的国家，我们力争同它们通过友好协商解决分歧，使相互关系逐步得到改善；即使分歧一时不能解决，我国也愿意耐心等待。我们同各国和平共处的愿望是真诚的。个别国家对我们的疑虑终究会消除。我国同周围邻国在五项原则基础上，经过友好协商，先后同缅甸、尼泊尔、蒙古、巴基斯坦、阿富汗等国签订了边界条约和边界议定书，顺利地解决了历史上遗留下来的边界问题。华侨问题也是我国对外关系，特别是同东南亚国家间的一个重要问题。我国始终如一的本着平等相待、友好相处的愿望，赞同居住国外的华侨自愿地选择居住国的国籍或保留中国国籍。我国按国际通例维护保留中国国籍的华侨的正当权利和利益，同时要求他们遵守所在国的法律，同所在国的人民友好相处。

我们同东盟国家的关系在维护东南亚和平与安全的斗争中有了可喜的发展。中国同印度的关系近几年来也有所改善。

我国同兄弟邻邦朝鲜互相尊重、相互支持、友好相处的亲密关系，不断获得新的发展。中印两国有过两千年的和平交往，应该能够友好相处。历史遗留下来的中印边界问题，完全可以本着互让互谅的精神协商解决，即使一时解决不了，也不应该妨碍我们正常邦交。我们将继续为促进两国关系的发展而努力。

日本是中国的近邻，自古以来就有密切的交往。近百年来，日本帝国主义者一再对中国发动侵略战争，给中国人民造成深重灾难，日本人民也深受其害。经过两国人民的长期努力，实现了邦交正常化，一九七八年签订和平友好条约以来，两国关系有了很大发展。一九八二年我国提出发展中日关系的"和平友好、平等互利、长期稳定"三项原则，一九八三年胡耀邦同志访问日本时，两国通过协商，将它发展为"和平友好、平等互利、相互信赖、长期稳定"四项原则。只要两国政府和人民共同努力，排除干扰，两国关系就会在这些原则基础上日益增强和发展，这既符合两国人民的利益，也有利于亚洲及太平洋地区的和平和稳定。我国同罗马尼亚、南斯拉夫等友好的社会主义国家亲密合作，不断巩固和发展团结和友谊。中国人民对东欧其他各国人民也怀有友好感情。我们关心他们的社会主义建设的成就和经验。近年来，我国同东欧各国间在经济、文化、体育等方面往来逐渐增加。经过共同努力，我们同东欧各国关系是可以继续改善的。

我们同亚洲非洲拉丁美洲许多发展中国家，互相同情，互相支援，发展了各方面的合作。中国同许多西方国家保持着良好关系。事实证明，不同社会制度国家可以和平共处、平等合作。我们今后将一如既往地努力扩大和加深同这些国家在政治、经济、文化、科技等方面的合作和交流，准备在维护世界和平问题上，加强同这些国家的政治磋商。

中美两国自一九七九年建交以来，发展了符合两国人民利益的关系。但是，美国制定了所谓《与台湾关系法》，继续向台湾出售武器，把台湾作为一个独立的政治实体对待，严重违背它在历次中美公报中公开承诺的义务和两国商定的建交原则。中国政府和人民是重视中美关系的，但绝不容许中国的主权受到侵犯，内政受到干涉。美国政府应当切实信守历次中美公报，真正奉行一个中国的政策，中美关系才可能稳定持久地发展。

中苏两国关系在相当长一段时期内是友好的，两国和睦相处，不但符合两国人民的根本利益和共同愿望，而且有利于亚洲和世界和平。由于苏联执行霸权主义政策，对中国的安全和亚洲的和平造成了严重威胁，使中苏关系处于紧张状态。我们真诚希望实现两国关系正常化，但改善中苏关系应该从解除苏联方面对中国安全的现实威胁着手，这是不能回避的重大问题，苏联应以实际行动证明它的诚意。

我国处理对美国，对苏联关系，是有原则的。我们不会因为反对它们的霸权主义，就不同它们改善关系；不会因为要同它们改善关系，就放弃反对霸权主义的立场；也不会因为要同它们中的某一国改善关系，就损害另一国的利益。

（四）发展同各国共产党和其他工人阶级政党的关系

不同的政党，由于具有共同的思想基础或共同的政治主张从而进行相互交往，交换意见、协调关系，是国际上的普遍的正常的现象。但是，党与党之间的关系同国与国之间的关系是两种性质不同的关系，属于不同的范畴。

无产阶级事业是国际性的事业，各国共产党和工人阶级政党之间可以而且应该提倡道义的互相同情和支持，自愿地相互学习，取长补短，正确处理和发展相互间的关系。

胡耀邦同志在中国共产党第十二次代表大会的报告中指出："我们党坚持在马克思主义的基础上，按照独立自主、完全平等、互相尊重、互不干涉内部事务的原则，发展同各国共产党和其他工人阶级政党的关系。"（《十二大以来重要文献选编》上，第45页）这四项原则是对国际共产主义运动历史经验的科学总结，是我们党处理和发展同各国党的关系的基本准则。

坚持独立自主。这就是说各国党要对本国人民负责，独立自主地选择自己的革命和建设的道路，独立自主地决定自己对世界事务的主张。任何一个党都无权以最高发言人自居。即使一个党犯了明显的错误，别的党完全用友好的态度交换意见，当然是不能排除的，但是归根结底，也只有这个党自己总结教训，才能牢靠地解决自己的问题。

既然各国共产党都是以马克思主义为思想基础，为什么还要强调独立自主呢？这是因为，从根本上说，马克思主义基本原理的运用要依靠本国劳动人民中先进分子的团结和觉悟，要随时随地以当时的历史条件为转移，要同本国的革命实践相结合，要由本国党做出正确的决断。只有这样，才能真正显示出马克思主义的生命力。

既然无产阶级事业是国际性的事业，强调无产阶级政党的独立自主符合国际主义精神吗？符合。事实上没有各国党的独立自主，也就无所谓国际主义。各国的情况是千差万别的，离开了各国党自身的决断来说马克思主义的国际主义是没有意义的，而且实践证明是有害的。一百多年来的国际共运史证明，那种把独立自主同无产阶级国际主义对立起来，借口"无产阶级国际主义"来剥夺其他党的独立自主权利，约束他们的行动，并使之服从于某个党的对外政策，恰恰是违背了马克思主义原则，违背了国际主义的真谛，必须坚决彻底予以摒弃。

完全平等。世界各国共产党，不论是大党还是小党，是历史长的还是历史短的党，是执政的还是尚未执政的党，都不能有尊卑上下之分，都应该一律平等。如果以为它们之间有什么"领导者"或"领导中心，"或者对别国党下达指令的"老子党"，那是十分荒谬的，是违背完全平等原则的。

互相尊重。各国党都有自己的长处和不足，应该互相尊重，互相学习，取长补短，加强团结。由于各国党的处境不同，在一些问题上有不同意见和采取不同做法是正常的和常有的事。有了分歧意见可以通过友好平等的协商、互相等待或留待实践去逐步解决。

互不干涉内部事务。"一个党评论外国兄弟党的是非，往往根据的是已有的公式或者某些定型的方案，事实证明这是行不通的。"（《邓小平文选》，第278页）各国党的国内方针、路线是对还是错，应当由本国党和本国人民去判断，别国党不能指责、干涉，当然，"一个党和由它领导的国家的对外政策，如果是干涉别国内政，侵略、颠覆别的国家，那末，任何党都可以发表意见，进行指责"《邓小平文选》第2卷，第318—319页）。我们坚决反对干涉别国党的内部事务，我们也坚决反对利用与外国党的关系来干涉这个国家的内政。共产党之间的关系是光明磊落的，是公道而正义的，任何企图对别国党进行渗透、控制至

第四篇　对中国特色社会主义理论与实践的研究

颠覆活动，都必须受到谴责。

中国共产党长期以来为实现和维护党与党的关系的正确原则，为反对在国际共运中称王称霸的现象，进行了坚决的斗争。但是，我们在处理与别国党的关系方面也有过缺点和错误，特别是片面根据自己的经验和实践来论断和评价别国党的是非，我们已经认真纠正了这方面的错误，在四项基本原则基础上积极发展同各国党的友好关系。现在，中国共产党同150个以上的外国政党和组织建立了多种形式的友好联系，它们不仅包括共产党也包括同我们在意识形态上存在着差异的社会党、社会民主党、工党和第三世界国家的各种政党，这些交往有利于维护世界和平，推进各国人民的友谊和发展人类的进步事业。